개정판

언어교수학

박경자 · 장복명 공저

박영사

개정판 머리말

언어교수방법 및 언어를 가르치는 분야가 독립된 학문 영역임을 주장한 Hector Hammerly의 저서 *Synthesis in Second Language Teaching*(1982)의 내용을 중심으로 교수방법, 교재지도, 교과교육론 등에 대한 종합적인 지식과 방향감각을 제시하기 위하여 엮어진 언어교수학 초판이 나온 지 어언 17년이 지났습니다.

그 사이 세월도 많이 흐르고 많은 것이 변하였습니다. 교육환경과 여건에도 많은 변화가 있었습니다. 그러나 그 어떠한 변화에도 불구하고 언어, 그리고 언어와 문화를 근본적으로 잘 이해하는 것이 매우 중요하다고 생각합니다. 언어의 본질, 언어와 문화, 학습이론과 방법, 기능별 언어지도와 평가에 대한 기본적인 지식이 바람직하고 효율적인 언어교수의 기초가 된다고 생각하기 때문입니다. 이러한 생각에서 『언어교수학』 개정판 출판을 제의한 박영사의 의견을 받아들이게 되었습니다. 특히 학부생을 위하여 『언어교수학』을 사용하는 경우, 교재내용과 분량을 한 학기 15주 수업분량에 적절하게 조정하는 것이 여러 가지 면에서 바람직하다는 장복명 교수의 의견에 전적으로 동의하여 개정판을 준비하게 되었습니다.

따라서 이번 개정판은 다음 사항에 중점을 두어 장복명 교수가 수고를 많이 하였습니다:

(1) 분량을 한 학기 15주 수업분량에 적절하게 조정(목차를 15주에 적절하게 조정)한다.

(2) 내용을 세 개의 단원으로 나눈다. 제 1 부는 언어의 이해를 주제로 언어의 본질과 언어와 문화를 다루고, 제 2 부에서는 언어교수학 이론을 주제로

언어교수학, 언어학습이론, 언어교수문법이론, 언어습득 · 언어학습 발달론, 언어학습자, 언어교수학자, 대조분석과 중간언어, 그리고 오류분석이론을 다루며, 마지막으로 제 3 부에서는 기능별 언어지도법을 주제로 언어교수방법론, 발음지도, 문법지도, 어휘지도, 듣기 · 읽기 · 쓰기지도, 그리고 평가 등을 기술한다.

(3) 참고문헌은 1960년대, 1970년대, 1980년대로 구분하였던 내용을 시대 구분 없이 최신의 참고문헌까지 포함시킨다.

『언어교수학』 초판을 함께 준비하던 1992~1993년 그 당시 공저자인 장복명 선생과 강복남 선생은 박사논문을 준비 중이던 장래가 매우 촉망되는 열정적인 30대 초반의 젊은 박사과정생이었습니다. 그 후 17여 년의 세월이 흘렀고 지금 이들은 후학지도에 성심을 다하며, 자신의 연구 분야에서 중심적 활동과 역할을 하고 있는 50대 중견 대학교수가 되었습니다. 장복명 교수는 현재 남서울대학교 영어과 교수로 후학지도에 성심을 다하고 있으며, 국제문화교류원장으로 열심히 일하고 있습니다. 뿐만 아니라, 항상 학생들을 이해하고 배려하는 사려 깊은 마음과 행동으로 자신의 위치에서 최선을 다하고 있습니다. 학문에 대한 열정과 끈기 있는 노력의 결과를 옆에서 지켜볼 수 있는 행복을 얻게 된 것을 본인은 항상 감사하고 행복하게 생각하고 있습니다. 강복남 박사 역시 신실한 생활을 하는 사람으로 열심히 자신의 분야에서 많은 일을 하여 온 사람입니다. 어쩐 일인지 강복남 박사와 연락이 닿지 않은 지가 꽤 오래되어가는 것 같습니다. 따라서 이번 개정판 공저자로 참여하지 못하게 된 점을 매우 아쉽게 생각합니다.

이번 『언어교수학』 개정판은 위에서 언급한 세 가지 사항만을 다루었기 때문에 많은 개정을 하지는 못하였습니다. 앞으로 계속 수정 · 보완할 예정입니다. 이 책의 잘못된 부분이나 미비한 점은 본인의 책임입니다. 여러분들의 많은 이해와 도움을 바랍니다.

마지막으로 『언어교수학』 개정판을 제안해 주시고 허락해 주신 박영사 회장님과 편집부 여러분께 고마운 마음을 전하고자 합니다.

2011년 1월 20일

신갈동 서재에서 고려대학교 명예교수 박경자

차 례

제 1 부 언어의 이해

제 1 장 언어의 본질

제 2 장 언어와 문화

제 2 부 언어교수학 이론

제 3 장 언어교수학

제 4 장 언어학습이론

제 5 장 언어교수문법이론

제 6 장 언어습득 · 언어학습 발달론

제 7 장 언어학습자

제 8 장　언어교수학자

제 9 장 대조분석과 중간언어

제10장 오류분석 이론: 종류, 형식 및 그 적용 방법

제 3 부　기능별 언어지도법

제11장　언어교수방법론

제12장 발음지도

제13장 문법지도

제14장 어휘지도

제15장　듣기 · 읽기 · 쓰기지도

제16장　평　　가

약자풀이

AACTFL —— Accent on ACTFL
ACTFL —— American Council on the Teaching of Foreign Languages
ADFLB —— Association of Departments of Foreign Langugaes Bulletin
AFLT —— American Foreign Language Teacher
AL —— Applied Linguistics
BCAAL —— Bulletin Canadian Association of Applied Linguistics
CMLR —— The Canadian Modern Language Review
ELT —— English Language Teaching
FLA —— Foreign Langugae Annals
FR —— French Review
H —— Hispania
IRAL —— International Review of Applied Linguistics in Language Teaching
J —— Journal
JEP —— Journal of Educational Psychology
JVLVB —— Journal of Verbal Learning and Verbal Behavior
L —— Language
LL —— Language Learning
LR —— The Linguistic Reporter
MLJ —— The Modern Language Journal
NALLDJ —— National Association of Learning Laboratory Directors Journal
PNCFL —— Pacific Northwest Council on Foreign Languages
RWCNECTFL – Reports of the Working Committees, Northwest Conference on the Teaching of Foreign Languages
SSLA —— Studies in Second Language Acquisition
TESOLQ —— TESOL Quarterly
WPB —— Working Papers on Bilingualism

제1부

언어의 이해

제 1 장 언어의 본질

인간은 선천적인 언어능력을 부여받아, 태어나서 죽을 때까지 언어를 사용하기 때문에 언어의 본질을 밝히는 것이 인간의 본질을 밝히는 것과 동시에 언어교수학에 대한 많은 것을 시사한다. 언어가 무엇인가에 대해서는 철학자, 심리학자, 언어학자들 간에 다양한 정의가 있었으며, 언어교수학자들 또한 각기 다른 정의를 내리고 있다.[1] 제 1 장에서는 언어학자들이 연구해 온 이론을 바탕으로 언어교수학자(제 8 장 참고)들이 제 2 언어 교수에서 고려해야 할 언어의 본질을 살펴보고자 한다. 언어학자들이 정의한 언어의 특징 및 언어의 기원설을 고찰하고, 말, 음과 의미, 쓰기, 몸짓의 특징을 통하여 인간의 의사소통에 대하여 정의를 내려보고자 한다. 한편, 언어의 양면성인 언어능력과 언어수행이란 무엇인가? 또한, 언어학습자가 의사소통을 위해 갖추어야 할 제 2 언어 능력에 대하여 알아보고자 한다.

1. 언어의 본질

언어교수학자는 언어학자가 될 필요성은 없으나 일반적인 언어지식을 갖추어야 한다. 아래와 같은 언어의 본질에 대한 지식을 갖춤으로써 보다 효율적인 교수활동을 전개할 수 있다. 언어의 본질을 살펴보면, 언어는 완전하고, 복잡하며, 변화하는, 주로 구술어적 기호나 표시들의 임의적 체계이며, 언어적 지역공동사회의 문화적 구조 안에서 의사소통을 위해 학습되어지고 사용되는 것이다.

1.1 언어는 완전하다(A language is complete)

언어는 언어공동체의 다양한 요구를 전달할 수 있다.[2] 그래서 화자와 청자

간에 필요한 의사소통을 완전하게 충족시킨다. 그러므로 개인적인 필요성과 연관성에 있어서, 화자의 의사소통의 요구를 완벽하게 만족시키므로, 종사하는 직업에 따라 언어가 상이할 수 있다.

따라서 언어교수학자가 언어를 가르칠 경우에는 다음을 고려해야 한다.

첫째, 각 언어는 공동체의 요구를 표현하기 때문에, 어떤 언어가 더 좋은 언어라는 구별은 없다. 둘째, 언어를 가르칠 때, 학습자의 요구에 적합한 언어를 신중히 선택해야 한다. 셋째, 학생들에게 시간낭비와 압박을 주지 않기 위해서, 기본적인 언어학적 기술이 익혀지기 전에는 의사활동에 참여시키지 않는다. 넷째, 학생이 표현을 기억하지 못하는 경우에는, 완곡한 어법을 사용하거나 교사의 도움을 받도록 한다.

1.2 언어는 복잡하다(A language is complex)

언어는 의미 없는 임의적인 기호들의 기능상 중요한 음성단위이며, 그것이 의미 있는 단어를 만들면서 수많은 결합을 일으키고, 또 무한한 수의 문장을 만든다. 언어의 복잡성이 언어교수학(제 3 장 참고)에 함축하는 의미는 언어가 복잡하기 때문에 제 2 언어 학습은 더욱 복잡하고 긴 시간을 요하는 일이므로 단기간에 제 2 언어 학습을 진행해서는 안 된다는 것이다. 또한, 제 2 언어 학습은 복잡한 언어체계의 다양한 양상을 강조하면서 단계별로 수업을 진행해야 한다.

1.3 언어는 변화한다(A language changes)

언어는 사회현상에 따라 계속적인 변화의 상태에 있다. 이때, 언어의 각 요소(음운, 구문, 의미, 어휘 등)가 변화하는데, 그중에서 어휘가 가장 변화하기 쉬운 부분이며, 또한 많은 단어들이 의미에 있어서도 변화되어 왔다.[3] 언어의 변화성이 언어교수학에 함축하는 의미는 다음과 같다. 제 2 언어 교육은 의사소통을 위한 것이므로 제 2 언어 교수에서는 현재 쓰이는 형태를 가르쳐야 한다는 것이다. 그리고 역사언어학적 자료는 언어교수학에 거의 영향력을 행사하지 못한다. 또한, 언어가 변화함에 따라, 언어교재도 변해야 한다. 그러나 최근에 유행되고 있는 속어를 포함해서는 안 된다. 제 2 언어 교사는 일상생활에서 현재 쓰이는 구어체를 알고 있어야 한다.

1.4 언어체계는 임의적이다(Language systems are arbitrary)

모든 언어에는 언어보편적(language universal)인 특질이 있는 반면, 각 언어의 음운론적, 어휘적, 문법적인 표현방법이 임의적이다. 그러므로 학습자는 두 언어 공통된 부분을 포함해서 모국어와 다른 음운론적, 문법적, 어휘적 규약을 학습해야 한다.[4)]

1.5 언어는 체계이다(A language is a system)

언어는 그저 어휘의 집합이 아니라 형태(구문론, 형태론, 음운론)와 의미가 결합된 체계이다. 언어체계는 한정된 수의 형식규칙과 다수의 어휘요소들로 구성되며, 규칙은 어휘가 삽입될 문법의 기저구조를 이룬다. 그러므로 언어교수학의 초기단계에서는 훈련과 의사소통활동을 통해 문법의 기저구조를 먼저 학습하는 것이 바람직하다.

1.6 언어는 우선적으로 구술어이다(A language is primarily oral)

인간의 언어행위는 청각적이며 주로 음성기관에 의해 발화된다. 과거 전통문법에서는 언어의 문자를 중시하였으나, 언어기호는 입과 귀를 통한 발화-청취(oral-aural)의 면이 우선적이다. 최근 20세기에는 구술어를 언어의 기본 형태로 여기게 되었으며 제 2 언어 교수에서도 구술어를 강조하였다.

이러한 측면에서 언어교수학에서의 함축하는 바는 다음과 같다. 먼저, 제 2 언어 학습 초기에 문자를 접하게 되면, 음의 구별과 발화의 정확성에 방해를 받으므로 구어를 강조해야 한다. 또한, 문자어에 대한 눈의 의존도가 높아 귀를 의심하고 모국어식으로 발화하고자 한다. 그러므로 청취발화양상과 글자양상을 분리시켜 발화에 대한 기초가 형성된 후에 읽기가 행해져야 한다. 초기 학습자는 청취발화기술에 관심이 많으므로 수업내용 전체에 걸쳐서 청취발화의 강조가 있어야 한다. 즉, 학생들은 말을 하려는 욕구가 강하므로 의사소통 훈련없이 읽기를 강조하면 학생들이 말을 하려는 동기는 점차 약해진다.

1.7 언어는 기호들로 이루어져 있다(A language is composed of symbols)

언어의 기호는 형태소(morpheme)라고 하는 '최소의 의미단위들'이다. 이 기호는 '임의의 의미 있는 규약들'이며 이 기호는 같은 언어를 사용하는 구성원 간에 이루어진 약속에 불과하므로, 다른 언어사회의 구성원들은 이 기호를 이해할 수 없다. 예를 들어, 영어 'Mississippi'는 하나의 형태소(기호)이며, 'pompously'는 세 가지의 형태소(어간 pomp, 형용사 접미사 ous, 부사 접미사 ly)로 이루어져 있다. 그러나 기호와 그 기호로 나타내는 뜻 사이에는 아무런 관계가 없는 규약에 불과하다. 그래서 영어를 모르는 사람에게는 의미하는 바가 없다.

언어교수학에서 의미하는 바는, 언어표시의 의미는 각 언어공동체의 사회적 규약이라는 점이며, 두 언어 간의 번역대비나 어휘대비로 학습을 촉진할 수 있다는 것이다.

1.8 언어는 학습되어진다(Languages are learned)[5)]

인간은 언어를 내재하고 있다기보다는 언어를 학습할 수 있는 능력을 타고나며, 이 능력은 뇌의 특정영역에 관계되어 있다. 언어학습은 비교적 어렵고, 시간을 소모하는 일이지만, 언어의 음운론적 · 문법적 형태나 규칙을 통제할 수준 정도로 발달하면 저절로 말을 잘 하게 된다. 그래서 거의 모든 어린이가 4~5세에 이 수준에 이르게 되는데 그 두뇌의 능력은 놀라운 것이다.

언어교수학적 입장에서 볼 때, 제 2 언어 학습은 어렵고 시간이 오래 걸리지만, 지능이 낮은 어린이도 모국어를 습득하므로 충분한 동기와 적절한 조건이 주어지면 학습할 수 있다. 또한, 교수의 결과로 학습이 용이하게 이루어지며 학습절차에 따라 촉진될 수 있다. 즉, 교수법의 차이에 따라 교육의 효과가 크게 달라지므로 유능한 교사의 역할이 중요하다.

1.9 언어사용의 중요한 목적은 의사소통이다
(A language is primarily used for communication)

언어는 화자와 청자 간에 주고받는 전달행위이다. 화자가 전달내용을 언어적 기호로 바꾸면, 청자는 전달받은 기호를 듣고 해독하여 그 뜻을 이해한다. 다른 사람과의 의사소통은 언어적인 것뿐만 아니라 사회적인 의미도 지닌다. 하나의 언어사회에는 동일한 전달수단으로 소통이 가능하기 때문이다. 즉, 언어라는 매개체를 통하여 언어사회집단의 구성원이 협력하고 상호작용하게 된다. 그래서 언어사회 구성원이 제각기 나름대로의 표현법이나 발음을 가지지만, 부정적인 사회적 반응을 피하도록 해야 한다.

그러므로 언어교수학은 다음 사항을 고려해야 한다. 첫째, 제 2 언어 프로그램은 의사소통을 시도하려는 학생의 동기를 최대한으로 활용하여 처음부터 그 기회를 제공해야 한다. 둘째, 언어자료의 선택, 체계화, 제시, 그리고 오류교정을 통해서 학습자는 의사소통에 있어서 가능한 한 정확히 하려고 해야 한다.

1.10 문화와 언어는 서로 연관되어져 있다 (A language is used within a culture)

언어에 대한 지식은 단어나 몸짓의 문화적으로 내포된 의미와 언어가 사용되는 여러 상황을 위한 언어적 및 비언어적 행동에 대한 지식을 포함한다. 따라서 제 2 언어 프로그램은 언어적 능력과 의사소통적 능력뿐만 아니라 문화적 능력을 배양할 수 있도록 고려되어야 한다(제 1 장, 4.1, 3) 문화적 능력 참고).

1.11 언어는 하나의 언어적 공동체에서 사용되어진다 (A language is used in a linguistic community)

언어는 보통 하나의 언어공동체 내에서 사용되지만, 언어공동체 내에는 흔히 방언이라 불리는 언어의 변이형들이 있다. 화자는 한 가지 언어를 사용하나, 바람직한 의사소통을 하고자 할 때 다양한 방언들을 이해할 수 있어야 한다.[6]

그러므로 언어교수학에서 고려할 점은 학습자의 능동적인 언어 사용을 위하여 하나의 방언을 가르쳐야 한다는 것이다. 그러나 이해를 돕기 위해 다양한 방언을 접하도록 해야 하지만, 학습자의 혼란을 피하려면 중급이나 고급단계에 여러 방언을 가르치는 것이 바람직하다. 방언의 선택에서 사용자 수, 구조적 간결성, 문화적 우수성이 중시되나 무엇보다도 학생의 요구에 맞는 방언을 선별해야 한다. 선택의 가장 좋은 방법은 여러 방언들의 공통부분을 결합하고 지방색을 배제한 방언인 혼성방언(hybrid dialect)을 가르치는 것이다.

2. 언어기원설

인간이 존재하는 어디에나 언어는 있게 마련이다. 아침에 깨어나면서부터 잠자리에 들 때까지의 인간의 하루생활은 언어생활이라고 해도 과언이 아니다. 놀거나, 싸우거나, 사랑을 하거나, 자동차를 만들건 간에 인간은 말을 한다. 그는 친구, 부인과 남편, 연인, 선생님과 학생, 부모님에게, 그리고 직장의 상사와 부하에게 말을 하면서 하루생활을 영위해간다. 언어는 여기에서 그치지 않고 인간의 생각에 침투하고 다른 사람과의 관계를 조정하며 꿈속에 스며들기도 한다.

인간은 얼굴을 맞대고 이야기하기도 하며 전화로 이야기하기도 한다. TV와 라디오는 온통 말의 홍수다. 아니면 혼자 말하기도 한다. 말이 없는 하루 한 순간도 없다. 이렇게 인간은 언어의 세계 속에 살고 있다.

이러한 하루하루의 언어생활을 통하여 인간은 한 순간의 존재를 무한의 존재로 확대시켜 나아간다. 과거의 기억은 언어에 의해 유지되며 역사도 언어에 의해 축적된다. 이러한 방식으로 인간의 지식과 문화는 언어에 의해 저장되어 미래로 전달된다. 그러므로 언어가 없다면 우리가 알고 있는 그대로의 사회는 불가능할 것이며, 공동생활을 통한 인간 특유의 문화를 형성하여 다음 세대로의 문화유산의 전달도 불가능할 것이다.

이러한 언어의 중요성에도 불구하고 우리 인간은 공기와 물처럼 언어의 중요성을 깨닫지 못하고 언어를 당연시하면서 언어생활을 통해 사회생활을 영위하고 있다. 지금부터 약 100,000년 전 구석기시대 중엽에 인간은 떼를 지어 동굴이나 야외 캠프에서 살았다. 이 시대의 남자들은 협동해서 사냥을 했음에 틀림없다. 왜냐하면, 그들이 짐승을 포위해 물 속이나 벼랑으로 몰아 포획했다는 증거가 있기 때문이다. 여자들도 식물, 조개껍질과 다른 먹을거리를 채집함으로써 노력을 공동 투자했을 것이다. 그리고 때로는 공동사회 구성원 모두가 참여하는 대규모의 활동에 언어가 필수적이었음은 물론이다. 이처럼 언어에 대한 정확한 이해를 통해야 우리는 인간의 본질을 제대로 파악할 수 있으며, 이러한 지식을 바탕으로 진정한 의미에서 교양인이 될 수 있다고 생각한다. 이번 절에서는 먼저 언어가 어떻게 시작되었는가(언어의 기원), 언어가 어떻게 진화해왔는가(언어 진화)에 대하여 고찰하고자 한다.

2.1 언어의 기원

인간은 먼 옛날부터 언어에 지대한 관심을 보여 왔다. 그들의 관심은 언어의 기원 문제와 관련된 것으로, 이는 인간의 호기심을 무한히 자극시켜 온 수수께끼와 같은 것이다. 많은 종교와 신화 속에 언어의 기원에 관한 이야기가 포함되어 있음이 이 사실을 대변해준다고 하겠다.

중세 기독교도들 사이에는 하느님이 낮과 밤의 이름을 붙이고 아담에게 모든 사물을 명명할 수 있는 힘을 주었다는 믿음이 있었다. 왕권이 하느님에게서 주어지듯이(왕권신수설), 언어 능력도 하느님이 부여한 선물이라는 언어신수설이 중세의 언어관을 형성한다. 구체적인 예로 이집트인들은 Thoth 신을, 바빌로니아인들은 Nabu 신을, 힌두인들은 우주의 창조자인 Brahma 신의 부인 Sarasvati 여신을 언어의 창조자로 믿었다.

김형엽 외(2002)는 언어의 기원에 대해서 다음과 같이 설명하고 있다. 하느님에게서 부여받은 원래의 언어는 아담과 이브, 그리고 그들의 후손들에 의해 사용되었다가, 바벨탑 건립을 계기로 인간의 오만함에 대한 하느님 벌로서 여러 언어로 나뉘어졌다는 언어에 관한 최초의 기록을 성서의 창세기에서 찾아볼 수 있다. 원래 인간의 언어는 하나였던 것이 수많은 언어로 다양화되었다는 것이다.

"그리고 온 세상이 하나의 언어와 말을 쓰고 있었다. ……어서 도시를 세우고 하늘에 닿을 탑을 쌓고 우리가 세계의 방방곡곡으로 흩어지지 않도록 하기 위해 우리의 이름을 내자……."

"여호와께서 말씀하시기를 사람들은 한 종족이요, 언어도 하나이니 이와 같이 시작한 것이니라. ……자, 우리가 내려가서 그들의 언어를 혼동케 하여 그들이 서로 말을 알아듣지 못하게 하자고 말씀하셨다. 그래서 여호와께서는 사람들을 그곳으로부터 사방으로 흩어 놓으셨다……."(창세기 11장, 1~8절)

이에 반해 언어의 기원과 본질을 다룬 최초의 논문인 플라톤의 대화편에서, 소크라테스는 고대에 어느 입법자가 있었는데 그가 이 우주 삼라만상의 이름을 지었고, 이 단어들은 그들의 의미본질을 나타낸다는 견해를 피력했다. 이러한 견해는 인간이 스스로 표현수단으로서 언어를 발명했다는 발명설로, 고대 희랍인들의 언어관과 근세 계몽주의 철학자들의 언어관을 대변하기도 한다.

그 이후 다른 학문분야에서와 마찬가지로 19세기 진화론은 언어 기원의 연구에도 영향을 주어서 과학적인 방법에 입각하여 본격적으로 연구가 진행되었다. 여기서 언어기원에 관한 여러 가지 가설을 간략히 소개하고자 한다.

1) 의성음설

이 가설은 태초의 인간의 자연음을 모방해서 언어를 발명했다는 주장으로 멍멍설(Bow-wow theory)이라고도 한다. 뻐꾸기, 까마귀, 댕기물떼새와 같은 동물의 이름은 분명히 이들 새들이 내는 소리에 유래되었음이 분명하다. 또 쾅하는 소리, 우지직하는 소리, 목구멍을 울리는 소리, 윙소리와 같은 단어들도 이들이 가리키는 대상물의 특징적인 소리를 나타내고 있음은 분명하다. 그러나 이 주장이 사실이라면 세계 모든 언어의 어휘는 의성음으로 구성되어 있어야 할 것이다. 그러나 그들이 어휘부분에서 차지하는 비율은 미미할 뿐만 아니라, 모방음은 상징적인 기능을 갖고 있지 않아 자연 언어의 본질과 근본적인 차이를 보인다.

2) 자연발생음 기원설

언어의 기원에 관한 다른 하나의 주장은 한숨, 웃음, 놀라움, 두려움, 기쁨, 아픔, 또는 혐오와 같은 자연적이고 본능적인 감정에 따라 자연히 발성되는 소리들이 변형되어 언어가 되었다는 것이다. 찰스 다윈도 19세기 원숭이의 발성과 인간언어 사이의 연속성을 발견하고 이와 같은 이론을 제안하였다. 그리고 프랑스 철학자 꽁디악은 이 가설을 감탄사설이라고 불렀으며, 유머러스하게 아야설(Ouch! Theory), 또는 생득설이라고도 명명된다. 그러나 세계 어느 언어에서도 감탄사가 차지하는 비율은 의성어의 수보다도 적은 것이 사실이다. 이에 더하여 감탄사는 화자의 목적과 의도가 전혀 없는 자연적이며 본능적인 감정의 표출을 나타내는 본능적인 행위인데 반해, 인간언어는 집단을 구성하는 구성원 상호 간의 의사소통이라는 고유의 기능을 갖는 커뮤니케이션 행위라는 점에서 이 가설을 언어기원설로 받아들이기에는 그 근거가 미약하다고 아니할 수 없다.

3) 땡땡설

독일의 언어학자 막스 뮐러는 외부 인상에 대한 성대의 반응에서 언어의 기원을 찾았다. 이는 앞에서 고찰한 두 가지 가설과 상당한 거리가 있는 주장이다.

뭘러는 단어와 지시물 사이에는 어떤 형태의 자연적인 연상관계가 있어 사물의 자연적인 성질이 본능적으로 적당한 이름을 발명하게 하였다고 주장했다. 인간이 언어를 발명했다는 것이다.

그러나 현대 언어 어휘의 절대다수는 얼핏 보기에도 자의적이다. 언어를 무작위로 선택해서 이름, 전체의 이름과 그 밖의 어떤 범주의 단어를 비교해도 이 사실은 명백하다. 예를 들어, 한국에서 '개'를 의미하는 단어가 영어로 'dog', 독일어로 'hand', 러시아어로 'sobaka', 스페인어로 'perro'인데, 이들 언어는 조상 언어를 공유하는 친족어인데도 불구하고 아주 다르다. 각 단어와 그것이 지정하는 지시물 사이에 어떤 필연적인 관계는 존재하지 않는다.

앞에서 살펴본 바와 같이 대부분의 어휘는 형태와 의미 사이에 어떤 필연적인 관계를 나타내지 않는 것이 사실이다. 여기서 중요한 것은 어떤 형태가 어떤 의미를 갖느냐 하는 것이 아니라, 한 언어의 화자들은 형태와 의미의 선택을 약속해서 단어들을 같은 방식으로 사용한다는 사실이다.

4) 아아설

원시인들이 신에게 제사를 지낼 때나 귀신을 내쫓는 의식을 지낼 때 부르는 노래와 영창에서 언어가 비롯되었다는 설이다. 언어의 기원을 종교 의식과 관련된 주문에서 찾는 것인데, 이 이론은 종교적 주문 가설이라고 한다. 인간들은 최초에 사회적인 구조를 형성하면서 절대자에 대한 두려움을 의식을 통해서 해소하려고 하였다. 이와 같은 현상은 역사를 보면 여러 곳에서 적지 않게 발견되고 있다. 인도의 베다는 주술내용으로서 처음부터 문자로 기술되기보다는 구술로 후세에 전해진 것이다. 신을 경배하고 도움을 바라는 이와 같은 성전 내용은 처음부터 완벽하게 모습을 갖추었다기보다는 신을 모시고 신의 뜻을 기리기 위해서 주문을 외우기 시작하였고, 이 내용이 점점 시간이 흐르면서 후세의 모습을 가지게 되었다.

5) 끙끙설

어려운 일일수록 남의 도움이 필요하고 협력을 요하는 일일수록 통화가 필요하니까 여기에서 언어가 발생했다는 가설이다. 힘이 드는 일일수록 '끙끙'댄다는 데서 이름이 생겼다. 구 소련의 실어증학자 루리아의 가설이다.

그러나 언어가(커뮤니케이션의 목적에서 의도적으로 발명했건 약정을 했건 간에)

이렇게 시작되었다는 주장은 높은 인간지능이 언어에 앞서 발달했다는 사실을 시사해 준다고 하겠다. 소크라테스가 지적한 바와 같이, 우리의 먼 조상이 단어들을 약정한 대로 어떻게 사용하기로 결정하고 그 결정을 공식화했다는 것은 그 약정을 기록할 언어 없이 단어들의 의미를 약정할 수 있었다는 말이 되므로 어불성설이다. 그러므로 언어는 신의 선물도 아니고 인간에 의해 발명된 것은 더욱 아니며 인간이 진화함에 따라 언어도 진화한 것이라고 하겠다. 즉, 인간이 존재하는 곳 어디에나 언어는 존재하므로 '인간의 기원이 언어의 기원'(Human origin is language origin's)이라고 할 수 있다. 따라서 언어의 기원을 밝히는 과제는 인간의 기원을 밝히는 일로 귀착된다.

2.2 언어의 진화

인류학자들은 다른 동물과 구별하여 인간을 정의하는 주요 기준으로 먼저 언어를 꼽는다. 언어능력은 직립자세, 높은 지능, 그리고 도구를 제작하고 사용할 수 있는 능력과 함께 인간과 하위인간을 근본적으로 구별해 주는 요소로 여겨진다.

이러한 관점에서 본다면 언어는 인간의 생물학적 유산의 일부로서 인간화 과정의 모든 다른 면과 기능적으로 연결되어 있다고 볼 수 있다. 이 과정에서 초기 단계는 직립자세의 달성이었다. 직립자세는 그 다음 도구의 제작과 사용을 포함하는 활동에 손의 자유로운 사용과 기능적으로 연결되어 있음이 틀림없다. 두개골의 성장을 포함하여 머리와 얼굴의 모양이 변화한 것도 직립자세와 관련이 있다. 그 외에 직립자세와 관련이 있는 아래와 같은 여러 가지 신체구조상의 진화가 이어져 인간이 생물학적으로 말하기에 적합하게 된 것이다.

① 인두(혀의 뒤와 후두 사이에 위치한)가 커져서 어음(語音)을 내는 데 중요한 진동자의 역할을 한다.

② 입도 진동자의 역할을 하게 된다. 턱의 구조변화와 치아가 점차적으로 축소되어 진동실로서 입의 공간이 넓어져 어음을 조음하는 혀가 자유롭게 움직일 수 있는 공간이 제공되었다.

③ 비강이 또 하나의 진동자가 된다.

④ 입안에서 빨리, 그리고 자유로이 움직일 수 있는 혀는 인두, 입, 그리고 비강과 함께 모든 인간이 변별적인 음을 내는 데 사용되는 기본적인 장치를

형성하게 된다.

⑤ 크기와 복잡성에 있어 두뇌의 성장을 원인과 결과로서 언어진화와 관계가 있다. 두뇌의 평균 크기는 선사시대 대략 200만 년 전의 500~600cc에서 1,400cc로 크게 증가하였다. 두뇌의 크기 증가는 말의 중요성 증가와 필적되는 것으로 언어와 인간지능은 동일한 진화론적 발달의 두 가지 중요한 축으로 간주될 수 있다.

그리고 필립 리머반은 고대인간과 하위인간의 골격유해를 연구하여 인간이 신체구조적으로 언어사용에 적합하도록 어떻게 진화해 왔는가를 추적하려고 시도했다. 그는 크렐린과의 공동연구에서 네안데르탈인의 두개골을 현대의 성인과 유아의 그것을 비교하여 네안데르탈인의 성도를 재구성하고 그들이 낼 수 있는 음의 범위를 측정한 결과, 그들의 성도는 현대인 신생아의 그것과 유사해 그들이 낼 수 있는 모음은 /I//ε/,/ə/와 /æ/ 정도에 국한되며, 후두의 위치가 높아 /k/,/g/와 같은 연구개음은 낼 수 없으며, 비음과 비비음의 구별도 불가능했을 것이라고 밝히고 있다. 이러한 인간 두개골의 진화과정은 [그림 1-1]에서 잘 관찰될 수 있다.

그림 1-1 유인 동물의 발성 기관 비교(한영목 편저(1992), p. 42)

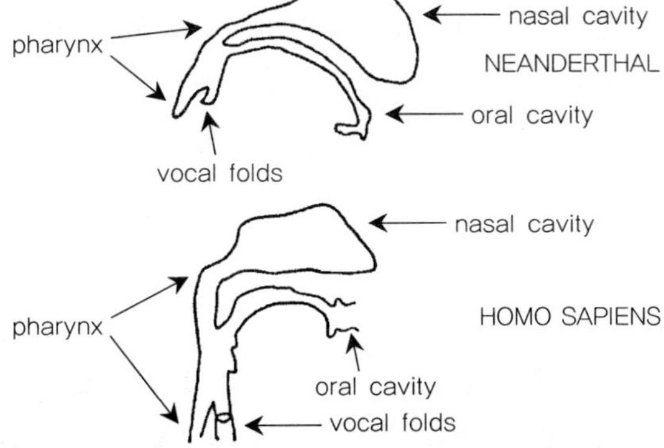

위에서 논의해 온 바와 같이 진화의 결과로 인간의 성도는 인간언어에서 이용되는 넓은 범위의 음을 생성할 수 있게 되었을 뿐만 아니라, 그 음을 듣고 구별할 수 있는 장치(이를테면 귀)를 갖게 된 것임을 알 수 있다. 그리고 뇌가 점차 커지고 복잡해진 결과, 대뇌의 앞부분에 운동성 중추가 있어 목, 혀, 입술 등을 움직여 말을 할 수 있게 되었고, 후두 부분에 지각성 언어중추가 있어 말을 듣고 이해할 수 있는 생리적인 조건을 갖추게 되었다. 그러나 이것으로 인간만의 고유한 언어능력을 설명하기에는 불충분하다. 왜냐하면, 구관조와 앵무새는 인간의 말을 흉내낼 수는 있으나 언어를 습득할 수 없기 때문이다. 그리고 귀머거리로 태어나도 주위에서 사용되는 기호언어를 배운다는 사실은 언어음을 들을 수 있는 능력이 언어를 습득해서 사용하는데 반드시 필요한 것이 아니라는 사실을 뒷받침해 주어 주목된다. 따라서 인간의 언어능력은 여러 진화론적인 발전의 집중현상에서 비롯되었을 것이다. 그중에서 언어능력 발전의 주요한 단계는 뇌에 발생된 진화론적인 변화와 깊은 관계를 맺고 있다고 보는 것이 타당할 것이다.

3. 인간의 의사소통

상징을 통해서 인간은 무한하고 많은 내용을 나타낼 수 있다. 우리가 전달할 수 있는 능력의 범위와 힘은, 우리가 전달할 때, 한 가지가 아닌 다음과 같은 세 가지 방법을 가지고 있다는 사실 때문에 더욱 높아진다.: 말, 쓰기, 몸짓.

대부분의 사람들에게 말은 의사소통의 가장 기본적인 방법이다. 또한, 표기법은 공간과 시간을 초월한 의사소통의 보존을 허용하며 인간의 역사와 복잡한 사회에서 쓰기의 중요성은 높이 평가해도 지나치지 않을 것이다. 몸짓의 역할은 덜 명확하다. 물론 귀머거리들 사이에서는 그것이 의사소통의 주요한 형태로 말을 대신할 수도 있다. 그러나 대부분의 사람들에게 몸짓은 중요한 보조물이다. 이 세 가지 체계는 우리들로 하여금 의미의 미묘한 차이를 가지고 다양한 상황에서 의사소통을 하도록 한다.

3.1 말

말은 혀, 입술, 성대, 폐, 연구개 등 보통 발음 통로(vocal tract)라 불리는 기관의 여러 가지 다른 부분의 조작을 필요로 한다. 생리학적으로 말은 신경과 근육의 복잡한 통합을 필요로 하기 때문에 누가 어떻게 말하는 것을 배우게 되는지 상상하기가 어렵다. 뇌의 언어중추는 다른 어떤 형태의 활동을 조절하는 중추보다 더 광범위하다. 혀 근육의 무게가 다리 근육 무게의 극히 작은 일부분이라는 사실에도 불구하고, 혀 운동만을 조절하는데 관여된 뇌의 부분은 다리의 운동을 조절하는 부분보다 거의 20배나 크다. 언어 중추의 큰 규모는 말의 복잡성을 나타낸다. 우리가 말할 때 혀는 계속 움직이며, 발음기관의 다른 요소와 관련하여 혀의 위치는 정확한 음의 산출에 중요하다. 말을 하려면 뇌는 무엇을 말할 것인가를 생각하고 발음기관의 모든 근육에 일련의 전기적 충격을 가한다. 그러면 이런 근육은 복잡한 음파를 일으키고 그 결과로 무엇인가 말하여진다. 인간이 음성 언어를 가지고 의사소통을 할 때 그들은 소리를 통해서 전달되는 의미를 표현한다. 의미와 소리의 관계를 이해하는 것은 언어학적인 조사의 출발점이다.

3.2 음과 의미

단어의 소리와 의미 사이에는 어떤 논리적이고 필연적인 관계는 없다. 언어는 자의적이며 분절적이다. 예를 들면, cat(고양이)라는 단어는 최소한 다음과 같은 세 개의 음의 단위나 분절로 나누어질 수 있다.: k와 같은 소리, 하나의 모음, t와 같은 소리 이런 세 개의 소리는 고양이의 성질을 암시하지 않는다. 게다가 이런 음들은 영어에서 반복되며 act(행위)나 tack(재치) 같은 다른 단어를 형성하기 위해서 다른 순서로 재결합될 수도 있다. 어떤 소리도 그 자체로서 의미를 전달하지 않는다. 그러나 소리들이 다른 소리들과 연결되면 이런 연속물은 의미를 전달할 수 있다.

그러나 어떤 단어들은 소리와 의미의 관계가 자의적이라는 원리에 맞지 않는 것처럼 보인다. 예를 들면, buzz(윙윙소리), swish(휙휙소리), bang(쾅소리), meow(야옹소리) 같은 의성어(onomatopoeic word)들을 그 자체가 의미인 것처럼 들린다. 유사하게 slime(진흙, 진흙투성이가 되다. 미끌미끌해지다), slippery(미끄러운), slush(진창), slop(진창, 질퍽질퍽하게 하다)과 같은 단어는 sl- 같은 부분적으로 같은 의미를 가진 어떤 소리들을 가지고 있다. 또 glow(백열, 빛나다), glimmer(깜박이는 빛, 어렴풋이 빛나다), glitter(번쩍임, 반짝이다), glisten(빛남, 반짝반짝 빛나다)과 같은 단어들에서 gl-은 어떤 의미를 전하는 듯하다. 그러나 이런 단어들은 단지 언어의 일부분일 뿐이다. 대부분의 단어들에서 소리와 의미의 관계는 거의 전부가 자의적이다. Televison(TV)과 typewriter(타자기)와 같은 오늘날 쓰이는 몇몇 단어들은 tele('가로질러'), vision('광경'), type('인쇄'), writer('쓰기의 출처') 같은 이미 존재해 있는 형태로부터 예측을 할 수 있다. 그러나 이런 형태의 의미도 자의적이다.

이런 자의적인 관계는 세계의 언어가 서로 다른 소리를 사용하고 있다는 사실로도 알 수 있다. 예를 들면, 어떤 아프리카 언어에서 의미를 지니는 소리는 영어에는 나타나지 않는다. 실제로 영어를 쓰는 많은 사람들이 이런 소리들을 말하는 것이 어렵다는 것을 알게 될 것이다. Judge(재판관, 재판하다)와 then(그때)의 첫소리와 같은 영어의 어떤 소리들은 영어를 쓰지 않는 많은 사람들이 발음하기가 어렵다.

어쨌든, 어떤 말소리라도 내용을 형성하도록 연결되어야 한다. 소리들은 의미를 가진 단위를 만들 수 있도록 연결되며 이런 단위들은 문장들을 형성하도록 연결된다. 이런 연결은 문법(grammar)이라 불리는 규칙에 의해서 이루어진다. 가장 일반적이고 근대적인 문법의 개념에 따르면, 문법은 음운, 통사, 의미의 요소를 포함한다. 음운부(phonological component)는 언어의 소리들과 관련이 있다. 통사부(syntactic component)는 의미를 가진 단위들을 결합하여 언어의 문장들로 만드는 데 관련이 있다. 의미부(semantic component)는 문장의 의미와 관련이 있다. 모든 언어의 문법에는 어떤 기본적이고 기저적인 유사점을 공통으로 가진 것으로 추측된다.

3.3 쓰 기

인류가 의사소통을 하기 위해서는 처음에는 음성언어만으로도 가능하였지만 사회적 구조가 발전되고 생활의 범위가 다양해짐에 따라서 시간, 공간적으로 한계가 많은 음성언어만으로는 전달하려는 내용이 오래 보전될 수 없는 상황이 발생하게 되었다. 따라서 인간은 기억과 보전을 위한 방법으로 보조적인 방법을 고안하게 되었다. 이러한 보조 수단이 문자 발달의 기원이 된다.

인류 역사상 문자가 발명되어 사용되는 시기는 보통 문자 이전—기억방조시대, 표어문자(標語文字)시대, 표음문자(表音文字)시대로 구분한다. 다음에서는 각 시대별 특징을 고찰하고자 한다.

1) 문자 이전-기억방조시대

문자가 발명되기 이전에 사람들이 기억과 보존을 위해서 사용하던 보조수단이 문자 이전의 기억방조시대를 구성하였다. 이 시기에는 결승(結繩), 서계(書契), 회화(繪畫)가 기억을 위한 보조 수단으로 사용되었다.

(1) 결 승

결승이란 일정한 사상이나 개념을 끈의 매듭으로써 표시하는 방법이다. 중국 상고시대에는 왕자가 정치의 방편으로 이 결승을 이용했다는 기록이 전해오고 서로 무슨 서약 같은 일에도 이것을 이용하고, 끈이 굵고, 작은 것에 따라서 일의 중대성이 결정되며, 수의 많고 적음에 따라서 사건의 많고 적음을 나타낸다.

(2) 서 계

서계에 대해서는 구체적인 설명이 없기 때문에 그 내용이 어떠한 것이었는지 자세히 알 수 없다. 그러나 서계란 목죽에 획을 그어서 어떤 사상이나 개념을 표시하는 것이라고 추측된다. 나무에다 획을 그어서 어떤 개념이나 사상을 표시하는 방법은 중국에서뿐만 아니라 세계 도처에서도 발견된다.

(3) 회 화

인간들은 처음에, 그러니까 대략 5천~6천 년 전에 의미를 전달하기 위해 그림을 그렸다. 알타미라 동굴에도 그림이 있고 고구려 쌍용총에도 벽화가 있다. 대개는 누가 무슨 짐승을 몇 마리 잡았다던가, 혹은 누가 누구를 죽였다던가, 아니면 누가 뭘 타고 어디로 갔다는 등등의 내용을 나타내는 그림이었다.

그림 1-2 북미 인디언의 그림문자(김혜숙(1997), p. 308)

그림은 가장 간편하게 이용할 수 있는 전달형식으로 도구만 있으면 어디에서나 자신의 의도를 상대방에게 전달할 수 있는 방식이다. [그림 1-2]는 캐나다의 벽화에서 발견된 그림문자의 대표적인 예이다.

[그림 1-2]의 내용을 유추하여 해석하면 5쌍의 배는 원정에 참가한 배의 수를 나타내고, 선상의 그림은 입선 수를 나타낸 것이다. 둥근 천정 속의 흑점은 3일을 나타낸다. 이것은 원정에 소요된 일수를 나타내며, 마상의 인물은 원정을 도운 마법사, 육상의 거북은 무사히 상륙하였음을, 좌측의 독수리는 용감함을 상징한다. 아래에 그려진 가공의 생물은 자기들을 도우려고 나온 수호자를 의미한다.

이러한 그림문자는 처음 대하는 사람이라도 사건의 전말을 파악하기 쉽고, 입체적인 사건이 평면상에 그려진다는 한계도 지닌다.

2) 표어문자시대

문자 이전 시기의 그림에서 볼 수 있는 바와 같이, 인간의 그림문자는 어느 사상이나 관념을 총체적으로 그려놓은 단순한 그림에서 출발하여, 그림을 사회관습에서 어느 사상이나 관념을 계기적 자질에 따라서 일정한 단위로 추상화해서 분석하는 단계로 발전한다. 이 단계가 표어문자시대인데 지금까지 역사상 찾아볼 수 있는 표어문자로는 설형문자, 성각문자, 한자가 포함된다.

(1) 설형문자(楔形文字)

설형문자는 메소포타미아 지역을 중심으로 발생한 고대 Orient에 이용된 문자에서 유래되었다. 설형(Cuneiform)이란 나전어의 쐐기에 의해서 명명된 것으로, 진흙판에 경필로 쓸 때 자연 붓의 첫머리가 굵게 파여 삼각형으로 되었던 것이다. 현존하는 최고의 설형문자로는 기원전 3000년경의 수메르어가 있다.

재미있게도 수메리아인, 이집트인들과 중국인들은 사물을 보는 눈이 서로 달랐다. 그리하여 그들이 만들어 낸 그림문자들은 약간씩 달랐으니, 다음에 실어 놓은 이들 세 민족의 그림문자를 비교해 보면 그 내용을 알 수 있다. [그림 1-3], [그림 1-4]를 통하여 같은 사물이라도 중국인, 이집트인, 수메리아인들이 표기한 그림문자가 약간씩 다름을 알 수 있다. 후에 수메리아인들은 자신들이 그려놓은 그림이 다소 복잡하다는 사실을 깨닫고 이것들을 좀 더 간단하게 만들어 냈다. 그리하여 그들이 단순화시킨 그림문자는 원래 사물의 모양과는 다소 다른 쐐기 같은 그림이 되었지만, 여전히 같은 의미를 담게 되었다.

그림 1-3 수메르, 이집트, 중국의 그림문자(장영준(1999), p. 84)

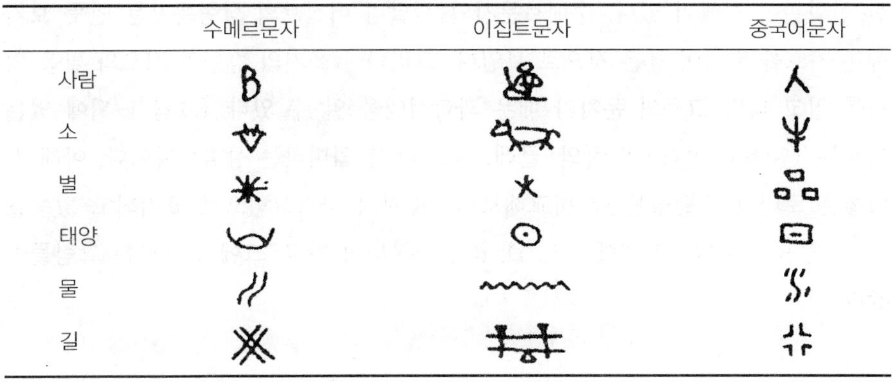

그림 1-4 수메르의 설형문자(장영준(1999), p. 84)

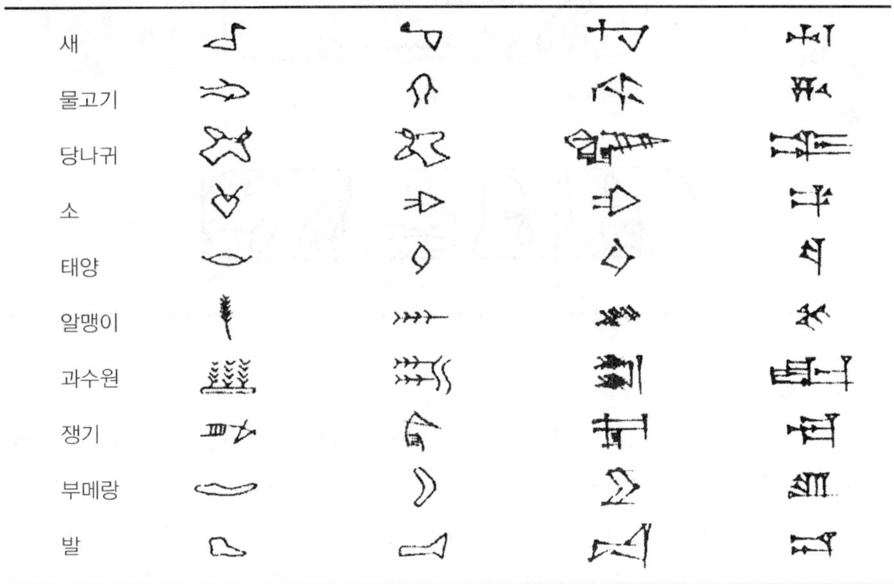

(2) 성각문자(聖刻文字)

성각문자는 상형문자의 가장 전형적인 것으로 고대 이집트에서 발생한 것이다. 이것은 '신성함'과 '새김'의 뜻으로 성각문자라고 하는데, 고대인의 문자에 대한 신화관이 깃들어 있다. 수메르문자와는 달리 이집트의 상형문자는 언뜻 보기에는 기호를 뒤섞어 놓은 것으로 보인다. 그러나 글쓰기의 방향과 기호의 발음 의미를 알고 나면 그들의 문자가 매우 과학적임을 알 수 있다. [그림 1-5]에 있는 기호는 '(위대한) 알렉산드르'와 '클레오파트라'를 의미하는 상형문자이다. 아래 적어놓은 로마자 스펠링을 잘 비교해보면, 'K'자가 사자그림으로 표기되고 있음을 알 수 있을 것이다. 그 외에도 L, D, R이 중복되어 있고, 그에 상응하는 그림들이 같다.

그림 1-5 이집트 상형문자의 예(김진경(1997), pp. 86-87)

A-L-K-S-N-D-R=(위대한) 알렉산드르

K-L-I-O-P-D-R-A-T=클레오파트라

(3) 한 자

현존하는 가장 오래된 한자는 소위 갑골문자(甲骨文字)라는 것이다. 이 갑골문자는 분명히 회화문자에서 발전해가는 과정을 보여 준다. 이러한 갑골문자 속에서도 회화문자로 인정하기 어려운 것들이 발견된다. 이러한 점은 모든 한자가 구조적으로 대상물을 직접 상형화한 것만이 아니라는 것을 알려준다. 우선, 구체적으로나 추상적으로 상형화할 수 있는 소수의 형태만을 상형화하고, 그 다음 단계로는 언어기호와 연결시켜 보다 복잡한 구조로 발전했다고 볼 수 있다.

전통적으로 한자의 3요소는 '형(形), 음(音), 의(義)'를 든다. 이러한 기본 요소를 바탕으로 한자는 '상형(象形), 지사(指事), 회의(會意), 형성(形聲)'의 구성을 하게 된다.

이러한 발전과정을 거쳐 인간의 문자는 의미 있는, 즉 내용이 풍부한 기호에서 의미가 없는 단순 간단한 소리의 기호로 바뀌기 시작했다는 것이다.

3) 표음문자시대

한자와 같이 한 단어가 한 자형으로 표기되는 것을 표의문자 혹은 표어문자 하고 하는데, 이에 대하여 각 단어의 음성형태를 각각 분석적으로 나타내는 것을 표음문자라고 한다.

인간이 내용을 보전, 저장하기 위해서 단순히 모사를 하던 단계에서 눈에 보이지 않는 추상적인 개념을 나타내는 방법을 모색하기 시작했다. 장영준(2000)은 이 부분에 대해서 다음과 같은 예를 들어 설명하고 했다.

예를 들면, 문자를 만들어가던 시대에 cat(고양이)을 나타내기 위해서는 당연히 고양이 그림을 그렸다.

이 그림은 틀림없이 cat(고양이)이란 사물을 나타낸다. 그런데 어느 순간부터 인가 cat이 아닌데도 cat의 발음 즉 {kæt}이라는 발음을 포함하는 어휘에는 차츰 고양이 그림을 그리기 시작했던 것이다.

또 log(나무토막)를 나타내기 위해서는 당연한 말이지만, 처음에 다음과 같은 그림을 그렸다.

고양이의 예와 마찬가지로 나무토막 그림을 보면 사람들은 log라고 있다가 어느 순간부터 비록 log(나무토막)가 아닌 경우에도 발음이 {lɔːg}로 나는 다른 어휘에 나무토막을 그리기 시작했다. 이것은 구체적인 사물이 존재하지 않는 추상적인 의미의 경우에는 불가피했다. 그리하여 catalog(목록)란 단어를 문자로 나타내고 싶으면, 고양이 그림과 나무토막 그림을 연속으로 그려놓음으로써 {kætəlɔːg}라는 발음을 표기했다.

그러니까, 앞의 그림은 고양이(cat)와 나무토막(log)이 아니라 단순히 그것이 내는 발음, 즉 catalog를 나타내는 기호에 불과한 것이다.

또 다른 예를 들면, I(나)와 eye(눈)가 발음이 같으니까, 눈을 그려놓았을 경우, 그것이 때로는 eye(눈)를 의미하는 그림문자이기도 하지만, 때로는 단지 발음을 나타내기 위해 사용된 기호에 불과할 수도 있다. 그러니까 eye(눈)도 되고, I(나)도 되는 것이다.

한 사물을 나타내는 그림 또는 문자가 이런 식으로 발음만을 나타내기 위해 사용되는 것은 일본 사람들에게서 상상력의 극치를 이룬다. 가령 한자의 加, 多자를 따다가 의미는 버리고, 모양을 간소화하여 각각 カ, タ로 바꾸고 이들의 소리만을 받아들였다. 그러니까 カ, バン은 더한다는 무슨 뜻이 있는 것이 아니라, 그저 'kaban'이란 소리만을 나타낸다. 그 뜻은 '더하다(加)'란 의미와는 아무 상관도 없는 '가방 bag'일 뿐이다.

중국어의 표음문자로서의 특징은 다음과 같은 예에서도 알 수 있다. 장영준(2000: 64-65)은 다음과 단어를 통해서 중국어의 특징을 설명하고 있다.

CoCa Cola	可口可樂
Pepsi Cola	百事可樂
W.C.	多不有時

또 그 의미를 새겨서 만들어진 단어로는 다음의 예를 들고 있다.

television	電視
movie	電影
elevator	電梯
computer	電腦

등은 모두 전기로 움직이는 물품들이라서 전기 전(電)자가 들어있다.

표의문자에서 표음문자로의 전환은 인간 언어 발달에 있어서 대단히 중요한 의의를 가진다. 왜냐하면, 앞에서도 언급했듯이, 나타내야 할 사물은 부지기수로 많고, 그것을 실어 나르는 소리의 개수는 한정되어 있는 데다가 그 소리를 나타내는 문자는 더더욱 그 수가 얼마 되지 않기 때문이다.

고양이 그림이 단지 고양이만을 나타낸다고 가정해 보자. 그러면 낙타를 나타내기 위해서는 낙타 그림이 필요할 것이고, 하늘을 나타내기 위해서는 하늘 그림이 필요할 것이다. 이런 식으로 필요한 모든 사물을 그림으로 나타낸다면 그 수도 엄청나려니와, 추상적인 개념은 그림으로 나타낼 수도 없다. 그러나 주어진 소리에 대해 특정한 문자나 기호를 사용한다면, 그 소리가 나올 때마다 같은 문자나 기호를 사용하면 되니까 그만큼 경제적이라 할 수 있다. 언어가 인간을 인간답게 해 주고, 문자가 인간을 문명으로 이끌어준다면 표음문자는 효과를 극대화했다고 하겠다.

이상에서 살펴보았듯이 인간의 언어능력은 의사소통을 위한 구술어에서 출발하여 그 의미의 보전을 위한 문자의 발달로 이어졌는데, 문자의 발달도 기억방조시대에서 출발하여 표의문자시대를 거쳐서 표음문자로 인간 언어의 추상성을 무한히 표현할 수 있는 발전과정을 거쳐 왔다. 문자의 기원과 발달도 인간의 언어를 연구하는 데 매우 귀중하고 재미있는 가치를 전해 주는 소중한 영역이다.

3.4 몸 짓

말과 표기법이 몸짓보다 더욱 조직적이고 널리 쓰이기는 하지만 아마도 몸짓은 의사소통의 가장 최초의 형태일 것이다. 몸짓(gesture)이라는 용어는 여기서 모든 인간의 의사소통을 포함하는 것으로 사용된다. 즉, 몸짓은 흔히 몸짓 언어(body language)라고 불리우며 말소리가 아닌 소리나, 투덜거리는 소리, 얼굴 표정, 손을 흔드는 것, 연기 신호처럼 의사소통의 의미를 지닌 여러 가지 환경의 조작까지도 포함한다. 몸짓은 말도 아니고 부호도 아니면서 의사소통이 되는 신체의 조작이다(제 2 장 "언어와 문화" 참고). 미국의 전달이론에서 나타난 공간의 설정, 신체적 동작 · 행동의 요소를 도식화하면 [그림 1-6], [그림 1-7]과 같다. 이 두 가지 그림에서 알 수 있듯이 인간의 의사소통에는 공간의 거리와 신체적 동작 · 행동 요소가 매우 중요하다.

몸짓이 인간의 의사소통의 발전에 기본적인 것이었고 아직도 많이 사용되고 있음은 의심할 수는 없다. 또한, 몸짓이 적합하지 않을 때에도 사람들은 말을 하면서 몸짓을 한다. 예를 들어서, 만약 당신이 전화로 이야기하는 사람들을 보면, 당신은 그들이 고개를 끄덕이고 손을 흔들며 어깨를 움츠리고 하면서 그들의 언어를 여러 가지 동작으로 보충하는 것을 보게 되는 데 이러한 것은 상대방에게는 아무 쓸모가 없다.

어떤 사람들에게 몸짓의 의사소통은 필수적이다. 예를 들면, 귀머거리는 거의 몸짓의 사용에 의존한다. 이와 같은 의사소통은 또 말이 통할 수 없는 거리에서도 이루어진다. 예를 들면, 축구 경기에서 심판원들은 군중에게 규칙위반을 전달하기 위해서 몸짓 언어 체계를 사용한다.

몸짓 언어는 동양인보다는 서양인들 사이에 훨씬 발달되어 있다. 미국에서는 60~70개, 이스라엘(Israel)에서는 200개 정도의 몸짓 언어가 통용되고 있으며, 미

그림 1-6 공간 · 거리 설정(김혜숙(1997), p. 51)

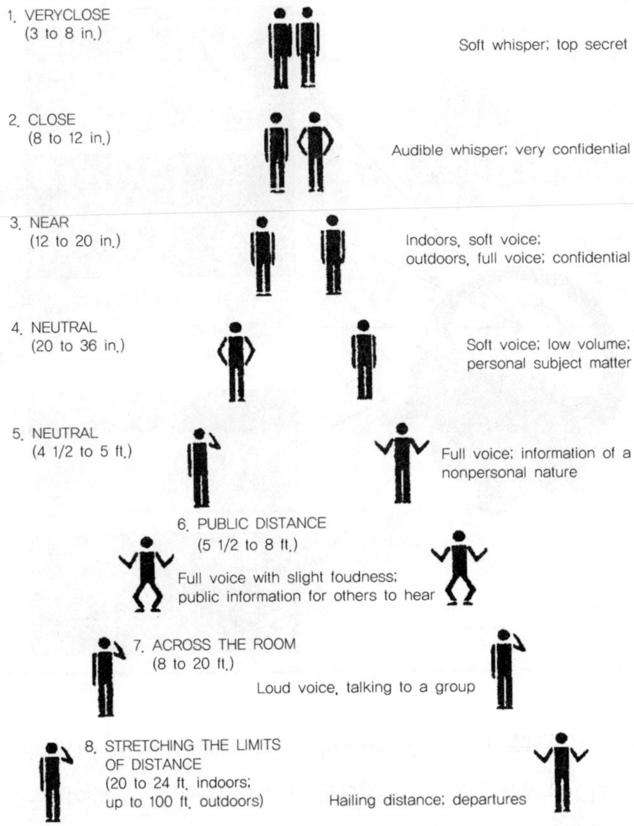

국의 한 언어학자는 의사소통에서 구어가 차지하는 비율은 불과 1/3에 해당하고 나머지는 몸짓 언어로 이루어진다는 주장을 한다. 몸짓 언어도 나라에 따라 다르다. 우리는 엄지손가락을 펴 보이면 '아버지'나 '사장'을 나타내는데 미국에서는 'OK'라는 뜻이고, 엄지와 인지로 동그라미를 그리면 '돈'을 뜻하는데 남부 유럽에서는 성관계를, 고개를 옆으로 흔들면 'no'를 뜻하는데 네팔(Nepal)에서는 'yes'를, 주먹 쥐고 새끼손가락을 펴 보이면 '부정한 관계의 여인'을 뜻하는데 스코틀랜드(Scotland)에서는 '안녕하십니까'를, 뒤통수를 긁적이면 실수를 인정하고 미안하다는 뜻인데 영국에서는 '웃기지 말라'는 모욕의 뜻을, 혀를 내밀면 반발적인 태도를 나타내는데 몇몇 나라에서는 성관계를 뜻한다.

그림 1-7 신체행동요소(김혜숙(1997), p. 52)

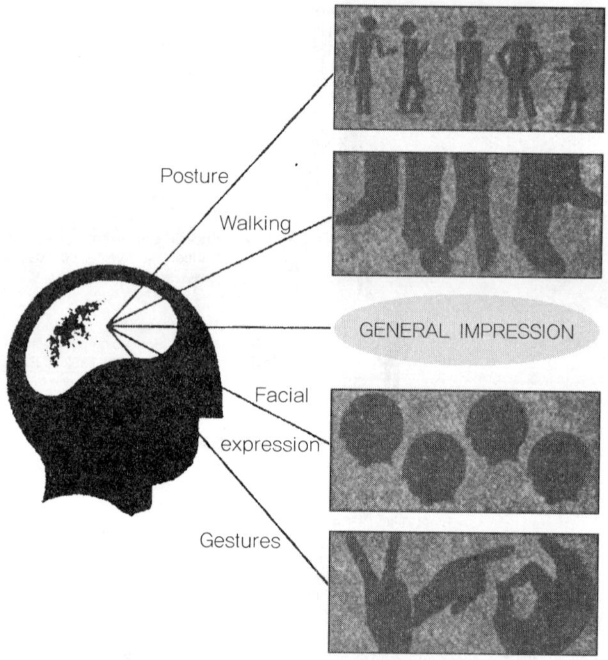

인지를 콧등 오른쪽에 대면 영국에서는 '비밀'을, 그리고 이탈리아에서는 '조심하라'는 뜻이다. 우리는 '오라'는 표시로 손바닥을 아래로 하여 흔드는데, 미국에서는 손등을 아래로 하여 저으면서 손바닥을 아래로 하여 저으면 미국에서는 '가라'는 표시이다. 이 신호를 잘못 알아 제 2 차 세계대전 후 일본 여자 청소부가 미군부대 근처에서 '오라'는 신호인 줄 알고 걸어가다가 총에 맞는 불상사가 일어났다. 영국에서는 한 승마대회에서 여왕 앞을 지나며 손가락으로 V자를 그려 보였는데, 손등을 바깥쪽으로 향했기 때문에 자격 박탈을 당했다. 영국에서는 손등을 보이면 성관계를 뜻하기 때문이다.

가장 많이 논의되는 몸짓 의사소통 방법은 신체 움직임을 연구하는 동작학(kinesics)인데, 이것은 이야기하는 동안에 일어나는 신체의 동작과 자세에 대한 연구이다. 이런 몸짓은 눈짓에서부터 고개를 끄덕이고 코를 엄지손가락으로 만지작거리는 것 등을 포함한다. 미소와 같이 어떤 몸짓은 다소 보편적이지만, 문화가 다르면 몸짓도 다른 것을 사용하기도 한다(예를 들면, 도시 중심부에 사는 두 젊은 흑인의 악수와 두 중년의 미국 사업가들의 악수의 차이를 들 수 있다).

공간에 관한 연구(proxemics)는 몸짓 의사소통의 또 다른 요소인데, 이야기를 하는 두 화자가 서로 유지하는 공간에 대해서 연구하는 것이다. 이 '사회적인 공간'은 문화에 따라서 다르다. 일반적으로 중동과 지중해 사람들은 미국인과 북유럽인들보다 훨씬 가깝게 서서 대화를 한다.

말소리의 조정은 부차 언어(paralanguage)라 불리는데 그것은 의사소통에 영향을 미친다. 예를 들면, 애정이 담긴 말은 부드러운 소리로 말해지는 반면 공격적인 논쟁은 음의 고조의 극단인 변화와 더불어 큰소리로 말해진다.

여기 소개된 몸짓언어의 일반적인 정의에는 말과 몸짓의 결합인 입술 해석 같은 다른 형태의 의사소통도 포함한다. 귀머거리는 입과 혀의 어떤 움직임을 지각해서 그 움직임의 연속을 풀이할 수 있다. 예를 들면, mope(우울, 우울해하다)이라는 단어는 입술 폐쇄, 둥글게 열린 입, 입술 폐쇄라는 연속으로 지각될 수 있을 것이다. 입술 해석자들은 그들이 실제로 볼 수 있는 것—입술의 움직임, 혀끝의 움직임—이 아주 제한되어 있다. 이런 몸짓으로부터 그들이 알아낼 수 있는 정보의 양은 진행하고 있는 것의 극히 적은 일부분에 지나지 않는다. 일반적으로 입술 해석자들은 이 정보를 얼굴의 표정, 몸짓, 그 밖의 것에서 얻어낸 자료로 보충한다. 입술 해석은 귀머거리가 보통 얼굴 해석(face reading)이라 부르는 것의 일부분이다. 실제에 있어서 얼굴 해석자들이 마주치는 주요한 문제점 중의 하나는 그들을 위하여 천천히, 과장되게 말하는 선의의 화자이다. 느리고 과장된 언어는 부자연스럽고 잘못 이해되며 귀머거리는 자연스런 언어보다 이러한 말을 해석하기가 훨씬 더 어렵다.

이런 모든 형태—신체의 동작학(kinesics), 부차 언어(paralanguage), 공간 연구(proxemics), 입술과 얼굴의 해석(lip and face reading)—는 말 대신이 아니라 말과 함께 일어난다. 그러나 손짓과 성조 체계의 사용이 예증하는 바와 같이 몸짓은 말을 대신할 수도 있다.

대부분의 중국어 방언과 많은 아프리카 언어를 포함한 많은 언어들은 성조 언어(tone language)이다. 즉, 그 언어들은 성조를 사용하여 의미를 구별하거나 의사소통을 한다. 그 결과 이런 언어를 말하는 사람들은 성조에 대한 감성을 발전시키며, 어떤 종족은 그런 감성을 몸짓 의사소통 체계에까지 적용을 했다. 예를 들면, 멕시코 인디언의 집단인 Mazatecans는 휘파람을 불어서 서로 의사소통을 할 수 있다.

어떤 아프리카 집단도 역시 먼 거리 의사소통을 위해서 성조를 사용한다. 그러나 휘파람을 부는 대신에 그들은 각각 다른 음악적 음조를 가지고 있는 북들을 사용한다. 그들은 Mazatecans들이 휘파람을 불어 표현하는 것과 같은 방식으로 한 문장의 가락을 두들긴다.

뜻을 구별하기 위해 성조를 사용하지 않았던 영어 화자들은 휘파람이나 북을 사용하는 적당한 의사소통 체계를 발전시킬 수 없었다. 북이나 휘파람을 이용한 의사소통은 구어의 음조의 성질에 직접적으로 의지한다. Mazatecans들은 그들의 말소리를 배울 때 휘파람 부는 것을 배우게 될 것이다. 아프리카 어느 부족의 일원들도 그 부족의 말을 북소리로 나타내는 것을 이해할 수 있다.

정규적인 의사소통을 위해 손짓 언어를 사용했던 부족은 인디언만이 아니다. 비록 귀머거리가 입술과 얼굴 해석에 숙달되어 있더라도, 그들은 서로 '말하지' 않는다. 인디언들처럼 귀머거리는 각 몸짓이 어떤 표준화된 의미가 주어진 손짓 언어를 사용하여 의사소통을 할 수 있다. American Sign Language가 한 예이다. 사인마다 약간의 변이는 있지만 손짓 언어 이용자들 사이에서 표준이 되는 1,500개 이상의 손짓이 있다. 인디언과 귀머거리 손짓 사이에 몇 개의 일치가 있지만('보다'라는 손짓처럼) 귀머거리 손짓의 대부분은 인디언 체계와는 독자적으로 발전했다.

인디언 손짓 언어처럼 귀머거리 손짓도 단어가 아니라 개념을 표현한다.

exhausted(기진맥진한)와 fatigued(지친) 같은 단어 사이의 사소한 의미의 차이는 손짓 그 자체가 아니라 그 손짓의 힘과 태도에 달려 있다. 얼굴은 이런 의미의 차이를 전하는 데 중요하기 때문에 귀머거리들은 그들에게 말하고 있는 사람의 얼굴을 주시하는 경향이 있다. 귀머거리 손짓의 대다수가 얼굴 높이에서 이루어진다. '좋은'이란 인디언 손짓이 가슴 높이에서 시작되는 반면 귀머거리의 이 손짓은 입에서 시작한다. 귀머거리에게는 발도 의사소통을 하는 기능을 한다. 발을 구르는 것은 보통 주의력의 요청으로 해석된다. 이와 같은 진동은 바로 옆의 귀머거리에게 쉽게 지각될 수 있다.

이렇게 여러 가지의 조정이 있지만 개념을 나타내는 손짓 암호는 수가 비교적 한정되어 있고, 의미는 매우 일반적이다. 의미를 정확하게 나타내려면 손짓으로 가능한 것보다 더 상세한 무엇이 있어야 한다. 또 하나의 대안은 손가락 철자법인데 손짓은 개념이 아니라 소리를 표현한다. 흥미롭게도 교육받은 사람들은 그렇지 않은 사람들보다 훨씬 많은 손가락 철자법을 사용한다.

지금까지 살펴 본 세 가지 의사소통 방법 중에서 말이 가장 빠르며 가장 효과적이다. 또한, 의미의 미묘한 차이는 실제의 단어는 물론 성조를 통해서 나타낼 수도 있다.

4. 언어능력과 언어수행

인간의 언어행위의 제 현상을 설명하고자 Chomsky(1965)는 언어능력과 언어수행의 개념을 구별하였다. 언어능력은 인간이 태어날 때부터 가지고 있는 언어에 대한 내재된 지식이며, 언어수행은 실생활에서 그 지식을 사용하는 것이다. 즉, 언어수행은 언어적 규약의 내재화된 지식에 기초하며 실제로 말하여지는 것이며, 활동하는 언어능력이다.[7] 그러나 이러한 정의는 모국어 화자의 경우에 적용되며 제 2 언어 학습에서는 모국어 화자의 반대의 절차를 거치게 된다. 제 2 언어 학습자는 언어수행을 통해 언어능력을 발달시킨다. 처음 단계에는 언어능력 없이 기계적으로 수행하는 단계이고, 다음은 약간의 언어능력만 지닌 언어수행단계이며, 끝으로 언어능력에 기초한 언어수행을 하게 된다. 그러므로 제 2 언어 학습에서는 언어능력과 언어수행을 별개의 것으로 생각하지 않는다.

4.1 언어능력의 세 가지 유형

언어능력에는 언어학적 능력, 의사소통 능력, 문화적 능력이 필요하다. 따라서 언어학적 능력만으로 담화에 참가하는 것은 불가능하다. 누구에게, 언제, 어디에서, 무엇을 말할 것인지를 아는 의사소통 능력이 필요하며, 또한 문화적 능력으로서 적절한 언어적 · 비언어적 태도와 타인의 태도에 대한 이해가 필요하다. 제 2 언어 교수에서는 이 세 가지 언어능력을 동시에 중요시해야 한다. 이러한 언어능력의 개념이 제 2 언어 교육에서 목적하는 바는 학습자로 하여금 그 말을 모국어로 쓰는 사람들과 효과적인 의사소통을 할 수 있도록 해 주는 데 있다. 그러므로 학습자가 문법적인 문장을 이해하고 쓸 수 있는 능력의 학습뿐만 아니라, 언어가 사용되는 사회의 문화를 인식하는 것이 중요하다고 할 수 있다. Hammerly (1982)는 이 세 가지 언어능력을 [그림 1-8]로 그 개념을 적절하게 포착하고 있다.

그림 1-8 언어능력의 세 가지 구성 요소(Hammerly, 1982)

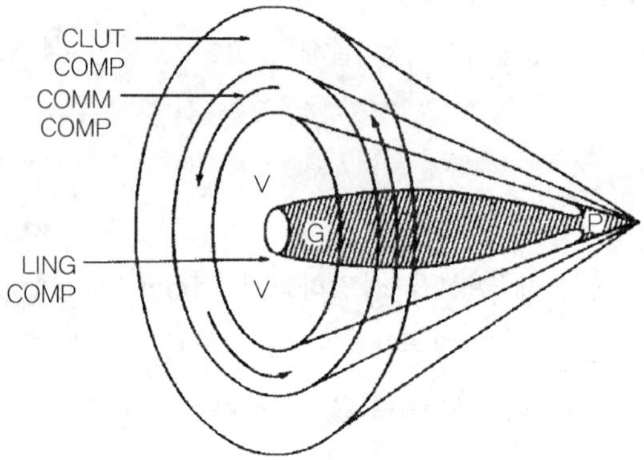

CULT COMP(Cultural Competence): 문화적 능력
COMM COMP(Communicative Competence): 의사소통 능력
LING COMP(Linguistic Competence): 언어학적 능력
V(Vocabulary): 어휘
G(Grammar): 문법
P(Phonology): 음운론

1) 언어학적 능력

언어학적 능력은 언어의 네 가지 요소를 완벽하게 사용하는 능력이다. 즉, 음운론과 철자법, 문법, 어휘론, 의미론 더 나아가 담화론까지 포함하는 능력이다. 이 네 가지 요소의 사용순서를 보면 [도표 1-1]과 같다.

[도표 1-1]에서 보듯이 문장생성은 그 방향이 하향적, 즉 위에서 아래로, 담화에서 음성학으로 발전하며, 제 2 언어 학습은 그 방향이 상향적, 즉 아래에서 위로, 음성학에서 담화로 발전한다. 또한, 언어학습자는 언어내적 기술—듣기, 말하기, 읽기, 쓰기의 네 가지 기능—을 사용해야 한다. Neufeld(1980)는 언어능력의 네 가지 기능을 두 가지로 나누었다. 즉, 이해기능(듣기, 읽기)과 산출기능(말하기, 쓰기)이다. 예를 들면, 외국어를 듣고 이해하는 것은 가능하나 하고 싶은 말을

도표 1-1 문장생성과 학습(Hammerly, 1982)

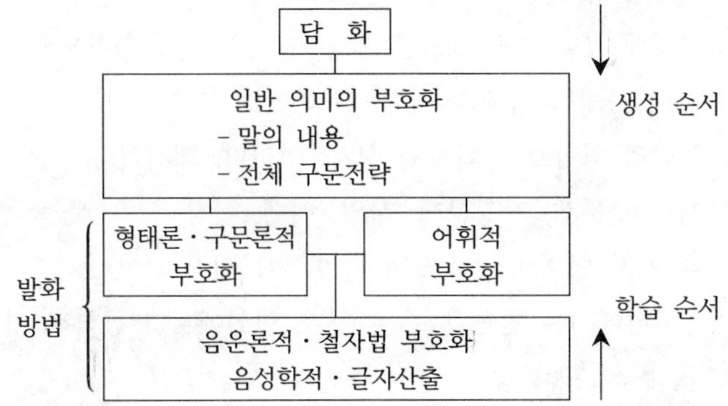

못하는 경우는 산출기능의 부족 때문이다. 언어교수학에서는 이해기능과 산출기능을 고루 갖춘 능숙한 화자의 언어기술을 위한 여러 모델을 제시하는데, Hammerly (1982)는 이상적인 모델로 절충적 순서를 제시하고 있다.

2) 의사소통 능력

의사소통 능력이란 어휘는 Dell Hymes(1972)가 그의 '사회언어학이론'(socio-linguistic theory)에서 Chomsky의 언어능력과 구별하여 사용한 용어이다. 이 능력은 화자가 실상황에서 적절하고 효과적인 메시지를 생성하는 능력을 말하는 것이며, 여러 의사소통 활동에서 상황적으로 적절하고 합당한 대화의 기능이다. 의사소통능력에서 중요한 것은 발화(utterance)이다. Austin(1962)은 모든 발화는 행위를 수반한다고 하여 언어의 수행적인 면을 부각시켜 언어표현은 문맥 내에서 분석해야 한다는 입장을 취한다. 그는 모든 발화는 언어행위를 수행하는 것이라는 주장 아래 언어의 지식보다 언어의 사용을 강조하여 실제상황 내에서 언어의 의미를 파악하려는 화행론의 입장을 지지한다. 화행론의 주요 과제인 발화의 중심행위는 발화수반행위(illocutionary act)이고, 여기에 발화수반력(illocutionary force)과 통사적 특징 간의 관계를 규칙화하여 언어사용규칙을 만들고자 하는 것이다. 발화행위는 표현행위(locutionary act)뿐만 아니라 발화수반행위와 발화효과행위(perlocutionary act)를 수반하는데, 이는 발화행위의 핵심이 되는 것으로 발화로써 수행되는 의도적 행위이다.

화행(speech act)은 다음과 같이 여러 기준에 따라 나누어질 수 있다:

① 기능: 설득하기, 기분 돋우기, 존경표시 등등

② 상황: 야외에서(길, 정류장, 공원, 수영장 등등), 실내에서(거실, 가게, 부엌 등등)와 같이 사회적 상황과 연결[8)]

③ 역할: 일반적 역할로서 화자와 청자, 어머니, 택시기사, 교수 등등

④ 화제: 개인적 문제, 가정문제, 사업, 여행, 건강, 교육 등등[9)]

⑤ 양상: 네 가지 언어내적 기술(듣기, 말하기, 읽기, 쓰기)

⑥ 형식성: 파티에서는 친근감 주는 어투, 연설에서의 공식적 어투 등등

⑦ 영역: 집, 버스, 학교 등등

⑧ 대화의 수준: 일상적, 공식적 수준에서 감정의 동화 수준까지[10)]

3) 문화적 능력

문화적 능력이란 중류 정도의 교육을 받은 모국어 화자가 갖는 문화와 문명의 지식을 말한다. 이것은 인지적 능력과 언어적 · 비언어적 태도의 수행능력이 합하여 이루어진다. 제 2 언어 학습에 있어서 제 2 언어 교사는 첫 시간부터 문화적 지도를 고려해야 한다. 언어학적 능력과 의사소통 능력, 의사소통 능력과 문화적 능력 간에는 중복부분이 많다. 같은 대화의 능력도 강조점에 따라 구분된다. 즉, 언어적 규약의 강조는 언어학적 능력에 속하고, 내용전달의 강조는 의사소통 능력 중심이며, 모국어 화자의 태도와 지식을 강조할 때는 문화적 능력을 강조한 것이다. 언어교수학에서는 세 가지 언어능력을 고루 갖추도록 지도해야 한다.

4.2 언어수행의 세 유형

언어능력을 언어학적 능력, 의사소통 능력, 문화적 능력으로 구분하였듯이 언어수행을 표면수행, 체계적 수행, 기계적 수행의 세 가지로 나눌 수 있다.

① 표면수행: 실수(실언, 전위, 머뭇거림)를 포함한 언어수행이다.[11)]

② 체계적 수행: 표면언어수행에서 실수를 제외한 것으로 모든 언어분석과 습득 · 학습, 언어사용의 기본이 되는 것이다.

③ 기계적 수행: 반복 · 반향적인 언어행위(노래부르기, 모방하기, 유형훈련 등)로 그 언어에 대해 모를 때에도 흉내를 낼 수 있는 것이다.

기계적 수행을 하는 학습자는 의사소통 상황에서 그 표현을 사용할 수 없다. 그 이유는 언어능력을 바탕으로 한 수행이 아니기 때문이다. 그러나 기계적 수행도 구조적, 의미론적 의미를 이해할 때, 문장생성능력으로 이어질 수 있으므로 제 2 언어 학습자의 경우에는 언어수행에 포함시키는 것이 좋다.

참고사항

1) William Moulton(1961; Rivers, 1964 재인용)은 구조주의적 입장에서 언어의 정의와 언어교수원리를 제공하였다.

   ① Language is speech, not writing.

   ② A language is a set of habits.

   ③ Teach the language, not about the language.

   ④ A language is what its native speakers say, not what someone thinks they ought to say.

   ⑤ Languages are different.

   또한, Richards와 Rodgers(1986)에서는 언어이론들이 구조적 관점, 기능적 관점, 상호작용적 관점에 따라 달리하는 언어의 본질에 대하여 이론적 견해를 정리하였다.

   ① the structural view: language is a system structurally related elements of the coding of meaning.

   ② the functional view: language is a vehicle for the expression of functional meaning.

   ③ the interactional view: language is a vehicle for the realization of inter-personal relations and for the performance of social transactions between individuals.

2) 'Whorf 가설'(Whorfian hypothesis)(Whorf, 1956)에 의하면 모든 언어체계는 사고의 체계와 관련되어져 있다. 예를 들면, 주 식량이 옥수수인 인디언족들은 다양한 옥수수의 종류를 나타내는 'corn'에 관한 여러 단어들을 사용하였다. 'Sapir-Whorf 가설'이라고도 하며 언어가 다르면 우주관, 우주분석방법, 경험방식 등이 그에 대응하여 다르다는 가설이다. '언어상대성가설'(linguistic relativity hypothesis), '언어적 세계관가설'(linguistic weltanschauung hypothesis)이라고도 부른다.

3) 영어에도 'twenty-three skiddoo', 'running board'처럼 더 이상 쓰이지 않는 단어들도 있고 'awful'(amazing을 의미했음), 'artificial'(perfect, skillful을 의미했음)처럼 뜻이 변한 단어들도 있다.

4) 각 언어의 문법적 차이는 보편문법원리가 매개변항의 차이로 조금씩 다르게 발현되기 때문이다. 이 경우 '매개변항 결정'(parameter setting)이 달라져야 한다. 즉, 보편문법의 각 원리들은 실제 개별언어 경험에 따라 매개변항을 결정한다. 예를 들면, 계층구조원리에는 핵이 앞에 오는 경우(head-initial)와 핵이 뒤에 오는 경우(head-final)의 가능성이 있는데, 영어 화자는 그 언어경험 속에서 매개변항을 핵이 앞에 오는 경우로 결정하게 된다(Nina Hyams, 1986).

5) 이 주장은 경험주의이론에 기초한 것이며, 반면 Chomsky는 언어기능(language faculty)에 대한 주장을 하였다. 경험주의이론은 내재적인 인간정신을 인정하며 추상적인 지적사상을 인정하나, 내재적인 것이 언어능력이 아닌 '다목적형 학습전략'(general multi-purpose strategy: GMPS)이다(박경자, 1984). 반면, Chomsky는 언어기능을 선천적으로 타고난 특성으로 본다. 언어기능이란 인간의 생득적 언어습득능력과 그로 인하여 얻어지는 문법적 능력(Chomsky(1965)의 '언어능력')을 포괄적으로 지시한다(Chomsky, 1986). 또한, 경험주의는 인간의 지식형성에 있어서 후천적 환경을 중요시한다. 반면, 이성주의는 선천적 능력을 중요시하며 언어가 경험을 통해서 습득되는 것이 아니며, 어느 정도 경험도 필요하지만 어떤 인간 고유의 능력에 의해 성장(language growth)한다고 본다.

6) 언어공동체 내에는 흔히 방언이라 불리는 언어의 변이형들이 있다. 이 방언들은 지리적으로 'dialects', 직업적 구별로 'registers', 사회적으로 'styles'로 정의된다.

7) Saussure(1916)는 언어를 랑그(la langue: language as a system)와 빠롤(la parole: actual manifestation of language in speech or writing)로 구분하였으며, 또한 Chomsky는 전자를 언어능력(competence), 후자를 언어수행(performance)으로 구분하고 있다. 또한, Hymes(1972)는 언어능력의 개념 속에는 아래와 같은 문맥상의 타당성과 사회적・문화적 요소가 내포되어야 효과적인 언어사용을 기대할 수 있다고 한다.

① 문장이 문법적 측면에서 형식상 가능한가?

② 심리적으로 실현가능한가?

③ 사회문화적 측면에서 적절한 표현인가?

④ 형식상 가능할지라도 실제적 발생가능성이 있는가?

8) van Ek(1975)는 상황을 언어행위의 성질을 결정하는 언어외적 제 조건의 복합이라고 하였다. 그리고 제반상황의 성분들에 집중시킴으로써, 교육의 절차상 앞으로 진행해가는 단계인 '입문단계'(threshold level)를 위한 충분한 기초를 마련하는 교수요목을 주장하였다. 상황의 세목화를 살펴보면, ① 사회적 역할, ② 심리적 역할, ③ 제반장면, ④ 제반화제 등이다.

9) 화제란 학습자가 언어학습에 있어서 자율적으로 행할 수 있게 하는 개념적 세부화(notional specification)를 위한 기초가 된다(van Ek, 1976).

10) Powell(1969)은 대화의 수준 정도에 따라 낮은 1등급에서 가장 높은 5등급의 5단계로 화행을 나누고 있다.

① 공식적 단계: 상투적 표현, 인사말

② 사실교환 단계

③ 의견과 판단제시 단계

④ 감정표현 단계

⑤ 동화적 단계: 깊이 있고 솔직한 대화 단계

11) 전위(metathesis)는 두 개의 서로 인접해 있는 음성의 위치를 바꾸어서 발음하는 경우(예: enmity → emnity, perform → preform, produce → perduce 등)이다. 이와 같은 실수에 의한 전위현상은 한 단어 안에서만 일어나는 것이 아니라 단어의 경계를 넘어서도 일어나는데, 이러한 전위현상을 '머리글자 전위현상'(spoonerism)이라고 한다. 예를 들면, Pardon me, Madam. → Mardon me, Padam. 또는 our dear old queen → our queer old dean으로 발음하는 경우이다(Pyles와 Algeo, 1970).

연구과제

1. 언어의 본질을 정의하고 언어교수학에 미치는 영향을 설명하시오.

2. 현대 언어학에서 보는 언어에 대한 관점을 설명하시오.

3. 언어의 기원설에 대해서 설명하시오.

4. 인간의 의사소통 과정에서 쓰기는 매우 중요한 역할을 담당한다. 인류의 역사상 문자가 발달해 온 과정을 세 단계로 구분하여 설명하시오.

5. 언어능력과 언어수행이란 무엇인지 설명하시오.

6. 의사소통 능력에 대하여 구체적으로 설명하시오.

7. 문화적 능력의 필요성을 논하시오.

참고문헌

Austin, J. 1962. *How to Do Things with Words*. Oxford: Clarendon Press.

Bloomfield, L. 1933. *Language*. New York: Holt.

Brooks, N. 1964. *Language and Language Learning*: Theory and Practice. second edition. New York: Harcourt Brace.

Brown, H. D. 1980. *Principles of Language Learning and Teaching*. Englewood Cliffs, N. J.: Prentice-Hall.

____________. 2007. *Principles of language learning and teaching*(5th ed.), White Plains, NY: Pearson Education.

Carroll, J. 1953. *The Study of Language*. Cambridge, Mass.: Harvard University Press.

Chomsky, N. 1965. *Aspects of the Theory of Syntax*. Cambridge, Mass.: MIT Press.

___________. 1986. *Knowledge of Language: Its Nature, Origin, and Use*. New York, NY: Praeger Publishers.

Hammerly, H. 1982. *Synthesis in Second Language Teaching: An Introduction to Languistics*. Blaine, Wash.: Second Language Publications.

Harmer, J. 2001. *The practice of English language teaching*(3rd ed.), Harlow, UK: Pearson Education Limited.

Hymes, D. 1972. On communicative competence. In J. B. Pride and J. Holmes Johnson. eds., *Sociolinguistics*. Harmondsworty: Penguin.

Hyams, N. 1986. *Language Acquisition and the Theory of Parameters*. Dordrecht, Holland: D. Reidel Publishing Company.

Moulton, W. 1961. Linguistics and Language Teaching in the United States 1940-1960. In C. Mohrmann, A. Sommerfelt, and J. Whatmough, eds., *Trends in European and American Linguistics 1930-1960*. Utrecht, The Netherlands: Specturm.

Neufeld, G. 1980. On the Adult's Ability to Acquire Phonology. *TESOL Quarterly* 14: 285-298.

Numan. D. (Ed.), 2003. *Practical English language teaching*. New York: McGaw Hill Contemporary.

Paulston, C. 1974. Linguistic Competence and Communicative Competence. *TESOL Quarterly* 8: 347-362.

Powell, J. 1969. *Why Am I Afraid to Tell You Who I Am?* Niles, Ill.: Argus Communications.

Pyles, T., and J. Algeo. 1970. *English: An Introduction to Language*. New York: Harcourt, Brace, & World.

Richards, J., and Rodgers, T. 1986. *Approaches and Methods in Language Teaching: A description and analysis*. New York: Cambridge University Press.

__________. (Ed.), 1998. *Teaching in action: Case studies from second language classrooms*. Alesandria, VA: Teachers of English to Speakers of Other Languages.

Rivers, W. 1964. *The Psychologist and the Foreign-Language Teacher*. Chicago: University of Chicago Press.

Saussure, F. de. 1916 · 1959. *Course in General Linguistics*. eds., by C. Bally and A. Sechehaye in Collaboration with A. Riedlinger and translated with an introduction and notes by W. Baskin, New York: McGraw-Hill.

Savignon, S. 1972. *Communicative Competence: An Experiment in Foreign Language Teaching*. Philadelphia: The Center for Curriculum Development.

__________. 1983. *Communicative Competence: Theory and Classroom Practice.* Reading, Mass.: Addison-Wesley.

van Ek, J. 1975. *Systems Development in Adult Language Learning: The Threshold Level in a European Unit·Credit System for Modern Language Learning by Adults.* Strasburg: Council of Europe.

_________. 1976. *The Threshold Level for Modern Language Learning in Schools.* London: Longman.

Whorf, B., J. B. Carroll, ed., 1956. *Language, Thought, and Reality: Selected Writings.* New York: John Wiley and Sons.

김진우. 1985.『언어』. 서울: 탑출판사.

김형엽·이현구·김현진. 2002.『언어, 그 신비로운 세계』. 서울: 경진문화사.

김혜숙. 1997.『언어의 이해』 서울: 태학사.

박경자. 1984.『심리언어학』. 서울: 고려대학교 출판부.

장영준. 2000.『언어의 비밀』. 서울: 한국문화사.

크리스티앙 자크(김진경 옮김). 1997.『이집트 상형문자 이야기』. 서울: 예문.

한영목. 1992.『언어와 사회』. 서울: 한신문화사.

제 2 장 언어와 문화

앞 장에서도 언급했듯이, 제 2 언어 능력은 언어학적 능력, 의사소통 능력, 그리고 문화적 능력으로 구성되어져 있다.[1] 그리고 이 세 가지 능력은 모두 상호 연관되어 있으며, 효율적인 의사소통을 위해서는 필수적이다.

Trescases(1981)는 문화능력이란 제 2 언어를 심리-사회-문화적 현실체와 연결시키는 능력이라고 주장했듯이, 제 2 언어 프로그램에서 문화가 중요하다는 사실이 여러 학자에 의해 강조되어져 왔다.[2] 문화능력은 제 2 언어 프로그램에서 우연히 부과된 문화적 활동에 의해서 발달되는 것이 아니고, 우리가 가르치는 모든 것이 제 2 언어의 문화와 어떻게 관련되는지를 보여 줌으로써 체계적이고 지속적으로 발달되어야 한다. 따라서 제 2 언어 학습에서 문화개념이 대단히 중요하다.

1. 문화의 유형

문화에 대한 정의와 견해는 다양하게 구분될 수 있으나 그중에서도 보편적으로 문화를 다음의 정보문화, 행동문화, 성취문화 유형으로 구분할 수 있다.[3]

1.1 정보문화(Informational Culture)

평균적인 교육을 받은 모국어 화자들이 그들의 사회, 지리, 역사, 영웅 등에 대해서 알고 있는 정보와 사실을 의미한다. 모국어 화자들은 그들의 사회에 대해서 대단한 자긍심을 가지고 있기 때문에 제 2 언어 학습자들은 목표어 문화권의 구성원들이 중요하게 생각하거나, 소중히 여기는 문화적 정보와 사실은 학습해야만 한다.

1.2 행동문화(Behavioral Culture)

일상생활의 총체를 지칭한다. 한 사회 속에서 한 민족이 행동하는 양식은 기본적인 인간의 욕구(심리적, 신체적), 환경(지형적, 경제적, 정치적 등)과 전통의 상호작용으로 설명된다. 이것을 도표로 나타내면 [도표 2-1]과 같다. 행동문화에 있어서 중요한 것은 개인적인 행동양식이 아니라 전형적인 행동양식이다. 또한, 제2언어 교육에서 행동문화가 성공적인 의사소통에 가장 중요한 문화유형이다. 왜냐하면, 행동의 유형(대화의 관용적 표현과 몸짓법 등)을 이해하는 것은 의사소통에 필수적일 뿐 아니라 문학과 다른 문화의 유형을 이해하는 데에도 필요하기 때문이다. 따라서 제2언어 프로그램에서 초급단계와 중급단계에서 행동문화를 특히 강조해야 한다. 그런데 학습자가 행동문화에 대한 인지적 지식만을 획득하는 것으로는 충분하지 않고, 그 행동에 따르는 수행적 지식을 발달시키는 것이 중요하다.

도표 2-1 행동문화 요소들의 상호작용

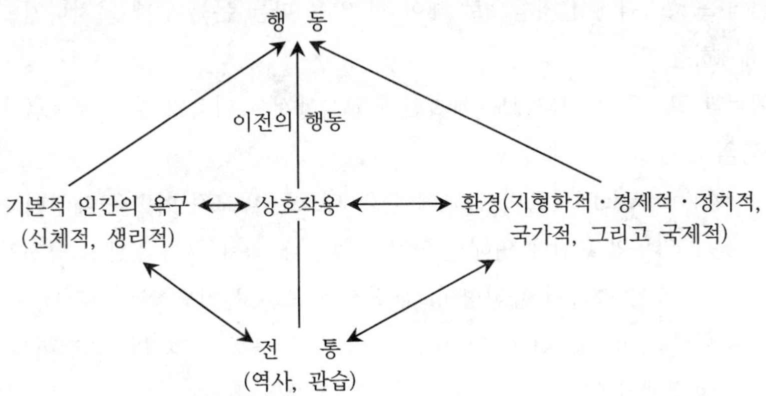

1.3 성취문화(Achievement Culture)

제2언어 학습자는 목표어 문화의 성취업적을 인식하고 이해해야 한다. 그러나 이러한 문화적 업적에 대한 지나친 강조는 행동문화에 대한 자유로운 학습을 제약할 위험이 있다. 따라서 제2언어 교육에서 정보문화와 성취문화에 대한 인식을 기초로 해서 행동문화를 발달시키는 것이 중요하다.

2. 다른 문화에 대한 태도

외국인에 대한 일반적인 태도는 어린 아동의 시기에는 '우리와 다르지만 흥미롭다'였으나, 점차 성장하면서 '우리와 다르고 나쁘다'로 변화하는데, 외국인에 대한 절대적인 부정적 태도는 바람직하지 못하다. 자기 민족의 동질성을 형성시키는 정도까지는 민족중심주의가 바람직하지만, 지나친 민족중심주의는 다른 문화에 대한 그릇된 고정관념을 형성하여 자유로운 문화교육을 저해하기 때문에 배제해야 한다. 일반적으로 타민족에 대한 고정관념이 존재하는데 그중에서 몇 가지 예를 들면 다음과 같다.

- 영국 사람들은 내성적이고 정중하다.
- 독일 사람들은 근면하고, 규율적이며 강인하다.
- 프랑스 사람들은 지적이고, 온순하다.

이러한 고정관념이 존재한다는 사실은 인정하지만, 그 고정관념에 지나치게 집착하는 것은 각 민족 내부에 존재하는 다양성을 흐려놓는 경향이 있다. 따라서 제 2 언어 프로그램에서 처음으로 해야 할 일은 다른 문화에 대한 지나친 고정관념을 배제하는 일이다.

이러한 고정관념 이외에도 제 2 언어 교육에서는 다음과 같은 요소를 고려하여 문화의 개념을 지도해야 한다.

① 태도(attitude): 목표어 문화에 대한 태도는 비교적 어렸을 때부터 발달되는데 외부의 요인에 의해서 영향을 받는다. 목표 문화에 대한 긍정적 태도는 목표어 습득에 유리하며, 부정적 태도는 동기를 약화시킨다.

② 문화변용(acculturation): 새로운 문화에 적응하는 과정을 의미한다. 영어 사용국에서 영어를 학습하는 경우는 생존의 동기가 강하므로 문화변용이 쉽게 된다. 그러나 영어를 공용어나, 제 2 언어로 사용하는 나라에서 영어를 학습하는 경우는 동기가 다양하므로 문화변용의 정도가 개인에 따라서 다르다.

③ 문화충격(culture shock): 이전에 익숙했던 기호와 상징들을 상실하고 새로운 사회적 경험에서 느끼는 불안감을 의미하는데, 문화변용 과정에서 발생한다.

Brown(1980)은 문화변용을 다음과 같이 네 단계로 제시한다.

첫째 단계는 환경의 새로움에 대한 흥분과 행복감을 느끼는 시기이다. 둘째 단계는 문화적 충격단계로 개인이 점점 더 많은 문화적 차이점이 자신의 모습과 안정성의 모습에 침투되어지는 것을 느꼈을 때 나타난다. 셋째 단계는 점진적이고 처음에는 잠정적이나, 점차로 변화하는 회복의 단계이다. 넷째 단계는 동화나 혹은 적용의 단계, 새로운 문화나 자아수용의 단계로서, 근접하거나 혹은 완전한 회복단계를 나타낸다.

즉, 행복과 흥분감-문화 충격-가치 혼란과 점진적 발전-동화와 적용의 네 단계를 거쳐서 문화변용이 일어난다. 다른 문화에 대한 태도에서 우리가 발전시켜야 할 점은 '문화적 상대주의'이다. Nostrand(1966)에 따르면 '문화적 상대주의'란 우리의 행동유형에 대해서 내부적으로 더 좋은 것은 없고, 우리의 행동유형이 다른 사람들에게는 역시 이상하게 보일지도 모른다는 사실을 깨닫는 것이다. 제 2 언어를 통해서 문화를 지도할 때 문화적 상대주의를 기본개념으로 설정하고, 다른 문화에 대한 이해가 목표어의 자유로운 의사소통 능력에 도움을 줄 수 있어야 한다.

3. 몸짓법(Kinesics)

의사소통은 신체의 움직임, 얼굴 표정, 몸짓을 수반하고, 이러한 의사소통에 수반되는 모든 것을 '몸짓법'이라고 한다.

신체의 움직임과 자세의 측면에서도 문화 간의 차이가 나타나고, 특히 감정의 표시는 각각의 문화에 의해서 다르게 표시되기 때문에 문화지도에서 몸짓법이 특히 중요하다. 예를 들면, 눈동자의 움직임도 문화에 따라서 다르게 규정되는데, 일본에서는 상대방의 눈동자를 쳐다보는 것이 상당히 무례한 태도로 간주되나, 미국에서는 그 반대인 친숙한 태도로 간주된다.

Edward T. Hall(1966)에 따르면, 중류계층의 미국인은 대화의 거리감에 있어서도 네 가지 종류로 구분한다. 즉, 절친한 관계, 개인적인 관계, 사회적, 그리고 공식적인 관계에 따르는 거리감이 상이하다. 친구들 사이에서 비형식적인 교재에 이용되는 개인적인 거리는 2~3feet, 절친한 거리는 약 18inches 정도이다. 제 2 언어 학습에서 몸짓법이 중요한 이유는 우리가 실제적으로 발화할 때, 언제나 특징적인 몸짓을 수반하기 때문이다. 따라서 교실에서 제 2 언어가 발화될 때 학생과 교사 모두는 제 2 언어의 실제적인 몸짓과 이에 따르는 요소들을 이용해야만 한다.

4. 문화교육의 목적과 수준

제 2 언어로서의 영어교육의 목표 중 하나는 목표어 문물에 대한 이해이며, 이를 통해서 영어를 사용하는 국민들의 문화와 사상을 이해하는 것이다. 따라서 이러한 목표가 달성될 수 있도록 문화지도를 해야 한다. 대부분의 학생들은 외국인의 생활방식에 대해서 이미 호기심을 가지고 있다. 따라서 이 호기심에 대해서 보상이 주어지고 흥미 있는 방향으로 유도하는 것이 중요하다. 동일한 연령에 있는 외국인의 생활방식을 보여 주는 것이 가장 좋은 출발점이 되고, 후에 이러한 사항을 다른 연령과 다른 환경에 있는 사람에게 확장시키는 것이 바람직하다. 처음 수업의 1~2시간에는 설문지 조사를 통해서 학생들의 배경과 흥미의 본질을 결정하는 것이 바람직하고, 이러한 학생들의 흥미를 기초로 하여 문화교육의 목적과 수준을 결정해야 한다.

Nostrand(1966)는 문화교육의 일반적인 목적을 문화 간의 의사소통과 문화 간의 이해라고 규정했고, Lafayette와 Schulz(1971)는 다음과 같이 보다 구체적인 목적을 제안했다.

① 지식: 문화적인 정보와 유형을 인식할 수 있는 능력

② 이해: 문화적인 정보와 유형을 이해할 수 있는 능력

③ 행동: 문화적인 정보와 유형을 사용할 수 있는 능력

교실수업에서 구체적으로 지도할 수 있는 문화교육의 내용은 시간과 난이도의 순서에 따라서 다음과 같이 순서를 정할 수 있다.[4]

① 단어와 어구들의 문화적인 함축성에 대한 지식을 지도한다.

이것은 매우 간단한 문화적인 함축성에 대한 언급을 통해서 필요한 때는 시각적 자료와 실제적인 물건을 통해서 지도할 수 있다. 초기단계에서는 모국어를 통해서 지도하는 것이 바람직하다.

② 공통적인 상황에서 행동하는 방식에 대해서 지도한다.

인사하기, 소개하기, 식사하기 등에서 행동하는 방식을 지도함으로써, 외국인의 독특한 행동유형에 대해서 이해하고 동일하게 행동하는 법을 지도한다.

③ 제 2 언어의 문화에 대한 흥미와 이해를 발달시킨다.

교실수업 이외에서 제 2 언어의 문화에 대한 자료에 접함으로써 제 2 언어 문화에 대한 흥미와 이해가 잘 발달된다. 후기 중급단계 이전까지는 모국어로 된 자료를 이용하고 그 후에는 목표어를 이용하여 자료에 접한다.

④ 문화 간의 차이점을 이해한다.

모국어와 목표어 문화의 행동유형을 대비시켜서 두 문화 간의 차이점을 이해시킨다.

⑤ 제 2 언어의 문화적 제도를 이해한다.

제 2 언어의 문화권 내의 가족, 학교, 정부와 같은 제도에 대한 이해와 다양한 집단 속에서 개인이 갖는 관계에 대해서 이해하도록 지도한다.

⑥ 조사활동을 한다.

고급수준 이상에서 학생들은 그들이 특별히 관심을 갖는 제 2 언어의 문화에 대한 한 측면을 조사하는 활동을 할 수 있다.

⑦ 제 2 언어의 문화에 대한 통합적인 관점을 발달시킨다.

제 2 언어의 문화에 대한 통합적인 관점은 시행착오의 과정을 통해서 형성되지 않는다. 따라서 학생들이 목표어 문화에 대해서 충분히 노출된 후에 고급단계에서 통합적인 관점을 발달시키는 것이 바람직하다.

⑧ 학생들이 목표어 문화에 대해서 학습한 내용에 대한 진술이 옳은지 그른지를 판단할 수 있어야 한다.

⑨ 목표어 문화와 그 민족에 대한 감정이입을 발달시켜야 한다.

목표어 문화권의 구성원들과 직적 접촉함으로써 목표어 문화와 그 민족에 대한 감정이입을 발달시키는 것이 문화지도에 매우 큰 도움을 주며, 초급 · 중급단계에서 보다는 고급단계에서 지도하는 것이 바람직하다.

⑩ 목표어 문화에 대한 학문적인 연구를 수행할 수 있어야 한다.

이 단계의 교육은 목표어 문화 프로그램을 넘어서는 고급수준의 활동이다. 단순한 목표어 문화에 대한 소개와 이해의 수준을 넘어서서, 전문적인 연구를 수행할 수 있는 단계이다.

중요한 사실은 목표어 문화를 지도하는 데 있어서 그 문화를 이해하는 것이 중요한 것이고, 그 문화를 그대로 수행하기를 요구해서는 안 된다. 즉, 사람들은 이중 언어적으로는 될 수 있으나, 이중 문화적으로 될 수는 없다. 문화교육의 목적은 사람들이 선택을 해야 하는 상황에서 두 문화의 선택적인 가치와 행동유형을 통합하는 관점에 기초를 두어서 판단할 수 있는 능력을 기르는 것이다. 또한, 두 개의 문화를 체계적으로 대비하는 것이 문화를 이해하는 데 도움을 준다. 초기 단계에는 모국어를 이용하여 두 개의 문화를 대비하는 것이 바람직하며, 두 문화 간의 유사점과 차이점을 지나치게 강조하는 것은 지양해야 한다.

5. 문화적 활동

제 2 언어 학습에서 목표어의 문화가 성공적으로 지도되기 위해서는 문화교육에 적합한 분위기를 창출하는 것이 필요하다. 시각자료와 실제적 사물들이 풍부하고, 다양한 자료들이 존재하는 분위기를 조성해야 한다. 또한, 교수자료가 문화적으로 진실한 경우에 교육적인 효과를 높일 수 있다.

다음에서 제시되는 문화적 활동은 목표어로 수행되어야 하고, 그 순서는 난이도에 따라서 배열된 것이다.

① 다른 수업활동 중에 언급되었던 내용에 대한 문화적인 논평

모국어의 의미와는 다른 문화적인 함축성이 있는 단어나 구에 대해서 언급할 때 문화적인 논평을 할 수 있다. 즉, 색상에 대한 단어나 친척 간의 표현에서 우리나라와 미국 문화의 차이점을 나타낼 수 있다. 색상에 대한 표현으로 영어의 'red'라는 개념이 우리말에서는 '붉다, 불그레하다, 빨갛다, 새빨갛다' 등으로 표현이 다양하다. 또한, 사촌에 대한 개념이 'cousin' 하나로 표현되지만 우리말에는 '사촌, 이종사촌, 외사촌, 고종사촌' 등으로 다양하게 표현되는 것이 문화의 차이를 반영해 준다.

② 목표어 문화에 대한 요소조사

음식, 영화, 음악, 수입품, 역사적인 사건과 춤 등을 조사한다.

③ 사실적인 사물교환

각각의 문화를 대변하는 전형적인 사물들을 교환함으로써 하나의 문화적인 경험을 줄 수가 있다.

④ 만화의 이용

목표어 문화의 다양한 측면을 표현하는 만화를 이용하여 문화를 소개한다. 미국 문화 중, 만화는 이미 우리나라에 널리 소개되어서 그 영향력이 크다. 예를 들면, Mickey Mouse, Donald Duck, Snoopy, Tom과 Jerry 등의 만화는 이미 영어권의 문화를 우리나라 아동이나, 청소년들에게 많이 소개하고 있다.

⑤ 달력의 이용

목표어 문화에서 중요한 의미를 담고 있는 날들을—휴일, 중요한 사건일 등—수업시간에 소개하고, 간단히 언급되어져야 한다.

⑥ 두 가지 문화적 사건들을 나타내는 도표의 이용

두 가지의 색깔을 이용하여 두 개의 시간표를 만들고 그 위에 가장 중요한 사건들을 시기별로 표시하여 이용한다. 예를 들면, 1620년 Mayflower 호가 미국 대륙을 도착한 시기나, 1775~1783년의 미국의 독립전쟁 기간 등과 그 당시의 우리나라 조선시대의 17・18세기의 사건을 대조시키는 것도 문화를 소개하는 한 방법이다.

⑦ 문화게임의 이용

중요한 사람, 장소, 사건들의 이름을 알아내고, 말하는 게임이 유용하다.

⑧ 다양한 문화적 본보기 이용

이국적인 외국 잡지, 광고문, 간단한 안내 방송, 농담, 유행가 가요 등을 이용하여 수업시간에 본보기로 이용한다.

⑨ 문화적 동화활동

이 활동은 Fiedler 외 동료들(1971)에 의해서 개발된 수업기술인데, 곤란한 상황을 학습자에게 제시하고, 그 상황에서 현명한 대처방안을 다지선다형 중에서 선택하도록 한다. 그에 대한 응답에 대해서 feedback을 받을 수 있다. 이 프로그램의 장점은 능동적인 참여를 유발시킬 수 있으며, 수업시간 이외에서도 이용할 수 있다는 점이다.

⑩ 문화적 요약의 이용

H. D. Taylor와 Sorenson(1961)이 개발한 방법으로서 최소한도의 문화적인 현상과 차이점을 나타내는 짤막한 교재로 구성되며, 보충적인 그림과

실제적인 사물을 포함하고 있다. 5~10분 간 이용된다. 또한, 이 문화적 요약을 이용하여, Meade와 Morain(1973)은 새로운 교육기술을 개발하였는데, 계속적으로 며칠 동안 3~4개의 상호 관련된 문화요약을 제시해 주고, 30분 동안의 단막극을 이용한다. 여기에 적합한 주제로는 프랑스 결혼식, 가족식사법, 크리스마스 행사 등이 이용된다.

⑪ 단막극의 이용

사회학자인 Raymoond L. Gorden에 의해서 개발된 것으로서 이 수업 기술은 오해를 나타내 주는 3~5개의 막으로 구성되어져 있는데, 전체 오해에 대한 해답이 마지막 막에서 명백해진다. 각 막의 뒤에는 토론의 시간이 있는데 교사는 설명을 요구하는 질문을 계속한다. Seelye(1974)에 따르면 이 단막극이 문화교육에 매우 효과적이다.

⑫ 역할극의 이용

학생들이 하나의 사건, 혹은 계속되는 사건 속에서 다른 인물의 역할을 가정한다. Reinert(1974)는 제 2 언어의 한 마을을 설정하고, 그 마을에서 학생들이 다양한 역할을 수행하는 기술을 제안했다.

⑬ 토론과 논쟁의 이용

학교생활, 경제상태, 일하는 습관, 인간관계, 정부, 종교, 여성의 역할 등에 대해서 토론과 논쟁을 벌일 수 있다. 이때에 외국의 출판물에 근거하여 주제를 설정하는 것이 바람직하다.

⑭ 농담, 속담, 노래, 전설의 이용

농담은 한 나라의 문화에 대해서 많은 내용을 가르쳐 줄 수 있는 중요한 학습내용이다. 또한, 농담 속의 숨은 뜻을 파악하는 것이 어렵기 때문에 매우 높은 수준의 학습활동이다. 노래는 문화의 일상생활의 측면에 대한 매우 좋은 본보기를 제공해 준다. 전설이나 속담도 매우 분명하게 문화적인 측면을 반영해 준다. 따라서 농담, 속담, 노래, 전설이 문화지도에서 매우 중요한 비중을 차지한다.

⑮ 영화의 이용

외국영화는 문화적 견해를 제시하는 데 훌륭한 원천이 될 수 있다. 이때에 주의할 점은 교사는 학생들에게 좋은 영화를 선정할 수 있는 기준을 제시해 주어야 하고, 또한 전체 영화의 2/3만을 보여 주고 마지막 부분을 학생들이 마무리하도록 지도하는 것도 바람직한 방법이다.

⑯ 독 서

잡지, 신문, 광고, 사회과학 서적, 통계자료 등의 독서를 통하여 문화적인 내용을 많이 접하는 것이 바람직하다. 초기단계에는 모국어로 시작하고, 점차로 제 2 언어로 된 단순한 독서를 시작할 수가 있다. 학생들은 이러한 독서과정을 통해서 일반적인 이해의 수준보다는 문화적인 개념을 파악하는 것이 중요하며 이를 위해서는 사전의 설문지 조사가 유용하다.

⑰ 작 문

학생들이 작문을 할 단계에 이르면, 작문의 내용에 문화적인 것을 포함하도록 할 수가 있다. 예를 들면, 모국어의 시각이나, 목표어의 관점에서 문화적인 대비점에 대해서 작문을 하거나, 문화적인 내용에 대한 미완성된 내용의 작문을 완성하도록 요청할 수도 있다.

⑱ 종합지도

학생들이 벽화를 그리거나 광고문, 복사본을 구성하고, 다양한 계획을 구성함으로써 종합적인 지도를 계획할 수가 있다. 좀 더 높은 수준의 학생들에게는 하나의 주제에 대해서 연구를 하여 수업시간에 보고하는 과업을 부여할 수도 있다.

⑲ 단기과정의 이용

몇 주 혹은 전체 학기에 걸쳐서 제한적으로 점수를 인정해 주는 단기과정을 이용할 수가 있다. 그러나 이 과정은 제 2 언어로 된 교재를 이해할 수 있는 후기 중간단계에서 이용할 수가 있다.

⑳ 목표어 화자와 접촉

목표어 화자와 직접 접촉하는 것은 언어적 공감을 발달시키는데 매우 효과적이다.

1. 방문객과 만나기: Seelye(1974)는 매달 적어도 한 명의 목표어 화자가 수업시간에 초청되어지는 것을 제안했다. 이때에 주의사항은 교사는 그 방문객을 미리 접견하여 그 사람의 태도, 발음법 등을 관찰하여 그 적합성을 판단해야 하고, 학생들은 그 사람의 배경과 출신국가에 대해

서 미리 조사하고 토의하여 대화에 필요한 어휘목록과 질문내용 등을 미리 준비해야 한다.

2. 편지쓰기: 편지쓰는 법을 연습하여, 다양한 정보를 요청하는 편지를 외국에 보내는 연습을 한다.
3. 목표어 학생들과 편지, 녹음테이프 교환하기: 학생들끼리 편지와 녹음테이프 등을 교환하는 것은 동기유발에 대단히 효과적이다. 또한, 이러한 결과가 전체 학생들에게 공표되는 것이 바람직하다.
4. 단파라디오를 이용하기: 아마추어 단파라디오 기술자를 통해서, 학급이 국제적으로 연관관계를 맺을 수 있고, 풍부한 문화정보를 교환할 수 있다.

㉑ 공동체의 문화정보를 이용

교실수업 밖의 다양한 공동체를 이용하여 문화정보에 접할 수 있는데, 전시회, 식당 등을 방문하는 것이 문화정보를 획득하는 데 대단히 효과적이다.

㉒ 집단적 언어활동

제 2 언어활동을 위한 집단을 구성해서 외국문화의 날, 제 2 언어 축제, 음악회, 전시회, 크리스마스 계획 등을 구성하여 활동하는 것이 바람직하다.

㉓ 여 행

제 2 언어가 사용되는 국가나 지역을 방문하는 것이 문화활동에 궁극적인 목표가 될 수 있다. 가능하다면 그러한 여행이 정규개설과목으로 설정되고, 학점이 인정되는 선택과목으로 개설될 수도 있다. 이러한 목표에 부합되는 장기계획으로는 교환학생제도, 외국여름학교 등을 들 수 있다.

㉔ 문학작품의 이용[5)]

문학작품이 그 사회의 문화적 요소를 반영해 주는 것은 사실이지만, 인물설정의 가상성으로 인해 제 2 언어의 문화적 정보의 원천으로서는 그 가능성이 매우 제한적이다. 따라서 문학은 문화를 구성하고 있는 일상적인 활동 중에서 극히 일부분을 차지하므로, 현존하는 잡지나, 신문, 유행하는 문학작품, 선별적인 기사 등의 상호 관련적인 연구를 기초로 하여 고급수준에서 문화교육을 실시해야 한다. 문학작품을 선정할 때는 그 사회의 넓은 독자층이 선호하는 평이하고 쉬운 내용이나 일상적인 문화를 포함하고 있어야지, 독자층이 매우 제한적인 문학작품을 선택하는 것은 그 작품의 주제와 내용이 극히 일부분적인 문화만을 소개할 우려가 있어서 학습교재로는 적합하지 않다. 그러나 문학작품을 적절히 이용하면, 언어의 네 가지 기능을 고루 발달시킬 수 있는 유용한 교재로서 목표어 문화지도에 많은 도움이 된다.

제 2 언어의 교사가 위에서 제시한 제 2 언어의 개념과 행동유형을 효과적으로 지도하기 위해서는 두 개의 문화를 모두 이해할 필요가 있다. 따라서 교사의 훈련과정은 사회학, 역사, 지리학, 정치학, 경제학 등 문화와 관련된 모든 분야를 포함해야 한다.[6] 또한, 적어도 1년 동안 목표어 국가에서 생활하는 것이 교사훈련 계획에서 중요하며, 수시로 재교육의 기회로 그 나라를 방문하는 것이 필요하다. 또한, 제 2 언어의 정기간행물(예를 들면, The Times, Newsweek, 일간신문 등은 우리에게 매우 친밀한 정기간행물들이다)을 정기적으로 구독하는 것이 필요하며, 목표어 화자와 개별적인 친분관계를 유지하는 것도 중요하다.

위와 같은 문화적 활동의 결과 아래의 사항들이 발달되었다면 그 계획은 긍정적으로 평가될 수 있다.

① 모국어 화자의 상이한 행동을 이해하는 태도
② 공통된 상황에서 행동하는 양식에 대한 수행적 지식
③ 제 2 문화에 대해서 공통적으로 알려진 사실에 대한 인지적 지식
④ 제 2 문화의 예술적 성취에 대한 이해
⑤ 제 2 문화와 그 민족에 대한 긍정적 태도

고급수준의 학생은 연구자료를 이용해서 다양한 문화적 내용을 학습할 수 있어야 한다. 또한, 문화에 대한 연구는 전문적인 단계에서 수행될 수 있는 학문적인 과업인데, 이를 위해서는 함께 연구할 연구팀을 구성하는 것도 효과적인 방법이다.

6. 문화와 의사소통

전 세계는 이제 공간적, 시간적으로 매우 가까워져서 서로 교류 맺기 쉬운 하나의 국제사회가 되고 있다. 이런 상황에서 다른 국가와의 관계를 원활하게 하려

면 우선 그 나라의 언어를 알아야 하며, 언어행위를 올바르게 이해하려면 상대국가의 사회, 문화배경과 관습에 대한 이해가 필수적이다. 특히 아시아와 서구 사이에서 사회문화적 차이가 가장 크다고 하는데, 그 동안의 우리나라와 밀접한 교류관계를 맺고 있는 미국과의 관계를 돌이켜 보면 우리는 종종 환경이나 관습, 생활방식의 차이로 미국에 대해 왜곡되거나 과장된 인식을 갖기도 했다. 그리고 서로 다른 문화적 배경에 의해서 나타나는 상호적인 인식의 차이 때문에 의사전달상 오해와 불신이 양국 간의 불편한 요인으로 작용하기도 한다. 그러므로 더더욱 효과적인 양국 간의 의사소통 성취를 위해서 꼭 필요한 역사적 배경에 따른 한국인과 미국인의 문화 차이와 한국어와 영어의 배경문화를 살펴보고, 또 이를 바탕으로 양국 간의 비언어행위에서 나타나는 문화적 패턴을 비교하고, 민족 간의 생활경험이 함축된 속담을 비교, 분석할 필요가 있는 것이다. 이번 절에서는 한국과 미국의 문화적 차이에 의한 의사소통의 차이점을 비교하여 양국 간의 의사소통을 원활하게 진행함은 물론이고, 동양과 서양 간의 의사소통을 원활하게 하는 국제사회에서 필요한 의사소통전략을 소개하고자 한다.

박희석 · 장복명(2002)에 의하면 한국과 미국의 문화적인 차이에 따른 의사소통 상의 차이점을 다음과 같이 정리할 수 있다.

6.1 한국과 미국의 역사적 배경에 따른 문화의 차이

한국과 미국은 일단 역사적인 배경이 다르다. 그러므로 사고방식, 생활습관, 언어행위가 우리와 많은 차이가 나타나는 것은 당연하다. 또한, 사회, 문화, 그리고 대인관계와 관련이 있는 가치체계가 가장 중요하다고 보이며 문화의 차이를 다음과 같이 세 가지로 나누어 살펴볼 수 있을 것이다.

1) 한국의 서열의식과 미국의 평등의식

(1) 한국의 서열의식

한국은 단일민족으로, 단일문화권 내에서 긴 역사를 이어오는 가운데 집단 내의 질서를 유지하기 위해서 유교의 삼강오륜 같은 규범을 가지게 되었다. 이러한 규범은 모든 사람들을 권력관계, 혈연관계, 나이, 성 등의 서열로 상하를 구분하였다. 그러므로 각 개인은 자기의 신분이나 지위에 알맞은 행동을 하도록 사회적으로 규정되었다. 근대화 과정을 거치면서 남존여비, 양반상놈식의 서열의식은 없어지거나 퇴색되었지만, 아직도 한국인은 서열민족임에 틀림이 없다. 지금도 학벌을 따지고 학년을 따지고 직업보다는 직위를, 나이를 따지는 것들이 이를 뒷받침한다.

(2) 미국의 평등의식

미국은 Cloumbus가 신대륙을 발견하면서부터 17세기 초 영국민을 중심으로 유럽이민이 모여들었으며, 영국의 문화와 영어를 모국어로 하였고, 청교도적 존엄성과 엄격성, 기독교정신에 바탕을 둔 인간의 존엄성과 소명의식, 그리고 인권존중사상에 기반을 둔 국가를 건설하게 되었다. 그러므로 미국에서는 자율적인 개인을 존중하며 권위나 서열보다는 평등이 훨씬 중요한 가치이다. 물론 미국에서도 사회적으로 인종 차별 같은 차등의식이 있지만, 주목할 만한 사실은 거의 모든 인간관계에서 서로 평등하다고 느끼며 그렇게 행동한다는 것이다.

한국의 경우에는 형제관계에서 오빠, 언니, 형님, 누님, 동생, 아우 등으로 세분화되는 데 반해, 미국에서는 'sister, brother, cousin' 등으로 나이 차이가 나타나지 않은 채로 분화된다. 또한, 한국에서는 여러 가지의 높임말, 즉 경어체 여러 단어가 나타나는데, 영어에서는 'you'를 연장자에서부터 어린아이에게까지 쓸 수 있듯이 높임 단어가 따로 있지 않다.

2) 한국의 상호의존성과 미국의 개인주의

(1) 한국의 상호의존성

한국인들은 농경생활을 하면서 혈연중심의 집단생활을 해 오는 가운데 가족, 친족 및 지역사회 내에서의 유대가 강하고 중요했다. 그러므로 한국인들은 행동의 기준을 개인자신에 두는 것이 아니라, 자기가 속해 있는 공동체나 주위 사람들에게 두게 되어서 한국인들은 일반적으로 자기의 주장이나 감정을 억제하고 자기가 속해 있는 집단의 분위기에 따르는 것이다.

(2) 미국의 개인주의

일찍이 산업화와 도시화에 의하여 이익사회가 되어버린 미국에서는 자율성을 가진 개인을 내세운다. 모든 것을 자기 자신으로부터 시작하여 그 행위에 대한 책임도 자신이 지는 개인주의는 미국문화에 있어서 가장 중요한 특징 중 하나가 된다. 예를 들어, 우리나라, 우리집, 우리엄마에서 보듯이 한국인은 우리(we)를 선호하는 반면, 미국인은 'my country, my home, my mother' 등처럼 나(I)를 선호한다.

3) 한국의 정(情) 지향과 미국의 활동 지향

(1) 한국의 정(情) 지향

유교사회였던 한국에서는 체면이나 위신 등이 중요하였다. 즉, 한국인들에게는 능력보다는 외형, 출신, 학력, 배경 등에 큰 비중을 두게 되는데, 이렇게 내용보다는 형식적인 것, 동적인 것보다는 정적인 것, 구체적인 것보다는 추상적인 것에 상대적으로 미국인들보다 높은 가치를 부여한다.

(2) 미국의 활동 지향

미국인들은 이동생활을 하면서 자연을 포함한 외부세계를 끊임없이 개척하고 정복해왔다. 그들은 자연과 인간을 둘로 나누고 자연은 인간에 의하여 지배되어야 한다고 믿는다. 그러므로 미국인들은 형식적인 것보다는 실질적이고 실용적인 것, 이상적인 것보다는 현실적인 것, 정적인 것보다는 동적인 것, 추상적인 것보다는 구체적인 것, 비합리적인 것보다는 합리적인 것에 가치를 부여하게 된 것이다.

낯선 사람에게 인사를 할 때, 한국인은 낯선 사람에게는 우선 적대감을 갖고 대한다. 인사를 하고 싶어도 중개인을 통해 인사해 보려고 한다. 반면에 미국인은 호텔 계단이나 엘리베이터 속에서 낯선 사람에게 웃으며 인사를 하는 적극성을 보인다. 이런 차이는 한국인이 미국인에 비해 사적자기(남이 모르는 나의 부분)층이 매우 크고, 미국인은 한국인에 비해 공적자기(남이 알고 있는 나의 부분)층이 매우 크다는 점을 통해서도 알 수 있다. 즉, 한국인은 남에게 알리는 자기의 부분을 극소화하고, 남에게 알리지 않는 자기의 부분을 극대화한다는 점에서 미국인과 크게 대조된다. 이 밖에도 한국은 정을 중시하는 반면, 미국은 이성을 중시하는 차이도 있다. 한국사회에서는 상관이나 윗사람의 사적인 일에 개인의 공적인 일이 포함되는 수가 많다. 그러나 미국에서는 사적인 일과 공적인 일을 분명하게 구분한다.

6.2 한국어와 영어의 배경문화 비교

한국어와 영어에서 나타나는 배경문화의 차이점을 나타내면 [도표 2-2]와 같다.

도표 2-2 한국어와 영어의 배경문화

한국어의 배경문화	영어의 배경문화
예절 풍토에서 농경생활	해양성 풍토에서 상역생활
자연주의적 사상	이성주의적 사고
언어의존도가 낮다.	언어의존도가 높다.
감정을 언어로 표출하지 않는다.	감정을 언어로 표출한다.
가족집단적 심정 · 연대감이 강하다.	자주 자립의식이 강하다.
일반화시키는 표현을 곧잘 쓴다.	일반화시키는 표현을 피한다.
자기자신을 너무 낮춘다.	자기자신을 나타내보이려고 한다.
형식의례를 중시한다.	형식을 싫어하고 솔직함을 좋아한다.
담화를 회피한다.	담화를 즐긴다.
심각 · 진부한 표현을 쓴다.	Humorous한 표현을 쓴다.
'Yes', 'No'가 불분명하다.	'Yes', 'No'가 분명하다.
남을 너무 의식한다.	자기에게 성실하고 주체 행동적이다.
인간관계에 신경을 쓴다.	능률 제일주의이다.
수용적 · 인종적이다.	스스로 선택하는 정신이 강하다.
귀속의식형이다.	유동의식형이다.

6.3 한국인과 미국인의 비언어적 행위 비교 분석

1) 비언어 행위의 중요성

한국어나 영어와 같은 언어들이 언어학적 구조뿐 아니라 문화배경에서 서로 다를 때 단어의 감각만으로 의사전달을 완전하게 하는 것은 매우 어렵다. 언어란 인간만이 지닌 통신수단이긴 하지만, 사실 인간의 의사전달 방식에 있어서 말이란 극히 적은 부분을 차지할 뿐이다. 같은 언어를 말하는 동일 문화권에서도 대화의 65%가 말이 아닌 비언어적인 수단으로 의사소통이 된다고 할 정도로 비언어적 전달 수단은 의사소통에서 효과적인 전달을 위해서는 비언어 행위의 이해와 사용이 더더욱 중요하다.

비언어 행위(nonverbal behavior)란 인간의 얼굴표정을 포함한 제스처(gesture), 몸짓 언어(body language), 몸동작 및 음성의 고저, 강약 등을 통하여 화자의 감정 및 의사표시를 나타내는 것이다. 비언어 패턴(nonverbal patterns)은 각 문화권마다 다르기 때문에 그 나라의 비언어 행위를 모르면 오해를 하거나 때로는 문화적인 충돌(cultural confliction)을 일으킬 수도 있다. 그러므로 언어와 문화배경이 같은 두 사람 사이의 의사소통에는 말과 몸동작이 자연스럽게 동시에 일어나지만, 문화가 서로 다를 때에는 상대방의 언어와 언어리듬, 몸동작 등이 자연스럽게 동시에 일어날 수 없게 된다.

따라서 문화적 배경이 다른 사람과 진정한 의미의 의사전달을 하기 위해서는 새로운 언어의 리듬은 물론 이 언어의 리듬과 함께 동시에 일어나는 비언어 패턴 리듬도 익혀야만 되는 것이다.

2) 비언어 행위에서 나타난 한국과 미국의 문화패턴 비교

하나의 개별언어는 환경과 사회구조 및 문화형태에 의해 형성된 것이므로, 그 언어를 매개체로 하여 사회적 경험과 사고를 표현하게 된다. 한국인의 의식구조와 생활양식, 습관, 문화유형은 한국어를 통하여 표현되고, 또한 미국인의 의식구조와 생활양식, 습관, 문화유형 등은 영어를 통하여 표현된다고 볼 수 있다.

그런데 이러한 언어표현을 뒷받침해 주는 감정표현과 행동, 몸동작 등의 비언어 행위 표현을 이해하기 위해서 노력한다 해도 생활환경과 문화권이 다른 한국인과 미국인 사이에 완전한 의사전달은 매우 힘들다. 그러므로 여기에서는 비언어 행위에서 나타나는 한국과 미국의 문화패턴을 5가지로 나누어 비교해 보자.

(1) 집단주의적이고 타인 중심적인 점과 개인주의적이고 자기 중심적인 점

	한 국	미 국
특 징	한국은 농경문화와 전통문화를 기반으로 하는 공동사회로서 자기가족이나 소속단체의 연대의식으로 규정짓는다. 즉, 개인보다는 집단 위주로 생각한다.	미국은 산업화와 도시화로 인한 이익사회로서 모든 것을 자기중심으로 사고하고 행동한다. 권리와 의무를 분명히 하며 원리원칙에 입각하여 행동한다.
예 ①	우리엄마, 우리선생님, 우리나라	my mother, my teacher, my country
예 ②	주소를 쓸 때 국가에서 출발해서 차차 좁은 범위로 써 나간다.	자신의 존재를 먼저 알리기 위해 이름을 우선 쓰고 좁은 범위에서 넓은 범위로 써 나간다.
예 ③	수업시간에 교사가 '알았습니까'라고 물으면 비록 모르는 학생이 있더라도 '예'라고 전원이 대답한다.	모르는 학생이 있는 경우는 독립적으로 '모른다'고 말한다.

(2) 주관적이고 형식적인 점과 객관적이고 실용적이라는 점

	한 국	미 국
특 징	친분, 인맥, 개인적인 감정에 많은 영향을 받는다.	냉정할 정도로 철저하게 공과 사를 구분한다.
예 ①	언어를 구사할 때 상황이나 상대방의 감정을 짙게 섞어서 의사전달을 한다.	언어를 구사할 때 상황이나 상대방의 감정과 관계없이 의사전달 내용 자체만을 표현하려는 입장을 취한다.
예 ②	'너 먹지 않을래?'라는 물음에 대해서 먹기 싫을 때 '네, 안 먹겠습니다'라고 대답한다(묻는 사람을 중심으로).	'너 먹지않을래?'라는 물음에 대해서 먹기 싫을 때 '아니오, 안 먹겠습니다'라고 대답한다(묻는 내용 중심으로).

(3) 비표현적이고 비언어적인 점과 표현적이고 언어적이라는 점

	한 국	미 국
특 징	유추형 문화. 즉, 언어 전달 시에 신체언어를 많이 사용하는 문화권. 유교의 영향으로 선비사상에 입각하여 감정을 있는 그대로 표현하기를 꺼리고 내향적이며 그 표현구조가 미국인에 비해 은폐적이다.	계수형 문화. 즉, 의사전달 시 언어를 많이 사용하는 문화권. 실용주의 세계관에 입각하여 가능한 한 자신의 감정을 있는 그대로 표현하려고 한다.
예 ① 인사할 때	자기와 인간관계상 가까운 사람에게는 너그럽지만, 낯선 사람에게는 우선 방어태세를 취하기 때문에 모르는 사람을 대할 때는 무표정하고 경직된 얼굴로 아예 가벼운 인사만 나눌 정도로 꺼려한다.	거리나 엘리베이터에서 비록 모르는 사람과 마주쳤을 때라도 자연스럽게 'Hi, Hello' 인사를 한다. 또한, 대수롭지 않은 도움에도 'Thank you', 하찮은 실수에도 'Excuse me'를 습관적으로 사용한다.
예 ② 대답할 때	'글쎄'라는 말을 자주 쓴다. 즉, 확실한 대답을 회피한다. 말하는 사람의 눈치를 봐서 '예' 또는 '아니오'라고 대답할 시간을 얻으려 한다.	'Yes'나 'No'의 표현이 분명하다.
예 ③ 선물받을 때	고마운 감정을 자연스럽게 나타내지 못하고 미안해하거나 겸연쩍어한다.	기쁜 마음을 그 자리에서 바로 표현한다.
예 ④ 결혼할 때	신부는 고개를 숙인 채 수줍어하고 엄숙한 표정을 짓고, 신랑은 의젓하고 기풍당당하게 서 있어야 한다.	신랑, 신부 모두 기쁨에 넘쳐 있는 그대로를 표현하므로 만면에 미소를 띠며 기뻐한다.

(4) 수직적이고 계층적인 점과 수평적이고 평등적이라는 점

	한 국	미 국
특 징	집단의 권위가 개인의 자율성이나 가치 존엄성보다 우선한다. 유교에서 보는 인간관은 불평등한 차별적 인간관계로 수직적이다. 즉, 연령이나 서열에 따라서 상하관계를 형성한다.	개인의 자율성이나 가치 존엄성이 집단의 권위보다 우선한다. 모든 인간관계가 수평적이다. 즉, 연령이나 지위에 따른 계층적인 의식 없이 사람을 독립된 각각의 개체로 본다.
예 ①	연장자에게는 적절한 존대어를 사용한다. 그들의 면전에서 담배를 피우거나 술을 마시다가는 버릇없다고 비난받는다.	아버지나 할아버지에게도 'You' 또는 'He' 등을 쓴다. 그들 앞에서 담배를 피워 물거나 술을 자유롭게 마신다.
예 ②	상대방의 연령이나 지위를 알아야 그에 상응하는 대우를 하고 자신의 행동을 자연스럽게 할 수 있으므로 사람을 만나면 우선 나이를 묻는다.	나이를 묻는 것은 자신이 프라이버시에 관계되는 일이라 곤혹스럽게 생각한다. 개인은 주어진 직책과 집단의 규칙에만 충실할 뿐이다. 사적인 자리에서는 교우관계가 자연스럽게 이뤄진다.

(5) 간접적이고 소극적인 점과 직접적이고 적극적이라는 점

	한 국	미 국
특 징	감정지향적 의사소통방식, 분위기지향적 의사소통방식(내용보다는 감정이나 분위기 또는 그때그때의 상황을 중시)	자기중심적 의사소통방식(자기주장적) 도구적 의사소통방식(감정이 아닌 사상만을 전달한다.) 정면지향적 의사소통방식(상대방의 눈을 들여다보면서 말한다.)
예 ①	모르는 사람과는 잘 어울리려 하지 않는다. 꼭 알고 싶은 사람이 있는 경우에는 중개인을 먼저 찾아가 소개해 주기를 부탁한다.	처음 만나는 사람들과도 자연스럽게 대화를 나누는 적극적인 자세를 취한다.
예 ②	칭찬에 인색하다. 일일이 표현하는 것을 낯간지럽게 생각한다. 미국인이 자신의 감정을 솔직히 말하는 것을 당돌하고 버릇없다고 생각한다.	자신의 마음이나 느낌을 상대방이 보는 앞에서 적극적으로 직접 표현하므로, 한국인이 체면치레로 하는 사양을 겸손의 표현인 줄 모른다.

3) 한국인과 미국인의 비언어행위 비교

같은 제스처나 몸짓이라도 두 나라 간의 뜻한 바가 다르고, 같은 의미를 나타내는데 제스처는 다르게 나타날 수도 있다. 또한, 한 나라에는 있는 표현이 다른 나라에서는 별 의미가 없는 경우도 있다.

(1) 손가락으로 셈하는 방법

한국인은 일단 손을 편 상태에서 엄지부터 차례로 접어가면서 셈을 하지만, 미국인은 주먹을 쥔 상태에서 인지, 중지, 무명지, 약지의 순서로 펴가면서 마지막으로 엄지를 편다.

(2) 엄지와 인지로 동그라미를 만든 것의 의미

한국인은 돈을 나타내지만, 미국인들은 이 Sign을 'OK'(좋다)라는 의미로 본다. 현재는 빈번한 문화교류에 의하여 한국에서도 같은 의미로 해석되기도 한다.

(3) 자신을 가리킬 때

한국인은 손바닥으로 자기 가슴을 가볍게 두드리는데, 미국인은 엄지손가락으로 자기 가슴을 가리킨다.

(4) '이리 오라'는 표시

한국인은 팔을 앞으로 펴고 손목을 아래로 구부렸다 폈다 하는 동작을 반복한다. 반면, 미국인에게 이 동작은 정반대인 '잘 가라'의 의미가 되고, 이 경우에는 팔을 펴고 손바닥을 위로 향해 주먹을 쥔 상태에서 검지를 상대방쪽으로 구부렸다 폈다 한다. 그런데 이 표현은 한국의 경우에는 강아지를 부르는 신호로 여겨진다.

(5) 길에서 아는 사람을 만났을 때

한국인은 우선 머리를 숙이면서 인사를 하는데, 미국인은 머리를 약간 쳐들면서 'Hi'라고 인사한다. 그런데 이런 동작이 한국에서는 건방진 표현이 된다. 특히 길에서 옛친구나 귀빈을 만났을 때, 미국인은 뜨거운 악수를 하거나 어깨를 몇 번 치거나 복싱자세를 취하면서 상대방의 어깨를 때린다. 반면, 한국인은 허리를 구부려 인사하는데, 허리를 구부리는 태도나 각도의 정도에 따라 두 사람의 관계나 사회적 신분을 헤아릴 수 있을 정도로 섬세하다.

(6) 엄지손가락을 위로 올리는 동작

한국인에서는 '왕초'나 '아버지', '사장' 또는 '직속상관'을 뜻하는데, 미국인에게는 별 의미 없이 'OK'를 의미한다.

(7) 새끼손가락을 위로 올리는 동작

한국에서는 여자 친구나 여인을 뜻하지만, 미국인에게는 별 의미가 없다.

(8) 혀를 입 밖으로 내미는 행위

한국인의 경우 당황하거나 자책을 느낄 때 많이 일어나고, 상황에 따라 익살스러운 뜻에서부터 사죄의 뜻에 이르기까지 광범위하게 쓰인다. 반면에 미국인에게 이런 행동은 조소나 반항, 경멸의 뜻을 나타낸다.

(9) 대화 시에 상대방의 눈을 똑바로 응시하고 말하는 경우

미국에서는 이런 행동을 진지하고 성실한 태도라고 보지만, 한국에서는 상대방의 눈을 너무 똑똑히 들여다보면 당돌하고 버릇없다는 행동이라고 나무란다. 그러나 미국인은 대화할 때 이처럼 눈길을 피하는 사람을 자신 없어하는 사람으로 생각한다.

(10) 돈 세는 방법

한국인은 지폐를 보통 왼손에 쥐고 다른 손으로 한 장씩 앞으로 젖혀가면서 센다. 반면에 미국인은 지폐를 모두 왼손에 쥔 다음 오른손으로 한 장씩 들어내면서 센다.

(11) 물건값 지불

한국인은 고액지폐부터 꺼내 잔돈 순으로 지불하지만, 미국인은 잔돈부터 시작하여 차츰 고액지폐를 더하면서 지불한다.

(12) 수를 셀 때

한국에서는 넷째 자리, 즉 1,000을 기준으로 읽지만, 미국에서는 셋째 자리, 즉 100을 기준으로 읽는다.

(13) 답변하기를 망설일 때

한국인은 귀밑머리를 긁는 버릇이 있는데, 미국인은 대개 콧잔등을 문지른다.

(14) 사이렌 소리를 들을 때

한국의 경우처럼 남과 북이 휴전상태로 언제 전쟁이 터질지 모르는 불안한 상황에서 듣는 것과 미국처럼 평화로운 나라에서 듣는 것과는 받아들이는 마음의 자세가 다르다.

(15) 식사대접

한국사회에서는 사람을 초대하는 주인이 손님에게 식사를 대접한다는 것은

당연한 일이지만, 미국문화권에서는 초대자나 손님이 자신이 먹을 것은 자신이 지불하는 'Dutch Treat'이 당연하다. 여기에서 미국인의 합리주의에 입각한 냉철한 금전감각을 엿볼 수 있다.

(16) 식사습관

한국인은 집단주의의 사고방식으로 온 식구가 한 자리에 둘러앉아 한 그릇의 음식을 함께 나눠 먹는다. 그러나 이렇게 같은 음식을 각자의 수저로 떠먹는 것을 미국인들은 비위생적이라고 눈살을 찌푸린다. 또한, 공동의 음식을 푸짐하게 차려서 식구 모두가 먹는 것을 그들은 개성에 맞지 않는다고 본다. 미국인들의 개인주의 사고관을 엿볼 수 있다.

그리고 식사준비에 있어서도 한국인은 주부가 가족 모두의 식사준비를 공동으로 하지만, 미국인은 자기가 먹을 것은 자신이 직접 조리해 먹는 습관이 있다.

(17) 선물을 줄 때

한국인은 보통 아랫사람이 윗사람에게 선물을 할 때, 받는 사람이 어떻게 생각할까를 염두에 두어 잘 봐 달라는 의미로 무리를 해서라도 만족할 만한 것으로 선택한다. 반면, 미국인은 윗사람이 아랫사람에게 부담없이 성의껏하는 것이 보통이며 작고 단순한 의미로 한다.

(18) 선물을 받을 때

한국인은 선물을 받으면서도 일단 사양하는 듯한 태도를 취한다. 이에 반해 미국인은 선물을 받으면 선뜻 고맙다는 인사를 한다.

(19) 감정표현

한국인은 좋고 싫은 감정을 표현하기를 꺼린다. 한국인은 같이 있으면 아무 말하지 않아도 맘이 편안하고 아늑해지는 정감이 있다. 즉, 한국인은 내향적이고 은폐적인 문화권의 영향으로 기쁨과 슬픔을 표현하는데 소극적이다. 반면에 미국인은 외향적인 성격이 강하며 자신의 감정을 밖으로 드러내어 표시한다.

한국인은 맘이 맞는 사람과 더불어 있다는 분위기를 즐거워한다. 즉, 한국인에게 대화는 더불어 있다는 분위기를 강화시키는 한 요소일 뿐이고, 대화는 맘이 맞는 사람이라는 전제가 필요하다. 반면, 미국인들은 대화 그 자체로 연결되는 개체적 분위기를 좋아한다.

한국인은 얼굴 표정이나 몸짓으로 의사를 전달하는 비언어적 자기 표현에 능숙하므로, 비언어의 신체 메시지로 통할 수 있는 아주 친숙한 소집단에서 살고, 서양인은 신체 메시지의 발전단계인 언어 메시지를 통하지 않고는 살 수 없는 미지의 대집단에서 사는 것이다.

이때 가장 직접적인 얼굴 표정, 눈매나 눈동자의 방향, 눈꺼풀이 덮이는 정도, 입술의 긴장이나 해이 정도, 얼굴의 색, 고개의 각도 등은 물론 손의 위치, 몸의 회전 등의 제스처, 직접 보이지 않는 근육의 긴장, 피부의 온도 등 무의식적으로 변하는 신체적 변화를 오감과 육감을 총동원, 이를 복합 통찰력으로 처리해서 상대방의 의사를 판단할 줄 안다. 즉, 한국인은 '눈치'라는 비언어 행위로 관찰하여 즉흥적이고 감정적으로 판단해야 하지만, 미국인은 눈치보다는 이성적이고 논리적인 사고에 입각한 상황판단을 하는 것이다.

6.4 의사소통에서 문화의 중요성

언어는 인간만이 지닌 유일한 의사소통방식이다. 인간의 사고와 문화를 반영하여 표출되는 언어는 그 사회의 의식구조와 행동양식, 역사 · 문화적 배경에 따라 다르게 표현된다. 언어의 근본목적은 상호 간의 의사를 전달하는 데 있으며 의사소통양식은 언어적 의사소통과 비언어적 의사소통양식으로 구분할 수 있다. 이때 의사전달 방법은 사회적 특성과 밀접하게 관련되어 있으므로, 상반된 문화권에서 의사소통이 완전하게 이루어지려면 완벽한 언어습득은 물론이고, 대상국가의 사회문화와 감정적 배경까지를 이해해야 하는 것은 당연하다.

그러므로 우리가 보다 효과적인 의사소통을 하기 위해서는 해당국가의 언어적 행위를 사용함과 병행하여 비언어적 행위의 문화적 패턴과 비언어적 행동양식을 정확히 인식해야 하는 것이다. 또한, 언어행위에 있어서도 그 국가의 국민정서와 생활경험을 함축하고 있는 속담을 이해하는 것도 더 높은 수준의 의사소통을 하기 위해서 꼭 필요하다.

의사소통 과정에서 생기는 오해나 갈등은 인간이 사회화 과정에서 습득하는 가치체계의 차이에 원인이 있는 것이다. 그러므로 여기에서는 한국과 미국의 문화의 차이를 각 국가의 역사적 배경의 차이를 언급하면서, 첫째, 한국의 서열의식과 미국의 평등의식, 둘째, 한국의 상호의존성과 미국의 개인주의, 셋째, 한국의 정 지향과 미국의 활동 지향, 이렇게 세 부분으로 나누어 조사하였다. 그리고 한국어와 영어를 각각 쓸 때 보편적으로 나타나는 태도나 배경을 살펴보았다. 이러한 한국과 미국의 문화적 차이를 바탕으로 먼저, 양국 간의 비언어 행위를 비교하였는데, 비언어적 행위의 중요성을 살펴보고, 이때 나타나는 한국과 미국의 문화 패턴을 다음 다섯 가지로 분류하여 비교하였다. 첫째, 집단주의적이고 타인 중심적인 점과 객관적이고 실용적이라는 점, 둘째, 주관적이고 형식적인 점과 객관적이고 실용적이라는 점, 셋째, 비표현적이고 비언어적인 점과 표현적이고 언어적이라는 점, 넷째, 수직적이고 계층적인 점과 수평적이고 평등적이라는 점, 다섯째, 간접적이고 소극적인 점과 직접적이고 적극적이라는 점으로 나누어 살펴보았는데, 양 문화 간의 차이점이 뚜렷하였다. 이밖에도 여러 상황에서의 비언어적 행동양식을 나열하고 비교하였다.

그러므로 이렇게 비교 분석한 내용은 사회언어학 측면에서 좋은 예가 되면서, 동시에 이런 세계 추세에 따라서 다른 나라(미국)와 의사소통하는데 도움을 줄 것이다. 특히 다른 국가 간의 의사소통에서 중요도를 무시할 수 없는 비언어적 행위의 차이점과 생활습관을 잘 이해하며, 미국인과의 의사소통에 있어서 일어날 수 있는 오해를 최소화하는 것이 언어교수학에서는 매우 중요한 일이다.

참고사항

1) 제 1 장 참고.

2) 제 2 언어 학습프로그램에서 문화가 중요하다는 사실은 다음과 같은 학자들의 주장에 의해서도 알 수 있다.

Fries(1955): 문화란 제 2 언어 프로그램에서 부속물이 아니라, 제 2 언어 교육의 모든 단계에서 필수적인 요소이다.

Nostrand(1966): 언어를 전체적으로 이해하기 위해서는 언어가 일부분을 구성하고 있는 문화와 언어가 중재하고 있는 사회적인 관계를 알아야 한다.

Tucker와 Lambert(1973): 언어와 문화는 상호의존적이다. 문화가 없는 언어는 학습동기를 감소시키고, 언어가 없는 문화는 의사소통이 불가능하다. 따라서 언어와 문화는 동시에 학습되어야 한다.

3) 문화에 대한 견해도 다음과 같이 다양하다(『영어교육학』, 배두본, 한신문화사, 1990, 258-259).

① ┌ 과정으로 보는 견해: 이미 학습한 것을 다음 세대로 전수해 주는 모든 것을 말한다.
  └ 내용으로 보는 견해: 공유된 지식처럼 특정한 부류의 것을 말한다.

② ┌ 지식으로 보는 견해: 문화를 축적된 정보내용으로 간주한다.
  ├ 의식구조로 보는 견해: 한 민족의 중심적 실제를 만들어 내는 의식구조가 문화이다.
  └ 중간적 견해: 문화와 사회를 유사한 개념으로 간주하여 문화란 체계이며 규범의 집합이라고 본다.

4) 제 2 언어 문화를 지도할 수 있는 유형을 다음과 같이 구분할 수도 있다(『영어교육학』, 배두본, 한신문화사, 1990, 273).

① 자급식(self-contained): 이중언어사용 교사가 영어를 지도한다.

② 협동식(team-teaching): 이중언어사용 교사와 단일언어사용 교사가 협동하여 가르친다.

③ 통합식(integrated full-day program): 각 교실에서 분산되어서 수업을 받는 학생들을 따로 불러서 이중언어사용 교사가 특정 교과를 가르친다.

④ 과목식(department model): 영어사용 학습자들과 함께 모든 교과의 수업을 받는

데, 이중언어사용 교사들이 그 교과목들을 가르친다.

⑤ 지역시설이용식(district-wide center): 갓 이민 온 사람들이 지역별로 설치된 시설이나 기관을 이용하는 방법

5) Littlewood(1986)는 교재로서 문학작품을 선정할 때의 기준을 다음과 같이 제안했다.

① 구조적 적합성

② 문체의 적합성

③ 정의적 및 문화적 적합성

④ 주제의 심층적 이해

⑤ 문학사적 의의

6) 교사의 훈련과정에 대한 내용은 부록 A에서 제시된 '언어교수학 대학원 교과과정' 참고.

연 구 과 제

1. 영어교수학에서는 제 2 언어 능력을 세 가지 능력으로 나누어서 설명하고 있다. 이중에서 문화적 능력을 정의하고 다른 능력과의 관계를 설명하시오.

2. 제 2 언어를 통해서 문화를 지도할 때 문화교육의 목적과 지도 시 주의해야 할 점에 대해서 설명하시오.

3. 다음의 용어를 설명하시오.

   ① 문화변용 ② 몸짓법

4. 앞에서 소개된 다양한 문화적 활동 중에서, 학생들 스스로가 참여할 수 있는 문화적 활동을 몇 가지 선택해서 구체적인 실행방안을 계획해 보자.

5. 한국과 미국의 역사적 배경에 따른 문화의 차이를 설명하시오.

6. 한국과 미국의 문화패턴의 차이점을 비언어적 행위 유형별로 비교하시오.

참고문헌

Braine, G. 1999. *Nonnative educators in English language teaching*. Mahwah, NJ: Lawrence Erlbaum Associates.

Brown, H. Douglas. 1980. *Principles of Language Learning and Teaching*. Englewood Cliffs, N. J.: Prentice-Hall.

Buttjes, D., & Byram, M. eds., 1991. *Mediating Languages and Cultures*. Clevedon: Multilingual Matters.

Christison, M. 1982. *English through Poetry*. Hayward, CA: Alemany.

DeCapua, A., & Wintergerst, A. 2004. *Crossing cultures in the language classrrom*. Ann Arbor: University of Michigan Press.

Enright, D. S., & McCloskey, M. L. 1988. *Integrating English: Teaching Language in a Multicultural Classroom*. Addison-Wesley.

Fantini, A. 1997. *New Ways in teaching culture*. Alexandria, VA: Teachers of English to Speakers of Other Languages.

Ford, C., & Silverman, A. 1981. *American Cultural Encounters*. San Francisco: Alemany.

Fries, Charles C. 1955. American Linguistics and the Teaching of English. *LL* 6: 1-22.

Graham, C. 1986. *Small Talk*. New York: Oxford University.

Hendon, Ursula S. 1980. Introducing Culture in the High School Foreign Language Class. *FLA* 9: 542-547.

Kachru, B. 1992. World Englishes: Approaches, issues and resources. *Language Teaching* 25: 1-14.

Kagan, S. 1981. *Beyond Language: Social and Cultural Factors in Schooling Language Minority Students*. Los Angeles: Evaluation, Dissemination and Assessment Center, California State University.

Kind, U. 1980. *Tune in to English: Learning English Through Familiar Melodies*. New York: Regents.

Lewis, S. 1985. *One-Minute Favorite Fairy Tales*. Garden City, NY: Doubleday.

Littlewood, W. 1986. Literature in the School Foreign-Language Course. In C. Brumfit & R. Carter eds., *Literature and Language Teaching*. Oxford: Oxford UP.

Maley, A., & Duff, A. 1983. *Drama Techniques in Language Learning: A Resource Book of Communication Activities for Language Teachers*.

Markstein, L., & Grunbaum, D. 1981. *What's the Story?* New York: Longman.

McKay, S. 2002. *Teaching English as an international language: Rethinking goals and approaches*. Oxford, UK: Oxford University Press.

Meath, S. B. 1983. *Ways with Words*. Cambridge: Cambridge University Press.

Nostrand, Howard L. 1966. Describing and Teaching the Sociocultural Context of a Foreign Language and Literature. In A. Valdman, ed., *Trends in Language Teaching*. New York: McGraw-Hill. 1966: 1-25.

__________________. 1967. *Background Data for the Teaching of French*. Seattle: Dept. of Romance Language and Literature, University of Washington.

Ortuno, M. M. 1991. Cross-Cultural Awareness in the Foreign Language Class: the Kluckhohn Model. *MLJ* 75(4)

Pesola, C. A. 1991. Culture in the Elementary School Foreign Language Classroom. *FLA* 24(4): 331-347.

Philips, S. 1983. *The Invisible Culture: Communication in Classroom and Community on the Warm Spring Indian Reservation*. White Plains, NY: Longman.

Rivers, W. M. 1981. *Teaching Foreign Language Skills*(2nd ed.), Chicago: The University of Chicago Press.

Seelye, H. ed., 1968. Analysis and Teaching of the Cross-Cultural Context. In E. Birkmaier, ed., 1968. *Britannica Review of Foreign Language Education*, Vol 1. Chicage: Encyclopedia Britannica.

Taylor, H. Darrel and John L. Sorensen. 1961. Culture Capsules. *MLJ* 45: 350-354.

Trueba, M., Cuthrie, P., and Au, K. eds., 1981. *Culture and the Bilingual Classroom: Studies in Classroom Ethnography*. New York: Newbury House.

Wallerstein, N. 1983. *Language and Culture in Conflict: Problem Posing in the ESL*

Classroom. Reading, MA: Addison-Wesley.

Zanoger, V. 1985. Face to Face: *The Cross-Cultural Workbook*. Rowley, MA: Newbury House.

박희석 · 장복명. 2002. 『삶과 언어』. 서울: 경문사.

배두본. 1990. 『영어교육학』. 서울: 한신문화사.

장복명 · 강혜순 · 김정희 역. 1996. 『언어와 문화』. 서울: 박이정.

제 2 부

언어교수학 이론

- 제 3 장 언어교수학
- 제 4 장 언어학습이론
- 제 5 장 언어교수문법이론
- 제 6 장 언어습득·언어학습 발달론
- 제 7 장 언어학습자
- 제 8 장 언어교수학자
- 제 9 장 대조분석과 중간언어
- 제10장 오류분석 이론: 종류, 형식 및 그 적용 방법

제 3 장 언어교수학

언어교수학은 제 2 언어 교수와 학습연구의 문제점을 진단하고, 언어교수 분야를 독립적인 학문으로 발전시키기 위한 목표와 연구방향을 설정하여, 하나의 확립된 학문으로서의 이론을 갖고 있는 분야이다.

1. 제 2 언어 연구의 문제점

오랫동안 제 2 언어 교수와 학습(second language teaching and learning)의 분야는 여러 학문들과 관련지어지거나 종속되어 있었다. 그 특징들을 역사적으로 살펴보면 다음과 같다. 먼저, 제 2 언어 교수의 전통은 고전시대와 르네상스 시기에 고전어에 종속되어 현대를 사는 학생에게 라틴어규칙을 가르치는 데에 치중하였으며, 또한 문학의 장식물로서 의사소통을 배제한 채 문자어(written language)를 교수하며 문학의 이해를 강조하였다. 다음으로 이러한 의사소통을 무시한 전통적 방법론에 반대하여 발화를 중시하는 경향이 생긴 탓으로, 제 2 언어 교수는 음운론의 부가물이 되어 말하기보다 발음교수에 치중하였다.

1920년대 이후부터 1950년대까지는 그 시대 언어학의 주류를 이룬 구조주의 언어학의 영향으로 기계적인 교수법이 사용되어 모방, 암기, 유형훈련을 강조하고 문어체를 경시하게 되었다. 또한, 심리학의 첫 번째 영향인 행동주의 가설을 적용하여 모든 학습을 '자극-반응'의 이론으로 설명하려 하였고, 분석 없이 유추를 통하여 학습하도록 가르쳤으며 오류를 회피하도록 교수하였다.

한편, 제 2 언어 교수가 교육학에 부속되어 제 2 언어 분야의 특이성을 잃고 의미 없는 말(mindless jargon)[1)]을 발화시키는 교육을 하기도 하였다. 그 후, 1960

년대에는 언어학의 두 번째 영향인 변형주의에 의한 영향으로 발견적인 절차를 거부하고 변형조작을 포함하는 규칙체계의 내재로 문법적인 문장을 생성하는 변형생성문법을 주장하였다. 그래서 훈련과 단계적인 학습을 거부하고 복잡한 추상적 설명을 도입한 반면, 언어행위에 대한 무관심, 반-경험주의(anti-empiricism)에 치중하게 되어 언어교수에 의미를 부여하지 않았다. 그리고 행동주의 심리학과 대립되는 심리학의 또 다른 경향인 인지주의의 새로운 영향으로 언어학적으로 불확실한 창의성에 고무되어 오류수정에 반대하며, 제 1 언어의 자연적 습득(natural acquisition)과 제 2 언어의 형식적 학습(formal learning)을 동일시하였다. 또한, 정신의학(psychiatry)의 영향으로 안정된 분위기 속에서 바로크음악을 들으면서 제 2 언어를 동시에 청취할 때 효과적이며 두 가지 언어를 자유롭게 구사할 수 있다고 믿게 되었다.

위와 같은 문제점으로 언어교수학은 고유의 학문이름조차 없었다. 한 연구 분야가 고유의 이름이 없거나 다른 학문과 연관된 명칭일 때는 독립적인 학문의 구실을 할 수 없다. 이 연구 분야에 대한 명칭은 여러 가지가 있었으나 지금까지 불린 외국어교수법(foreign language teaching)이나 목표어(target language)교육, L2(ell-two), 제 2 언어(second language: SL), 응용언어학(applied linguistics), 외국어교육(foreign language education) 등은 적당하지 않다.[2] 이와 같은 문제점을 인식하고 독립적인 학문분야로 확립하기 위하여 Nelson Brooks(1964)는 이 분야를 '언어교수학'(languistics)이라는 새로운 용어로 불렀다. 언어교수학이란 '제 2 언어 교수와 학습의 학문'이며, '언어교수학자'(languist)란 '언어교수학을 대학원(부록 A: 대학원 교과과정 참고)에서 공부하고, 수업현장에서 언어교수학을 실천하는 사람'을 일컫는다. 지금부터 제 2 언어 교수와 학습에 관한 학문을 '언어교수학'이라고 명명하며, 지금까지의 연구를 바탕으로 보다 독립된 학문영역으로서 언어교수학을 정립시키고자 한다.

2. 주변 학문과의 관계

언어교수학의 발달을 연구하기 위하여는 주변 학문과의 관계를 논의하는 것이 필요하다. 언어교수학이 영향을 받는 주변 학문들을 [도표 3-1]에서 찾아볼 수 있다.

도표 3-1 언어학과 주변 학문들(Hammerly, 1982)

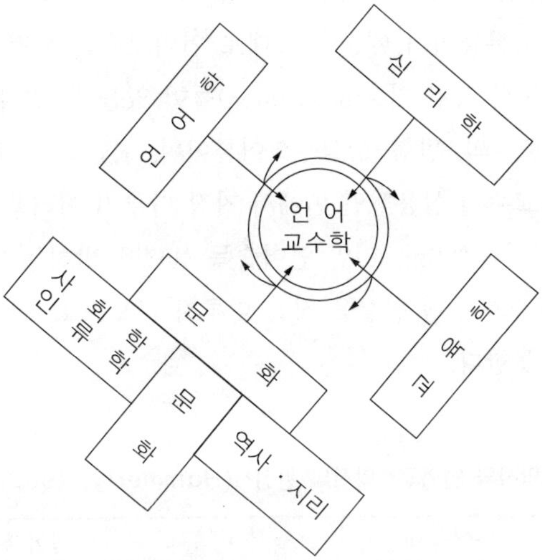

[도표 3-1]에서 나타나듯이 언어교수학은 언어학, 심리학, 교육학, 문학의 영향을 받고 있다. 언어교수학이 주변 학문과의 관계에 있어서 영향을 받고 있지만 연관성에 치중되는 것은 피해야 하며, [도표 3-1]에서와 같이 균형 잡힌 일정한 거리를 유지해야 한다. 즉, 언어학이나 심리학, 교육학, 문학 등 어떤 학문에 의해서 강하게 영향을 받거나, 그 학문의 일부가 되어서는 안 된다. 또한, 언어교수학을 어느 한 학문에 더 관련된 것으로 여겨 다른 학문을 경시해서는 안 되며, 그 어떤 다른 학문과의 결합으로는 언어교수학의 실재적 문제를 해결할 수 없다. 그러므로 언어교수학자는 균형 잡힌 포괄적인 학문적 배경지식을 갖추어 언어교수학에 공헌하는 주변 학문들과 새로운 관계를 정립하여 언어교수학의 독립성을 지켜야 한다.

언어교수학이 주변 학문들로부터 받은 영향과 그 학문과의 차이점을 고려하고, 각 학문이 기여할 수 있는 장점을 살펴보고자 한다.

2.1 언어학과의 차이점

언어학은 '언어에 관한 학문'이고, 언어교수학은 '언어의 교수와 학습에 관한 학문'으로 언어학이 교수학에 많은 공헌을 할 것 같으나, 심리학이나 교육학만큼 영향을 끼치지 않는다. 언어학자들이 주장하는 언어에 관한 이론들은 다양하며, 또한 서로 다른 이론들이기 때문에 그대로 언어교수학에 적용하기가 어렵다. 즉, 한 언어에 대해 여러 가지 기술(description)들이 있을 수 있다. 주요한 언어이론들은 전통주의, 구조주의, 변형-생성주의이론이며, 최근의 우세한 이론인 변형생성문법이론은 언어교수의 실용적인 면에서 가장 다루기 어려운 문법이다. 왜냐하면, 변형생성문법은 '생득적'(innate)인 언어습득 능력을 밝히는 언어능력을 기술하기 때문에 구체적인 언어수행 현상을 직접 다루지 않으므로, 언어교수학에는 실제적인 도움을 주지 못한다.

도표 3-2 언어학자와 언어교수학자의 관심사(Hammerly, 1982)

	언어학자	언어교수학자
1	언어이론	제 2 언어 교수에 관한 이론과 실제
2	언어의 기술(설명적 타당도)	언어의 교수(교육적 타당도)
3	언어의 보편적 특성들	특정언어의 특징들
4	이상적 모국어 화자의 언어 능력	비모국어 화자의 과도기 언어능력과 언어행위
5	추상적 형태의 추상적 규칙들	실제 변화를 포함하는 구체적 행위

[도표 3-2]에서 변형생성 언어학자와 교수학자의 관심사를 살펴보면 언어교수학자들의 관심이 언어학자와 다르므로, 언어교수학은 언어학이론을 적용하는 분야가 아니라 독립적인 학문이 되어야 한다.[3] 그러므로 과거와 현재의 다양한 언어학파가 제공하는 이론들을 잘 고려하는 것은 언어교수학자에게 유용하므로 언어학을 완전히 배제하여서는 안 된다.

2.2 심리학의 영향

많은 제 2 언어 교수방법론이 심리학적 견해로부터 유래되었다. 지난 20년 간 행동주의 심리학(behaviorist psychology)의 영향을 언어학습자를 단순하고 의미없이 조건화된 상태에서 언어를 배우는 수동적 학습자로 만들었다. 최근 인지심리학(cognitive psychology)에서는 다양한 특색을 지닌 창의적인 학습자는 조건화될 수 없으며 지적인 연습을 통해서 제 2 언어를 배운다고 주장한다. 이렇듯 심리학 내부에서도 여러 가지 이론이 존재하므로, 언어교수학이 심리학의 이론에 전적으로 의존하는 것은 바람직하지 않다. 언어교수학이 심리학에서 도움을 받을 수 있는 영역은 학습과정, 지능, 동기, 태도, 개성 등이므로, 이 부분에서 심리학의 도움을 받는 것이 바람직하다(제 4 장, 제 5 장 참고).

2.3 교육학의 영향

1960년대 후반 언어교수학은 교육학에 큰 비중을 두었다. 그러나 '제 2 언어 교수와 학습'을 '제 2 언어 교육'이라고 할 수 없으며, 언어교수학은 '수학교육', '영어교육'처럼 교육학과 관련된 것이 아니다.

언어교수학의 특징으로 첫째, 교수법과 제 2 언어 교수법은 다르다는 것이다. 제 2 언어 연구는 제 2 언어의 새로운 규칙이 모국어의 이미 알고 있던 규칙과 상충하면서 학습되는 것이기 때문에 다른 교육학과는 다르다. 그러므로 제 2 언어 교수와 평가절차는 독특해야 한다. 둘째, 적절한 전문지식을 갖추기 위해 교육학 이외의 여러 관련 학문의 연구가 필수적이다. 셋째, 지역사회에 대한 고려와 외국문화에 대한 이해가 필요한 학문이다. 따라서 언어교수학을 교육학과 혼동하거나, 교육학의 하위학문으로 종속시켜서는 안 된다.

2.4 문학의 영향

문학은 예술적으로 우수한 창의적인 글에 대한 연구이고, 언어교수학은 기능적 의사소통을 위한 것으로 언어교수학이 문학에 예속될 수 없다. 언어교수학은 언어의 모든 양상들을 고려하나, 특히 구술어 중심의 객관적 접근방식으로 청취-발화(audio-lingual)의 자료와 실험을 중심으로 하는 학문이다. 문학이 다른 문화에 대한 통찰력을 제공하지만, 언어교수학자는 문학의 연구를 통하기보다는 직접 경험에 의해서 가르쳐야 한다.

문학이 기여할 수 있는 두 가지 장점을 찾는다면, 첫째, 문학서가 독서교재로 선택되어 실생활에 적용될 수 있다. 문학서는 다양한 인간경험, 정서, 그리고 자연에 대한 풍부한 자료를 제공할 수 있기 때문이다. 둘째, 고급단계의 학생에게 문화적, 미학적으로 그 언어에 대한 풍부한 지식을 제공할 수 있다. 문화와 언어는 밀접한 관계가 있기 때문에 언어를 배우려면 그 나라의 문화를 알아야 하는데, 독서로써 쉽게 접할 수 있다. 이러한 장점을 살려서 문학을 언어교수학에 응용하는 것은 바람직하나, 문학이 언어교수학을 전적으로 지배해서는 안 된다.

2.5 기타 학문들의 영향

Quinn(1974)이 "어떤 학문도 외국어교육에 유용할 수 있다"라고 말했듯이 모든 학문이 '교육적 전체주의'(pedagogical ecumenism) 입장에서 효과적으로 적용될 수 있다. 즉, 소리, 단어 또는 규칙에 대한 역사적 통찰은 학생들에게 흥미를 더할 것이다. 또 다른 예는 정신의학이다. 심리학이 정상적 학생들의 인지적 · 감정적 형상에 대한 인식을 제공한다면, 정신의학은 비정상적 행동과 언어발달 과정의 부진함과 문제점에 대한 합당한 정보를 제공할 것이다.

3. 언어교수학의 목표

여러 학문의 영향에서 제 2 언어 교수 및 학습방법으로 여러 접근론, 방법론들이 사용되어져 왔다.[4] 언어교수학이 독자적 학문이라기보다는 예속된 상태에 있는 한, 나름대로의 장점을 가지는 반면 여러 가지 단점이 있다. 어떤 분야가 하나의 학문이 되기 위해서는 스스로의 원리와 절차를 가져야 한다. 그러므로 언어교수학은 ① 자료수집, 기술분석, ② 자료에 대한 설명, ③ 가설설정, ④ 가설검증, ⑤ 확증된 가설의 이론화, ⑥ 통제된 방법론, 절차, 기술 안에서의 이론적용 등 과학적 접근이 필요하다.

위와 같은 과학적 연구를 위하여 언어교수학은 언어교수학자, 제 2 언어 교재 작가들, 언어교수학의 대학원과정을 마친 제 2 언어 교사들, 언어교수학 전공학생들과 제 2 언어를 배우려는 학생들 간의 상호작용이 필요하며, 물론 주변 학문과의 간접적 교류도 중요하다. 언어교수학의 목표는 이러한 상호작용을 완벽하게 활용하여 다음 요소들을 갖추는 것이다.

① 제 2 언어 교수와 학습의 결과를 최대한 활용

② 적절한 언어교수학이론의 개발

③ 효과적인 원리, 절차, 기술의 적용

궁극적으로 제 2 언어 교수의 목표는 제 2 언어 학습자에게 언어학적 · 의사소통적 · 문화적 언어능력(linguistic · communicative · cultural competence: 제 1 장 참고)을 고루 갖추도록 하는 것이다.

4. 연구방향: 계몽적 절충식

언어교수학이 새로운 학문으로서 출발하기 위하여, 또 다른 교수방법론의 혁명이나 새로운 이론이 필요한 것이 아니라 종합이 필요하다. 여러 제 2 언어 학자들이 문제해결에 있어서 절충적 해결안을 제시하였으나, 언어교수학의 연구방향은 계몽적 절충식(enlightened eclecticism)이어야 한다. 즉, 단순히 두세 가지 방법론을 절충하는 방법이 아니라 효율적이라고 생각되는 방법들을 절충하고, 또는 새로운 방법들을 시험해야 한다.

언어교수학은 경험적 연구이므로, 제 2 언어 학습과 교수결과에서 언어교수학의 가설들을 설정하고, 또한 가설들을 수업현장에서 시험함으로써 발전할 수 있다. 그러므로 계몽적 절충식이란 교실현장에서의 변화하는 교육목표와 학습자의 유형에 적용될 수 있는 방법을 말한다. 이러한 연구를 위하여 언어교수학자는 창조적이고 능동적으로 실험과 연구를 꾸준히 계속하여야 한다. 바람직한 언어교수학은 아래의 세 가지 조건을 갖추고 있어야 한다.

즉, 첫째, 언어교수학은 독립된 분야이어야 한다. 둘째, 제 2 언어 연구목적에 부합해야 한다. 제 2 언어 연구의 전반적인 목적은 의사소통 외에 언어학적 · 의사소통적 · 문화적 언어능력을 갖는 것이다. 셋째, 제 2 언어 교수 및 학습의 경험적 연구는 과학적인 접근으로 시도되어야 한다.

빠르게 변화하는 국제화 사회 속에서 제 2 언어의 교육은 우리에게 매우 중요하다. 언어학적 · 의사소통적 · 문화적 언어능력을 모두 발달시키는 언어교육의 목표에 도달하기 위해서는, 언어교수학이 다른 학문에 종속되어서는 안 되며, 독립된 학문으로서 실험과 가설검증을 계속하는 과학적 학문이어야 한다.

참고사항

1) 의미 없는 말(mindless jargon)이란 원래 어떤 한정된 집단의 구성원들만 알고 있는 표현으로 어렵고 생소한 특수용어의 언어(예: the jargon of law, medical jargon, computer jargon 등등)를 일컫는데, 여기서는 이해하지 못하면서 발화하는 생소한 단어나 표현을 말한다.

2) Hammerly(1982)는 과거 명칭들의 비적절성을 다음과 같이 설명한다.
   ① '외국어교수법'은 학습에 대한 언급이 없고, 더욱이 많은 사람들이 모국어 이외의 언어를 사용하기도 하는데 '외국어'란 명칭은 마치 외국인이 되는 느낌을 주며, 사회적 현상으로 인한 정치적 용어이다.
   ② '목표어'라는 언급은 군사적인 전투목표가 함축된 용어이다.
   ③ 'L2'는 화학적 복합물을 연상시킨다.
   ④ 'SL'은 심리언어학적 용어로서 이 책에서 우선 인용하나 순서적으로(제 2 언어, 제 3 언어…) 들려 부적절하며, 또한 제 2 언어 교수법은 한 학문의 명칭으로는 너무 길고, 이 분야의 모든 이론을 함축하지 못한다.
   ⑤ '응용언어학'에서는 제 2 언어 교수와 학습이 '언어학'의 목적과 방법에 종속되는 것이며, 또한 이 분야가 언어학이 '응용되는' 학문이 아니므로 부적절하다.
   ⑥ '외국어교육'은 제 2 언어 교수를 교육의 일부분으로 다루고 있다. 지금까지 이 연구 분야에서 제 2 언어가 영어인 경우에 TESL, TEFL, TESOL 등의 용어로 표시하는데, TESL은 Teaching of English as a Second Language의 약칭어(acronym)이며, TEFL은 Teaching of English as a Foreign Language, TESOL은 Teaching of English to Speakers of Other Languages의 약칭어이다. 이때 TESOL은 영어 이외의 다른 언어를 모국어로 하는 사람에게 영어를 가르치는 경우로, 영어를 제 2 언어로 하거나 외국어로 하는 두 가지 경우를 모두 포함하는 포괄적 의미도 포함되는데, 이 용어로 인하여 제 1 언어와 모국어가 아닌 제 2 언어의 구분이 생겨 현재 총칭적이고 간편하게 쓰이고 있다.

3) 여러 학자들이 언어교수학을 독립적인 학문으로 주장하였다.
   ① Bolinger(1972): "후기-구조주의 언어학은 제 2 언어 교육자를 언어학으로부터 분

리시킨다."

② Selinker(1972): "제 2 언어 교수자료나 교수방법을 언어학에 기초를 두는 것은 불가능하다."

③ Spolsky(1978): "제 2 언어 교수를 응용언어학과 동일시 여길 수 있으나, 언어학의 하위분야인 교육적 언어학으로 경시해서는 안 된다."

④ Widdowson(1980): "우리는 언어에 대해 언어학자의 특정 영역으로서가 아니라, 언어사용자의 특성으로 여겨야 한다."

4) 19세기 초기까지 문법번역식, 직접교수법, 청취발화법, 독서식 교수법, 인지적 교수법, 상황교수법 등이 쓰였으며, 최근에는 학습자 중심의 전신반응법, 무언교수법, 집단학습법, 자연교수법, 최면연상법 등의 혁신적 방법론들이 대두되었다(제11장 참고).

연 구 과 제

1. 언어교수학(languistics)이란 누가 말한 용어이며 그 특징은 무엇인가?
2. 언어교수학과 언어학(Languistics vs. Linguistics)의 차이점은 무엇인가?
3. 언어교수학과 다른 학문과의 관계를 설명하시오.
4. 지금까지 제 2 언어 교수와 학습연구 분야의 문제점은 무엇인가?
5. 언어교수학이 나아갈 방향을 모색하여 설명하시오.

참 고 문 헌

Bolinger, D. 1972. The Influence of Linguistics: Plus and Minus. *TESOL Quarterly* 6: 107-120.

Brooks, N. 1964. *Language and Language Learning: Theory and Practice*. 2nd ed., New York: Harcourt Brace and World.

Brown, H. D. 1999. *New vistas: An interactive course in English*. Teacher's Editions. White Plains, NY: Pearson Education.

Cohen, D. 1984. Historical TEFL: A case study. *RELC Journal* 51(1): 30-50.

Glass, G., and F. Ellett. 1980. Evaluation research. *Annual Review of Psychology* 31: 211-228.

Hammerly, H. 1982. *Synthesis in Second Language Teaching: An Introduction to Languistics*. Blaine, Wash.: Second Language Publications.

Howatt, A. 1984. *A History of English Language Teaching*. Oxford: Oxford University Press.

Lado, R. 1964. *Language Teaching—A Scientific Approach*. New York: McGraw-Hill.

Larsen-Freeman. 1986. *Techniques and Principles in Language Teaching*. Oxford: Oxford University Press.

Liskin-Gasparro, J. 1984. The ACTFL proficiency guidelines: A historical perspective. In T. Higgs, ed., *Teaching for Proficiency*, Lincoln-wood, Ill.: National Textbook Co.

Parlmer, H. 1917. *The Scientific Study and Teaching of Languages*. London: Harrap. Reprinted in 1968. London: Oxford University Press.

Quinn, T. 1974. Theoretical Foundations in Linguistics and Related Fields. In G. Jarvis, ed., *Responding to New Realities, ACTFL Review of Foreign Language Education*, vol. 5. Skokie, Ill.: National Textbook Company.

Richards, J., and Rodgers, T. 1986. *Approaches and Methods in Language Teaching*. New York: Cambridge University Press.

Selinker, L. 1972. The Application of Linguistics to Foreign Language Teaching: The State of the Art. In F. C. Seigneuret and D. P. Benseler, eds., *Reports and Papers from the State Conference in Spokane*. March 17-18. Pullman, Wash.: Washington Association of Foreign Language Teachers.

Spolsky, B. 1978. *Educational Linguistics*. Rowley, Mass.: Newbury House.

Stern, H. 1983. *Fundamental Concepts of Language Teaching*. Oxford: Oxford University Press.

Sweet, Henry. 1899. *The Practical Study of Languages*. London: J. M. Dent and Sons. Reprinted in 1964. London: Oxford University Press.

Widdowson, H. 1980. Models and Fictions. *AL* 1: 165-166.

제 4 장 언어학습이론

학습이론은 심리학자들이 행동이론을 연구하는 과정에서 많이 논의되었다. 언어학습이론은 행동주의 심리학이 제 2 언어 교수에 적용되면서 심리학의 많은 영향을 받게 되었다. 이번 장에서는 언어교수학이 언어학습과 교수에 관한 학문이므로 제 2 언어 학습의 특징과 변수들을 살펴보고, 언어교수학의 발달과정을 알아보고자 한다.

1. 학습과 언어학습

학습이란 매우 복잡한 활동이어서 쉽게 정의하기 힘들고 여러 가지 유형으로 나눌 수 있다. Corder(1968)는 학습의 종류에 대해 관찰할 수 없는 정신구조의 변화를 나타내는 '알려고 하는 학습'(learning to know)인 '인지적 지식'(cognitive knowledge)과, 연습과 인지지식이 매개되고 행동을 관찰할 수 있는 '하려고 하는 학습'(learning to do)인 '수행적 지식'(performative knowledge)으로 나누었다. 심리학에서 학습의 정의는 기술의 습득이나 지식의 습득뿐만 아니라 배우는 방법과 생각하는 방법의 학습도 포함한다.

다음은 행동주의이론에 의하여 Gagné(1977)가 정리한 학습유형을 언어학습에 적용한 것이다.[1)]

① 고전적 조건화 또는 신호학습: 종이 울릴 때 개가 음식을 기대하며 침을 흘리듯이, 아동은 엄마가 "Hot!"(뜨거워!)하고 외칠 때 손을 데지 않기 위해 피하게 된다.

② 조건반사학습: 원숭이가 막대기를 누르면 음식물을 얻을 수 있음을 알게

되는 것과 같이, 아동은 "마"(ma)나 "파"(pa)라고 말하면 포옹해 준다는 것을 배우게 된다.

③ 연결학습: 아동이 손의 움직임을 연결하여 운동화의 끈을 매는 법을 배우듯이 "Hello!"라는 인사말 다음에 "How are you?"를 연결하여 사용하는 법을 배운다.

④ 연상학습: 뜻도 모르는 문장을 외워서 발화하는 것으로 상대편 의견에 호응할 때 연상적으로 "That's right"를 말하게 된다.

⑤ 분별학습: 아동이 개, 고양이, 소의 소리를 분별하는데, 불어화자의 경우 [ü], [u]와 [i]를 구별할 수 있으며, 영어화자는 단어들('house'와 'home'의 구별)과 문장들('That's right'와 'I agree'의 차이)에서 의미 차이를 분별할 수 있다.

⑥ 개념학습: 개의 크기, 모양, 색깔에 관계없이 일반화시켜 개로 인식하듯이, 영어화자들은 동사와 부사들(예: often, seldom, usually, never)의 개념적 특징을 알 수 있다.

⑦ 규칙학습: 추상적 개념형성과 규칙학습 등이 이전에 학습된 개념의 조합으로 이루어진다. 예를 들면, 영어에서 부사에 의한 주어-동사 도치의 규칙을 학습하게 되는 경우("Never before have I seen such a sight.")이다.

⑧ 문제해결학습: 이전에 학습된 개념과 원리의 결과가 미해결되거나 혹은 모호한 문제를 해결할 수 있다. 영어에서 정보의 순서에 의한 간접목적어 도치의 원리를 깨닫게 된다.

또한, 학습경험에 의하면, 교육적 입장에서 공식적으로 이루어지는 '학습'(learning)과 비교육적 환경에서의 비공식적인 '습득'(acquisition)으로 나눌 수 있다. Krashen(1982)은 언어학습과 언어습득의 특징을 구분하였는데[2] 그 이후 언어습득이란 용어가 널리 사용되었으며, 아동의 언어습득 과정을 학습이나 의도적인 교육에 의해서 일어나기보다는 성숙과 성장의 생물학적 과정으로 본다.

1.1 제 2 언어 학습의 정의

제 2 언어 학습을 일반적인 학습과 동일시했으나, 1970년 이후 제 2 언어 학습이론은 독자성을 주장하게 되었다. 또한, 제 2 언어 학습은 모국어 습득과는 달리 '교육에 의한 제 2 언어 지식이나 행동의 비교적 영구적인 개선'이다.[3] 이에 관한 이론으로는 Selinker의 '중간언어'(interlanguage)가설과 Dulay와 Burt의 '창의적 구문가설'(creative construction hypothesis)과 Krashen의 '조정이론'(monitor theory)의 주장들이 있다.

언어학습의 특징 때문에 제 2 언어 교육은 교사와 교재에 의해서 좌우될 수 있다. 그러므로 제 2 언어학습은 다음의 요소들을 고려해야 한다.

① 학습의 주체: 학습자
② 학습의 이유: 학습자의 동기
③ 학습의 과정: 인지적 과정
④ 학습의 대상: 목표어
⑤ 학습의 모체: 교사
⑥ 학습의 방법: 다양한 교수방법

1.2 제 2 언어 학습이론

행동주의자들은 인간의 정신적 · 지적 활동은 존재하지 않으며, 인간의 행동은 자극에 대한 일련의 반응으로 이루어지며, 따라서 제 2 언어 학습도 '의식 없는 조건화'(mindless conditioning)로 이루어진다고 주장한다. 반면, 인지주의자들은 인간의 '정신활동'(mental process)이 분명히 있으며, 이로 인하여 창조적으로 언어학습이 이루어진다고 한다. 그래서 Chomsky(1966: 46)는 "일단 언어를 알게 되면 언어는 자극 없이 창조적 방식으로 쓰여진다"고 주장하였다.[4] 그러나 극단적 행동주의자의 주장인 '이해 없는 연습'은 창조적 언어능력에 도움이 되지 못하며, 또한 극단적 인지주의자의 '연습 없는 이해'의 강조는 유창하고 정확한 언어수행에 도움을 주지 못한다. 그러므로 '지적인 연습'(intelligent practice) 혹은 '이해를 겸한 연습'이 필요하다. 즉, 인지적으로 인식하여 반복학습으로 확실히 해야 한다. 그러므로 제 2 언어 학습이론으로는 인지주의적인 특징과 행동주의적인 특징을 절충한 '인지적 행동주의'(cognitively-based behaviorism)라는 새로운 합성어가 필요하다.

2. 언어학습의 특징

교육학에서는 인간의 학습과정을 여러 가지 영역에서 다양하게 연구하였으나, 언어교수학의 측면에서 그중 언어학습의 특징을 살펴보고, 실제 현장교육에서 응용하는 것이 중요하다. 다음에서는 언어학습의 특징을 구체적으로 살펴보고자 한다.

2.1 조건화(Conditioning)

조건화는 자극(stimulus), 반응(response), 강화(reinforcement)의 반복으로 이루어져, 자극과 반응의 연상(S-R association)을 강화시키며, 특정자극은 기대되는 특정반응을 일으키게 된다. 또한, 제 2 언어 학습에 필요한 복잡한 조건화 현상은 분별적 자극(discriminative S)이 분별적 반응을 나타내는 것이다. 이때 분별적 자극(S^D)이란 어떤 자극이 특정한 반응을 나타낼 때 그 반응이 보상을 받아 강화되어질 수 있는 자극을 말한다. 그러므로 제 2 언어 학습 · 교수에서는 여러 자극들 중에서 여러 가지로 보상되어지는 반응들을 분별하는 것이 필요하다.

반응에는 직접적인 것과 암시적인 것이 있다. 제 2 언어 교실에서 직접적인 반응은 보상되어지고 조건화에 있어서 효과적인 형태로 나타난다. 또한, 학생들의 직접적 반응을 지켜보는 관찰자도 암시적으로 강화되어질 수 있는데 이것을 '대리강화'(vicarious reinforcement; Bandura, 1970)라고 한다.

강화는 보상이라기보다는 반응의 빈도를 증감시키는 행위이다. 긍정적 강화는 반응의 가능성을 높이는 것이며 반-강화는 반응의 가능성을 줄이는 것이다. 부정적 강화는 벌이나 정정으로 잘못된 반응을 없애는 것이다. 잘못된 반응에 대하여 긍정적 강화를 하지 않는 것보다 부정적 강화인 벌 · 정정을 하는 것이 효과적이다(제12장, 오류정정의 필요성 참고). 그러나 모국어 단어의 습득과 같이 자극과 반응이 인접성이 있는 경우에는 강화 없이도 학습이 일어난다. 그러므로 언어학습에서도 올바른 반응 직후에는 다른 요소가 개입되지 않도록 곧바로 강화를 주는 것이 효과적이다(교실상황에서 30초 이내).

강화의 단계를 살펴볼 때, '험프리즈 효과'(the Humphreys effect; Humphreys, 1939)에 따르면 학습된 행동은 소멸되지 않으므로 강화를 단계적으로 줄여 나가야 한다고 한다. 그러므로 제 2 언어 교수에서 처음에는 모든 올바른 반응에 긍정적 강화가 필요하지만, 학습된 후에는 몇 번의 강화만이 필요하고, 그 이후에는 전혀 강화가 필요하지 않다. 강화의 종류로는 일차적 강화와 이차적 강화가 있다. 일차적 강화란 실험실에서 동물에게 생리적 욕구를 충족시켜 주는 음식, 물 등이며, 이차적 강화는 인간에게 있어서 두려움을 주거나, 희망을 줄 수 있는 칭찬, 점수, 돈 등이다(Craighead 외 공저, 1976: 114).

자극-반응-강화가 반복되는 연습에서 처음에는 흔적만 남지만, 점차 조건화되는 연쇄로 작용되어 습관으로 조건화되었다가, 습관의 결합이 기술로서 작용하게 된다.[5] 극단적 행동주의는 지양해야 하나 제 2 언어 학습이 수많은 규칙의 자동화를 필요로 하므로, 교수 · 학습과정에서 조건화는 항상 존재한다. 그러나 의미없는 조건화가 아닌 지적인 조건화가 필요하다.

2.2 지적 조건화(Intelligent Conditioning)

인지적으로 성숙한 사람은 분별적 자극에 대해 인지적으로 통제된 분별적 반응을 나타내며 학습과정에 지적으로 참여한다. 성숙한 학습자는 자극이 있기 전에 정신을 집중시키고, 자극이 주어지면 이것을 자각하거나 이해하여 가능한 반응을 고려하고 올바르다고 생각되는 것을 선택하여, 반응할 때 그것을 감시하며, 교사 · 대화자 · 주위환경에서 주어지는 강화에 근거하여 반응의 올바름을 평가한다. 즉, 학습자가 지적으로 활동적이므로 자극과 반응의 조건화 사이에 '인지중재'(cognitive mediation: CM)를 설정할 수 있다(Hammerly, 1982).

(1) 자극—인지중재—반응—강화(S—CM—R—Reinf.)

여기서 인지중재를 가능하게 하는 조건을 설정할 수 있다.

① 육체적 조건(physical condition: P): 불편함(시장기, 신선한 공기 부족 등)이 없어야 한다.

② 감정적 조건(emotional condition: E): 감정적 상태의 방해가 일어나지 않아야 한다.[6]

③ 의지적 조건(volitional condition: V): 학습자가 의지적으로 반응을 하고자 해야 한다.

그래서 반응의 장애를 일으키지 않는 조건을 형식화시키면 아래 (2)와 같다.

(2) 자극—인지중재(육체—감정—의지조건)—반응—강화
(S—CM(P—E—V Cond.)—R—Reinf.)

모국어 습득에서는 간접적으로 환경이 습득자에게 대부분의 조건화 작용—

연상, 강화, 일반화 등──을 하므로 쉽게 관찰할 수 없다. 그러나 제 2 언어 학습에서는 조건화가 직접적이고 명시적으로 나타나므로, 효과적인 인지중재를 유도하면 학습효과를 높일 수 있다.

2.3 재입력화(Feedback)

재입력이란 광범위하게 볼 때, 환경 · 대화자 · 교사가 학습자의 행동에 반응하는 방법이다. 강화에 있어서 재입력은 학습에 중요하며, 재입력 없이 학습이 효과적일 수 없다.

Thorndike(1927)의 실험에서는 '무 재입력', '무의미 음절의 재입력', '옳음 · 틀림('right' · 'wrong')의 재입력', '정확한 재입력' 등의 재입력의 네 종류에 대해 점차 나은 차이점을 보였으며, 특히 재입력이 정확할 때 가장 효과적이었다. 그러나 올바른 반응과 틀린 반응이 구분 없이 보상될 때, 학습자가 반응의 차이점을 알 수 없으므로 비효과적이다. 또한, 학습자는 잘못되었다는 사실을 아는 것보다 잘못이 무엇인지를 더 알고자 한다. 그러므로 정확한 재입력이 주어질 때 학습에 가장 효과적이다.

제 2 언어 학습에서 재입력화는 세 단계로 나눌 수 있다.

① 감정적 재입력: 학습분위기를 만들어 준다.
   예) "I like you," "I don't like you."

② 의사소통 재입력: 상호 의사소통이 되는지 안 되는지를 알게 한다.
   예) "I understand what you said," "I don't understand what you said."

③ 언어학적 재입력: 문법의 정확도를 지적한다.
   예) "What you said is linguistically correct," "What you said is linguistically incorrect."

그런데 학습자가 지속적인 감정적 재입력을 받고 있으며 후원하는 분위기일 때, 의사소통 재입력과 어학적 재입력이 부정적일지라도 용기가 저하되지 않는다. 이때 언어적 정정은 처벌이 아니라 도움이 된다. 모국어 습득자는 정정 없이도 잘못을 줄여 나가는데, 이는 정확한 언어적 모형에 노출되며 사회언어학적으로 생존에 강한 동기를 갖기 때문이다. 반면에 제 2 언어 학습자는 교실의 친구들에게서 오류 섞인 중간어를 많이 접하게 되는데, 정정되지 않을 때 자연스럽게 습관화된다. 따라서 정확성을 무시하면서까지 말하고자 하는 분위기를 조성해서는 안 된다.

2.4 사슬화와 형상화(Chaining and Shaping)

사슬화와 형상화는 Skinner(1957)에 의해 개발된 '부수적 강화'(contingent reinf.)의 개념에 근거하고 있다. 사슬화는 이미 알고 있던 각각의 반응들이 다음 행동을 위한 자극이 될 때 반응의 연속절차가 학습되어지는 것이다. 예를 들면, 문장 암기에 있어서 단어를 먼저 암기하고, 구나 문장을 암기할 때, 사슬화가 일어나기 때문에 효과적이다. 한편, 지속적인 접근(approximations)을 통해서 새로운 반응을 학습하게 되는 것을 형상화라고 한다. 불어나 독어화자가 이러한 접근에 의해서 [R](uvula fricative)이나 [ɹ](retroflex palatal)에서 영어의 / r /발음을 배울 수 있다. 어학실험실의 자료나 완전학습은 이러한 두 가지 원리에 기초하고 있다.

2.5 운동신경기능(Motor Skills, Motor Chaining)

운동신경은 각 운동이 분리되어 학습된 후 결합되어진다. 예를 들면, 발음연습에서 각 음성적 자질을 하나씩 배우고, 그 다음 결합하게 된다. 또한, 제 2 언어 학습에서 발음과 쓰기기술은 운동신경으로 이루어지는데, 이때 특히 인지적 활동을 겸하면 더욱 효과적이다.

교육적 상황에서 고려해 볼 때 운동신경연결학습에는 다음의 세 단계가 있다(Fitts와 Posner, 1967).

① 학업의 이해

② 각 기능의 연쇄와 통합

③ 독립적 단계

①과 ②단계에서는 그림, 설명 등이 필요하며, ②단계에서 ③단계로 옮겨가면서 강화와 함께 상당한 연습이 필요하다. 그리고 연습은 집중적으로 하기보다는 휴식의 시간을 가지면서 실시해야 효과적이다.

2.6 습관형성(Habit Formation)

제 2 언어 규칙은 지적 조건화와 더불어 충분한 연습으로 자동화, 즉 습관화된다. 언어규칙은 처음에는 인지적 활동이지만 충분한 연습을 통해서 습관으로 내재화(internalization)되어야 한다. 습관형성을 위한 연습은 우선적으로 충분한 연상을 필요로 하며, 많은 연상을 하면 할수록 빠른 습관형성이 일어나며 오랜 기간 유지된다. 이는 어휘습득(단어 연상)과 문법습득(규칙과 문장 간의 연상)에 적용된다. 그래서 문법규칙이 습관화되었을 때 수많은 문장을 생성할 수 있다. 이것을 '생성적 언어습관'(generative linguistic habit)이라 할 수 있다. 일단 언어적 규칙이 습관화(내재화)되면 화자, 청자는 규칙사용 시 의식하지 않고 바르게 적용할 수 있다. '인지적 행동주의' 이론적 입장에서 볼 때, 언어규칙의 내재화는 인지적 활동으로 시작된 다음, 연습을 통해서 자동적 언어행동으로 습관화된다.

2.7 개념학습(Conceptual Learning)

개념학습에는 일반화(generalization), 분별화(discrimination), 원리나 규칙학습(principle or rule learning), 그리고 문제해결(problem solving) 등이 있다.

일반화는 학습의 모든 경우에 일어나며, 학습자가 원래의 자극과 유사한 자극에 같은 반응을 일으키는 것이다. 그러므로 '일 대 다수 일반화'(one-many generalization)라고 부른다. 또한, 학습자는 한 가지 자극에 대해서 유사한 여러 가지 반응을 하는 반응일반화도 배울 수 있다. 이와 반대로 분별화 현상이 있다. 학습자는 여러 가지 다른 자극에 대해 각기 다른 특정한 반응을 배움으로써 분별화를 하게 된다. 이것은 과일반화(overgeneralization)를 수정할 수 있다. 이러한 분별화를 통하여 규칙의 제한점이 학습된다. 그러므로 학습자는 그가 하고 있는 것과 해야 하는 것 사이의 분별화를 통하여 규칙이나 원리를 학습을 할 수 있다. 문제해결은 이전의 지식에 근거하여 이해, 형식화, 그리고 가설검증으로 이루어진다. 문제해결능력은 지능과 관련 있으며 다양한 학습경험에 노출됨으로써 점차 발달한다. 학습자는 동기가 강하므로 문제제시의 상황은 처음부터 암기를 시도하는 것보다, 제 2 언어 교육에서도 통제된 문제해결상황들(guided problem-solving situations)을 제시하는 것이 중요하다.

3. 언어학습의 변수

앞에서는 학습의 특징 중에서 언어학습의 특징에 대해서 살펴보았다. 언어교수학의 목표는 올바른 이론을 기초로, 효과적인 언어교육을 실시하는 것이므로, 언어학습에 영향을 끼치는 변수에 대해서 살펴보는 것이 반드시 필요하다. 언어를 효과적으로 학습하는 데는 다음과 같은 변수가 작용한다.

① 높은 동기와 긍정적 태도

② 등급화: 학습과업을 등급화하여 한번에 하나의 구조를 단계별로 익힌다.

③ 구조화: 연습대상을 연관성 있고 잘 다룰 수 있는 '덩어리'(chunk)로 분류해서 구성한다.

④ 강 조: 구조화와 연관지어, 학습에서 중요한 내용을 강조한다.

⑤ 연 습: 연습을 통해서 학습하되, 수동적인 인식만으로는 행동으로 나타나지 못하므로 지적인 연습이 필요하다. Bloomfield(1942: 16)는 연습의 중요성을 지적하여 "제 2 의 천성이 될 수 있도록 모든 것을 연습하라"고 하였다.

⑥ 의미성: 의미 있는 자료일 때 더 쉽게 학습되어지며 이전의 자료와 연관이 깊을수록 더 좋다. 제 2 언어 학습에서 대화학습의 내재화 단계에서 학생들은 각 문장의 의미를 완전히 파악하고 있어야 한다.

⑦ 학업의 용이성과 즐거움: TV 등 매개체를 통한 학습이 흥미를 유발할 수 있으며 학업대상이 빠르고 용이한 것일 때 효과적이다. 그러나 너무 쉬울 때 지루하므로 적당히 주의를 끌어야 한다.

⑧ 훈련의 전이: 이전에 습득된 지식이나 습관이 본질적으로 새 업무와 유사하거나 동일할 때 새 업무에 긍정적으로 전이되어 새로운 학습을 용이하게 한다. 또한, 학습책략도 전이될 수 있다. 이러한 전이현상을 이용하면 언어교수학에서 효과를 거둘 수 있다.

⑨ 기억력: 기억력은 정보, 반응, 지식이나 행동을 보관(retention)하는 것으로 심리학자들은 기억의 종류에 대해 20초 정도 유지되는 단기(short-term) 기억, 몇 분 정도의 중기(intermediate)기억, 그리고 기억이 일생 동안 지속되는 장기기억(long-term memory)으로 나눈다. 그중 제 2 언어 학습에서는 장기기억이 필요하며 또한 쉽게 그 기억이 산출될 수 있어야 한다. 이때 '상호기록'(cross-filing)이 중요한데, 즉 같이 저장된 사항들은 같이 기억해 낼 수 있어야 기억들을 다양하게 표현할 수 있게 된다.[7] 또한, 망각

은 흔히 일어나지만 '흔적'(trace)을 남기므로 다시 학습하게 될 때 더 빠른 학습이 가능하다.[8)]

⑩ 연역법과 귀납법: 일반적인 것으로부터 특정한 것으로 학습하는 연역법이나 특정한 것으로부터 일반적인 것으로 학습하는 귀납법 둘 다 좋은 방법일 수 있다. 그러므로 학업의 성격과 학습자의 인지적 선호도에 따라서 적합한 방법을 선택하는 것이 좋다. 연역법은 개념적으로 복잡한 자료에 더 좋다. 그러므로 모국어와 제 2 언어 규칙 간에 차이가 클 때 분석과 연역이 유용하다. 적절한 언어행위로 변형될 때 언어에 관한 지식도 언어발달에 지름길과 빠른 속도를 제시한다. 귀납법은 훈련 없는 규칙의 발견을 의미한다. 규칙이 간단하거나 단순할 때 적절한 방법이다. 그러나 제 2 언어 학습에서는 이 방법만으로는 충분하지 않다.

결론적으로 제 2 언어 학습에 필요한 방법은 통제된 발견법으로서 규칙설정을 그대로 적용하거나 잘못된 가설을 불충분하게 검정하지 않는 중간단계이다. 그러므로 바른 선택과 예를 제시하는 것, 그리고 이에 대한 질문 등등 단기간에 발견의 만족을 주는 통제된 문제풀기가 제 2 언어 학습에 효과적이다.

4. 언어교수학의 발달

제 2 언어 교수 · 학습에 관한 포괄적이고 체계적인 연구는 1899년 H. Sweet의 저서(*The Practical Study of Language*)에서 비롯되었으며, 1917년에는 H. Palmer가 이 연구 분야를 '언어연구의 과학'(Science of Language-study)으로 불렀으며, 1964년 R. Lado는 그의 저서의 부제에서 '과학적 교수이론'(A Scientific Approach)을 주장했으나, 그 때까지 과학적인 학문영역을 차지하지 못했다.

제 2 차 세계대전 이후에 심리학을 언어학습이론에 도입하기 시작하여 언어학습의 연구가 활발히 전개되었다. 특히 언어습득 및 언어사용의 내적 · 정신적 과정을 연구하는 학문인 심리언어학 분야가 탄생하였다. Osgood과 Sebeok(1954)이 편집한 *Psycholinguistics: A Survey of Theory and Research Problems*에서 처음으로 '심리언어학'이라는 용어를 사용하였다. 그 후, Penfield와 Roberts(1959) 두 교수가 언어와 생물학적 연구를 발표하면서부터 언어학습의 적정나이에 대한 논의가 중요시되었다. 그의 뒤를 이어서, Lenneberg(1967)의 저서 *Biological*

*Foundations of Language*는 좌반구의 언어기능에 대한 편기화(lateralization)를 주장하며 언어학습의 결정적 시기가설(Critical Period Hypothesis: CPH)을 내세워 2세에서 사춘기까지 언어학습이 완성된다고 주장하였다.

1965년과 1970년대 사이에 커다란 변화가 일어났는데, 1957년 Skinner의 *Verbal Behavior* 출판 이후 행동주의 심리학이 언어교수학에 많은 영향을 미치게 되었으며 이를 근거로 W. Rivers는 1964년 *The Psychologist of the Foreign-Language Teachers*와 1968년 *Teaching Foreign Language Skills*를 출판함으로써 행동주의이론을 언어교수학에 직접 적용시켰다. 그리고 1966년에는 미국에서 TESOL 협회가 창립되어 제2언어로서의 영어교육에 대한 연구를 하고 있다.

1970년대에서 1980년대에 이르면서 Chomsky의 변형생성문법에 의하여 시도된 언어학과 심리언어학의 발전이 언어교육에 영향을 미치게 되어, 청취발화법에 익숙해 있던 일선교사들은 혼란을 겪게 되고 새로운 방법을 모색하게 되었다. 그러나 실제 적용가능성에 있어서 Chomsky의 언어이론은 문제점이 있었다.[9] 또한, 언어학습에 대한 연구의 독자성을 주장하게 되어, 학습자 연구, 제2언어나 외국어 습득에 대한 심리학적인 면, 오류분석에 대한 연구가 활발하였으며, 다음의 네 가지 주장을 언어교수학에 도입하였다.

① 중간언어에 대한 개념 도입(Selinker, 1972)

② 제2언어 학습과정의 독자성 주장(Dulay와 Burt, 1974)

③ 제2언어 규칙의 조정이론 주장(Krashen, 1982)

④ 문화적 동화 강조(Schumann, 1978)

현재는 두 가지 흐름으로 미국에서는 언어습득의 내적 과정에 관한 연구가 활발하며, 유럽에서는 담화이론[10]에 관한 연구가 활발하다.

Rivers(1968, 1981)는 언어학습의 목표는 타인과의 자유로운 상호활동의 능력, 즉 의사소통 능력이라고 단정하며, 학습자가 타인이 말하는 것을 이해하고 자신이 표현하고자 하는 것을 타인에게 전달시킬 수 있는 능력을 함양하는 것이라고 주장한다. 그러므로 언어학습의 연구범위를 축소시키지 않고 종합적으로 연구하는 언어교수학이론(languistic theory)이 필요하다. 특히 언어교수학 연구는 심리학적 연구의 좋은 대상영역이며, 새로운 이론의 언어학적 검증과 그 이론의 재조명을 위한 연구로서 가치가 높다.

참고사항

1) Gagné(1977)는 여러 가지 학습이론을 아래와 같이 정리하였다.

① Signal Learning(Pavlov, 1927): A connection is learned between a signal (conditioned stimulus) and an involuntary response.

② Stimulus-Response Learning(Watson, 1914, 1919): Learning to make a voluntary response to very specific stimuli through a process involving shaping and reinforcement.

③ Chaining(Skinner, 1938): The connecting of two or more previously learned stimulus-response connections.

④ Verbal Association(verbal chains).

⑤ Multiple Discrimination: Being able to distinguish among various verbal chains.

⑥ Concept Learning: Placing items into a particular class and then generalizing about the class.

⑦ Principle Learning: Learning chains of concepts and the relationship between · among them.

⑧ Problem Solving: Combining old principles into new ones to solve problems. What emerges is a higher-order principle established through an 'inductive leap'.

2) Krashen과 Terrell(1983)은 다음과 같은 특징적인 차이로 습득과 학습을 구분한다.

습 득	학 습
아동의 제 1 언어 습득과 유사함	언어에 관한 형식적 지식
언어를 무의식적으로 '저절로 터득함'	언어에 '대한' 의식적인 '앎'
내면적 지식	외면적 지식
공식적 교수가 도움되지 않음	공식적 교수가 도움이 됨

3) Hammerly(1982)는 학습과 제 2 언어 학습의 정의를 다음과 같이 하고 있다.

'Human learning' can be defined as "A relatively permanent *change* in knowledge or behavior that results from *experience*." 'Second language learning' can be defined as "A relatively permanent *improvement* in second language knowledge or behavior resulting from *instruction*."

4) Chomsky에 의하면, 아동들은 자신이 처한 환경을 재구성하고 구별할 수 있는 선천적 능력을 가지고 있어 연습과 학습동기가 학습에 영향을 끼치고 이해와 연관관계를 감지함으로써 문제를 해결할 수 있는 것이지, 결코 무의미하고 우둔한 시행착오에 의하여 학습이 이루어지는 것은 아니라고 한다. 그래서 아동은 주위에서 단편적이고 불완전한 말(fragmentary and degenerate data)을 듣고도 나름대로 체계적이고 완성된 문법능력을 구성한다. 그러나 이러한 Chomsky의 언어이론에 대해 Jakovobits(1970)는 찬성하였지만, 행동주의이론의 측면에서 Carroll(1966), Rivers(1968) 등은 무비판적으로 수용하는 것에 반대하였다.

5) 한편, 반조건화가 학습에 효과적일 수 있다. 제2언어 학습에서 가장 효과적인 반조건화(decondition)방법은 이전의 자극-반응 연상에서 새로운 반응을 대체하여 모국어 방해작용을 극복하는 방법이 효과적이다.

6) Dulay와 Burt(1977), Krashen(1981)은 학습에서 감정여과(affective filter)요인이 작용하여, 여러 가지 다양한 감정적인 변수(동기, 자신감, 걱정 등)가 언어학습의 성공여부와 밀접한 관련이 있음을 제시하고 있다. 그러므로 교사는 학습자에게 불안감을 주지 않는 편안한 상황에서 입력을 제공해야 한다.

7) 고대 그리스학자 Aristotle도 근접연상이론(association by contiguity)의 학습이론원칙을 제시하였다. 즉, 우리가 어떤 것을 기억하고 생각하는 이유는 그 어떤 것을 그것과 관련된 다른 것과 함께 과거에 접한 적이 있기 때문이라는 것이다. Pavlov의 학습이론에서도 자극과 반응 사이의 연상관계를 중시한다.

8) 망각에 관련되는 요소는 다음과 같다.

① 학습의 정도: 의미 있는 연습의 양에 비례하여 완전히 학습되지 않은 것은 쉽게 망각한다.

② 연습의 분배: 한꺼번에 많은 양을 학습하는 것이 망각의 요인이므로 연습은 장기간에 걸쳐 분배되는 것이 한꺼번에 연습하는 것보다 효과적이다.

③ 인지활동의 방해요소: Postman과 Underwood(1973)는 '방해이론'(*Interference*

Theory)에서 이전이나 이후의 학습의 방해로 망각이 생긴다고 한다. Tulving(1974)은 기억에 대한 적절한 암시의 부재가 망각을 일으킨다고 한다.

9) Chomsky의 변형생성문법은 언어능력의 기술이지, 언어수행과는 직접적인 관련이 없다. 변형생성문법 이론의 뒷받침으로 인지주의의 양식을 언어교수학에 응용한 것이 인지규칙 학습이론(cognitive-code learning theory; 제11장 참고)이다. 그러나 변형규칙의 심리적 실재성(psychological reality)에 대한 부정적 실험결과(예: 능동문과 수동문의 변형규칙 적용)가 있으므로, 언어교수학에서는 변형규칙을 무시하고 오히려 표층구조의 문형연습이 효과적임을 시사한다.

10) 제 2 언어 습득에 있어서의 담화이론은 의사소통이 언어지식의 기반으로서 다루어지는 언어사용의 이론이다. 따라서 학습자가 의사소통에 참여함으로써 언어의 의미 잠재력을 어떻게 발견하느냐 하는 입장에서 언어발달이 고찰되어야 한다는 이론이다.

연 구 과 제

1. Krashen이 구분한 학습과 습득의 차이점과 유사점을 설명하시오.
2. 언어학습에 대한 심리언어학적 연구의 변천을 기술하시오.
3. 행동주의 입장에서 언어학습의 특징을 설명하시오.
4. Cognitively-based behaviorism이란 무엇인지 설명하시오.
5. 행동주의 심리학이 언어학습이론에 끼친 영향은 무엇인가?
6. 제 2 언어 학습이론을 정립하기 위하여 언어교수학이 해야 할 과제는 무엇인가?
7. 다음 용어를 설명하시오.

① CM ② generative linguistic habit ③ S^D

④ CPH ⑤ Stimulus-Response learning ⑥ Chaining

참고문헌

Bandura, A. 1970. Vicarious and Self-Reinforcement Processes. In R. Glaser. ed., *The Nature of Reinforcement.* Part II. Washington, D. C.: Office of Naval Research. 51-129.

Bloomfield, L. 1942. *Outline guide for the Practical Study of Foreign Languages.* Baltimore: Linguistic Society of America.

Bugelski, B. 1964. *The Psychology of Learning Applied to Teaching.* Indianapolis: Bobbs-Merrill.

Carroll, J. 1966. The Contributions of Psychological Theory and Educational Research to the Teaching of Foreign Languages. In A. Valdman, ed., *Trends in Language Teaching.* New York: McGraw-Hill. Also in *MLJ* 49(1965): 273-281.

Celce-Murcia, ed., 1991. *Teaching English as a Second or Foreign Language.* 2nd ed., Boston, Mass.: Heinle & Heinle.

Chomsky, N. 1965. *Aspects of the Theory of Syntax.* Cambridge, Mass.: MIT Press.

__________. 1966. Linguistic Theory. In R. Mead, ed., *Language Teaching: Broader Contexts.* RWCNECTFL New York: Modern Language Association.

Corder, P. 1968. Advanced Study and the Experienced Teacher. In G. Perren, ed., *Teachers of English as a Second Language.* Cambridge, England: Cambridge University Press.

Craighead, W., A. Kazdin, and M. Mahoney. 1976. *Behavior Modification: Principles, Issues, and Applications.* Boston: Houghton Mifflin.

Dulay, H., and M. Burt. 1974. A New Perspective on the Creative Construction Process in Child Second Language Acquisition. *WPB* 4: 71-98.

Fitts, P., and M. Posner. 1967. *Human Performance.* Belmont, Calif.: Brooks/Coles.

Gagné, R. 1977. *The Conditions of Learning.* 3rd ed., New York: Holt, Rinehart and Winston.

Hammerly, H. 1982. *Synthesis in Second Language Teaching: An Introduction to Languistics.* Blaine, Wash.: Second Language Publications.

Hergenhahn, B. 1982. *An Introduction to Theories of Learning*. 2nd ed., Englewood Cliffs, N. J.: Prentice-Hall.

Humphreys, L. 1939. Acquisition and Extinction of Verbal Expectations in a Situation Analogous to Conditioning. *J Experimental Psychology* 25: 294-301.

Jakobovits, L. 1970. *Foreign Language Learning: A Psycholinguistic Analysis of the Issues*. Rowley, Mass.: Newbury House.

Krashen, S. 1981. *Second Language Acquisition and Second Language Learning*. Oxford: Pergamon Press.

__________. 1982. *Principles and Practice in Second Language Acquisition*. Oxford: Pergamon Press.

__________., and Terrell, T. 1983. *The Natural Approach: Language Acquisition in the Classroom*. Oxford: Pergamon Press.

Lado R. 1964. *Language Teaching—A Scientific Approach*. New York: McGraw-Hill.

Lenneberg, E. 1967. *Biological Foundations of Language*. New York: Wiley and Sons.

Miller, G., and McNeill, D. 1969. Psycholinguistics. In G. Lindzey and E. Aronson eds., *The Handbook of Social Psychology*. Vol. 3, 2nd ed., Reading, Mass.: Addison-Wesley.

Osgood and Sebeok, ed., 1954. *Psycholinguistics: A Survey of Theory and Research Problems*. Baltimore: Linguistic Society of America.

Palmer, H. 1917. *The Scientific Study and Teaching of Languages*. London: Harrap. Reprinted in 1968. London: Oxford University Press.

Pavlov, I. 1927. *Conditioned Reflexes*. London: Oxford University Press.

Penfield, W., and R. Roberts. 1959. *Speech and Brain Mechanisms*. Princeton: Princeton University Press.

Postman, L., and B. Underwood. 1973. Critical Issues in Interference Theory. *Memory and Cognition* 1: 19-40.

Rivers, W. 1964. *The Psychologist and the Foreign-Language Teacher*. Chicago:

University of Chicago Press.

________. 1981. *Teaching Foreign Language Skills.* 2nd ed., Chicago: University of Chicago Press.

Selinker, L. 1972. Interlanguage. *IRAL* 10(3): 219-231.

Shumann, J. 1978. The Acculturation Model for Second-Language Acquisition. In R. Gingras, ed., 1978. *Second Language Acquisition and Foreign Language Teaching.* Arlington, Va.: Center for Applied Linguistics.

Skinner, B. F. 1938. *The Behavior of Organisms.* New York: Appleton-Century-Crofts.

____________. 1957. *Verbal Behavior.* New York: Appleton-Century-Crofts.

Stern, H. 1983. *Fundamental Concepts of Language Teaching.* Oxford: Oxford University Press.

Sweet, H. 1899. *The Practical Study of Languages.* London: J. M. Dent and Sons. Reprinted in 1964. London: Oxford University Press.

Thorndike, E. 1927. The Law of Effect. *American J Psychology* 39: 212-222.

Tulving, E. 1974. Cue-Dependent Forgetting. *American Scientist* 62: 74-82.

Watson, J. 1914. *Behavior: An Introduction to Comparative Psychology.* New York: Henry Holt.

________. 1919. *Psychology from the Standpoint of a Behaviorist.* Philadelphia: Lippincott.

제 5 장 언어교수문법이론

문법이론과 심리학의 관점에서 언어에 대한 언어학과 심리학의 공통된 주장을 살펴볼 수 있다. 즉, 언어학의 구조주의는 심리학의 행동주의를, 언어학의 생성주의는 심리학의 인지주의를 언어에 대한 공통된 견해로 가지고 있다. 따라서 언어에 대한 견해를 구조-행동주의, 생성-인지주의란 측면에서 이들의 언어학습이론을 종합하여 제 2 언어 학습자에게 유용한 교수문법이론을 설정하고자 한다.

1. 언어학의 두 학파: 구조주의와 생성주의

언어학자의 임무는 언어를 관찰·기술하고 분절화하고 분석하는 과정을 행하는 것이다. 그래서 구조주의 언어학자는 알지 못하는 언어의 관찰·기술에 대한 현장연구를 한다. 반면, 생성주의 언어학자는 어떤 언어의 구문론에 대해 추상적인 내면구조를 일반화시켜서 그 언어의 논리적이고 설명력 있는 문법을 설정한다.

구조주의 언어학자는 선입견 없이 특별한 것에서 일반적인 것으로, 쉽게 관찰 가능한 것에서 추상적인 것으로 나아가면서 언어 지식의 추상성을 증가시키는, 즉 언어를 발견(discover the language)하는 과정을 이용한다.[1] Bloomfield로 대표되는 이 학파는 자료에 기초하여 귀납적이며, 경험주의이론을 기초하여 언어를 '조건화된 습관의 집합'(conditioned set of habits)이라고 주장한다. 한편, 생성주의 언어학자는 광범위한 일반화를 토대로 추상적 생성규칙에 의해 그 언어의 분석을 시작한다. Chomsky, Katz로 대표되는 생성주의학파는 연역적 방법론을 주장하는 이성주의론자들이다. 그러므로 언어에 대해 창조적(creative), 자극무관(stimulusfree), 규칙지배(rule-governed behavior)의 관점을 주장한다. 구조주의학자의 연구처럼 자료를 기초로 하는 대신에 내성(introspection)에 의존하여 일반적인 것에서 특별한 것으로, 추상적인 것에서 관찰가능한 것으로 옮겨간다. 그러므로 여러 해의 연구 후, 문법이 만들어졌을 때 그 문법은 구조구의자의 문법보다 우수하고 더 완전하고 더 자세하지만, 너무 추상적이고 너무 복잡하여 널리 쓰일 수 없는 단점이 있다.[2)]

두 언어학파의 언어교수학적 적용에 있어서, 제 2 언어 학습자는 구조주의 언어학자가 언어를 발견하듯이 제 2 언어에 대한 지식을 발전시키면서 제 2 언어를 발견하도록 교수하는 것이다. 그러므로 언어교수학자의 관심사는 순수한 문법이론이 아닌 제 2 언어 교수·학습 목적에 유용한 언어기술이다.

2. 심리학과 문법이론

언어학과 심리학은 둘 다 인간행동에 관하여 관심을 가지고 있으며, 언어는 인간행동을 연구하는 데 있어서 가장 중요한 부분이다. 그러므로 언어에 대한 언어학과 심리학의 공통된 주장을 살펴볼 수 있다. 구조주의 언어학은 행동주의 심리학과 관련되어 있으므로 '구조-행동주의'(structuralism-behaviorism)학파라 부르고자 한다. 한편, 생성주의 언어학은 인지심리학과 관련지어져 '생성-인지주의'(generativism-cognitivism)학파라고 할 수 있다.[3)]

구조-행동주의자들은 언어를 다른 행동과 마찬가지로 자극 반응에 의해서 형성된 습관의 체계로 보았다. Skinner(Chomsky, 1959 재인용)는 인지과정은 관찰할 수 없으므로 무시해야 하며, 언어습득과 언어사용은 의식 없이 조건화로 이루어진다고 하였다. 그리하여 구조-행동주의자들은 표면구조만을 지나치게 강조하며 언어사용의 인지적·창조적인 면을 무시하고 하위규칙들의 자동적 사용만을 강조하였다. 반면, 생성-인지학파는 구조-행동주의의 반대입장에서 언어사용, 언어습득, 그리고 언어교수에서 조건화의 개념은 불필요하다고 주장하며, 흔히 Chomsky는 언어습득과 사용이 자연적 과정이며 무자극으로 일어난다고 주장하였다. 그러므로 생성-인지주의자들은 한 번 사용된 규칙이 다시 사용될 때 더 쉽고, 여러 번 사용될 때에는 내재화되어 자동적으로 사용될 수 있다는 구조-행동주의이론을 부정하였다.

위와 같이 극단적인 구조-행동주의는 의식 없는 훈련에 지나치게 의존했으며, 또한 극단의 생성-인지주의는 기계적 훈련을 전적으로 부정하였다. 그러나 두 이론의 공헌도 적지 않다. 구조-행동주의이론에서는 다양한 종류의 조건화 훈련과 연습문제들을 개발하여 언어교수학에 공헌하였으며, 생성-인지주의자들은 학습자가 의식하면서 규칙을 연습할 때 효과가 있음을 밝혔다. 그러므로 언어교수학에 있어서는 두 이론의 장점을 살펴 적용하는 것이 바람직하다. 즉, 언어적 습관을 필요로 하며, 또한 지적인 연습을 통하여 규칙들을 자동적으로 사용하도록 하는 지적인 조건화가 유용하다. 결론적으로 제 2 언어 학습자에게는 습관과 인지, 기계화와 의사소통훈련의 종합이 바람직하다.

3. 문법이론의 언어교수학적 관점

언어학의 양대 학파인 구조주의와 생성주의이론을 종합 · 분석하여 제 2 언어 교수 · 학습 목적에 가장 유용한 문법이론을 설정하고자 한다.

Stevick(1971: 11)은 두 학파 간에 공통점이 있다고 주장한다. 즉, ① 언어들 간에 유사점과 차이점을 인식하고 있다(구조주의는 차이점을 강조하고, 생성주의는 유사점을 강조한다). ② 언어규칙에 대하여 비규범적 태도를 취한다(구조주의 학자들이 더 분명한 태도이다). ③ 언어사용자의 태도가 자료의 근원이 된다(구조주의자는 자료에 의존하고 생성주의자는 내적 성찰에 의존한다). ④ 제 2 언어 학습자는 정확하고 주저 없이 무한한 문장들을 발화할 수 있어야 한다(구조주의자는 정확성 강조, 생성주의자는 창의성 강조). 한편, 두 학파 간에 나타나는 여러 차이점도 언어교수학에 많은 공헌을 했으며, 심리언어학적 · 언어학적 측면에서 나타나는 차이점들이 언어교수학적 적용에 있어서 많은 암시와 가능한 적용방법을 제시하고 있으므로 중요하다. 그러므로 극단적인 한 학파의 주장에 의지하기보다는 언어교수학적 입장에서 취사선택하여 적용하여야 한다. 다음에서 두 학파 간의 차이점을 좀 더 자세히 살펴보고 언어교수학적 암시점을 알아보고자 한다.

3.1 발견과 생성(Discovery or Generation)

두 이론은 언어분석 절차에 있어서도 다르다. 구조주의자들은 음성학에서 시작하여 음소론, 형태론, 구문론, 의미, 담화수준으로 나아가는 발견순서를 택한다.

생성주의자들은 담화에서 의미론 다음으로 구절규칙, 어휘, 변형, 형태 음운요소 끝으로 음성출력을 다루는 생성순서를 취한다. 언어교수학자에게는 발견순서와 생성순서가 모두 중요하다. 제 2 언어 학습자는 구조주의의 분석순서와 유사한 발견순서를 통하여 언어를 학습한다. 반면, 제 2 언어 사용자가 일단 학습된 언어를 발화할 때는 의식적 통제하에서 담화와 의미를 가진 문장들을 생성한다(제 1 장 [도표 1-1] 참고).

3.2 언어능력과 언어수행(Competence or Performance)

생성주의자들은 언어능력과 언어수행을 구별하고 언어능력을 중요시하고 언어수행을 사소한 것으로 간주하였다(제 1 장 참고). 언어능력은 이상적인 모국어 화자 · 청자의 무의식적 언어지식으로, 새로운 문장의 이해, 비문법적 문장의 제거, 문장의 모호성 구별, 언어수행적 오류의 무시 등이 언어능력에 포함된다. 언어수행은 화자가 실제로 말하는 것이므로 체계적인 오류들과 비체계적인 실수가 포함된다.

제 2 언어 학습 · 교수에서는 직관적인 언어지식은 언어수행에서 발전하므로 언어수행이 강조되어야 한다. 모국어 화자의 언어능력은 무의식적이지만 제 2 언어 학습자는 의식적으로 학습한다. 그러므로 모국어 화자를 위한 습득모형과 제 2 언어 학습자를 위한 학습모형이 필요하다. 의미나 규칙을 모르면서 대화문장을 모방하는 제 2 언어 학습자의 경우에서처럼 언어능력 없는 언어수행은 가능하나, 언어수행(학습자 자신의 언어수행이나 다른 사람의 언어수행) 없는 언어능력은 불가능하다. 또한, 언어수행은 제 2 언어 학습자의 규칙내재화를 도우며 과도기적 언어능력(transitional competence)을 구성하게 된다. 이와 같이 제 2 언어 수행은 제 2 언어 능력개발에 필수적이다. 그러므로 언어교수학 이론에서는 언어수행이 더 중요하다고 할 수 있다.

3.3 언어적 창의성과 재결합능력
(Linguistic Creativity vs. Linguistic Recombinatory Power)

생성-인지주의자들은 언어행위는 창조성으로 특징지어지며, 화자는 문장을 창작으로 생성한다고 주장한다. 그러나 어떤 발화도 완전히 독창적인 것이 아니며, 학습된 규칙들과 문장형태들을 통해 이전에 기억된 단어와 구들을 재구성하는 것이다. 그러므로 제 2 언어 학습자는 '언어적 창의성' 대신 '언어적 재결합능력'을 필요로 한다.

이러한 언어적 창의성과 재결합능력에서 언어교수학이 고려할 점은 ① 제 2 언어 학습 초기단계에서는 통제되지 않은 언어적 창의성을 강조하는 것은 바람직하지 못하다. 이 시기의 학습자는 기초적 문장형태에 대한 자동적 통제관점을 거치지 않기 때문에 많은 오류를 만드는데, 이것을 창작으로 받아들이면 오류가 굳어지게 된다. ② 모국어습득·사용자도 사실상 상당히 많은 문장유형과 암기한 구문을 사용하고 있으므로, 제 2 언어 학습에서의 문형연습과 훈련은 규칙의 내재화에 필수적이라는 이론적 근거가 된다.

3.4 내면구조 · 표면구조 · 중의성 · 문장파생 (Deep Structure · Surface Structure · Ambiguity · Sentence Derivation)

생성문법의 특징은 구조주의자들과는 달리 기능적 요소의 배열규칙인 '내면구조'와 실제 문장의 요소배열인 '표면구조'를 구별하며, 문장의 중의성을 표면구조와 내면구조의 차이로 밝히고 있다.[4] 그러나 개별문장으로 취급하였을 때 중의성이 나타나지만 문맥이나 비언어적 참고사항을 고려할 때 중의성은 사라진다. 또한, 생성문법에서는 내면구조에서 표면구조로 나타나는 파생과정을 주장하지만, 구조주의자들에 의하면 문장을 산출할 때 화자가 이와 같은 과정을 거치지 않으므로 이 과정은 심리적 실재성(psychological reality)이 없다고 주장한다.[5]

그러면 내면구조 · 표면구조 · 중의성 · 문장파생의 영역이 언어교수학에 주는 암시는 무엇인가? ① 학생들로 하여금 의미를 의식하게 해야 하며, 심층구조 규칙들을 언급할 필요가 없다. ② 모든 표면구조의 애매성은 담화제약과 의미를 고려하면 해결되는 문제이므로, 중의성 문장들의 연습문제는 불필요하다. ③ 같은 표면구조도 다른 심층구조를 가질 수 있기 때문에 연습할 때 이를 고려하여 서로 다르게 연습시킨다. ④ 내면의 중간단계를 통한 문장산출보다는 표면구조의 학습을 통하여 정확한 추상문법을 학습하게 한다.

3.5 이상적 모국어 화자와 일상적 모국어 화자 (The Ideal Native Speaker vs. Native Informants)

구조주의 학자들은 모국어 화자의 일상적인 또는 유도된 발화를 관찰하여 실제로 사람들이 무엇을 말하는지를 기술한다. 반면, 생성주의자들의 견해에 따르면, 이상적 모국어 화자는 내적 성찰과 직관을 가지고 문장을 생성하며, 성, 나이, 사회, 경제적 위치의 특성에 따른 의미와 담화제약을 갖지 않는다고 한다. 그러나 생성주의자들은 스스로 만든 자료에 의존하여 자신의 직관을 사용하여 생성이론을 주장하므로 과학적 객관성과 정확한 분석이 어렵다.

언어교수학에서 고려할 점은 첫째, 제 2 언어 문법연구는 어떤 이상이 아닌 실제 모국어 화자의 말을 연구하며, 그것은 체계적인 언어수행의 관찰에 바탕을 두어야 한다. 둘째, 학습자들은 목표 언어에 대하여 모국어 화자의 직관에 도달하기 어렵다. 그러므로 학습자들이 고급단계에 도달하기까지는 제 2 언어를 직관적으로 학습하거나 직관적으로 사용하기를 기대해서는 안 된다.

3.6 추상성과 구체성(Abstractness and Concreteness)

구조주의문법은 실제 발화의 관찰에 의한 구체적인 문법이다. 한편, 생성문법은 비잉여적 규칙들의 집합으로 이루어지며, 모든 가능한 정문을 생성하는 추상적이고 복잡한 문법이다. 통사론을 살펴보면, 구조주의이론은 쉽게 이해가능한 수평적인 '빈칸과 채우기'(slot and filler)의 구와 문장형식을 취한다(Hammerly, 1982).[6] 생성주의이론은 양분법에 의한 '수형들'(trees)을 따라 문장을 생성하며 많은 변형을 거치는데, 이 과정에 대하여 구조주의자들은 심리적 실재성이 없다고 한다. 음운론은 구조주의이론에서는 상대적으로 적은 수의 음소들과 이음들, 분포규칙의 체계로 이루어져 있으나, 생성주의이론에서는 많은 수의 복잡한 규칙들을 설정한다. 특히 Chomsky와 Halle(1968)는 음소 수보다 더 많은 복잡한 규칙들을 제안하였으며, 음성출력이 단순한 음이 아닌 추상적인 자질목록의 유/무(+/-)의 모임이라고 주장하였다.

이와 같이 생성문법은 너무 추상적이어서 제 2 언어 교수에 적용하기 어려우며, 구조문법이 완전한 것은 아니지만 학습자들이 쉽게 이해하고 학습할 수 있기 때문에 유용하다. 다시 말해, 제2 언어 학습자에게는 적절한 정도의 추상성만이 필요하기 때문에 변형생성문법처럼 높은 수준의 추상성을 다루고 있는 문법은 제2 언어 교수에 직접 응용하기 어렵다.

3.7 통사론 강조와 음운론 · 형태론 강조 (Emphasis on Syntax vs. on Phonology and Morphology)

구조문법에서는 음운론과 형태론을 강조한 반면 통사론을 경시하였으나, 생성문법에서는 통사론 중심의 자립통사론(autonomous syntax)을 강조하였다. 또한, 구조문법에서는 규칙들이 여러 단계로 나누어졌으며, 각 단계 안에는 순서에 대한 제약이 없다. 그러나 생성문법에서는 의문문이 되기 전에 서술문이 먼저이고, 수동태 문장이 되기 전에 능동태 문장이 먼저 생성되는 순서화가 있다. 그러나 제2 언어 학습자는 처음부터 서술문보다 먼저 의문문을 접할 수 있다. 그러므로 변형문법에서처럼 서술문에서 의문형으로 변형이 이루어지는 순서를 가르치는 데는 문제가 있다. 또한, 우리가 의문문을 사용하기 전에 서술문을 먼저 생각한다는 것은 심리적 실재성이 없다. 한편, 변형문법은 통사론 연구에 많은 공헌을 하였으며, 또한 문장들 사이의 관계를 보여 주는 변형연습은 통사규칙 학습에 효과적이다.

언어교수학적 고려에서 볼 때, 초급단계에서는 음과 형태를 중시하는 것이 바람직하므로 음운론과 형태론의 강조가 효과적이다. 중급단계에서는 통사규칙들이 학습되어져야 하므로 통사론을 강조하며, 고급단계에서는 어휘를 강조하고 의미, 담화에 역점을 둔다.

3.8 총체적 학습과 단계별 분리(A Global View vs. Separation into Levels)

구조주의에서는 언어규칙과 성분들을 여러 단계로 분리하나, 생성주의에서는 언어를 전체적으로 통합적인 방식으로 다룬다. 그러므로 구조주의의 기본 교수원리는 선택과 등급인 반면, 생성주의이론에서는 한번에 선택된 부분만을 다루는 것이 아니라 총체적으로 배워야 한다. 언어교수학적 고려에서 초급단계에서는 생성주의이론이 교육적 효과를 기대하기 어려우며 언어규칙들의 단계별 일시적인 분리가 효과적이므로 구조주의 적용방식을 이용하고 고급단계에서는 총체적 학습이 적용가능하다.

3.9 구술어와 문자어(Spoken and Written Language)

구조주의문법에서는 구술어와 문자어를 구별한다. 변형문법에서는 말과 글을 구별하지 않고, 언어는 사고의 내적 상징화이므로 말이나 글의 두 가지 방법을 사용하여 표현가능하다고 한다. 구조문법에서는 구술어를 강조하나 변형문법에서는 특정기술을 강조하지 않는다. 제 2 언어 학습자들은 글자에 의한 혼돈에 노출되기 전에 어느 정도 구술어의 숙달이 먼저 필요하다. Chomsky와 Halle(1968)는 철자가 생성언어학의 '준-적격'체계가 될 수 있다고 했지만, 철자는 불완전하고, 혼란하고, 학습자에게 혼동을 야기시키므로 초급단계에서는 가르치기 어렵다. 한편, 고급단계에서는 음과 강세문형과 철자를 관련짓는 생성규칙의 교수가 효과적이다.

3.10 보편성과 특수성(Universals vs. Particulars of Language)

구조문법에서는 각각 언어의 개별성을 인정하고, 표현에 있어서 독특한 면을 선입견 없이 분석하여야 한다고 한다. 그러므로 그 언어의 특수성을 중시하여 언어 내, 언어 간 대조분석을 실시하고 교수에 응용한다. 반면에 생성문법은 보편문법을 추구한다.[7] 그래서 생성주의자들은 인간이 사용하는 모든 언어는 문장의 의미내용과 그 음성형식을 결정짓는 일반적 구조인 보편문법을 지니며, 각 언어의 특수성은 보편원리의 특별한 표시로서 매개 변항에 의해 실현된다고 한다. 그러나 언어보편성은 너무 광범위하며, 모국어와 목표어 두 언어의 특질들에 관심을 두는 언어교수학에는 유용하지 않다.

언어교수학적 적용에 있어서 구조문법의 대조분석은 학습에 효과적이나 언어보편성은 대조분석에서도 불필요하며, 추상적이어서 학습자에게 효과적이지 못하다. 그러므로 추상적 규칙일지라도 구체적 예문의 사용과 언어 내, 언어 간 대조 방법을 활용하여 교수할 때 효과적이다.

이상에서 우리는 구조-행동주의, 생성-인지주의의 언어에 대한 주장을 살펴보았다. 특히 이 두 학파의 차이점을, ① 발견과 생성, ② 언어능력과 언어수행, ③ 언어적 창의성과 재결합 능력, ④ 내면구조 · 표면주의 · 중의성 · 문장파생, ⑤ 이상적 모국어 화자와 일상적 모국어 화자, ⑥ 추상성과 구체성, ⑦ 통사론 강조와 음운론 · 형태론 강조, ⑧ 총체적 학습과 단계별 분리, ⑨ 구술어와 문자어, ⑩

보편성과 특수성의 측면에서 대조해 보았다. 이런 과정이 언어교수학에서 중요한 이유는 실제적인 언어교수에 효과적인 이론을 택하는 것은 어느 학파의 주관적인 주장을 따른다는 것보다는, 실제 수업상황에 적절한 이론을 따르는 것이 바람직하기 때문이다.

4. 실제적 적용: 교수문법

언어학과 심리학의 양대 학파가 제 2 언어 교실에서의 훈련과 연습의 발전에 어떻게 적용되는지 알아보았다. 두 문법이론의 언어교수학적 적용을 종합하면, 구조주의는 발음훈련과 '빈칸 채우기' 대치훈련에 기여하였다. 즉, 구조주의 언어학자는 발음훈련의 많은 유형을 개발하였으며, 문법교수에 있어서는 대치훈련으로 규칙을 학습하고 사용할 수 있다고 주장하였다. 한편, 변형생성문법은 제 2 언어 교수에 실제적 적용이 어려웠으며, 중의성 문장 연습문제들도 실제적인 사용에 있어서 효과가 없었다. 즉, 생성문법이론에서는 이상적 화자의 무의식 정신활동을 다루고, 언어행위를 피상적이고 사소한 것으로 경시하여 중요시하지 않았다.

실제적 적용에 있어서, 제 2 언어 학습을 용이하게 하기 위해서는 교수문법이 필요하다. 생성문법은 너무 추상적이고, 실제적 언어행위가 아닌 이상적 언어능력을 다루므로 언어교수에 직접 적용할 수 없다. 그래서 제 2 언어 교수에 적합하도록 문법이론들을 종합하고, 선택, 단순화, 수정하여 응용시켜야 한다. 이와 같은 연구결과로 생긴 교수문법은 전통문법・구조문법・생성문법이론이 결합되어 절충적 요소를 가지고 있다([도표 5-1] 참고). 종합된 교수문법의 이론적 특징을 살펴보면 음운론의 조음음성학적 고려에서는 음운・이음 등의 구조주의 개념이 유용하며, 고급단계에서는 생성음운규칙들이 유용하다. 통사론에서는 구조문법의 '빈칸 채우기' 형식이 단문연습에는 효과적이다.

또한, 문장 간의 관계나 단문이 결합하여 복문이 되는 방법은 표면구조 변형규칙에 따른 변형연습으로 훈련하는 것이 유용하다.[8] 사전과 의미론 역시 생성의미론 이론은 너무 추상적이고 의미를 미분화시키고 있으므로 효과적으로 다뤄질 수 없다. 반면, 사전과 문맥에 따른 동의어 번역이 제 2 언어 교수에 좋다. 특히 상황적 문맥 내의 동의문이 담화제약을 이해하기에 좋다.

이와 같이 구조문법・생성문법・전통문법의 종합이 효과적 교수문법이 될 수 있다. 즉, 절충적 문법이 구조주의나 생성주의학자들이 주장하는 하나의 문법을 따르는 것보다 실제적 과업에 있어서 실용적 고려를 기초로 하고 있기 때문에 언어교수학에서는 반드시 필요하다.

도표 5-1 생성문법과 교수문법의 비교(Hammerly, 1982)

	생성문법	교수문법
1	이상적 모국어 화자의 언어능력 기술	일상적 화자의 체계적 언어행위 기술
2	규약 자체에 관심	규약의 사용과 교수에 관심
3	포괄적	선택적
4	한 언어만 언급	두 언어(모국어, 제2언어) 언급
5	생성적인 순서	제2언어 발견절차에 따른 순서
6	추상적	구체적
7	복잡	단순
8	이론적 고려	실용적 적용
9	언어보편성에 관심	특수성에 관심
10	경제성 강조, 잉여성 회피	잉여성 포함한 명확성 강조
11	한 이론에 근거	종합적(절충적)
12	매우 정확	부정확(주먹구구식 허용)
13	특별 기능 강조 없음	구어체 강조
14	대조분석 사용금지	언어 내, 언어 간 대조분석 사용
15	수학적 공식, 수형도의 상징화된 규칙들	최소한의 상징화로 표현된 규칙
16	문장생성, 무자극	조건화된 문장생성

참고사항

1) 구조주의 언어학자는 다음과 같은 발견절차에 따라 그 언어의 실제 문법을 만든다.
   ① 그 언어의 음들의 목록을 작성하고, 반복되는 연속음들을 제거한 후, 연속음들을 비교・대조하여 의미의 차이를 초래하는 음이나 음의 무리들을 결정하는 것이다.
   ② 음체계의 분석이 끝난 후, 다음 그 언어의 문법적 분석을 한다. 즉, 구와 문장을 문법적・어휘적으로 의미 있는 연결체로 분절하며, 각 분절의 기능과 분절들이 구와 문장으로 합치는 방법을 기술한다. 또한, 모든 분절음들과 구, 문장의 의미를 표시한다.
   ③ 각 수평형태(horizontal formula)의 예문과 대치가능한 예문으로 이루어진 차트를 만들고, 그가 발견한 여러 가지 형태를 나열한다.
   ④ 끝으로 다양한 문형들이 더 복잡한 문장, 단락, 담화로 합쳐질 수 있는 규칙들을 설정한다.

2) 생성문법이론은 언어능력의 기술로서 언어수행에는 관심이 없으며, 원칙적으로 언어 습득・학습을 가르칠 필요가 없다는 주장이다. 생성주의이론에서 내면의 기저를 격의 형태——행위자격, 목적격, 기구격 등——로 설정한 문법인 Fillmore(1968)의 격문법(case grammar)이 생겨났는데, 이 이론을 Nilsen(1971)이 제 2 언어 교수에서 적용하였으나, 더 많은 격이 필요했으며 결국 적당한 방법이 되지 못했다.

3) Chomsky(1959)는 그의 연구 'Review of Skinner's *Verbal Behavior*'에서 Skinner의 신행동주의(neobehaviorism) 견해를 공격하였으며 '생성언어학은 인지심리학의 한 분야'(a branch of cognitive psychology)라고 하였다.

4) Chomsky(1957)는 문장의 중요성을 다음과 같이 밝히고 있다.
   ① 표면구조는 다르나 내면구조가 같은 경우
      a. The boy sees the girl.
      b. The girl is seen by the boy.
   ② 내면구조는 다르나 표면구조가 같은 경우
      a. John is eager to please.
      b. John is easy to please.

③ 중의성 문장들

a. They are flying airplanes.

b. The students are revolting.

c. The shooting of the hunters.

5) 구조주의와 생성주의 두 이론의 주장에 대해 심리언어학자들은 심리실험을 통하여 심리적 실재성(psychological reality)을 연구한다(박경자, 1984: 제 3 장 참고). 그래서 여러 문법이론의 타당성을 검증한다. 생성문법의 예를 들면 [John shaves himself]는 다음과 같은 파생과정을 거친다고 주장한다.

a. $John_i$ shaves $John_i]_D$

b. $John_i$ shaves $him_i]_D$

c. $John_i$ shaves $himself_i]_S$

또한, 능동문과 수동문을 연결시켜 공통적인 심층구조에서 생성규칙으로 표면구조를 이끌어 낸다. 그러므로 다음 세 문장은 공통적인 심층구조를 갖는다.

a. John trimmed the tree.

b. The tree was trimmed by John

c. The tree was trimmed.

6) Hammerly의 '빈칸과 채우기' 문형은 구조주의 언어학에서 발화를 직접 구성성분으로 분석하는 형식이다. 여기서는 두 개 이상의 형태소가 어떤 의미를 나타내는 결합을 할 때, 이것을 구성(construction)이라고 하고, 어떤 구성을 직접 형성하고 있는 단어 내지 구성성분을 그 구성의 직접구성성분(immediate constituent: IC)이라고 한다.

7) 보편문법이란 인간이 사용하는 모든 언어의 문법표기에 필요한 일반적 조건에 관한 연구로서, 문장의 의미내용과 음성표식을 결정하기 위해 필요한 일반적 구조——보편적 음성학, 보편적 통사론, 보편의미론——를 밝히려는 것이다. 보편적 음성학은 인간 언어에서 사용하는 언어음 모두를 낼 수 있는 음성문자를 설정하고 음운부의 규칙체계를 명확히 하며, 보편적 통사론은 의미와 음을 결합하는 추상적 부문인 통사부에서 어떤 요소가 필요하며, 또한 어떤 표시층위가 필요한지 조건을 규정하며, 보편적 의미론은 문장의 의미부에서 쓰이는 요소가 무엇이며 어떤 원칙에 의하여 표시되는가를 규정한다.

8) 또한, 수동문의 이해 곤란도를 고려할 때 문장에 따라서는 변형을 거친 문장이 이해하기가 더 쉬운 문장들이 있다. 예문 ① That the baby was tired was evident. ② It was evident that the baby was tired에 있어서 변형을 거친 ②가 ①보다 이해하기가 쉽다는 사실이 실증되었다. 또한, 생략수동문(truncated passive)—He was hit. The door was opened. The window was broken. 등등—의 경우도 언어수행상 완전수동문보다 더 잘 이해되고 기억된다는 점에서 볼 때, 문장의 해득과 기억이 단순히 변형규칙의 수에 의한 것이라고는 볼 수 없다(박경자, 1984). 이런 경우 언어수행의 단계에서 내면구조를 무시하고 오히려 표면구조의 문형을 연습하는 것이 유용하다.

연 구 과 제

1. 구조주의와 생성주의 언어학이론의 언어교수학적 타당성을 설명하시오.
2. 심리학의 두 학파—행동주의와 인지주의—의 언어교수학적 공헌을 논하시오.
3. 교수문법의 필요성과 특징을 설명하시오.
4. 언어교수학과 언어학, 심리학의 관계를 논하시오.

참 고 문 헌

Bloomfield, L. 1942. *Outline Guide for the Practical Study of Foreign Languages*. Baltimore: Linguistic Society of America.

Celce-Murcia, M., and S. Hilles. 1988. *Techniques and Resources in Teaching Grammar*. New York: Oxford University Press.

________________., and D. Larsen-Freeman. 1983. *The Grammar Book: An ESL/EFL Teacher's Course*. New York: Newbury House.

Chomsky, N. 1957. *Syntactic Structures*. The Hague: Mouton.

__________. 1959. *Review of Verbal Behavior* by B. F. Skinner. *L* 35: 26-58. Also in L. Jakobovits and M. Miron. eds., 1967. *Readings in the Psychology of Languages*. Englwood Cliffs, N. J.: Prentice-Hall.

__________. 1967. The Formal Nature of Languages. In E. Lenneberg. *Biological Foundations of Language*. Appendix A. New York: Wiley. Also in 1972. *Language and Mind*. enlarged edition. New York: Harcourt, Brace.

__________., and M. Halle. 1968. *The Sound Pattern of English*. New York: Harper and Row.

Diller, K. 1971. *Generative Grammar, Structural Linguistics, and Language Teaching*. Rowley, Mass.: Newbury House.

Fillmore, C. 1968. The Case for Case. In E. Bach and R. Harms, eds., *Universals of Linguistic Theory*. New York: Holt, Rinehart and Winston.

Goodman, N. 1969. The Emperor's New Ideas. In S. Hook. ed., *Language and Philosophy*. New York: New York University Press.

Hammerly, H. 1982. *Synthesis in Second Language Teaching: An Introduction to Languistics*. Blaine, Wash.: Second Language Publications.

Hartwell, P. 1985. Grammar, Grammars, and the Teaching of Grammar. *College English* 47: 105-127.

Hornby, A. 1954. *A Guide to Patterns and Usage in English*. London: Oxford University Press.

Jespersen, O. 1933. *Essentials of English Grammar*. London: Allen and Unwin.

Katz, J. 1966. *The Philosophy of Language*. New York: Harper and Row.

MacIntyre, A. 1970. Noam Chomsky's View of Language. In M. Lester, *Readings in Applied Transformational Grammar*. New York: Holt, Rinehart, and Winston.

Nilsen, D. 1971. The Use of Case Grammar in Teaching English as a Foreign Language. *TESOL Quarterly* 5: 293-300.

Rutherford, W. 1987. *Second Language Grammar: Learning and Teaching*. London: Longman.

_____________., and M. Sharwood Smith, eds., 1988. *Grammar and Second Language Teaching*. New York: Newbury House.

Steinberg, D. 1982. *Psycholinguistics: Language, Mind and World*. London: Longman.

Stevick, E. 1971. *Adapting and Writing Language Lessons*. Washington, D. C.: Foreign Service Institute, U. S. Department of State, Government Printing Office.

Ur, P. 1988. *Grammar Practice Activities: A Practical Guide for Teachers*. Cambridge: Cambridge University Press.

Watson, J. 1925. *Behaviorism*. New York: Norton.

박경자. 1984.『심리언어학』. 서울: 고려대학교 출판부.

제 6 장 언어습득 · 언어학습 발달론

제 2 언어 학습자가 제 2 언어에 대한 지식과 기능을 발달시키는 과정은 아동이 모국어를 배우는 방법을 따라 이루어져야 하는가? 아니면, 아동 이중언어화자(bilingual)가 두 언어를 습득하는 방법을 따르도록 해야 하는가? 그리고 제 2 언어 학습자가 모국어의 영향은 어느 정도 받고 있는가? 이번 장에서는 이러한 의문점에 대해 논하고자 한다. 또한, 언어습득 · 언어학습에 영향을 미치는 요인들을 살펴 언어교수학적 암시를 조사하기로 한다.

1. 언어습득과 언어학습

1960년대 이후 모국어 습득에 대한 연구가 활발해짐에 따라 제 1 언어 습득과 제 2 언어 습득 · 학습이 유사한 과정인가? 혹은 전혀 다른 과정인가에 대해 관심이 높아졌다. 최근 이론에서는 제 1 언어 습득과 제 2 언어 습득 · 학습은 동일한 심리언어학적 과정을 거친다는 견해가 지배적이다(Newmark와 Reibel, 1968; V. Cook, 1969; Tucker와 d'Anglejan, 1972; Ervin-Tripp, 1974; Macnamara, 1975). 그러나 이 견해는 두 과정의 유사성을 강조한 나머지 많은 중요한 차이점을 무시하고 있다.

Krashen과 Terrell(1983)은 성인학습자가 제 2 언어 능력을 발달시키는 데는 습득과 학습의 두 가지 분명한 방법이 있다는 가설을 주장하였다. 언어를 습득한다는 것은 의사소통적 상황에서 언어를 사용함으로써 언어능력을 개발하는 것을 말하며, 언어학습은 문법에 관해 의식적 지식을 갖고 있는 것을 말한다. 학습한 의식적 문법규칙은 습득에 의해 이루어진 것을 변화시킬 때, 즉 교정하기 위한 방편으로서 사용한다. 그러므로 언어를 저절로 터득한다는 모국어 습득과 형식수업을 통해 제 2 언어 지식을 발달시키는 제 2 언어 학습이라는 두 가지 유형의 구분은 많은 혼란을 야기하므로 언어습득·언어학습을 아래와 같이 여섯 가지로 세분화하고, 또한 이 여섯 가지 유형에 대한 장·단점을 찾아보는 것이 필요하다([도표 6-1] 참고).

① 유아기의 모국어 습득: 유아기(3세 정도)의 모국어 습득
② 유아의 이중언어·다중언어 습득: 유아기에 입력으로 두 가지 이상의 언어를 받아 들일 때의 이중언어·다중언어 습득
③ 성인의 제 2 언어 학습: 12세 이상 성인의 교실에서의 형식적 학습
④ 성인의 제 2 언어 습득: 교사의 지도 없이 주위환경에서 습득하는 생존을 위해서 반드시 제 2 언어를 습득해야 하는 '죽기 아니면 살기'(sink or swim) 방식
⑤ 아동의 제 2 언어 습득: 모국어 습득 후 제 2 언어 습득
⑥ 아동의 제 2 언어 학습: 모국어 습득 후 제 2 언어 학습

2. 언어습득장치와 가설검증

이성주의자인 Chomsky(1965)는 모국어 습득과정은 언어보편성을 포함하는 내재적인 '언어습득장치'(Language Acquisition Device: LAD)에 의해 이루어진다고 주장했다. 그래서 아동은 '빈약하고 불충분한' 언어입력자료에도 불구하고 언어습득장치와 가설검증에 의해서 모국어를 습득한다는 것이다. 먼저, LAD 주장에 대한 타당성을 살펴보고자 한다. 이성주의 심리언어학자들은 이 이론을 지지 뒷받침하는데, McNeill(1966)은 LAD의 기능을 ① 다른 소리로부터 언어음을 구별하는 능력, ② 언어적 사항들을 유형(classes)별로 조직하는 능력, ③ 가능한 언어체계에 대한 지식을 가지고 있는 능력, ④ 언어체계를 평가하고 단순화하는 능력 등 네 가지로 언급하였다. 그러나 모국어 습득이 선천적 지식인 LAD에 의하여 지배된다는 증거가 없으며, McNeill이 주장하는 LAD의 기능 중에서 ③은 언어를 배우는 데 불필요하며, ①, ②, ④는 인지발달과 학습의 일반원리의 적용으로 얻을 수 있다. 그래서 여러 구조주의 언어학자들은 언어습득의 선천성에 대해 반론을 제시하고 있다. Piaget(1967)와 Slobin(1973)은 일반적인 인지발달로 생긴 특별한 능력의 결과가 언어습득이라고 하였다. 또한, Hebb 외 공저(1971)에서는 아동은

말하려는 경향과 말하는 것을 배우는 능력을 타고 났으며, 아동언어의 어떤 보편적 특성은 LAD에 기인한 것이 아니라 보편적 경험(universal experience)에 의한 것이라고 한다.

아동의 가설검증능력의 타당성을 살펴보면, 이성주의자들은 아동이 언어에 대한 선천적 지식을 가지고 태어나서 빈약하고 불충분한 자료를 근거로 특정어에 대한 가설을 비교하고, 추상적 내면구조에서 발견된 보편문법의 원리와 일치하는 것을 수용한다고 주장한다(Chomsky, 1964: 76). 그러나 아동이 분별과 일반화 대신에 가설을 검증하거나, 그 과정이 기저에서 표면구조로 행해진다는 증거가 없다. Braine(1971), T. Quinn(1974), R. Clark(1975) 등의 여러 학자들도 어린이의 가설검증에 대하여 반대의견을 제시하였다. 언어적 환경이 중요하지 않다는 증거도 또한 없다. 즉, 두 살 안팎의 유아는 추상적인 추론을 할 수 없으며, 더욱이 유아는 오류정정에 반응하지 않는다.[1)] 그러므로 유아가 능동적으로 가설을 검증하고 그 결과에 따라 가설을 수정하지 않는 것이 명백하다.

한편, 성인 제2언어 습득자의 경우에는 그들이 가설검증에 참여할 수 있는 인지적 장치를 가지고 있더라도, 대부분 그렇게 하지 않는다. 예를 들면, 이민자들은 의사소통에 역점을 두며 가설을 검증하지 않는다. 즉, 강화가 부정적인지 알아보고자 고의적으로 비문을 사용하지 않는다. 제2언어 습득자들은 자신이 아는 가장 바른 문장을 사용하고, 그 후 강화가 긍정적인지 부정적인지 확인한다. 그러므로 교실에서의 제2언어 학습자는 목표어에 충분히 노출되지 못하고 또한 목표어 화자와 상호작용이 불충분하므로 스스로는 가설을 정정할 수 없다.

2.1 입력의 특질

입력은 학습자가 접하게 되는 언어자료로서 학습자가 목표언어의 규칙을 결정하는 데 있어서 중요한 역할을 담당한다. 아동언어 입력의 특질을 살펴보면 이성주의자는 아동언어 입력이 빈약하고 불충분하다는 견해를 밝혔다. 이 주장에 대해 여러 학자들이 이견을 보였다. 아동은 언어적 환경에 강한 영향을 받는데, 아동언어 입력은 풍부하고 대부분 정문이며(Bellugi와 Brown, 1964), 반복적이고 단순화된 것이다(Snow와 Ferguson, 1977). Slobin(1975)은 아동의 입력이 분명한 의도를 나타내는 이해하기 쉬운 것이라고 한다. 그리고 아동이 사용하는 언어항목과 어머니의 말 사이에는 높은 상관관계가 있으므로, 의사소통적 상호작용이 목표어의 내재화에 필수적이다. R. Brown과 Hanlon(1970)은 아동언어는 어머니 말의 출현빈도에 따라 높은 예견을 할 수 있다고 한다. 그러므로 아동언어의 입력인 '어머니의 말'(motherese)이나 '보모의 말'(caretaker language)은 아동의 성장하는 언어능력에 따라 구분되어야 하며 그 능력보다 약간 높은 수준이어야 한다(J. Phillips, 1973).

Krashen과 Terrell(1983)은 언어습득이 목표어로 된 의사내용을 이해하는 경우에만 이루어진다고 한다.[2] 그러므로 라디오에서 들리는 모르는 제 2 언어 입력은 이해불가능하므로 언어습득에 도움이 되지 않는다. 그러므로 교실에서의 제 2 언어 입력도 학습자들의 언어지식의 정도에 따라 조심스럽게 배열되어야 하며, 학습자는 의사소통활동에 자주 참가해야 한다. 한편, 제 2 언어 학습자의 경우에는 직접적 강화뿐만 아니라 다른 학생들을 관찰하는 것에 의해서도 학습한다(Allwright, 1975). 또한, 제 2 언어 학습자는 바른 문장에 대한 보상뿐만 아니라 오류정정도 그대로 이해하고 받아들여 학습을 촉진할 수 있다.[3]

2.2 모방의 역할

아동언어는 옹알이로 배우는 말[4]과, 몇 안 되는 창의어인 '어린이 말' 외에는 거의 모든 단어들이 모방을 통해서 학습된다(Hammerly, 1982). Bloom 외 공저(1974)에서 어떤 아동들은 말의 10% 정도를 모방하나 다른 아동들은 40% 이상을 모방하여 사용하고 있다. 모방의 초기단계에서는 메아리화(echoing)와 유추화(analogizing)현상이 두드러진다. 아동은 언어연습을 즐기고 있으며 이미 완전한 기술도 연습을 계속한다. 그러나 습득이 고급단계로 발달함에 따라 의미에 관심을 두기 때문에 모방과 유추의 중요성이 점차 상실된다.

제 2 언어 학습자의 경우에는 제 1 언어 습득과 마찬가지로 초기단계에는 모방과 유추가 필요하며, 언어규칙의 내재화를 위해 특히 지속적 연습이 중요하다.

3. 언어습득 · 언어학습의 발달단계

언어발달을 시작하기 전인 한 살 이전의 아동은 의사소통기능──요구, 찬성, 반대 등──에 대한 지식을 먼저 발달시킨다(Halliday, 1975).[5] 그 후 모국어 습득이 시작될 때 의미의 발달이 형태의 발달을 계속 앞선다. 따라서 의미에 기초된 유표형태가 임의적 형태보다 일찍 나타난다(Adiv, 1980). 즉, 모국어 습득자의 경우에는 의사소통의 필요성이 절실하기 때문에 의미에서 형태로 발전되는 반면, 제 2 언어학습자의 경우에는 형태에서 의미로 발전된다.

모국어 습득에 관한 여러 연구에서 학자들은 보편적 순서를 주장하는데, 보편적 순서에 관한 여러 학자들의 주장을 살펴보면, 아동들이 형태소 습득에 있어서 거의 같은 습득순서를 지닌다고 한다(R. Brown, 1973; DeVilliers와 DeVilliers, 1973). 그리고 모국어 습득연구(Slobin, 1973)와 제 2 언어 습득연구(Swain, 1976; Tarone 외 공저, 1976; Adiv, 1980)에서 무표화 형태가 먼저 나타난다. 즉, 자유형(free forms/words)이 의존형(bound forms/sub words)보다 먼저 나타난다. Dulay와 Burt(1974)는 제 2 언어 습득자의 형태소 습득도 보편적 순서를 따른다고 주장하였다.[6] 그러나 보편적 순서에 대한 이러한 주장이 Hakuta(1976), Rosansky(1976)의 종적 연구 자료에서는 부정되었다. 그러므로 제 2 언어 교수 · 학습에서 규칙들의 순서는 교수원리를 따라야 하며, 습득에서 이루어지는 자연 순서를 그대로 따를 필요는 없다.

음운론의 습득을 살펴볼 때, 아동은 개별음을 먼저 완전히 습득한 후에 그 음들을 결합시킴으로써 발달하는 것은 아니다. 초기 발화(일어문장)에 있어서 개별음의 발음은 매우 다양하다가 점차적으로 성인의 발음과 비슷하게 발달한다. 그러나 제 2 언어 학습자는 한 번에 한 음씩 완전습득—다른 음들과 대조분석 후—할 수 있으므로 처음부터 정확한 발음을 배워야 한다. 구문론의 습득에서 아동이 모국어 습득 초기에 사용하는 한 단어 이상으로 된 '구문장'(holophrase)에 대해, Clark(1975: 30)는 아동이 내적 구조를 형성하기 이전에 적절한 상황에 쓰는 완전히 기계적인 표현이라고 한다. Hakuta(1974, 1976)는 이러한 미분석된 연결체를 '미리 준비된 문형'(prefabricated patterns)이라고 하였다. 즉, 이 시기의 아동은 언어의 내적 구조에 대한 인식 없이 표면구조만 암기하여 조립적으로 사용하고 있다.[7] 한편, L. Fillmore(1976)는 5명의 어린이들을 대상으로 제 2 언어 학습자들이 상투적 표현을 사용하는 것을 관찰하였다. 초기단계에는 52%의 표현이 상투적이었으며, 1년 후에는 37%의 표현이 형식적이었다. 즉, 아동들은 한정된 어휘로 많은 조작을 하여 문장을 만들며, 또한 아동언어에서 상투적 표현들이 의사소통 욕구에 의하여 점차 창의적 표현으로 발달되는 것을 발견할 수 있었다.

아동은 발달단계에 따라 언어의 각기 다른 국면들을 중요하게 처리한다. 초기에는 의미나 구조보다 발음에 중시하며, 그 다음은 구조보다 전체적 의미를 중시하거나, 다른 것은 무시하고 구조에 주의를 기울인다(R. Clark, 1975: 323). 제 2 언어 학습자도 모국어 습득자와 같이 언어의 다른 국면을 일시적으로 제외시키고, 우선 한 국면에 주의를 집중하는 것이 효과적이다. 차이점은 습득이 무의식적인 반면, 학습은 의식적이다. 언어습득자는 언어를 사용함으로써 언어를 습득하지만, 제 2 언어 학습자의 경우에는 먼저 교사로부터 의식적 지식을 배우고 난 후, 의사소통을 통해서 언어를 습득사용하게 된다. 모국어 습득순서는 다음 세 단계로 크게 구분할 수 있다.

① 1단계(2~6세): 음 체계, 대부분의 통사론, 추상적 어휘가 아닌 구체어 습득시기

② 2단계(7~10세): 더 복잡한 음운규칙, 소리와 문자와의 관계, 복잡한 통사론, 더 많은 어휘 습득시기

③ 3단계(11세 이상): 추상적 의미개념 포함한 대부분의 어휘를 습득하는 시기

모국어 습득순서와 제 2 언어 교수순서는 일반적으로 비슷한 것이 바람직하다. 이는 제 2 언어 교수가 모국어 습득순서를 따를 때 가장 효과적이기 때문이다. 그러나 어휘에 있어서는 차이가 있다. 즉, 제 2 언어 교수에서는 처음부터 추상적 어휘를 다룰 수 있다. 또한, 교사의 지도하에서 좋은 교재와 교수요목에 의해 학습단계의 조정이 가능하며 학습의 효과를 높일 수 있다([도표 6-1] 참고).

4. 언어습득 · 언어학습에 영향을 주는 요인들

효과적인 언어습득·언어학습에 영향을 주는 변인으로 다음의 12가지 요인을 들 수 있다.

4.1 동　　기

언어습득과 언어학습의 형태에 따라 동기가 다르게 나타난다. 모국어 습득자의 경우에는 언어를 습득하고자 하는 동기가 강하다. 즉, 주위 사람들과 의사소통을 통해 어울리고자 하는 신체적 욕구 외에, 모국어에 대한 감정적 욕구, 주변 환

경에 대한 적응욕구가 강하므로 동기유발이 쉽게 된다. 반면, 제 2 언어 학습자의 경우에는, 사회적 · 언어적 주체성을 가지고 있어서 이미 기본적인 자아욕구가 충족되었기 때문에, 모국어 습득자만큼 쉽게 동기를 가지지 못한다. 그러나 학문연구를 위해서 제 2 언어가 필수적인 대학생이거나 직업상 필요한 사람은 모국어 습득자와는 성격이 다른 동기를 가지고 있으며, 또한 의사소통의 수단으로 제 2 언어를 사용할 때 동기를 높일 수 있다(제 7 장 참고). 이러한 현상은 실험에서 얼굴을 맞대고 하는 구어체의 의사소통 연습은 80%의 동기를 유발시킬 수 있었다는 점에서 입증될 수 있다(Politzer, 1953; Hammerly, 1971; D. Quinn, 1971).

도표 6-1 6가지 유형의 언어습득 · 언어학습의 장 · 단점(Hammerly, 1982)

	(1) NLA	(2) Inf. Bil.	(3) Adult SLL	(4) Adult SLA	(5) Child SLA	(6) Child SLL
동 기	A	A / a	D / d	a / d	a	d
학습자의 시작상태	A	A	d	d	d	d
노 출	A	a	D	a	a	D
언어적 간섭	A	a / d	D	D	d	d
언어자아 · 불안감 · 방해	A	A	D / d	D / d	a	a
뇌의 유연성	A	A	D	D	a	a
운동기억력	A	A	D	D	a	a
일반 기억력	d	d	A	A	a	a
철자의존성	A	A	D	D	a	d
입력의 구조화	D	D	A	D	D	A
개념체계	D	D	A	a	a	a
언어적 인식	D	D	A	a	D	a
언어적 정확성	D	D	A	a	d	a
학습자의 특징	D	D	A	A	d	d

(1) NLA: 유아의 모국어 습득
(2) Inf. Bil.: 유아의 이중 · 다중언어 습득
(3) Adult SLL: 성인의 제 2 언어 학습
(4) Adult SLA: 성인의 제 2 언어 습득
(5) Child SLA: 아동의 제 2 언어 습득
(6) Child SLL: 아동의 제 2 언어 학습

A = 최대 장점
a = 장점
d = 단점
D = 최대 단점

4.2 언어습득 · 언어학습의 시작상태

이성주의자의 견해인 인간이 언어를 처리하는 특별한 능력을 가지고 있다는 것을 전적으로 부정할 순 없지만, 행동주의 견지에서 볼 때 아동이 언어에 대한 내재된 지식을 가지고 태어나는 것은 아니다. 이성주의자인 Chomsky는 언어습득장치(LAD)에 대한 선천적 지식을 주장하지만, 행동주의자는 언어습득 · 언어학습의 시작상태인 유아의 두뇌를 백지상태라고 본다.[8] 한편, 제 2 언어 학습에 있어서 나이든 아동이나 성인은 이미 모국어의 내재화된 규칙들의 체계를 무의식적으로 가지고 있다. 그래서 제 2 언어 학습자에게 있어서 습득된 모국어 규칙체계는 학습을 용이하게 하는 촉진제가 될 수 있는 반면, 간섭을 일으켜 제 2 언어 학습에 방해를 줄 수 있다. 구조주의 학자들에 의하면 교사는 대조분석으로 이 점들을 예견하여 교수해야 한다고 한다.

4.3 노 출

취학 전 아동이 모국어를 습득하는 데 걸리는 시간을 살펴보면 18,000시간 이상이다(하루 10시간×365일×5년). 또한, 여러 수준의 다양한 언어입력모형들을 접하며 하루 한 시간 이상 실제로 말을 한다고 볼 수 있다. 그러나 교실학습자의 경우는 입력의 양적 · 질적 수준에 있어서 크게 낮다. 제 2 언어 교과과정에 따라 다소 차이가 있으나 일 년에 200시간 정도 접하는데, 거의 같은 수준의 한 가지 모형을 학습하며 더욱이 매시간 실제 말하는 것은 5분 정도밖에 안 된다.

위와 같이 모국어 습득자와 제 2 언어 학습자 간에는 노출에 있어서 상당한 차이가 있다. 그러므로 제 2 언어 교수에서는 느린 모국어 습득과정을 그대로 모방하는 것은 비능률적이며 효과적인 제 2 언어 프로그램이 필요하다. 그래서 교사는 무계획적으로 자료에 노출시키기보다는 학습계획에 따른 등급화, 조직화, 자료제시, 학습자 능력측정, 다양한 연습문제 제시 등을 해야 한다. 또한, 제 2 언어 학습은 제한된 조건하에서 실시되기 때문에, 학습자에게 있어서 과외 할동으로 회화모임 참가하기, 펜팔하기, 출판물 구독하기, 외국영화감상하기, 외국인 친구사귀기 등이 필요하다.

4.4 언어적 간섭

언어환경의 노출에서 나타나는 언어적 간섭현상을 살펴보면, 행동주의 견지에서 유아는 백지상태에서 언어를 습득하며 이성주의 측면에서는 모국어 습득능력이 생득적이므로 유아의 모국어 습득 시에는 언어적 간섭이 있을 수 없다. 그러나 유아기 이중어습득에는 때때로 모국어에 의한 간섭이 일어나며, 나이가 듦에 따라 점차 모국어 간섭이 현저하게 나타난다. 성인의 제 2 언어 학습단계에서는 모국어의 간섭을 쉽게 관찰할 수 있다. 특히 성인에게 있어서 모국어 억양은 고치기 어려우며 음성표현이나 출력에서 이질적 억양(foreign accent)으로 나타난다. 그러므로 제 2 언어 학습에서 모국어를 학습자로부터 완전히 분리시키는 것은 불가능하다. 그래서 Fries(1945: 9)는 두 언어에 대한 대조분석을 하여 가르칠 때, 학습효과를 올릴 수 있다고 한다. 여러 실험(Sweet, 1899, 1964; Palmer, 1917, 1968; Hammerly, 1974)에서 모국어를 학습자로부터 배재할 수 없었으므로, 오히려 모국어를 이용함으로써 능률을 올릴 수 있다는 점이 연구되었다.

4.5 언어자아 · 불안감 · 방해

모국어 습득자는 언어습득에 대하여 유연하게 대처하며 언어습득에 대한 공포가 없으며 언어사용에 대하여 조심하거나 억제하지 않는다. 그러나 성인의 경우에는 이미 주체성과 언어자아가 형성되어 있으므로 제 2 언어 학습에 거부반응을 경험한다. 그러므로 강한 의욕과 필요성의 인식으로 이를 극복해야 한다. 거부와 걱정의 감정 상태는 9~10세경에 나타나기 시작하는데, 적절한 불안감은 구두학습과 복잡한 학업에 정신집중을 가져오게 되어 도리어 학습을 용이하게 할 수 있다. 그러나 지나친 불안감이나 걱정은 무력감을 가져오며 새로운 학습과업을 회피함으로 학습을 방해하게 된다. 그래서 제 2 언어 교수 프로그램에서 교사는 학습자의 감정여과를 낮추도록 노력해야 한다.[9)]

4.6 뇌의 유연성

Penfield와 Roberts(1959), 그리고 Lenneberg(1967)는 뇌의 각 부위가 특정 기능을 담당한다는 뇌의 편기화에 대한 이론을 주창하였다. 또한, Krashen(1973)

은 5세 정도에 편기화가 거의 완성된다고 하였다. 그러므로 뇌의 편기화 이론에 유아의 뇌는 성인보다 유연성을 가지고 있다고 볼 수 있다. 그래서 9세 이전에 실어증(aphasic lesions)에 걸린 아동은 뇌의 유연성으로 인하여 언어적 결함을 겪지 않는다. 즉, 발음기능이 좌반구에서 우반구로 옮겨 가게 되어 언어장애를 회복할 수 있다. 이와 같은 뇌의 유연성으로 어린이는 발음, 억양습득이 용이하고 성인보다 우월하지만 이 우월성이 9~10세에 마감되기 시작한다. 그래서 제2언어 습득 · 학습에 있어서, 13세 이상에서는 뇌의 편기화 때문에 어떠한 지도 없이는 모국인과 거의 같은 수준의 억양에 도달하는 것은 어렵다. 그러므로 제2언어 학습자인 성인에게 발음지도를 할 때에는 단순히 교사를 모방하도록 하기보다는 잘 통제된 음운훈련으로 교육해야 한다. 그러나 발음을 습득하는 경우 이외에는 어린 학습자가 성인보다 더 유리하지는 않다(Carroll, 1960).

4.7 기 억 력

기억력에는 운동기억력과 일반기억력이 있다. 어린이가 음악이나 운동 등 운동기능에 우수한 것은 성인보다 우수한 운동기억력을 갖고 있기 때문이다. 그러나 다른 기억들은 성인이 어린이를 능가한다. 언어습득 · 언어학습에 있어서도 어린이는 쉽게 배우는 반면 쉽게 잊어버린다. 한편, 성인은 배운 것을 기억하려는 의지가 있으며 열심히 노력하여 학습의 효과를 높이려 애쓴다(제4장 참고). 그래서 제2언어 학습자인 성인이 적절한 지도를 받을 때 제2언어 발음에서도 모국어 화자에 접근할 수 있다.

4.8 철자 의존성

어린이는 언어습득을 하는 데 있어서 철자에 얽매이지 않고 구두로 습득한다. 성인의 경우에는 모국어로 책을 보는 습관에 익숙하여 철자에 얽매이게 되어 글자를 보고 배우기를 원한다(Kirch, 1956). 이러한 현상은 발음에 부정적 영향을 끼친다(Hammerly, 1970, 1975). 한편, Chomsky와 Halle(1968: 49)는 "전통적 철자법은 영어단어의 어휘표현에 대한 거의 최적의 체계이다"라고 하였다. 그러나 이 이론은 모국어 습득자에 있어서도 언어습득, 읽기, 쓰기, 언어사용 등에 방해가 되어 왔다. 그렇지만 성인은 철자에 의존하기 때문에 무엇인가를 보아야 한다. 그러므로 철자에 의존하는 제 2 언어 학습자를 위해서 교육적인 철자표기의 부교재가 있을 때 학습의 효과를 높일 수 있다.

4.9 입력의 구조화

모국어습득에서 어린이는 등급화되고 체계적인 완전한 자료에 접하지 않는다. 성인의 제 2 언어 습득에 있어서도 구조적 기준에 따르는 것이 아니라 의사소통에 역점을 둔다. 그러므로 습득의 경우에는 입력 자료에 제한이 있을 수 없다. 그러나 제 2 언어 학습자는 입력에의 노출이 질적 · 양적으로 부족하므로, 제 2 언어 교수프로그램은 자료제시에 있어서 등급화되고 체계화되어야 한다. 구조적으로 분석된 학습과제는 학습을 용이하게 하며 습득환경 이상의 장점을 부여할 수 있기 때문이다.

4.10 개념체계와 언어적 인식

제 1 언어 습득자인 아동은 언어습득과 동시에 개념을 발달시킨다, 그러나 제 2 언어 학습자인 성인의 경우에는 이미 개념체계가 존재한다. 이러한 개념의 체계가 제 2 언어 어휘와 문법의 학습을 촉진시킬 수 있으므로, 제 2 언어 학습 초기 단계에서는 모국어를 사용하여 모국어에 존재하는 개념체계와 인식을 이용하는 것이 학습을 용이하게 한다. 한편, 언어적 인식을 살펴보면 아동은 무의식적으로 구조적 통제를 발전시킨다. 그래서 아동은 규칙을 설명으로 배우지 않더라도 통사규칙을 알고 있다. 반면, 제 2 언어 학습자인 성인은 구조적 관계를 의식적으로 인식하고자 한다. 그래서 성인은 언어에 관한 지식을 습득하고 발전시킬 수 있다. 즉, 언어 외적인 것을 사용할 수 있다. 그러므로 제 2 언어 학습에 있어서는 통제된 발견학습과정이나 연역적 설명에 의해 의식적으로 언어를 학습할 수 있다.

4.11 언어적 정확성

모국어 습득자는 의사소통의 상호작용을 통하여 점차적으로, 느리지만 정확하게 말할 수 있다. 그들은 원활한 의사소통을 원하기 때문에, 그들에게 있어서 정확도는 중용하지 않다. 예를 들면, 언어습득 초기단계에서 아동의 /dada/는 'father' 뿐만 아니라 'any man / I'm happy / I want to play peekaboo' 등을 의미할 수 있으며, 상황에 따라서 각각의 의미로 의사소통이 가능하다. 또한, 여러 실험에서 아동에 대한 직접적인 오류정정은 효과적인 결과를 얻지 못했다. 교실에서 정확성을 강조하지 않을 때 학생은 오류가 섞인 중간언어를 배우게 되고, 정정을 받지 못하면 이것은 화석화되어 고쳐지기 어렵다. 그러므로 제 2 언어 교수에서 오류를 정정할 때는 일관성 있고 지속적인 절차를 따라야 한다.

4.12 학습자의 특징

성인 학습자의 특징을 살펴보면, 아동보다 더 복잡하고 능률적인 학습책략을 개발하여 학습방법을 터득하고 있으며, 이해력이 더 높고 특정한 장 · 단기 목표를 설정한 후에 노력을 기울일 수 있다. 또한, 추론능력을 가지고 있으며, 형태론과 통사론 학습에 있어서 우월하다. 그래서 심리학자들은 성인이 아동보다 학습효과가 좋다고 한다(Thorndike 외 공저, 1928). 또한, 성인은 장기기억에 정보를 저장할 능력을 가지고 있으며, 단기기억력으로는 긴 정보를 덩어리로 수용한다. 그래서 집중력이 길고 우수하며 지속적인 학습이 가능하다.

위와 같이 성인학습자의 장점을 고려할 때, 성인학습자에게도 효과적인 제 2 언어 교수가 불가능한 것이 아니다. 결론적으로 제 2 언어 학습에 대한 '결정적 나이'(critical age)는 없다고 본다. 그러므로 나이에 따라 제 2 언어의 어떤 특성이 쉽게 학습되어질 수 있다는 주장(Ervin-Tripp, 1974)과 Lamendella(1977)의 '민감시기'(sensitive period)가설과 Seliger(1979)의 '여러 결정적 시기'가설을 수용하는 것이 바람직하다.[10] 교사는 이와 같은 성인 학습자의 특성을 고려하여 제 2 언어 교수의 목표에 도달해야 한다.

5. 결 론

이번 장 앞에서의 첫 번째 질문, 성인의 제 2 언어 습득 · 학습은 아동이 모국어를 배우는 방법을 따라 이루어져야 하는가에 대한 결론으로 성인의 제 2 언어 교수는 모국어 습득방법을 모방해서는 안 된다는 것이다. 두 번째 질문, 유아 이중언어 화자가 두 언어를 습득하는 방법을 따르도록 하는 문제에 대해서도 성인의 제 2 언어 학습과 유아의 이중언어 사용은 다르다는 것이다. 그러므로 성인의 제 2 언어 교수가 유아의 이중언어 발달의 특징에 근거해서는 안 된다. 유아의 이

중·다중언어습득을 모방하기보다는 성인 학습자에게 맞는 제 2 언어 프로그램을 개발하여야 한다.

성인의 제 2 언어 학습에서 궁극적으로 학습자는 이중언어 화자가 되어야 한다. 이중언어에 대한 전통적 구분은 '복합적·상호의존적 이중언어'(compound, interdependent, bilingual)와 '병행적·독립적(coordinate, independent) 이중언어'의 두 가지이다. '어느 한 언어로 생각하고 다른 언어로 말한다'(think in one language and speak in another)는 '복합적 이중언어' 화자는 진정한 의미의 이중언어 발화자가 아니다. 이중언어화는 언어학적으로 한 언어의 방해가 없으며, 심리학적으로 생각의 표현화가 생각에서 직접 표현으로 가는 직접적 과정이어야 한다. 그러므로 두 개의 언어가 별개의 환경에서 습득된 경우의 두 개의 언어사용을 병행적 이중언어 사용주의(coordinate bilingualism)라고 한다. 제 2 언어 학습에서는 두 언어의 간섭이 더 작은 병행적 이중언어 사용주의를 전제로 할 때 더 효율적이다. 그래서 이중언어습득에서는 초기단계에서부터 두 언어 간의 분리가 필요하지만, 실제 언어발달에 있어서 상당한 언어적 상호작용이 있다. 그래서 제 2 언어 프로그램에서 처음에는 복합적 체계로부터 시작하여 서서히 병행적 이중언어 사용주의를 목표로 설정해야 한다.

참고사항

1) 아동은 자신이 오류를 범하였다는 사실을 깨닫지 못하면 수정을 하지 못한다. David McNeill(1966)은 부모가 능동적으로 아동에게 어떤 언어형태를 모방하도록 요구하고 있는 데도 불구하고 그 아동은 자기 문법에 따라 발화하고 있는 예를 인용하고 있다.
Child: Nobody don't like me.
Mother: No, say "Nobody likes me."
Child: Oh! Nobody don't like me.

2) Krashen(1985)은 최상의 입력에 대한 조건을 다음과 같이 제시한다.
① 최상의 입력은 이해할 수 있는 것이어야 한다.
② 최상의 입력은 흥미 있고 연관성이 있는 것이어야 한다.
③ 최상의 입력은 문법적으로 순서나 등급이 정해진 것이 아니어야 한다.
④ 최상의 입력은 양적으로 충분한 것이어야 한다.
⑤ 여과 정도 면에서 자신방어에 치중하지 않아야 한다.
⑥ 대화사용의 도구로 제공될 수 있는 것이라야 한다.

3) 그러나 아동은 직접적인 언어적 재입력화를 받아들이지 않는다. 오류정정을 모방하는 데 있어서 어려움이 따르기 때문이다. 그래서 효과적인 상호작용을 위해 의사소통적 재입력화("Uh," "Ah!" 등)가 유용하다.

4) Thorndike(1927)는 아동이 옹알이를 하는 동안 시행착오로 말을 배운다고 지적하고 이를 '행운의 옹알이'(babble luck)이라고 불렀다.

5) 아동들이 성인어의 구조나 어휘로는 표시할 수 없으나, 주어진 문맥이나 상황에 적절한 의미관계를 표현하고자 의미교환 형태를 배우는데 Halliday(1975)는 이것을 'learning to mean'이라고 하였다.

6) Krashen과 Terrell(1983)은 영어를 제 2 언어로 습득할 경우의 문법적 형태소들의 자연적 습득순서는 다음과 같다고 한다.
① ING 진행형, 복수, 계사(to be)
② 조동사(진행형), 관사(a, the)

③ 불규칙 과거형
④ 규칙과거형, 3인칭단수(-s), 소유격(-s)

7) 제 2 언어 수업에서 이러한 '미리 준비된 문형'이 대화에서 미분석의 언어조각으로 사용될 수 있으며, 이해가능한 입력의 역할 또한 할 수 있는 암기된 '덩어리'로서의 학습을 수반할 수 있다.

예: I like to —
You like to —
We like to —

그러나 이러한 미완성 문장에서의 문형들이 자동적으로 창의적인 언어로 전환되리라고 기대하지 않는다. 그것들은 교실 안과 밖에서 학생들이 좀 더 쉽게 상호작용하도록 해 주며, 그 결과 더 많은 이해가능한 입력을 얻을 수 있다는 점에서 유용하다(Krashen과 Terrell, 1983).

8) 행동주의 심리학자들은 유아는 '백지상태'(a tabula rasa)에서부터 언어습득을 시작한다고 한다. 백지상태란 경험에 의하여 어떤 인상이나 흔적들이 기록되기 이전의 상태이며 행동주의 심리학자들이 사용하는 개념으로, 어린이는 이러한 상태의 두뇌를 가지고 태어나서 후천적인 언어학습 경험에 의해 언어를 습득한다고 한다. 따라서 행동주의 심리학자들은 언어학습이 두뇌의 사고과정이 아니고 기계적인 반복연습의 과정이라고 본다.

9) Krashen과 Terrell(1983)의 연구결과에 따르면 약한 감정여과기를 얻도록 하는 요소들 중에는 그 언어의 화자들에 대한 긍정적인 생각, 불안감이 낮은 상황에서 언어를 습득하는 것, 그리고 적어도 어느 정도의 습득자 자신이 갖는 자신감 등이 포함된다고 한다.

10) Penfield와 Roberts(1959)는 결정시기 개념을 언어학습분야에 도입하여, 사춘기 시기(9~12세)에 두뇌 유연성이 굳어져 이 시기 이후에는 언어학습이 어렵다고 한다. Lenneberg(1967)는 두뇌 편기화가 사춘기에 마감된다는 결정적 시기가설(Critical Period Hypothesis: CPH)을 체계화하였다. 그러나 위 주장을 제 2 언어 학습에 그대로 적용하는 데 무리가 있으며, 어느 시기에도 제 2 언어 학습이 불가능한 것은 아니다.

연 구 과 제

1. 입력가설(Input hypothesis)과 습득이론(acquisition theory)의 관련성을 설명하시오.
2. 언어교수학 측면에서 제 1 언어의 역할은 무엇인가?
3. 언어습득 · 언어학습에 있어서 모방의 역할을 논하시오.
4. 제 1 언어 습득과 제 2 언어 습득 · 학습이 유사한 과정인가? 혹은 전혀 다른 과정인가? 또 그렇다면 그 근거를 이루는 주장은 무엇인가?

참 고 문 헌

Allwright, R. 1975. Problems in the Study of the Language Teacher's Treatment of Learner Error. In M. Burt and H. Dulay, eds., 1975. *New Directions in Second Language Learning, Teaching and Bilingual Education On TESOL '75*. Washington, D. C.: Teachers of English to Speakers of Other Languages.

Bellugi, U., and R. Brown. eds., 1964. *The Acquisition of Language*. Monographs of the Society for Research in Child Development 29(Serial No. 92).

Bloom, L., L. Hood, and P. Lightbown. 1974. Imitation in Language Development: If, When and Why. *Cognitive Psychology* 6: 380-420.

Braine, M. 1971. On Two Types of Models of the Internalization of Grammars. In D. Slobin, ed., *The Ontogenesis of Grammar: Theoretical Symposium*. New York: Academic Press.

Brown, R. 1973. *A First Languages*. Cambridge, Mass.: Harvard University Press.

________., and C. Hanlon. 1970. Derivational Complexity and Order of Acquisition in Child Speech. In J. Hayes, ed., *Cognition and the Development of Language*. New York: Wiley.

Carroll, J. 1960. Foreign Languages for Children: What Research Says. *National*

Elementary Principal 39: 12-15.

Chomsky, N. 1964. *Current Issues in Linguistic Theory*. The Hague: Mouton.

__________. 1965. *Aspects of the Theory of Syntax*. Cambridge, Mass.: MIT Press.

__________., and M. Halle, 1968. *The Sound Pattern of English*, New York: Harper and Row.

Clark, R. 1975. Adult Theories, Child Strategies and Their Implications for the Language Teacher. In J. Allen and P. Corder, eds., *Techniques in Applied Linquistics*. Edinburgh Course in Applied Linguistics, vol 3. London: Oxford University Press.

Cook, V. 1969. The Analogy Between First and Second Language Learning. *IRAL* 7: 207-216.

DeVilliers, J., and P. DeVilliers. 1973. A Cross-Sectional Study of the Acquisition of Grammatical Morphemes in Child Speech. *J Psycholinguistic Research* 2: 267-278.

Dulay, H., and M. Burt. 1974. Natural Sequences in Child Second Language Acquisition. *LL* 24: 37-53.

Ervin-Tripp, S. 1974. Is Second Language Learning Like the First? *TESOL Quarterly* 8: 111-127.

Fillmore, L. 1976. The Second Time Around: Cognitive and Social Strategies in Second Language Acquisition. Unpublished doctoral Dissertation, Stanford University.

Fries, C. 1945. *Teaching and Learning English as a Foreign Language*. Ann Arbor, Mich.: University of Michigan Press.

Halliday, M. 1975. *Learning How to Mean: Explorations in the Development of Language*. London: Edward Arnold.

Hakuta, K. 1974. Prefabricated Patterns and the Emergence of Structure in Second Language Acquisition. *LL* 24: 287-297.

________. 1976. A Case Study of a Japanese Child Learning English as a Second Language. *LL* 26: 321-351.

Hammerly, H. 1970. And Then They Disbelieved Their Ears. *H* 53: 72-75.

____________. 1974. Primary and Secondary Associations with Visual Aids as Semantic Conveyors. *IRAL* 12: 119-125.

____________. 1975. The Relative Frequency of Spanish Pronunciation Errors. *ERIC* microfiche ED. 119-504.

____________. 1982. *Synhesis in Second Language Teaching: An Introduction to Languistics*. Blaine, Wash.: Second Language Publications.

Hebb, D., W. Lambert and G. Tucker. 1971. Language, Thought, and Experience. *MLJ* 55: 212-222.

Kirch, M. 1956. At What Age Elementary School Language Teaching? *MLJ* 40: 399-400.

Krashen, S. 1973. Lateralization, Language Learning and the Critical Period: Some New Evidence. *LL* 23: 63-74.

__________. 1981. *Second Language Acquisition and Second Language Learning*. Oxford: Pergamon.

__________. 1982. *Principles and Practices in Second Language Acquisition*. Oxford: Pergamon.

__________. 1985. *The Input Hypothesis: Issues and Implications*, London: Longman.

__________., and T. Terrell. 1983. *The Natural Approach: Language Acquisition in the Classroom*. Oxford: Pergamon Press.

Lamendella, J. 1977. General Principles of Neurofunctional Organization and Their Manifestation in Primary and Nonprimary Language Acquisition. *LL* 27: 155-296.

Lenneberg, E. 1967. *Biological Foundations of Language*. New York: Wiley and Sons.

Macnamara J. 1975. Comparison Between First and Second Language Learning. *WPB* 7: 71-95.

McNeill, D. 1966. Developmental Psycholinguistics. In F. Smith and G. Miller, eds., *The Genesis of Language: A Psycholinguistic Approach*. Cambridge, Mass.: MIT Press.

Newmark, L., and D. Reibel. 1968. Necessity and Sufficiency in Language Learning.

IRAL 6: 145-164.

Palmer, H. 1917. *The Scientific Study and Teaching of Languages*. London: Harrap. Reprinted in 1968. London: Oxford University Press.

Penfield, W., and R. Roberts. 1959. *Speech and Brain Mechanisms*. Princeton: Princeton University Press.

Phillips, J. 1973. Syntax and Vocabulary of Mothers' Speech to Young Children: Age and Sex Comparisons. *Child Development* 44: 182-185.

Piaget, J. 1967. *Six Psychological Studies*. New York: Vintage Books.

Politzer, R. 1953. Student Motivation and Interest in Elementary Language Courses. *LL* 5: 15-21.

Quinn, D. 1971. Attitude and Verbal Participation in Second Language Learning. Unpublished doctoral dissertation, University of Oregon.

Quinn, T. 1974. Theoretical Foundations in Linguistics and Related Fields. In G. Jarvis, ed., 1974. *Responding to New Realities. ACTFL Review of Foreign Language Education*, vol. 5. Skokie, Ill: National Textbook Company.

Rivers, W. 1981. *Teaching Foreign-Language Skills*. 2nd ed., Chicago: University of Chicago Press.

Rosansky, E. 1976. Methods and Morphemes in Second Language Acquisition Research. *LL* 26: 409-425.

Seliger, H. 1979. On the Nature and Function of Language Rules in Language Teaching. *TESOL Quarterly* 13: 359-369.

Slobin, D. 1973. Cognitive Prerequisites for the Development of Grammar. In C. Ferguson and D. Slobin, eds., *Studies of Child Language Development*. New York: Holt, Rinehart and Winston.

________. 1975. On the Nature of Talk to Children. In E. H. Lenneberg and E. Lenneberg, eds., *Foundations of Language Development*, vol. 1. New York: Academic Press.

Snow, C., and C. Ferguson. 1977. *Talking to Children*. Cambridge, England: Cambridge University Press.

Swain, M. 1976. Changes in Errors: Random or Systematic? In C. Nickel, ed., *Proceedings of the Fourth International Congress of Applied Linguistics.* Stuttgart: Hochschulverlag.

Sweet, H. 1899. *The Practical Study of Languages.* London: J. M. Dent and Sons. Reprinted in 1964. London: Oxford University Press.

Tarone, E., U. Frauenfelder and L. Selinker. 1976. Systematicity/Variability and Stability/Instability in Interlangugae Systems. *LL,* Special Issue no. 4: 93-134.

Thorndike, E. 1927. The Law of Effect. *American J Psychology* 39: 212-222.

___________., E. Bregman, J. Tilton, and E. Woodyard. 1928. *Adult Learning.* New York: Macmillan.

Tucker, R., and A. d'Anglejan. 1972. An Approach to Bilingual Education: The St. Lambert Experiment. In M. Swain, ed., *Bilingual Schooling: Some Experiences in Canada and the United States.* Toronto; The Ontario Institute for Studies in Education.

제 7 장 언어학습자

모든 인간은 모국어를 습득하며, 또한 다른 언어를 습득 · 학습할 수 있다. 그러나 학습자가 그 언어를 습득 · 학습하고자 하는 욕구와 필요성을 가질 때 더 효과적이다. 그러므로 제 2 언어 교사는 학습자의 특성을 고려하여 언어습득 · 언어학습을 촉진시켜야 한다.

16세기 Montaigne 때부터 학습자의 특성에 따라 가르쳐야 한다는 견해가 있었으나, 학습자의 특성이 깊이 있게 연구된 것은 최근의 일이다. 특히 형식교육에 있어서는 한 교실에서는 한 가지 교수방법으로 가르치며 프로그램의 선택도 제한적이므로, 개별 학습자의 학습 효과를 최고로 달성하기 위해서 교사는 학습자의 개인차에 최대한 주의해야 한다. 그러므로 제 2 언어 교수를 할 때, 교사는 생물학적 · 인지적 능력만큼 혹은 그 이상의 영향력을 가지는 감성적 · 사회적 특성을 고려한 '총체적 학습자'에 관심을 가져야 한다. 이러한 맥락에서 이번 장에서는 학습자의 특성을 생물학적, 인지적, 감성적, 성격적, 사회적 측면에서 살펴보고 성공적인 언어학습자의 특성을 규정하고자 한다.

1. 생물학적 특성

학습자의 생물학적 특성 중에서 언어학습에 영향을 끼치는 요인으로는 ① 연령, ② 성별을 들 수 있다.

1.1 연　령

학습의 특성상 연령에 따른 장 · 단점이 있다. 연령에 따라서 습득과 학습상의 방법이나 속도 면에서 차이가 나지만, 연령요인이 언어습득과 언어학습 과정에 본질적인 장애요인은 되지 않는다. 그러므로 언어습득과 언어학습은 어떤 나이에서도 가능하다.

어린 학습자가 제 2 언어 습득 시에 우월한 반면, 나이든 학습자는 제 2 언어 학습에 있어서 더 우수하다.[1] 특히 아동은 발음습득에서 우세하며, 성인은 형태론과 통사론의 학습에서 우월하다(Fathman, 1975).

또한, 여러 학자들의 연구(Ervin-Tripp, 1974; Genesee, 1978; Snow와 Hoefnagel-Höhle, 1977; Cummins, 1979)는 교실에서의 형식적 언어학습에서 성인이 더 우수하다고 한다. 그러므로 Hammerly(1982)는 학습자가 아동의 장점을 갖고 있으면서 성인 학습자의 장점도 지닐 수 있는 12세가 제 2 언어 학습의 이상적 나이라고 한다. 성인 학습자의 장점을 고려할 때 나이에 상관없이 제 2 언어 교수가 가능하다. 그러므로 제 2 언어 학습에 대한 '결정적 시기'는 없다고 본다(제 6 장 참고).

1.2 성 별

비록 학습자의 생물학적 특성 중에서 연령에 의한 차이보다 성별에 의한 차이가 적긴하지만, 여자가 남자보다 제 2 언어에 대한 적성이나 성취 면에서 우수하다. 특히 고등학교나 대학교 수준에서 남 · 녀 간의 차이가 잘 나타난다(Cloos, 1971).

2. 인지적 특성

언어학습 · 언어습득 시 작용하는 인지적 특성으로 ① 지능, ② 적성, ③ 학습 전략, ④ 모국어 지식, ⑤ 교육수준, 그리고 ⑥ 추리력을 들 수 있다.

2.1 지능지수

지능이 언어학습 성공에 있어서 주된 요인은 아니다. Genesee(1976)에 따르면 지능은 구술표현보다는 독해, 문법, 어휘의 학문적 언어기술에 관련이 있다고 한다. 또한, Pimsleur(1980: 3)는 제 2 언어 학습에서 지능은 단지 18% 정도 작용한다고 한다. 따라서 지능지수로서 학습자의 언어학습 능력을 과소평가해서는 안 된다.

2.2 제 2 언어 적성

표준적성평가에 관한 연구인 Carroll과 Sapon(1959)의 '현대어적성검사'(Modern Language Aptitude Test: MLAT)와, Gardner와 Lambert(1965)의 실험, Pimsleur(1966)가 개발한 종합테스트인 '언어적성검사'(Language Aptitude Battery: LAB)에서 적성과 제 2 언어학습의 성취도 간에 관련이 있다는 것이 나타났다.[2] 또한, 미군 언어학교(U.S. Army Language School)의 실험결과에서는, 높은 적성을 가진 학생이 보통학생의 학습시간량의 1/2의 시간에 고급단계의 숙련도를 나타냈다. 즉, 제 2 언어 적성은 습득환경에서보다는 형식적 제 2 언어 학습환경에서 더 깊은 연관성을 가지고 있다. 또한, 위의 적성검사들은 주로 청취력과 문법적 민감성, 암기력, 언어적 지능 등을 측정하도록 구성되어 있다. 그러므로 적성 차는 문법적 정확성이 강조되는 경우에 커다란 역할을 한다고 볼 수 있다. 그러나 의사소통의 기술을 강조하는 프로그램에서는 적성 차는 훨씬 적은 역할을 하므로 제 2 언어 프로그램의 특성에 따라 적성이 효과를 나타낼 수 있다.

2.3 학습전략

학습자는 학습과제에 따른 나름대로의 인지전략을 가지고 있다. 따라서 학습자마다 선호하는 학습방법이 각기 다르다.[3] 적성 면에서 볼 때, 낮은 적성의 학습자는 주로 행동주의적 학습방법을 사용하며, 우수한 학생은 인지주의적 방법을 사용한다. 교사는 모든 학생들이 그들의 학습전략들을 이용할 기회를 가질 수 있도록 지도해야 한다. 그러나 학습자가 철자에 의존해서 발음이나 말을 배우는 것, 단어와 단어를 일일이 해석에 의존하는 것, 상세한 문법 설명에 의해 학습전략을 세우는 것은 제 2 언어 학습에 부적절하므로 교사의 적절한 지도가 필요하다. 그러므로 학습자 스스로의 전략만으로 제 2 언어를 유창하게 학습할 수 없다. 교사는 학생의 특성을 파악하여 프로그램을 개발해야 하며, 학습자는 그 프로그램에 잘 적응해야 한다(부록 C 참고).

2.4 모국어 지식

학습자의 모국어는 제 2 언어 학습에 있어서 매우 중요한 요인으로 긍정적 전이를 일으켜 학습을 촉진할 수 있다(제9장 대조분석이론 참고). 그러나 학습자가 제2언어를 사용하여 습득한 능력 이상을 말하려고 할 경우, 학습자는 모국어 지식에 의존하는 경향이 있다.[4] Krashen과 Terrell(1983)은 제2언어 수행자들이 제2언어로 '너무 일찍' 산출하여야만 할 경우, 그들이 제1언어 문법능력에 '회귀의존' 할 것이라고 주장한다. 따라서 교실에서의 제2언어의 조기사용을 강요하지 않으며 학생들에게 미완의 문장을 사용하도록 허용하는 것이 바람직하다.

2.5 교육정도

이전의 학교교육에서 성공적인 학생일수록 제2언어 학습에 성공할 가능성이 높다. 학교교육을 전혀 받지 못한 제2언어 학습자(예: 문맹의 이민자)의 경우, 구술어를 배우는 데는 방해가 거의 일어나지 않아 오히려 효과적이나, 읽기나 쓰기를 배우는 것은 학습경험이 없으므로 어려움이 따른다. 또한, 다른 언어에 대한 지식은 새로운 언어학습에 도움을 준다. 특히 서로 밀접한 관계(예: 같은 어족)의 언어일수록 효과가 크다. 따라서 제2언어 학습에 이전의 교육을 효과적으로 이용하는 것이 좋다.

2.6 추 리 력

학습과 관련된 추리력으로 현장독립성(학습의존)과 현장의존성, 또한 광역·협소범주화를 고려할 수 있다. 실생활에서 배우려고 하는 현장의존성보다, 학습과제와 관련된 세세한 것까지 집중하는 학습의존적인 현장독립성이 제2언어 학습의 성공에 더 기여한다. 이 능력은 특히 문법요소와 구문규칙의 학습에 좋다. 반대로 문법적인 사소한 것을 무시하고 전체에 주의하는 현장의존성은 의사소통 활동에 유용하다. 한편, 추리과정에서 협소범주화를 하는 학습자는 학습과업을 상세하게 분류하여 필요 없는 것은 피하는 반면, 광역범주화를 하는 학습자는 과대화하는 경향이 있어 실수를 많이 한다.

3. 감성적 특성

제2언어 습득·학습에서 학습자가 입력을 충분히 활용하기 위해서는 입력에 충분히 노출되어야 한다. 노출된 입력에서 학습자가 입력을 수용하는 정도는 감성적인 요인에 영향을 받는다. 그러므로 언어습득 · 언어학습에는 감상적인 필요조건이 있다. 제 2 언어 학습은 학습자로 하여금 이전의 경험과는 다르며, 새롭고 모호한 것에 접하게 하고, 스스로를 표현하지 못하게 하거나, 실수를 저지르게 하므로 다양한 감정을 유발한다. 또한, 제 2 언어 학습자는 무식하거나 유치한 표현을 할 수 있으므로, 특히 인간관계에 있어서 사회적 이해가 필요하다. 제 2 언어 학습자들이 때로는 불안감, 좌절감을 느끼는데, 강한 부정적 감정들은 학습을 방해한다. 그러므로 교사와 학습자는 긍정적인 생각, 자신감 등의 '약한 감정여과기'를 얻도록 노력해야 한다. 그래서 교사는 예상할 수 없는 시험이나 구두시험으로 불안감을 조성하지 않아야 하며, 자기표현에 대한 좌절감을 줄이기 위해 때때로 학습활동에서 모국어로 의사표현을 할 수 있게 한다. 여러 가지 학습자의 감성적 특성 중에서 태도와 동기가 학습에 깊이 관련되어 있다.

3.1 태　　도

사회적 행동에 영향을 끼치는 믿음 · 감정 · 의도 등의 학습자의 태도는 제 2 언어 학습에 지대한 영향을 준다. 즉, 제 2 언어 학습, 교사, 교수방법, 본토인과 그 문화에 대한 학습자의 태도는 제 2 언어 교수 결과에 영향을 미친다.

연구결과를 살펴보면, Valette와 Disick(1972)는 제 2 언어의 성공을 위해서 학습자는 5단계(수용, 반응, 평가, 내면화, 성격화)의 태도를 필요로 한다고 한다. Lambert와 Gardner(1972)는 습득상황인 Quebec시의 준-이중언어사용 사회에 대한 연구에서 태도와 동기가 중요한 요인임을 주장했다. 그러나 Savignon(1972)과 Bartz(1974)는 단일어집단의 연구에서 제 2 언어 학습에 대한 학습자의 태도와 의사소통 능력이 서로 관련이 없음을 발견했다. 그러므로 학습자의 태도는 원거리 상황에서보다, 제 2 언어 화자와의 접촉이 일어나는 환경적 상황에서 더 중요하다. 또한, 학습자가 이와 같은 사회적 상황에 대한 태도 이외에 인내, 정확성, 독립성의 태도를 지닐 때 효과적인 학습을 할 수 있다.

3.2 동　　기

학습자로 하여금 목표를 추진하도록 하는 내면적인 힘이 동기이며, 이 힘은 태도에 근거하여 생긴다. 동기가 없으면 반응이 없거나 바라지 않는 반응이 생긴다. 반응이 없거나 잘못될 때 재입력화가 일어나지 않거나, 재입력화가 있어도 효과가 없으므로 학습에 있어서 동기의 요소가 중요하다.

Maslow(1970)는 인간동기의 총체적-원동력적 이론(holistic-dynamic theory)에서 인간이 요구하는 기초적 요구조건의 계층을 제시하고 있다.[5] 이러한 기초적 요구조건이 충족된 후 지적 욕구가 생긴다. 제 2 언어 학습프로그램에서 교사는 학습자의 초기동기를 증진시키도록 구성해야 한다. 제 2 언어 학습에서 동기가 없으면 성과를 기대할 수 없다. 그러므로 제 2 언어 학습에서 언어연구에 대한 입문과정을 필수과목으로 설정하여 그 언어에 대한 동기를 유발시켜야 한다.[6] 동기와 학습은 상호보완적으로, 동기는 학습을 유발하며 학습은 동기를 촉진시킨다. 또한, 다른 학습에서 부진한 학습자도 새로운 과업인 제 2 언어 학습에서 높은 동기를 가질 수 있다.

학습자의 동기는 ① 과제 이외의 동기를 부여해 주는 요인인 좋은 점수, 미래에 대한 계획, 자존심 문제 등이 목적인 외적 동기와, ② 과제와 관련된 성취 또는 의사소통 욕망, 자기 개선 등을 목적으로 하는 내적 동기가 있다(Carroll, 1963). 또한, Carroll(1974)은 동기가 없는 학습자도 수업에 활동적으로 참가하면 학습이 가능하다고 한다. Gardner와 Lambert(1959)는 ① 제 2 언어를 직업, 여행 등의 특수목적으로 사용하고자 하는 도구적 동기와, ② 제 2 언어를 본토인과의 의사소통을 위해 배우는 통합적 동기가 있다고 한다. 환경적 제 2 언어 학습상황에서는 본토인과 자주 접하며 습득이 이루어지므로 통합적 동기가 좋은 결과를 낳는다(Lambert, 1963). 그러나 단일어국가의 원거리 제 2 언어 학습상황에서는 교실요인이 주로 작용하며, 사회 · 문화적 요인에 따라 도구적 동기가 크게 작용한다(Gardner 외 공저, 1979).

결론적으로 제 2 언어 학습동기에는 외적 · 내적 동기와 도구적 · 통합적 동기가 복합되어 있다. 그리고 제 2 언어 학습에서는 외적 동기에서 내적 동기로, 도구적 동기에서 통합적 동기로 나아가는 것이 효과적이다. 여러 연구(Agard와 Dunkel, 1948; Sole, 1973; McEwan과 Minkle, 1979)에서 살펴보면, 학습자들은 일차적으로 의사소통의 동기를 가지고 있다. 그러므로 먼저 교사는 학습자에게 많은 의사소통의 기회를 제공해야 하는 것이 효과적인 동기유발이 된다.

4. 성격적 특성

학습자의 성격적 특성으로 ① 내·외향성, ② 충동·사고형, ③ 완벽주의, ④ 감정이입과 자존심 등을 들 수 있다.

4.1 내향성·외향성

외향적인 학습자는 내성적인 학습자보다 교실에서 연습할 기회를 많이 가지기 때문에 제2언어 학습이 빠르다.[7] 그러나 외향적인 학습자들이 말이 많고 유창한 반면, 정확성을 무시하는 경향이 있다. Swain과 Burnaby(1976)는 초등학교 학생들을 연구대상으로 한 실험결과에서 수다성과 사교성이 언어를 이해하는 능력에 대해 부정적 관계가 있음을 밝혔다. 그러므로 교사는 외향적 학습자가 함부로 말을 많이 하여 오류를 많이 범하도록 하게 해서는 안 된다. 따라서 내성적인 학습자로 하여금 보다 많은 말을 하게 하는 한편, 외향적 학습자가 배운 것 이외에 너무 많은 것을 말하지 않도록 유도해야 한다.

4.2 충동형·사고형

충동적 학습자는 직관적으로 배우는 반면, 사고형 학습자는 체계적으로 보다 명확하게 배운다. 성인의 영어학습에 있어서 사고형이 충동형보다 진도는 느리나 더 정확한 발음을 하였다(Doran, 1973). 그러므로 제2언어 교사는 양 극단을 피하도록 지도해야 한다.

4.3 완벽주의

제2언어 학습에서 완전무결하려는 성격은 좋은 언어행위와 상관관계가 있다(Swain과 Burnaby, 1976; Genesee와 Hamyan, 1979). 그러나 지나친 완벽주의는 말의 회피와 실수에 대한 두려움을 일으키는 등 부정적 영향을 끼치고, 실수가 섞인 피진어의 화석화를 초래하기도 한다. 그리고 나이 어린 학습자들은 구문의 모호성에 신경 쓰지 않으며, 모든 것이 명확한지에 대해 관심을 갖지 않으므로 정확한 언어표현을 강요하면 좋지 않다. 반면, 성숙한 학습자일수록 구조적으로 완전한 것을 배우고 사용하기를 원한다. 그러므로 제2언어 프로그램에서는 학습자들에게 명확한 구문을 제공하여 성공적인 학습으로 이끌어야 한다.

4.4 감정이입화와 자존심

제 2 언어 학습자가 학습상황(교실)에서 학습목표에 동화되어 외국인 흉내를 내고 그 나라 사람이 쓰는 몸짓을 하는 등의 감정이입화는 제 2 언어 학습에 도움을 준다. 이러한 감정이입화의 발달과 함께 문형사용, 대화와 상황문의 연습에 의해 학습자가 스스로 그 목표어에 유창하다고 생각하게 된다. 한편, 높은 자존심은 학습에 도움을 준다. 제 2 언어에 대한 경험은 가정이입화의 경험과 더불어 주체성을 버리는 것이 아니라 학습자로 하여금 새로운 주체성을 갖게 할 수 있다. 그러므로 제 2 언어 교사는 학습자들이 자신의 가치를 재인식하도록 해야 한다.

5. 사회적 특성

학습자는 사회적 특성인 ① 타인 선호도와, ② 사회·경제적 배경에 따라 영향을 받는다.

5.1 타인 선호도

모든 학습자는 부모, 동료들, 지역사회, 학교로부터 영향을 받는다. 이때 타인을 의식하여 동일시하려고 한다. 아동의 모국어 습득에서는 언어적 규약에 적응하려고 노력을 기울이지만, 제 2 언어 학습에서는 동료들과 어울리기 위해, 동료들과 동일해지려고 하는 일치성을 갖고자 애쓴다. 또한, 어떤 학습자는 혼자서 공부하려 하며, 어떤 학습자는 친구나 단체와 같이 공부하며 일치성을 얻으려고 한다. 그러므로 제 2 언어 프로그램은 학습자에게 맞게 다양한 사회적 환경을 만들어 주어야 한다.

5.2 사회·경제적 배경

제 2 언어 학습에서 학습자들은 각기 다른 사회·경제적 배경으로 인해 제 2 언어 학습에 대해 여러 가지 태도를 나타낸다. 그러므로 제 2 언어 교사는 학습자의 개인적 배경으로 인한 태도를 고려하여 학습을 조장시켜야 한다.

6. 성공적인 언어학습자

여러 연구에서 성공적인 언어학습자의 특성을 연구하였다. 여러 특성 중에서 학습자의 제 2 언어 적성과 태도, 동기유발은 학습의 대부분(2/3)을 결정한다. 그러나 또한 교수방법이 이 모든 요인에 영향을 끼친다.

Rubin(1975)은 성공적인 언어학습자에 대해 다음과 같이 정의한다. 즉, 학습자는 ① 바르게 생각해야 하고, ② 의사소통을 목적으로 하며, ③ 실수하는 것을 두려워하지 않고, ④ 형태에 주의하고, ⑤ 연습하며, ⑥ 발화를 조정하고 비교하며, ⑦ 사회적 맥락 속에서 뜻을 이해해야 한다. Pimsleur(1980)는 성공적인 언어학습자의 특성으로 학습자가 눈에만 의존하지 말고, 단어와 단어의 번역을 피해야 하며, 그 언어에 대해 광범위하게 들어야 하며, 모르는 것은 말하지 않아야 한다고 한다.

결론적으로 성공적인 언어학습자를 만들기 위해서 학습과 습득상황에 따라 조정가능한 요소들을 더 연구하여 제 2 언어 교수에 적용해야 한다.

참 고 사 항

1) 제 2 언어 학습에서 어린 학습자보다 나이 든 학습자가, 적어도 학습 초기에는 훨씬 효율적으로 쉽게 학습한다. 또한, 단기성취에서 어린 학습자보다 나이 든 학습자가 더 높은 수준의 능숙도를 달성하였다(Burstall, 1975; Snow와 Hoefnagel-Höhle, 1977; Genesee, 1982).

2) MLAT는 외국어 테스트의 예지검사(prognostic test)로서 외국어 적성으로 ① 음성 기호화・기억력, ② 문법적 감각능력, ③ 기계적 기억능력, ④ 귀납적 언어학습능력 등 네 가지 능력을 검사한다. 또한, Pimsleur는 언어학습에 필요한 요소로 ① 언어지능, ② 외국어 학습의 동기, ③ 청취력을 제시하였다. 그의 LAB(Language Aptitude Battery)의 내용은 다음과 같다.

   ① 주요 교과 조사
   ② 외국어 학습에 대한 관심도 조사
   ③ 수험자의 모국어에 대한 어휘검사
   ④ 언어분석 능력검사
   ⑤ 음성식별 능력검사
   ⑥ 음성과 기호의 연상검사

3) 학습자의 각기 다른 선호도를 살펴보면 다음과 같다(Hammerly, 1982: 107).

   ① 유추화와 귀납법이나 연역식 선호
   ② 구술표현 또는 문자언어 선호
   ③ 청취학습 또는 발화학습 선호
   ④ 교재중심 선호
   ⑤ 몸짓반응 선호
   ⑥ 즉각적 재입력 선호
   ⑦ 교사와 동료의 수정 또는 자가수정 선호

4) 1950년대에는 제 2 언어 학습의 어려움으로 제 1 언어의 간섭 또는 언어전이가 지적되어 이 어려움을 극복하기 위해서 제 1 언어와 제 2 언어 간의 대조분석이 발달하였다. 한편, 1970년대 이후에는 제 2 언어 학습자가 언어학습에 있어서 하나의 보편적 발달

경로를 따르게 된다는 가능성을 고려하게 되었다. 그러나 의사소통의 목적을 위하여 지나치게 말을 많이 사용할 때 언어발달에 퇴화나 오류의 화석화가 생긴다.

5) Maslow(1970)는 인간 동기의 총체적 · 원동력적 이론(holistic-dynamic theory)에서 인간이 요구하는 기초적 요구조건의 계층을 아래와 같이 제시한다. 또한, 가장 낮은 기본적 욕구가 충족되면 좀 더 상위의 욕구가 나타난다. 즉, 다음의 다섯 가지 기본적 욕구가 충족되어지면 기타 다른 욕구—지식에 대한 욕구, 미학적 욕구—가 나타난다.
   ① 생리학적 욕구: 식사와 수면 등 생리적 욕구가 일차적 조건이다.
   ② 안전성: 학습자들(아동과 성인)은 안전성 욕구에 따라 예측할 수 있는 질서를 원한다. 그러므로 교실은 안전감을 느낄 수 있도록 잘 구성되어야 한다.
   ③ 소속감: 학습자들이 제 2 언어를 공부하는 동료들과의 모임에서 소속감과 애정을 느끼는 것이 필요하다.
   ④ 자부심: 학습자에게는 자아와 타인에 대한 애정이 필요하다. 그러나 잘못된 언어행위를 간과하면서 제 2 언어에 대한 자만심이 생기는 것은 위험하다.
   ⑤ 자아실현 욕구: 학습자는 학습목표에 대한 성취로 자아실현과 만족감을 얻을 수 있다. 특히 제 2 언어 학습에 대한 성공은 자아실현 욕구를 충족시킬 수 있다.

6) 제 2 언어 학습자로 하여금 입문과정으로 언어와 문화에 접하게 하는 것이 동기유발에 좋다. 특히 학습자가 직접 먼저 그 언어와 문화에 관해 탐구하는 기회를 가지는 것이 좋으며, '언어와 문화' 과정을 1학기 내지 1년 정도 이수하는 것도 좋다. '언어와 문화' 과정의 내용은 대략 다음과 같다(Pei, 1973; Bourque와 Chehy, 1976 참고).
   ① 세계의 언어연구: 어족 수, 세계의 언어분포상황, 주요 구술어들, 언어의 특성, 사용지역, 사용자 수 조사
   ② 모국어에 있어서의 외국어 요소조사: 모국어에 쓰인 외국어 · 외래어 찾기, 지명, 문화적 요소조사
   ③ 여러 나라 말 익히기: 몇 개 국어로 인사말, 간단한 대화 가르치기 등
   ④ 언어학습의 중요성 인식: 문자 학습 탈피, 문자와 의미의 일대일 관련성 제거, 언어의 본질 파악
   ⑤ 모국어의 새 인식: 여러 언어에서 음 비교, 음과 철자의 관련성 설명
   ⑥ 인간행동의 인식: 자신의 주체성 재확인

⑦ 문화차이 연구: 외국어 학습의 거부감을 없애고 흥미유발

7) L.W. Fillmore(1976)는 아동들이 제2언어를 습득할 때 사회적 및 인지적 책략을 사용하고 있으며, 활발하고 능동적이며 효과적인 사회적 상호작용을 많이 수행하는 아동이 보다 더 효과적으로 언어를 습득할 수 있다고 한다.

연 구 과 제

1. 모국어 지식과 교육배경이 제2언어 학습에 미치는 영향을 설명하시오.
2. 아래 사항이 제2언어 학습에 미치는 영향을 설명하시오
   ① 나이 ② 성별 ③ 지능 ④ 성격
3. 언어학습의 도구적 동기와 통합적 동기를 설명하시오.
4. 언어학습자가 '약한 감정여과기'를 갖는 감성적 특징은 무엇인가?
5. 성공적인 언어학습자의 특성을 설명하시오.

참 고 문 헌

Agard, F., and H. Dunkel. 1948. *An Investigation of Second Language Teaching.* Boston: Ginn.

Bartz, W. 1974. A study of the Relationship of Certain Learner Factors with the Ability to Communicate in a Second Language for the Development of Measures of Communicative Competence. Unpublished doctoral dissertation, Ohio State University.

Braine, G. 1999. *Nonnative educators in English language teaching.* Mahwah, NJ:

lawrence Erlbaum Associates.

Bourque, J., and L. Chehy. 1976. Exploratory Language and Culture: A Unique Program. *FLA* 9: 10-6.

Burstall, C. 1975. French in the Primary School: The British Experiment. *CMLR* 31: 388-402.

Cameron, L. 2003. Challenges for ELT from the expansion in teaching children. *ELT Journal* 57: 105-112.

Carroll, J. 1963. A Model of School Learning. *Teachers College Record* 64: 723-733.

________. 1974. Aptitude in Second Language Learning. In G. Taggart, ed., *Proceedings of the Fifth Symposium of the Canadian Association of Applied Linguistics*. 8-23.

________., and S. Sapon. 1959. *Modern Language Aptitude Test*. NewYork: The Psychological Corporation.

Cloos, R. 1971. In-Service Programs in Foreign Languages at Elementary and Secondary Levels. In D. Lange, ed., 1971. *Britannica Review of Foreign Language Education*, vol. 3. Chicago: Encyclopaedia Britannica.

Crristison, M. 2005. *Multiple intelligences and language learning*. San Francisco: Alta Book Center Publishers.

Cummins, J. 1979. Cognitive · Academic Language Proficiency, Linguistic Interdependence, the Optimum Age Question and Some Other Matters. *WPB* 19: 197-205.

Doron, S. 1973. Reflectivity-Impulsivity and Their Influence on Reading for Inference for Adult Students of ESL. Unpublished manuscript, University of Michigan.

Ervin-Tripp, S. 1974. Is Second Language Learning Like the First? *TESOL Quarterly* 8: 111-127.

Fathman, A. 1975. The Relationship Between Age and Second Language Productive Ability. *LL* 25: 245-253.

Fillmore, L. 1976. The Second Time Around Cognitive and Social Strategies in

Second Language Acquisition. Unpublished doctoral dissertation, Stanford University.

Gardner, R., and W. Lambert. 1959. Motivational Variables in Second Language Acquisition. *Canadian J Psychology* 13: 266-272.

__________. 1965. Language Aptitude, Intellignece, and Second Language Achievement. *JEP* 56: 191-199.

Gardner, R., P. Smythe, and R. Clement. 1979. Intensive Second Language Study in a Bi-Cultural Milieu: An Investigation of Attitudes, Motivation and Language Proficiency. *LL* 29: 305-320.

Genesee, F. 1976. The Role of Intelligence in Second Language Learning. *LL* 26: 267-280.

__________. 1978. Is There an Optimal Age for Starting Second Language Instruction? *McGill J Education* 13: 145-154.

__________., and E. Hamayan. 1979. Individual Differences in Young Second Language Learners. Unpublished research report, McGill University.

__________., 1982. Experimental Neuropsychological Research on Second Language Processing. *TESOL Quarterly* 16: 315-324.

Hammerly, H. 1982. *Synthesis in Second Language Teaching: An Introduction to Languistics*. Blaine, Wash.: Second Language Publications.

Jaggar, A., and M. Smith-Burke, eds., 1985. *Observing the Language Learner*. Newark, DE: International Reading Association.

Krashen, S., and T. Terrell. 1983. *The Natural Approach: Language Acquisition in the Classroom*. Oxford: Pergamon Press.

Lambert, W. 1963. Psychological Approaches to the Study of Language. Part I: On Learning, Thinking and Human Abilities. *MLJ* 47: 51-62.

Lambert, R., and R. Gardner. 1972. *Attitudes and Motivation in Second Language Learning*. Rowley, Mass.: Newbury House.

Lewis, M. (Ed.)., 1997. *New ways in teaching adults*. Alexandria, VA: Teachers of English to Speakers of Other Languages.

Linse, C. 2005. *Practical English language teaching: Young learners.* New York: McGraw-Hill.

Maslow, A. 1970. *Motivation and Personality*, 2nd ed., New York: Harper and Row.

McEwan, A., and R. Minkle. 1979. Why Am I studying Spanish? An Evaluation of Student Response. *H* 62: 89-97.

Moon, J. 2000. *Children learning English.* Oxford, UK: Macmillian Education.

Pei, M. 1973. *How to Learn Languages and What Languages to Learn.* New York: Harper and Row.

Pimsleur, P. 1966. Testing Foreign Language Learning. In A. Valdman, ed., *Trends in Language Teaching.* New York: McGraw-Hill.

__________. 1980. *How to Learn a Foreign Language.* Boston: Heinle and Heinle.

Pinter, A. 2006. *Teaching young language learners.* Oxford, UK: Oxford University Press.

Reilly, V., & Ward, S. 1997. *Very young learners.* Oxford, UK: Oxford University Press.

Rubin, J. 1975. What the "Good Language Learner" Can Teach Us. *TESOL Quarterly* 9: 41-51.

Savignon, S. 1972. *Communicative Competence: An Experiment in Foreign Language Teaching.* Philadelphia: Center for Curriculum Development.

Schinke-Llano, L., & Rauff, R. (Eds.), 1996. *New ways in teaching young children.* Alexandria, VA: Teachers of English to Speakers of Other Languages.

Snow, C., and M. Hoefnagel-Höhle. 1978. The Critical Period for Language Acquisition: Evidence from Second Language Learning. *Child Development* 49: 1114-1128.

Sole, C. 1973. *Summary of Results of Student Evaluation Survey.* Austin: Tex.: Dept. of Spanish and Portuguese, University of Texas.

Short, D. (Ed.), 1998. *New Ways in teaching English at the secondary level.* Alexandria, VA: Teachers of English to Speakers of Other Languages.

Swain, M., and B. Burnaby. 1976. Personality Characteristics and Second Language

Learning in Young Children: A Pilot Study. *WPB* 11: 115-128.

Valette, R., and R. Disick. 1972. *Modern Language Performance Objectives and Individualization: A Handbook*. New York: Harcourt Brace Jovanovich.

김형엽 · 이현구 · 김현진. 2002. 『언어, 그 신비로운 세계』. 서울: 경진문화사.

제 8 장 언어교수학자

최근의 제 2 언어 이론은 학습·습득의 측면에서 연구가 활발히 진행되어 학습자 위주의 학습·습득과정을 중시하는 경향이 있다. 그러나 어떤 교육이든, 교사와 교수과정이 배제될 수는 없는 것이다. 따라서 최근의 이론 속에서 자칫 소홀하기 쉬운 언어교수과정과 그 과정에서 중심역할을 하는 교사에 대해서 상세히 연구하는 것은 언어교수학에서 필수과정이다. 이런 맥락에서 이번 장에서는 언어교수에 대한 이론과 언어교수학을 전공하고 제 2 언어를 지도하는 교수학자에 대해서 살펴보고자 한다.

1. 언어교수

교수(teaching)란 가르치는 것이고, 넓은 의미에서 가르침이란 배우는 것을 도와주는 것이다. 그러므로 교사뿐만 아니라 부모, 언론인, 목사, 그 외 많은 사람들도 가르칠 수 있다. 그러나 좁은 의미의 교수는 교사와 학생의 상호작용을 말하며, 교수로 인하여 학습자에게 계획된 학습이 일어난다. 성공적으로 가르치기 위해서 언어교사는 다음 몇 가지 점을 고려해야 한다.

① 학습내용: 제 2 언어 교수에 있어서는 교수문법이 필요하다.

② 학습방법: 교사는 학습내용을 잘 정돈된 순서로 구성해야 한다.

③ 학습자의 특성: 제 7 장에서 논의한 학습자의 특성 외에 학습자의 이전 지식의 수준도 고려해야 한다.

④ 교재의 지도방법: 교수방법, 교재, 지도방법을 고려해야 한다.

⑤ 학습결과: 학습한 것을 비공식적으로 또는 공식적으로 시험을 실시함으로

써 학습결과를 측정한다.

⑥ **반성 · 수정:** 성공적이지 못한 학습에 대해 반성하고 새로운 방법을 시도하거나 프로그램을 수정해야 한다.

1.1 제 2 언어 교수

이성주의 심리언어학자들은 학습을 도와준다는 엄격한 의미에서의 언어교수는 불가능하다고 한다.[1] 즉, 언어능력은 생득적이므로 원칙적으로 가르칠 필요가 없다는 주장이다. 그러나 언어도 가르칠 수 있으며 결과가 충분히 효과적일 수 있다. Strevens(1978: 180)는 "교수는 학습에 영향을 끼칠 수 있다"고 주장했다. 그러나 제 2 언어 교수에 있어서 과거의 결과는 효과적이지 못했다. 청취발화방법도 학습자로 하여금 구술적 유창성에 도달하도록 교수하는 데 실패했다. 제 2 언어 교수 · 학습은 다른 교과목과는 그 본질과 목적에서 다르다. 제 2 언어 학습은 이미 알고 있던 규칙과는 전혀 다른 새로운 규칙을 학습하는 것이다. 즉, 같은 전달내용에 대한 규칙이 다르므로, 재입력화는 언어구조의 정확성을 강조해야 한다. 이렇게 제 2 언어 교수 · 학습은 다른 교과목의 학습과 다르므로, 제 2 언어 교수가 다른 교과목 지도와 혼동되어서는 안 되고, 제 2 언어에 대한 충분한 지식을 바탕으로 시행되어야 한다.

1.2 교수절차

제 2 언어 학습자는 제 2 언어 입력 자료가 충분치 않기 때문에, 제 2 언어 교수 · 학습에서 동기와 언어자료에 대한 노출만으로는 충분하지 않다. 다른 화자와 접하도록 유도하여야 하며, 선택된 자료가 제시되고 조작되어야 한다. 즉, 습득이 비체계적인 반면, 학습은 교육과정에 따라 이루어지는 체계적인 학습이어야 하므로 ① 제시, ② 이해, ③ 조작, ④ 의사소통의 네 단계를 거쳐야 한다.

위의 네 단계에 따라 제 2 언어 학습을 진행할 때 구체적인 수업진행은 아래의 절차를 따른다.

① 준　비: 복습과 그것을 바탕으로 한 회화연습

② 문제풀기: 학습한 것이나 숙제에 대한 연습문제

③ 자료제시: 학습자의 집중력이 강한 초기에 어려운 것을 먼저 제시

④ 자료이해: 단어, 문장, 규칙 등을 이해
⑤ 자료조작: 기계적 훈련과 의미 있는 연습문제를 겸함
⑥ 의사소통활동: 학습한 것을 활용
⑦ 반 복: 학습한 것을 반복(위의 3단계부터 다시 복습)
⑧ 과제제시: 실습실 안내와 숙제에 대한 설명과 제시

1.3 교실에서의 유의점

앞에서 제시한 네 개의 학습단계와 구체적인 수업진행 절차를 고려하면서 수업을 진행한다고 해도 수업시간에는 또 다른 문제점이 발생하므로, 제 2 언어 교사는 교실에서의 실제 수업의 기술을 터득해야 한다.

학습자들이 안정감을 갖기 위해서는 상당한 통제력을 갖는 교사의 역할을 필요로 하나, 교사의 통제가 전적으로 학습에 효과적이지는 못하다(Stevick, 1980). 그러므로 교사의 통제 속에서 자유스런 학습 분위기가 좋다. 수업에서 교사의 억압적 분위기는 어린 학습자에게는 필요하나, 성인인 경우에는 반감이 생기므로 별 효과가 없다. 그러나 성인의 경우에도 지나친 방관적 분위기는 학습에 좋지 않다. 또한, 교사가 통제를 하지 않는 것은 심리적 훈련에는 적당하나 수업에서는 부적당하다. 또한, 교사는 학생의 주의력을 집중시켜야 한다. 그러므로 질문을 할 때 미리 대답할 사람을 예상할 수 없도록 마구잡이식으로 시키는 것이 효과적이다. 그래서 질문이 주어졌을 때 모든 학습자가 대답을 생각하도록 한다.

또한, 교사는 분위기가 산만하지 않도록 하며 그 수업과 관계없는 질문은 못하도록 해야 한다. 대답이나 학습결과에 대해서는 학습자에게 칭찬을 더 자주하여 교실 분위기가 긍정적이 되도록 하여야 한다. 학습자 각자는 나아지도록 노력하는 경쟁심으로 약간의 불안감을 가지는 것이 효과적이다.

2. 제 2 언어 교수의 원리원칙

제 2 언어 교수가 효과적인 과정이 되기 위해서는 목표설정 · 단계학습 · 교수전략 · 교재에 따른 원리원칙을 반드시 고려해야 한다.

2.1 목표설정

제2언어 프로그램의 장기목표는 학생들에게 제2언어 지식을 발전시키는 것이다. 즉, 정확하고 유창하게 말할 수 있는 의사소통 능력과 모국어와 제2언어에 대한 이해를 증진시키는 것이다. 장기목표가 없는 학습자에게서는 학습의 효과를 기대하기 어렵다. 또한, 장기목표에 도달하기 위해 부수적 목표와 상세한 안내가 필요하다. 이때 언어능력을 높일 수 있도록 하기 위해서 학습자 스스로 학습목표를 정하기보다는 교사가 하는 것이 능률적이다.

제2언어 프로그램은 장기적인 과업이나 단기간의 만족감도 중요하다. 교사는 학습자에게 장기목표를 향하는 동안 자주 성취감을 느끼도록 단기목표를 제공하여야 한다. 단기목표는 특히 심리적으로 중요하므로 학습과제를 몇 시간의 단위로 나누는 것이 효과적이다.

모든 목표들은 동기를 유지하기 위해서 명확하게 제시되어야 한다. 학습자의 최종목표는 언어행위를 위한 목표이다(Valette와 Disick, 1972; Steiner, 1975). 그러나 최종적 목표를 처음부터 강조하는 것은 비효과적이므로 학습 초기에 네 가지 언어기능을 모두 강조해서는 안 된다.

학습자들의 목표는 다양하다. 대부분의 학습자들은 의사소통기능을 원하지만, 어떤 학습자는 개인적 특수성, 직업, 학교의 요구에 따라 목표를 달리한다. 어떤 학습자는 정확한 제2언어를 구사하고자 대화의 질을 요구하고, 어떤 학습자는 정확성보다 포괄적 지식을 얻고자 대화의 양을 요구한다. 또한, 언어기능의 여러 양상—읽기, 쓰기, 듣기, 말하기—중에서 학습자들은 각자의 목표에 따라 한 가지 양상을 더 중요하게 학습하기도 한다. 따라서 다양한 학습자의 요구사항에 맞추어 학습목표를 설정해야 한다.

2.2 단계학습

단계학습은 모든 교수원리의 기본원칙이다.[2)] Palmer(1917, 1968: 81)는 먼저 쉬운 단계에서 아는 것에서 부터 모르는 것으로 학습하며, 각 단계는 다음 단계의 준비역할을 학습해야 한다고 한다. 또한, Jespersen(1904: 129)은 "한 번에 하나씩, 완전히 학습해야 한다"고 하였다. 즉, 먼저 적은 양으로 짧고 간단한 것에서 시작하고 일반적인 것에서 특별한 것으로, 가까운 것에서 점점 먼 것으로, 규칙적인 것에서 불규칙적인 것으로 교수하며 구체적인 것에서 추상적인 것으로, 유사한 것에서 변칙적인 것으로, 쉬운 것에서 어려운 것으로, 기계적인 것에서부터 점차 의사소통 중심으로 교수한다. 일반적으로 구조와 의사소통의 등급화는 대체로 양립하지만, 영어의 'be'동사같이 구조적으로 어렵지만 자주 쓰이는 것은 먼저 학습한다. 그러므로 선택과 등급화는 교육학적인 교수가능성, 언어학적인 복잡성, 학습자의 필요에 의한 유용성에 따라 이루어져야 한다.

2.3 교수전략

대부분의 제 2 언어 학습자들은 학습방법과 학습전략을 알지 못한다. 그러므로 교사는 학습의 결과를 평가하여, 학생들의 틀린 학습방법을 지적하고 학습전략에 대해 알려 주어야 한다. 제 2 언어 교사가 효율적으로 제 2 언어를 지도하기 위해서는 진도, 다양한 학습활동, 학습자의 지식, 규칙의 단순화, 문장생성, 오류의 허용, 자료제시, 학습평가 영역에서 필요한 교수전략을 알고 있어야 한다.

1) 진 도

진도는 너무 느리거나 빨라도 안 된다. 학생들의 반응에서 오류가 많으면 진도가 너무 빠른 것이다. 또한, 학습자가 지루해 하면 진도는 너무 느린 것이다. 일반적으로 진도는 느린 것보다 약간 빠른 것이 좋다.[3)]

2) 학습활동

다양한 학습활동은 지루함을 가져 오지 않는다. 한 활동이 10분을 넘지 않게 하며, 10분을 초과할 경우 간단한 다른 활동을 끼워서 몇 개의 활동으로 나누어서 한다.

3) 학습자의 지식

교사는 학습자가 이전에 이미 알고 있는 지식이나 이전에 갖고 있던 지식을 최대한 활용하도록 해야 한다. 학습자가 습득하고 있는 모국어와 모국문화, 기초적 문법개념은 제 2 언어 학습에 도움이 된다. 또한, 학습자는 자료가 주어질 때 어떤 규칙이 관계되어 있는가를 채울 수 있는 문제해결 능력으로 제 2 언어 규칙을 발견할 수 있다. 이에 학습자는 스스로가 조정자로서 자가진단을 하는 유능한 화자가 될 수 있다.

4) 규칙의 단순화

규칙설명은 정확성을 위해 간단하게 하며, 예외적인 어려운 것은 다음에 설명할 수 있다. 극히 예외적으로 쓰이는 규칙을 제 2 언어 학습자에게 가르치는 것은 무리이다. 그리고 복잡한 규칙은 몇 개의 부분으로 나누어서 한 번에 하나씩 가르친다. 또한, 음, 문법규칙, 어휘항목에서 혼동될 만한 것은 대조를 통해 가르친다. 이에 학습자는 하나의 규칙에 대한 한두 개의 예문을 다음 학습을 위해 완전히 암기하도록 한다. 또한, 교사는 그 규칙이 반복될 때 재입력(예: This is as in sentence such-and-such, remember?)을 사용하여 확인하여 완전하게 한다.

5) 문장생성

제 2 언어 학습자는 유추와 분석을 통해 새로운 문장을 생성한다. 즉, 보기를 모형으로 유추하여 문장을 만들며, 분석을 통하여 문장구조를 이해하게 된다. 그러므로 제 2 언어 학습자에게 자료를 많이 접하게 하여 문장생성을 촉진하여야 한다.

6) 오류의 허용

오류가 없도록 하고자 반복적이고 기계적으로 학습만 시키면 자유롭게 언어를 사용할 수 없다. 그러므로 자유로운 언어사용을 증가시키면서 오류를 최소한으로 하는 것이 좋다. 오류를 줄이기 위해 교사는 학생들에게 재입력을 주어야 하며 또한 지속적으로 재입력화를 해야 한다.

7) 자료제시

모든 항목 규칙, 표현들이 지속적으로 다음 학습에서 순환적으로 나타나서 강화와 완전학습에 도움을 주어야 한다. 즉, 다양한 상황에서 배운 것이 쓰여 학습자의 자유로운 의사소통에 도움을 주어야 하며, 새로운 자료는 교사에 의해서 수업 중에 제시되어야 한다. 교실수업에서 학습자에게 새로운 내용을 이해시키고 학습자의 질문에 답해 주어야 하므로 숙제로 제시해서는 안 된다. 또한, 과제물은 다음 학습에 연결되는 적절한 것으로 주어져야 한다.

8) 학습평가

평가에는 자유로운 반응 확인에서부터 형식적인 시험 등 다양한 방법이 있다. 모든 방법들이 학습자가 주어진 목표를 달성했는지를 확인할 수 있어야 하며, 학습평가의 결과가 좋지 않을 때는 다음 목표에서 고려대상이 되어야 한다. 학습평가와 더불어 교육평가 또한 이루어져야 한다. 교사는 그들의 가르침을 평가, 분석해야 하며 평가결과에 따라 교사의 기술과 프로그램의 방법, 절차 등이 개선되어져야 한다. 그러므로 교사, 교수방법, 교재, 프로그램에 관한 학생의 수업평가를 실시한다. 설문조사 같은 형식적인 평가나 수업 중에 자유로운 의견교환을 함으로써, 교사는 학생의 의견을 존중하며 서로 간에 일체감을 갖도록 해야 한다.

2.4 교 재

전통적으로 교육에 있어서 교과서는 가장 중요한 것이었다. 그러나 제 2 언어 교육에서는 교재보다 말을 강조해야 한다. 이제 값싼 녹음기의 보급으로 제 2 언어 교육에 있어서 교과서는 녹음된 프로그램의 학습서 역할을 하게 되었다. 그러나 교과서는 교육적 도구로서 여전히 의존도가 높다. 그러므로 여러 학자들의 선택기준을 고려하는 것이 좋다(Rivers, 1968; Bruder, 1978; Tucker, 1978).[4] 이상적인 교재를 선택하더라도 교육환경이 다양하므로 부교재로 보충하는 것이 좋다. 또한, 학생들의 참여를 통하여 시청각자료나 부교재를 만들어 학생들에게 친밀감을 심어줄 수 있다.

결론적으로 교재가 없으면 교사와 학생을 혼란 상태로 몰고 가게 된다. 그러나 제 2 언어 프로그램은 교재에만 의존하지 않고 시청각자료에 의해 의사소통 기능을 얻어야 한다. 그래서 제 2 언어 교재는 구어체의 자유로운 의사소통을 즐길 수 있는 길잡이가 되어야 한다.

3. 언어교수학자

제 2 언어 교사는 제 2 언어 프로그램의 성패를 좌우하는 가장 중요한 요인이다. 언어교수학에서는 제 2 언어 교사의 중요성에 비추어 그 자격요건을 강화하여, 대학원에서 언어교수학 교과과정을 마치고 언어교사의 훈련을 받은 사람으로 한정하며 제 2 언어 교사를 '언어교수학자'(languist)라고 칭한다. 교실상황에서 동기유발이 잘된 학습자는 교사가 너무 엄격하거나, 가르치는 것에 정열이 결핍되어 있을 때 제 2 언어 학습을 포기해 버릴 수 있으며, 반면에 동기화가 잘 되지 않은 학습자일지라도 교사의 정열과 상상력이 풍부한 훌륭한 교수로 인해 적절한 동기화가 가능하다. 교실에서 여러 명의 학습자들이 한 사람의 교사에 의지하고 있는 학습상황에서 교사의 임무는 막중하다.

언어교수학자는 활동내용에 따라 분위기를 조절해야 한다. 구문연습과 의사소통연습의 분위기가 다르다. 처음에는 교사가 말을 많이 하게 되지만, 점차 학습자들이 자유로운 상호작용을 하도록 자유로운 분위기를 만들어야 한다. 교사중심의 억압적 분위기는 학습의 자발적 분위기를 만들지 못한다. 또한, 언어교수학자는 너무 엄격해서도 너무 부드러워서도 안 된다. Pimsleur(1963)는 제 2 언어 교사는 공정하고, 인내심이 있고 적당히 엄격해야 한다고 한다. 교사의 엄격함은 교재를 정확하게 완전 학습하도록 요구한다. 그러나 Gattegno(1972)는 처음부터 완전함을 요구하는 것은 가장 불완전한 학습을 이끌 수 있으므로 지나친 엄격성을 주의해야 한다고 한다. 그러므로 단계적으로 점차 학습의 정확도를 높여 나가도록 해야 한다. 그리고 언어교수학자는 융통성을 가지고 제 2 언어 학습자들을 대해야 한다. 교사가 과거 배웠던 대로 가르치려고 고집하여 언어교수학자의 여러 가지 기능을 무시해서는 안 된다. 그러므로 학습목표, 학습내용에 따라 학습자 특성을 고려하여 현재 상황에 맞는 효율적인 적절한 수업을 진행해야 한다.

이러한 중요성을 띠고 있는 언어교수학자의 특성을 언어교수학자의 역할, 언어교수학자의 자질, 언어교수학자의 성격과 태도, 언어교수학자의 훈련의 측면에서 각각 살펴보자.

3.1 언어교수학자의 역할

언어교수학자는 융통성과 창의성을 가지고 아래 역할을 담당해야 한다.

① 학습활동과 과정의 안내

② 학습자에게 동기부여

③ 학습의 모형이 될 것

④ 제 2 언어로 의사소통을 장려

⑤ 학습 분위기 조성

⑥ 학생 대부분이 성취가능한 목표결정

⑦ 의사소통활동 참가를 유도하는 기술사용

⑧ 제 2 문화의 이해 전달

⑨ 학생들이 익힌 단어와 규칙을 기억나게 할 것

⑩ 재입력 제공과 청취조정하기

⑪ 풍부한 지식을 조직화하여 제공

⑫ 제 2 언어 학습과정에 대한 지속적 연구

⑬ 언어교수학자 모임에 참여

3.2 언어교수학자의 자질

언어교수학자의 자질에 따라서 제 2 언어 교육의 성패가 좌우될 수 있다. 이상적인 언어교수학자는 교사로서의 기본적 적성과 자질을 갖추어야 하며, 전문적 지식과 학습지도 능력을 갖추기 위해 부단한 노력을 해야 한다. Strevens(1977)는 훌륭한 교사가 가져야 할 자질로서 개인적 자질과 능력 및 교직에 대한 이해를 들고 있다. 언어교수학자가 가져야 할 전문적 지식과 기술을 살펴보면 아래와 같다.

① 제 2 언어에 대한 능숙도: 언어교수학자에게 제 2 언어 능숙도는 필수적이다(Foreign Service Institute Scale의 4 정도: 부록 B 참고). 제 2 언어 능숙도는 언어의 수행적 지식과 인지적 지식을 필요로 한다. 그러므로 대학의 정규과정을 마치고 교사자격증만 가지고 교사로 자부하는 것은 위험하다.

② 학습자의 모국어에 대한 능숙도: 언어교수학자가 학습자의 모국어를 알 때 학습자의 문제를 이해하고 효과적으로 지도할 수 있다. 특히 학생들과 의사소통을 용이하게 할 수 있어야 한다.

③ 제 1 언어와 제 2 언어의 구조에 관한 지식: 학습자의 제 1 언어와 제 2 언어의 구조를 알 때 두 언어 간의 난이도와 언어내적 난이도를 알 수 있다. 그러므로 언어교수학자는 두 언어의 구조에 대한 지식이 풍부하여 음운론, 문법, 어휘, 의미론의 각 분야에 관하여 대조분석을 연구하여 지도해야 한다.

④ 학습심리에 관한 지식(제 4 장, 제 5 장 참고)

⑤ 방법론, 평가, 기술적 보조 자료에 관한 지식: 교수에 있어서 이론적인 면도 중요하지만, 교사는 수업절차, 기술 면에서 실용적 지식을 갖추어야 한다.

⑥ 모국문화(제 1 문화)와 제 2 문화에 관한 지식: 제 1 문화와 제 2 문화의 비교지식이 중요하다.

⑦ 번역능숙도: 두 언어의 능숙도만 갖는 것으로 충분하지 않으며, 실제 교수 상황에서 유용한 번역훈련도 필요하다.

⑧ 의사소통욕구와 기능에 관한 이해: 학습자의 의사소통 필요성에 맞추어 의사소통활동을 단계별로 실시하는 것이 중요하다.

3.3 언어교수학자의 성격과 태도

성공적인 언어교수학자는 유연성과 열정적인 감각, 그리고 발달된 유머감각을 지녀야 한다. 또한, 충분한 직업적인 역량을 가지고 학습자들을 좋아하며 그들에게 관심을 가져야 한다.

훌륭한 언어교수학자의 태도는 타고난 교수에 대한 정열을 가지고 학습자들에게 학습의욕을 불러일으키며, 적절히 엄격하게 학습발전을 요구해야 하다. 언어교수학자는 교직을 직업으로서가 아닌, 도전적이고, 흥미롭고, 만족스런 천직으로서 생각해야 한다. 또한, 언어교수학자는 학습자 개개인의 개인차에 대해 민감해야 하나, 편애하지 않고 지도해야 하며, 학습자들 모두가 의사소통에서 능동적으로 속할 수 있도록 해야 한다. 그래서 언어교수학자는 학습자들의 제 2 언어 학습의 정확성과 의사소통에 대해 올바른 태도를 개발시키고 학습자들에게 '할 수 있다'는 자신감을 심어 주어야 한다.

3.4 언어교수학자의 훈련

과거에는 '교사는 만들어지지 않고 태어난다' 했으나, 훌륭한 언어교수학자들이 가르치는 데 대한 기본적 관심과 전문적 지식을 지닐 때, 훈련과 경험을 통해 좋은 자질들을 개발할 수 있다. 언어교수학은 지속적인 전문직 과정이 되어야 하며 또한 그 자격증은 대학원 과정, 워크숍, 협회를 통하여 수년 동안 연구하고 노력한 사람에게 주어져야 한다. 언어교수학자의 훈련에 있어서 강조할 점은 단지 과정의 이수가 아니라 상당한 수준의 실행경험을 필요로 하는 것이다. 그러므로 제 2 언어 프로그램 속에서 이 점이 매우 중요하게 평가되어야 한다. 또한, 그 프로그램의 학문적 구성소는 언어(언어학), 학습(심리학), 교육(교육학), 제 2 언어 교육 · 학습(언어교수학), 문화(사회학, 인류학, 문학, 지역사회학)의 교과목의 연합으로 이루어진다. 그 내용을 살펴보면 다음과 같다.

1) 언 어 학

언어교수학자는 학습자들을 지도할 수 있도록 제 2 언어의 음성학과 문법에 대한 체계적 기초를 알고 있어야 하며, 언어적 지식으로 교실에서 학습상황을 더 효율적이고 더 이해할 수 있도록 쉽게 이끌어야 한다.

2) 심 리 학

언어교수학자들은 학습이론들과 인지, 기억, 성격 또한 심리언어학에 관한 과목을 이수하여 제 2 언어 학습에 적용해야 한다.

3) 교 육 학

언어교수학자는 교육전문가로부터 교수이론, 교육심리학, 그리고 교실관리 등에 관한 과목을 이수해야 한다.

4) 언어교수학

언어교수학은 여러 과목으로 구성되는데 먼저, 일반 방법론의 과정과 제 2 언어 학습에 관한 심리학과 제 2 언어 기술, 제 2 언어 시험에 관한 과목들이 있다. 또한, 특정 제 2 언어와 관련된 방법론의 과목들을 훈련받아야 한다.

5) 교수연습

준 교사는 요구되는 수준(F.S.I. 등급 4)의 언어실력을 갖추어야 하며 철저한 훈련과정을 거쳐야 한다.[5] 또한, 본 과정을 수료한 후, 교수현장에서 실습해야 한다. 다양한 분야에서 충분한 훈련을 받은 사람만이 언어교수학자가 될 자격이 있다. 제 2 언어에 대한 단순한 지식이나 제 2 언어의 네 가지 기능의 구사능력만을 가지고 제 2 언어를 교수한다는 생각은 대단히 위험한 것이다. 따라서 우리나라의 교육풍토에서도 전문적인 언어교수학자를 훈련하는 교육프로그램과 바람직하고 효율적인 교육과정의 개발이 시급하다.

참고사항

1) Jakobovits(1970b: 144-146)는 언어교수의 불가능은 언어가 학습되는 방법과 언어를 안다는 것이 무엇인지 단정할 수 없기 때문이라고 한다.

2) Comenius(1968)는 고전적인 단계학습원리를 설명하였다(Kelly, 1969, 재인용). 단계학습은 적은 분량 학습에서 많은 분량으로; 짧은 것에서 긴 것으로; 간단한 것에서 복잡한 것으로; 일반적인 것에서 특수한 것으로; 규칙적인 것에서 불규칙한 것으로 단계적으로 학습 · 교수하는 것이다.

3) 제2언어 학습 · 습득자는 i+1(여기서, i는 습득자에 속한 언어입력)을 포함한 언어를 이해함으로써 단계 i에서 단계 i+1로 진전할 수 있다(Krashen과 Terrell, 1983).

4) Rivers(1982)는 교과서가 교실수업의 중요한 부분을 결정한다고 한다. 그러므로 교과서 평가에 관한 아래와 같은 점검표를 고려하여 교재로 선택해야 한다.
   ① 그 책은 어떤 방법에 기초를 두고 있는가?
   ② 학생들을 흥미있게 할 만한 것인가?
   ③ 단위계획은 청취이해의 점차적 진행과 그 훈련을 하도록 되어 있는가?
   ④ 자료는 먼저 구술형으로 새로운 작업을 제공할 수 있도록 만들어져 있는가?
   ⑤ 읽기는 일찍 도입되는가, 혹은 늦게 도입되는가?
   ⑥ 쓰기는 언제 도입되는가?
   ⑦ 발음은 어떻게 다루어져 있는가?
   ⑧ 문법은 구조를 통해서 제시되는가?

5) 준 교사의 훈련과정을 살펴보면 다음과 같다.
   ① 먼저, 제2언어 교수의 실제 장면 등을 관찰하고 경험 있는 교사가 무엇을 하고 있는지 어떠한 방식으로 진행하는지 모의 토의를 한다.
   ② 두 번째 단계는 실습교사들은 관찰단계 후 같은 수업을 계획하고 연습을 한다.
   ③ 세 번째 단계는 실행이다. 즉, 통제된 상황 아래서 가르쳐 본다.

연 구 과 제

1. 언어교수학자에게 요구되는 조건을 설명하시오.
2. 언어교수학자를 훈련하는 것이 왜 중요한지 그 이유를 설명하시오.
3. 제 2 언어 학습에 있어서 효과적인 교수전략을 논하시오.
4. 제 2 언어 교수의 4단계를 설명하시오.

참 고 문 헌

Allen, H. 1982. You and the Profession. In C. Blatchford ed., *Directory of Teacher Preparation Programs in TESOL and Bilingual Education 1981-1984*. Washington, D. C.: TESOL.

Bailey, K., Curtis, AS., & Nunan, D. 2001. *Pursuing professional developmet : The self as sourse*. Boston: Heinle & Heinle.

Borg, S. 2003. Teacher cognitioon in language teaching: A revies of research on what language teachers think, know, believe, and do. *Language Teaching* 36: 81-109.

Bruder, M. 1978. Evaluation of Foreign Language Textbooks: A Simplified Procedure Appendix 2. In H. Madsen and J. Bowen. *Adaptation in Language Teaching*. Rowley, Mass.: Newbury House.

Burnes, A. 2005. Action research. In E. Hinkel(Ed.), *Handbook of research in second language teaching and learning*. 241-256. Mahwah, Nj: Lawrence Etlbaum Associates.

Cruickshank, D. 1987. *Reflective Teaching*. Reston, VA: Association of Teacher Educators.

Edge, J. (Ed.), 2001. *Action research*. Alexandria, VA: Teachers of English to

Speakers of Other Languages.

Freeman, D. 2002. The hidden side of the work: Teacher knowledge and learning to teach. *Language Teaching* 35: 1-13.

Gattegno, C. 1972. *Teaching Foreign Languages in Schools: The Silent Way*. 2nd ed., New York: Educational Solutions.

Hammerly, H. 1982. *Synthesis in Second Language Teaching: An Introduction to Languistics*. Blaine, Wash.: Second Language Publications.

Jakobovits, L. 1970. *Foreign Language Learning: A Psycholinguistic Analysis of the Issues*. Rowley, Mass.: Newbury House.

Jespersen, O. 1904. *How to Teach a Foreign Language*. London: Allen and Unwin.

Kelly, L. 1969. *25 Centuries of Language Teaching*. Rowley, Mass.: Newbury House.

Krashen, S., and T. Terrell. 1983. *The Natural Approach: Language Acquisition in the Classroom*. Oxford: Pergamon Press.

Lewis, M. 2002. Classroom management. In J. Richards & W. Renandya(Eds.), *Methodology in language teaching: An anthology of current practice*. 40-48. Cambridge, UK: Cambridge University Press.

LoCastro, V. 2001. Large classes and student learning. *TESOL Quarterly* 35: 493-496.

Long, M., and C. Sato. 1983. Classroom Foreigner Talk Discourse: Forms and Functions of Teacher's Questions. In H. Seliger and M. Long, eds., *Classroom Oriented Research in Second Language Acquisition*. Rowley, Mass.: Newbury House.

Mann, S. 2005. The language teacher's development. *Language Teaching* 36: 103-118.

McDough, K. 2004. Learner-learner interaction during pair and small group activities in a Thai EFL context. *System* 32: 207-224.

Murphey, T. (Ed.), 2003. *Extending professional contributions*. Alexandria, VA: Teachers of English to Speakers of Other Languages.

___________., & Sato, K. 2005. *Communities of supportive professionals*. Alexandria,

VA: Teachers of English to Speakers of Other Languages.

Neubert, G., & Binko, J. 1987. Teach-Probe-Revise: A Model for Initiating Classroom Research. *The Teacher Educator* 22(1): 9-17.

Oxford, R., et al. 1998. Clashing metaphors about classroom teachers: Toward a systematic typology for the language teaching field. *System* 26: 3-50.

Palmer, H. 1917. *The Scientific Study and Teaching of Languages.* London: Harrap. Reprinted in 1968. London: Oxford University Press.

Penfield, J. 1987. ESL: The Regular Classroom Teacher's Perspective. *TESOL Quarterly* 21: 21-40.

Pimsleur, P. 1963. Discrimination Training in the Teaching of French Pronunciation. *MLJ* 47: 199-203.

Richards, J., & Farrell, T. 2005. *Professional development for langauge teachers: Strategies for teacher learning.* Cambridge, UK: Cambridge University Press.

Rivers, W. 1964. *The Psychologist and the Foreign Language Teacher.* Chicago: The University of Chicago Press.

_________. 1981. *Teaching Foreign Language Skills.* Chicago: The University of Chicago Press.

Sarwar, Z. 2001. Innovation in large classes in Pakistan. *TESOL Quarterly* 35: 497-500.

Steiner, F. 1975. *Performing with Objectives.* Rowley, Mass.: Newbury House.

Stevick, E. 1980. *Teaching Languages: A Way and Ways.* Rowley, Mass.: Newbury House.

Strevens, P. 1977. *New Orientations in the Teaching of English.* Oxford: Oxford University Press.

_________. 1978. The Nature of Language Teaching. In J. Richards, ed., 1978. *Understanding Second and Foreign Language Learning: Issues and Approaches.* Rowley, Mass.: Newbury House.

Swaffar, J., K. Arens, and M. Morgan. 1982. Teacher Classroom Practices: Redefining Methods as Task Hierarchy. *MLJ* 66(1): 24-33.

Tucker, C. 1978. Evaluating Beginning Textbooks. Appendix 3. In H. Madsen and J. Bowen 1978. *Adaptation in Language Teaching*. Rowley, Mass.: Newbury House.

Underwood, M. 1991. *Effective class management*. London: Longman.

Valette, R., and R. Disick. 1972. *Modern Language Performance Objectives and Individualization*: A Handbook. New York: Harcourt Brace Jovanovich.

Wallace, M. 1998. *Action research for language teachers*. Cambrige, UK: Cambridge University Press.

Wright, T. 1987. *Roles of teachers and learners*. Oxford, UK: Oxford University Press.

제 9 장 대조분석과 중간언어

제 2 언어 학습 시 표준문법 형태에서 벗어난 문장형태가 나타나는데, 이러한 형태는 음운론적, 문법적, 어휘적 형태 등[1]에서 생긴다. 제 2 언어에 대한 불완전한 지식에서 생기는 이러한 형태를 오류라고 한다. 학습자의 이러한 오류에 대해 여러 가지 이론들이 있다. 행동주의이론에 바탕을 둔 대조분석가설에서는 모국어의 간섭 혹은 비학습의 결과로 설명한다. 이성주의이론에 바탕을 둔 오류분석가설에서는 비문법적인 문장은 제 2 언어 자체의 특성에 의한 것으로 학습자가 언어습득 과정에 능동적으로 참여하는 증거로 여긴다. Selinker(1972)는 제 2 언어 학습자가 보여 주는 이러한 언어형태를 모국어와 대상어 간의 중간적인 성격을 띤 것으로 설명하였다.

1. 대조분석(Contrastive Analysis: CA)

대조분석이란 두 개별 언어를 상호 대조하여 그 언어학적 공통점과 차이점을 찾는 연구이다. 두 언어를 비교하여 언어적 보편성과 특정한 차이점이 나타날 때, 대조분석가설에서는 특정한 차이점에 주목한다. 제 2 언어 학습자가 특정한 차이점에서 어려움을 느끼기 때문이다. 제 2 언어 교수에서 대조분석이 갖는 의의와 대조분석가설의 설명력과 제한점을 살펴보고, 대조분석에 의한 두 언어 간 음운론, 문법, 어휘의 난이도를 살펴보겠다.

1.1 대조분석의 중요성

1960년대에 구조주의 언어학과 행동주의 심리학이 전성기였을 때 언어교수학자들은 대조분석에 큰 관심을 보였다.[2] 구조주의 언어학자들은 모국어 구조가 학습 대상어인 제 2 언어와 차이가 있을 때 학습자의 오류가 발생한다고 주장한다. 또한, 행동주의 학습이론에 의하면 옛 습관이 새 습관 형성과정을 간섭한다고 한다. 이러한 주장에서 나온 대조분석이론에서는 언어학습을 일종의 습관형성으로 보고, 새로운 언어를 학습하기 이전에 습득되었던 모국어는 새로운 습관형성을 위한 제 2 언어 학습을 간섭하는 것으로 간주하였다. 그래서 대조분석은 제 1 언어와 제 2 언어를 비교하여 제 2 언어와 학습자의 모국어와의 차이를 결정함으로써, 언어 간의 차이와 간섭으로 일어나는 학습상의 어려움을 예견하고 미리 훈련시킬 수 있으며, 오류발생 시에는 그 원인에 대한 한계나 제한에 대하여 정확한 설명력을 가진다. 따라서 제 2 언어 학습에서 학습자에게 어려운 정보를 자세히 제시할 수 있고, 이러한 점들을 극복하기 위한 통찰력을 제공할 수 있다. 또한, 언어교수학자는 두 언어 간 대조분석을 실시한 후, 학습상 난이도를 예견하여 언어교재를 등급화하여 구성할 수 있다. 그러므로 효율적인 제 2 언어 교수를 위하여 대조분석은 매우 중요하다.

1.2 대조분석가설(Contrastive Analysis Hypothesis: CAH)

대조분석가설에 대한 주장의 정도에는 차이가 있다(Wardhaugh, 1970). 초기의 주창자인 Lado와 Fries의 주장인 강한 주장에서는 대조분석은 제 2 언어 학습의 모든 문제점에 대한 예언력이 있으며, 모국어와 제 2 언어의 차이가 제 2 언어 학습의 어려움의 유일한 원인이라고 한다. 약한 주장에서의 대조분석은 두 언어 사이의 차이점을 단순히 기록하는 것으로 오류가 발생했을 때 가능한 설명을 도와주지만, 예언력은 거의 없다는 것이다. 그러나 대조분석의 합리적 설명은 제 2 언어 학습에서의 대부분의 어려움들은 두 언어의 대조에서 미리 인식되고 설명될 수 있다는 것이다. 이러한 주장에서 Weinreich(1953)와 Haugen(1953)은 두 언어 간의 어려움에 기인하여 이중언어 화자의 언어적 어려움이 있음을 밝혔다. 예를 들면, 흔히 제 2 언어 학습자는 모국어에서 기인한 '이질적 억양'을 나타낸다. 또한, 불어화자는 제 2 언어로 영어를 학습할 때 영어와 불어 간의 가정법 차이로 어려움을 겪는다.

Weinreich(1953), Haugen(1953)과 Lado(1957) 등 여러 학자들이 대조분석연

구에 공헌하였는데, 대조분석가설은 다음과 같은 점을 근거로 하고 있다.

① 언어들은 많은 공통점이 있는 반면 차이점도 많다.

② 그 유사성과 차이점은 기술될 수 있다.

③ 제 2 언어 학습자에게 긍정적 · 부정적 전이가 일어난다.

대조분석으로 두 언어 간의 같은 점과 다른 점을 명백히 알 수 있으므로, 긍정적 전이(positive transfer)와 부정적 전이(negative transfer)를 예측할 수 있다. 이에 따라 학습의 전이를 긍정적 · 부정적 또는 무전이(zero transfer)의 세 형태로 나눌 수 있다. 한편, 긍정적 전이인 유용(facilitation)은 두 학습과업이 같을 때 반응에서 나타난다. 부정적 전이인 간섭(interference)은 두 학습이 연관은 있으나 다를 때 일어난다. 무전이는 두 학습이 관련되어 있지 않을 때 간섭이 일어나지 않는 경우이다.

대조분석가설에서는 학습에 장애요인이 되는 부정적 전이인 간섭을 더 중시하는데, 간섭의 종류는 언어 간(interlingual) 간섭과 언어 내(intralingual) 간섭으로 나눌 수 있다. 먼저, 언어 간 간섭은 범주의 차이와 구조, 요소, 규칙, 의미의 언어 간의 차이에 근거한다. 또한, 언어 내 간섭은 이미 알고 있는 제 2 언어의 동일화 형태로 나타나는데 불규칙성, 복잡성, 비대칭성에 기인한다. 언어 간 간섭은 배제적(preclusive)이거나 침입적(intrusive)이다. 배제적 간섭은 모국어에 없는 요소로 인하여 제 2 언어 학습 시 방해가 일어나는 것이다. 즉, 중국어 화자가 영어를 배울 때 중국어에 없는 관사사용에 어려움을 겪는다. 침입적 간섭은 모국어의 어떤 것이 제 2 언어 학습을 방해하는 것이다. 그래서 한국어 화자는 한국어 어순 때문에 영어 학습에서 어순의 간섭을 받는다. 한편, 간섭과 두 언어 간 차이 · 유사성 사이의 관계에는 모순성이 있다. 즉, 두 언어학습의 차이가 약간 있을 때 간섭은 최대이며, 차이가 증가적일 때 간섭은 감소되며, 차이가 아주 클 때 두 언어가 서로 간섭을 일으킬 수 없어서 도리어 간섭이 사라진다.

전이이론에 의하면, 제 2 언어 학습은 ① 모국어와 제 2 언어의 모든 같은 요소들이 긍정적 전이를 일으키는 것, ② 두 언어 간의 달리하는 요소의 방해를 극복하는 것과, ③ 모든 제 2 언어 요소들을 전체의 학습에 통합시키는 것이라고 한다. 대조분석가설을 지지하는 충분한 증거와 간섭의 중요성에 대한 증거들을 볼 때 대조분석은 효율적인 제 2 언어 학습에 필수적이다. 그러나 대조분석이 충분한 설명력을 가지지는 못하므로 오류분석에 의해 보충되어져야 하며 이를 근거로 교육용 교재는 개정되어져야 한다.

1) 대조분석의 예언력

대조분석이 전적으로 모든 어려움을 예언할 수 없으며, 제2언어의 언어 내 문제는 제외된다.[3] 대조분석이 예언할 수 있는 것은 ① 어떤 것이 어려울 것이라는 데에 대해 미리 식별하고, ② 오류가 발생할 형태를 예언하고, ③ 다양한 전이 규칙을 예언할 수 있다.

제2언어 학습에서 난이도의 주요소는 간섭이다. 영어 화자의 불어학습에서는 영어-불어 일치의 잘못된 확장이 많았다(Politzer, 1965).

다른 연구(Dušková, 1969; Buteau, 1970; Tran-Thi-Chau, 1972, 1975)에서도 모국어의 간섭이 대부분 오류의 원인이었다. Richards(1974)는 언어 간 오류 53%에 언어내적 오류가 31%임을 발견하였다. 그러나 초급에서 고급단계로 갈수록 언어 간 오류는 감소하고 언어 내 오류가 점차 증가한다(Taylor, 1975; Dommergues와 Lane, 1976; Seah, 1980). 이러한 현상은 전이이론과 일치하는 것으로서, 학습자는 이미 학습한 것에 의존하여 새로운 것을 학습하기 때문이다.

언어 간 오류의 발생비율은 대개 두 언어의 구조가 유사할 때 더 높이 나타나며(예: 영어와 독어), 구조가 완전히 다른 경우(예: 영어와 중국어)에는 간섭현상이 덜 발생되어 오류가 더 적게 발생한다(Lee, 1968). 그러나 언어교수학적으로 고려하면, 구조적인 간섭 정도와 언어습득 관계는 반비례한다(Wilds, 1962). 영어를 예를 들어, 영어와 구조가 비슷하면 간섭이 많이 생기지만 학습은 더 빨리 진행되며, 서로 무관한 언어들의 경우 간섭은 적으나 학습은 더디다.

2) 대조분석의 문제점

오류에 대한 설명으로 대조분석가설이 충분하지 못하다.[4] 대조분석에 반대하는 학자들은 제2언어 학습에서 나타나는 오류에 대해 다음과 같이 설명한다.

① 무지가설(the ignorance hypothesis: Newmark와 Reibel, 1968): 대부분의 오류들의 원인은 간섭이 아닌 무지에 있다고 주장한다.

② 언어 간 연상가설(cross-associations hypothesis: George, 1972): 제2언어 학습의 어려움은 제2언어 자체의 잉여성 때문에 언어 간 연상이 되지

않을 때 생긴다. 불어의 'savoir'와 'connaître'는 의미론적 중복으로 습득하기 어렵다.

③ 상관계수가설(low correlations hypothesis: Tran-Thi-Chau, 1972, 1975): 학습자의 제2언어에 대한 어려움의 인식과 대조분석의 예언력, 그리고 오류발생은 서로 낮은 상관계수로 나타나므로 각기 무관하다.

④ 창작가설(creative hypothesis: Krashen, 1982): 학습자는 제2언어의 특색에 따라 모국어와는 독립적으로 학습한다. 즉, 여러 언어 환경으로부터 제2언어로 영어를 공부하는 학습자들이 아주 비슷한 오류들을 창의적으로 만든다.

언어교수학자의 입장에서 대조분석가설의 문제점은 학습자의 오류가 예측된 것으로서의 실제적인 검증이 결여되어 있다는 점과 학습자의 언어배경과 개인차에 따라서 언어학습의 발전이 다를 때 학습자의 수준을 고려하여 어느 정도의 대조분석을 훈련시켜야 하는가를 결정하는 것이 어렵다는 점이다.

1.3 대조분석의 분류표

대조분석에 따라 학습의 어려움을 미리 예견하고 어려움의 정도를 등급에 따라 세분화할 수 있다. Stockwell과 Bowen(1965: 16)은 두 언어규칙에 있어서 어떤 항목이나 구조가 필수적인가, 임의적인가, 아니면 그 규칙이 없는가에 의해 난이도의 등급들을 제안하였다. 그러나 문법에서의 '임의적' 변형이 의사소통에서는 임의적이지 않다. 또한, 문법적 등급에 의미가 합쳐질 때 매우 복잡해지며 같은 등급의 난이도에서도 달라진다. 그러므로 위의 제안은 부적당하다. 여기에서는 음운론, 문법체계, 그리고 어휘의 각각의 대조분석의 지표를 살펴보고자 한다. 위의 지표를 기준으로 제1언어가 제2언어 학습에 끼치는 음운적 난이도, 문법적 난이도와 어휘의 난이도를 알아본 후, 학습자가 직면할 어려움을 예측하고자 한다.

먼저, 두 언어의 음운론을 비교할 때의 지표는 조음음성학이다. 그리고 어휘의 비교는 의미의 특성을 근거로 하여 이루어질 수 있다. 그러나 두 문법체계의 비교는 여러 구조──표면구조, 내면구조, 번역동치문──에서 가능하다. 한편, 대조분석가들은 구조주의이론에 그 바탕을 두었으므로 언어의 표면구조만을 분석의 기준으로 삼았다. 대조분석이론에서는 언어의 보편적 내면단계가 없다고 주장하며 두 언어의 차이를 강조하고, 이러한 차이는 표면단계에서 잘 나타나므로 표면구조를 강조한다. 제 2 언어 교수에서는 번역동치(equivalents)에 근거한 대조문법 분석이 효과적이며 따라서 오랫동안 행해져 왔다. 대부분의 이중언어 화자들은 문맥화된 단순 문장들로 번역동치를 하고 있으므로 대조분석의 지표로 표면구조나 내면구조보다 번역동치가 효과적이며, 또한 언어학에 많은 전문화된 훈련 없는 언어교사도 제한된 단순한 대조분석을 할 수 있어서 효과적이다.

1) 음운론의 난이도 등급

대조음운분석의 기본은 이음적 유사성에 관련된 음운, 이음의 기능적인 면과 음성학적인 것이다. 그래서 음절을 기본 분석으로 하여 초분절음, 철자의 요소를 고려해야 한다. [도표 9-1]에서 음운론적 관계와 세 가지 요인들을 분석하여 가장 어려운 1등급에서 가장 쉬운 6등급으로 나누었다.[5)]

① 제 1 등급의 문제는 의사소통에서는 중요하지 않지만, 제 2 언어에서 이질적인 외국어 억양이 나타난다. 모국어에는 이음이 있으나 제 2 언어에는 없는 경우, 모국어의 이음들을 제 2 언어에서 사용하는 경우이다. 모국어가 영어일 때 이음 [p⁰], [pʰ]를 쓰던 화자가 한 음 /p/로만 쓸 때 이질적 억양이 나타나는데, 이 경우가 가장 고치기 어렵다.

② 제 2 등급의 어려움은 모국어에서 존재하는 이음들이 제 2 언어에서 분포나 기능에 있어서 달리 존재할 때 생긴다. 즉, 스페인어에서 [s]와 [z]는 이음이지만 영어에서는 다른 음소이다.

③ 제 3 등급의 문제는 모국어의 음소가 제 2 언어와 일치하는 어떤 이음이 결여되어 있을 때 생긴다. 스페인어 /b/는 이음 [b]와 [t]로 사용되지만, 영어에서는 음소 /b/로만 쓰이므로 영어 화자에게는 스페인어 이음들이 어렵다.

④ 제 4 등급의 문제는 의사소통 시에 가장 중요한 쟁점이다. 모국어에 제 2 언어가 가진 어떤 음소가 존재하지 않았을 때의 어려움이다. 영어 화자는 불어, 독어의 /ü/와 /ø/ 또한 스페인어의 /r̃/를 학습하기 어렵다.

⑤ 제 5 등급은 두 언어의 음소들이 다른 분포를 지닐 때의 어려움이다. 스페인어 화자는 영어 어두의 /sp-/, /st-/와 /sk-/발음에 어려움이 따라서

*eschool(school)로 발음한다. 반면, 영어 화자는 어말의 /e/와 /o/를 경과음(glide) 없이 발음하기 어렵다.

⑥ 제6등급은 모국어에 제2언어에 없는 음소가 있을 때이다. 이때 제2언어 학습에서 모국어 음의 방해가 종종 생긴다.

위에서 음운론의 어려움의 정도를 살펴보았는데, 이러한 간섭의 주된 요인 세 가지는 음 차이, 철자 간섭, 초분절음 간섭이다. 먼저, 음 차이로 어려움을 겪는 경우, 영어 화자가 불어의 /ñ/을 /n/으로 발음하기 쉽지만, 영어 화자가 제2언어 학습 시 불어의 /ñ/의 습득이 가능한 것은 canyon, onion의 단어의 연속음(/-ny-/)과 음소가 유사하기 때문이다. 철자 간섭은 아래 여섯 가지 등급에 모두 관련되어 있으며 중요한 문제이다.

도표 9-1 음운적 난이도

<table>
<tr><th></th><th>모 국 어</th><th>제 2 언 어</th><th colspan="3"></th></tr>
<tr><td>1</td><td>이음</td><td>ø</td><td rowspan="6">음성학적 차이</td><td rowspan="6">철자의 간섭</td><td rowspan="6">초분절음 간섭</td></tr>
<tr><td>2</td><td colspan="2">이음들이 분포나 기능에서 다름</td></tr>
<tr><td>3</td><td>ø</td><td>이음</td></tr>
<tr><td>4</td><td>ø</td><td>음소</td></tr>
<tr><td>5</td><td colspan="2">음소들이 분포나 기능에서 다름</td></tr>
<tr><td>6</td><td>음소</td><td>ø</td></tr>
</table>

예를 들면, 영어 화자가 불어와 독일어의 /R/을 치경마찰음(palatal fricative)으로, 불어의 '-ch'/š/를 /k/로 흔히 발음하게 되는 것은 모국어의 음-철자관계에 근거하여 발음하기 때문이다. 또한, 초분절음의 간섭은 강세, 억양과 관련된 경향의 어려움이다. 예를 들면, 영어에서는 비강세 음절에서는 모음이 /ə/(mid-central) 혹은 /ɨ/(high-central)로 되려는 강한 경향이 있다. 이러한 이유로 영어 화자가 불어를 배울 때 명사 단 · 복수(le livre · les livres)의 대조 학습과정에서 오류를 자주 범하는 경향이 있다.

2) 문법적 난이도의 등급

문법적 난이도의 등급은 [도표 9-2]에서 찾아 볼 수 있다. 특징은 형태론적

도표 9-2 문법적 난이도

	모 국 어	제 2 언 어
1	ø	어떤 구문형태나 범주
2	어순의 차이	
3	어떤 구문형태나 범주	ø
4	각 범주의 일치	
5	단순 형태 유형	다양한 형태 유형
6	다양한 형태 유형	단순 형태 유형

차이보다 구문론적 차이가 학습에 더 큰 영향을 미치며, 새로 제시되는 항목을 학습해야 하는 것(제 1 유형, 제 5 유형)은 이미 알고 있는 것의 사용이 중지될 경우(제 3 유형, 제 6 유형)의 학습보다 더 어렵다. 그러므로 학습자는 형태론적 차이에는 덜 간섭을 받으며 제 3 유형보다는 제 1 유형, 제 6 유형보다는 제 5 유형의 학습에 어려움을 겪는다.

① 가장 어려운 제 1 등급은 제 2 언어의 구문규칙이 모국어에서는 거의 없는 경우이다. 예를 들면, 영어 화자가 일본어의 존칭어나 독일어의 격 체계를 학습할 때 가장 많은 어려움이 따른다.

② 제 2 등급은 어순의 차이이다. 영어 화자에게 있어서 스페인어, 불어, 독일어의 목적대명사는 영어와 다른 어순을 가지므로 학습하기가 어렵다.

③ 제 3 등급은 모국어에 있는 구문규칙이 제 2 언어에서 거의 없는 경우이다. 영어 화자가 불어를 학습할 때 영어의 진행형의 대신으로 '—하는 중이다'(être en train de)의 구문을 지나치게 사용하여 오류를 자주 범한다.

④ 제 4 등급은 명사, 관사, 형용사의 일치와 주어와 동사형의 일치 등이다. 일치의 개념은 쉽게 학습할 수 있으나 대개 잉여적이므로, 일치에 관한 오류는 오랫동안 나타난다. 예를 들면, 영어 화자가 불어 소유격을 학습할 때 소유자와 명사를 일치시켜 흔히 sa femme 대신에 *son femme를 쓴다. 명사의 성에 따라 관사, 형용사를 일치시킬 때, 언어에 따라 성이 다르므로(불어에서 nose와 milk는 남성이지만, 스페인어에서는 여성이다) 학습자가 어려움을 겪는다.

⑤ 제 5 등급은 제 2 언어가 모국어보다 더 많은 형태론적 대조를 갖는 경우이다. 예를 들면, 불어, 스페인어, 독일어의 동사변화, 격형태 등이다. 이 경우 학습자에게 비사용 · 회피의 책략 현상이 생긴다. 또한, 제 2 언어로 영어를 학습하는 경우 가장 잉여적인 영어의 3인칭 단수, 현재의 어미 -s는 학습하기가 어려우며 명사 복수형어미 -s와 혼동을 일으키기 쉽다.

⑥ 제 6 등급은 모국어가 제 2 언어보다 더 많은 형태론적 형태를 가지고 있어서 모국어가 제 2 언어에 전이현상을 일으키는 경우이다. 영어 화자는 영어의 형용접두사 in-, im-, dis-를 제 2 언어에서 부적절하게 사용할 수 있다.

언어마다 형태론과 구문론을 통한 정보에 있어서 차이가 있으므로 언어교수학적 고려가 필요하다. 예를 들면, 중국어는 모든 문법적 의미가 구문을 통해서 결정되며, 라틴어는 형태론이 통제적이며 구문에서는 매우 자유롭다. 또한, 영어 학습자에게 있어서는 구문적 오류에 비하여 형태론적 오류는 적게 나타난다.

3) 어휘의 난이도 등급

제 2 언어 학습 시 두 언어 간에 발생하는 어휘의 문제는 Higa(1965), Rodgers (1969) 등 여러 학자들에 의해 제안되었다. 어휘의 어려움의 등급을 [도표 9-3]과 같이 8등급으로 정리하였다.

① 가장 어려운 제 1 등급은 모국어와 제 2 언어에서 형태는 유사하고 같은 의미 영역 내에서 의미가 다를 때이다. 학습자는 형태의 유사성에 기인하여 제 2 언어 학습에서 의미의 유사성을 적용시키므로 오류가 발생한다. 예를 들면, 영어의 lecture(강의)와 불어의 lecture(독서), library(도서관)와 libraire(서점) 등이다.

② 제 2 등급의 난이도는 제 2 언어 학습 시 모국어의 어휘형태와 유사한 여러 형태의 단어가 있을 때이다. 즉, 스페인어의 radio의 형태가 영어에서는 radio, radius, radium의 형태로 나타난다.

③ 제 3 등급의 난이도는 반대로 모국어에 제 2 언어 어휘형태와 유사한 형태가 하나 이상일 때이다.

④ 제 4 등급의 난이도는 동족어(cognate)의 어휘에 해당되는데, 두 언어에서

도표 9-3 어휘의 난이도

	모 국 어	제 2 언 어
1	형태의 유사, 의미의 차이	
2	형태의 유사	다양한 의미의 유사한 어휘 형태들
3	다양한 의미의 유사한 어휘 형태들	형태의 유사
4	한 형태	다른 형태의 동족어
5	다른 형태의 동족어	한 형태
6	형태의 유사, 의미의 동질	
7	형태의 차이, 의미의 동질	
8	동질 형태, 동일 의미	

형태는 다르나 의미에 있어서 유사하며 제 2 언어에서 같은 의미의 단어가 여러 개일 때이다. 예를 들면, 영어 화자의 know는 불어에서 savoir와 connaître에 두 단어에 해당된다.

⑤ 제 5 등급은 제 4 등급과 반대로 적용될 때인데, 제 4 등급보다 약간 학습량이 덜하다.

⑥ 제 6 등급은 형태는 약간 다르나 동족어의 관계일 때이다. 과학용어와 그리스어와 라틴어에서 차용되어 국제어로 쓰이는 경우이다. 스페인어 화자는 영어의 mathematics를 *mate matics로 발음한다.

⑦ 제 7 등급은 모국어와 제 2 언어가 형태는 다르나 기본적 외연(denotation)이 같을 때 일어난다. 예를 들면, 영어의 head를 불어에서는 tête로 번역하여 학습하였을 때, 문맥상 의미가 달라지는 경우(예: the head on a beer, the head of the bed, and the head of an organization) 의미파악에 어려움을 겪는다.

⑧ 가장 쉬운 경우(제 8 등급)는 모국어와 제 2 언어의 어휘가 형태와 의미가 같은 경우이다. 즉, 불어의 hôtel과 영어의 hotel의 기본개념은 'inn'이다.

제 2 언어 학습에 있어서 어휘의 차이에 의한 어려움의 정도를 살펴보았지만, 간섭은 담화의 단계에서도 일어난다.[6] 그리고 이러한 말의 형식에 따른 의미의 차이는 통어적으로 일어날 뿐만 아니라 같은 언어의 방언에서도 일어난다. 담화의 차이는 학습자로 하여금 언어 사용에 민감하지 못하게 하므로, 제 2 언어 교수 •

학습은 의사소통을 고려하여야 한다.

1.4 대조분석의 적용

1) 제 2 언어 교재준비

대조분석이 제 2 언어 교재를 구성하는 기초를 제공하였다. 효과적 언어교재는 두 언어를 과학적으로 기술하고, 주의깊은 비교에 근거를 해야하며, 특히 각 언어 배경에 따라서, 또한 각기 배울 언어에 따라 교재를 달리해야 한다(Fries, 1945, 1949). 대조분석은 가르쳐야 할 규칙의 선정을 위한 근거를 제공한다. 또한, 대조분석은 등급을 위한 근거도 제공한다. 즉, 언어 간에 다른 규칙과 같은 규칙의 학습등급을 정하는 데도 중요하다.

2) 제 2 언어 교재제시

대조분석을 기초로 하여 교사는 교재에서 무엇을 강조할 것인가를 정하여 제시하고, 다음 연습문제로 내용을 보충하고, 또한 오류발생 시 대조분석으로 오류수정을 실시한다.

3) 학습자 이해

초기학습자는 먼저 모국어로 생각하고 제 2 언어로 표현하려고 한다. 그러므로 간섭을 극복하기 위해 두 언어의 차이를 인식해야 한다. 또한, 성인과 아동 학습자의 간섭의 정도가 다르다. 성인 학습자가 더 많은 모국어 간섭을 받으며, 발음체계에 있어서 더욱 심하다. 그러므로 대조분석의 지식은 학습자의 어려움을 이해할 수 있게 한다.

4) 제 2 언어 평가

대조분석은 평가항목의 선택과 선다형 문제의 문항들의 근거를 제공한다. 이러한 평가를 먼저 한 후, 그 다음 틀린 문제를 중심으로 오류분석에 근거한 평가를 제시할 수 있다.

5) 언어교수학 연구과제

대조분석은 특수하고 관찰가능한 문제들을 만듦으로써 언어교수학연구에 유용하다.

2. 오류분석(Error Analysis: EA)

1940년대 초에서 1960년대 중반까지 제2언어를 학습할 때 학습자는 모국어와 제2언어의 차이에서 어려움을 느끼며, 오류는 주로 학습이 제대로 이루어지지 못하여 생기는 것으로 간주되었다. 그러므로 적절한 학습으로 오류가 발생하지 않도록 교수해야 한다고 주장되었다. 그러나 최근에는 오류는 피할 수 없는 현상으로 여겨진다. 1960년대 중반, 인지심리학의 영향으로 제2언어 오류는 학습자의 문법의 발달을 나타내는 것으로 간주되었으며, 학습자는 가설을 검증함으로써 언어를 학습하는 것으로 나타난다. Corder(1973)는 한 언어의 어떤 요소들은 학습자에게 내재적으로 어렵다고 한다.

오류분석은 이때 나타나는 학습자의 잘못을 기록 · 분류하는 것이며, 학습자의 잘못은 자연스럽고 필연적인 과정이다. 이러한 잘못을 오류(error)라고 하며 제2언어에 대한 불완전한 지식에서 유발되는 경우가 많다. 오류분석이론에 대해서는 제10장에서 상세하게 고찰할 것이지만, 이번 장에서는 제2언어 습득 · 학습과정에서 담당하는 오류분석가설을 간단하게 소개하고자 한다.

2.1 오류분석의 중요성

제2언어 학습자는 언어환경에서 창의적으로 행동하면서 논리적이며 체계적인 습득 · 학습단계를 거쳐 하나의 체계를 구축한다. 이러한 점진적 · 단계적인 언어습득 · 학습에 있어서 오류는 필연적이며 창조적으로 나타난다. 이때 오류분석에 의하면 언어 간 오류 이외의 오류의 원인인 언어 내 오류를 찾을 수 있다. 제2언어 습득 · 학습에 있어서 학습자의 오류는 중요한 지시인데, 왜냐하면 교사는 학습자의 오류를 통해서 언어가 어떻게 습득 · 학습되는가, 또한 그 언어를 발견할 때 학습자가 어떠한 학습전략이나 절차를 쓰는 것인가에 대한 증거를 제공받을 수 있기 때문이다.

언어교수학적 적용에서 오류분석은 제2언어 학습자의 말과 그 언어에 대한 성인 본토인 화자의 말 사이의 차이점들을 다루는 것이다(Richards, 1971). 그래서 오류분석의 목적은 ① 오류들이 왜, 어떻게, 어떤 것들이 발생하는가를 이해하고, ② 제2언어 교수 · 학습과정을 좀 더 잘 이해하고 개선하려는 것이다.

2.2 오류분석가설

이성주의론자들은 행동주의이론을 비판하면서 제 2 언어 습득자가 문법을 만들기 위하여 여러 가설을 검증하면서 오류를 발생시키며 재입력화를 통해 규칙의 제한점을 발견하고 가설을 수정한다고 주장한다. 즉, 언어습득의 상황에서 오류가 발생하는데 제 2 언어 습득상황에서 발생하는 오류는 과도기 제 2 언어 체계이다.

제 2 언어 오류자료는 모국어 동치형, 중간언어, 제 2 언어 재구조를 포함한다. 제 2 언어 오류의 원인은 모국어 간섭, 제 2 언어의 일반화, 학습전략, 교수기술, 교재제시방법, 그 외 기타 여러 가지 감정적 요인이 있다. 넓은 의미의 오류의 종류에는 우발적으로 생기는 실수와 규칙적인 오류의 두 종류가 있다. 전자는 언어수행의 과오이며, 후자는 언어능력의 오류라고 할 수 있다. 오류분석의 대상은 규칙적인 오류이다. 오류의 종류를 분류한 학자들의 연구를 살펴보면 다음과 같다.

Corder(1967)는 오류의 형태를 오류(errors)와 실수(mistakes)로 나누었다. 오류는 체계적으로 나타나지만, 실수는 체계적이지 못하고 우연발생적이며 언어능력 문제라기보다는 언어수행(머뭇거림, 음교체 등)의 문제이다. 또한, 오류는 구조적 오류와 비적절형 오류로 구분할 수 있다(Corder, 1974). 구조적 오류는 비문법적 현상이며, 비적절형 오류는 지시적, 직업적, 사회적 오류들이 있다. Burt와 Kiparsky(1974)는 의사소통에서 이해가능성에 관하여 전체적(global) 오류와 국부적(local) 오류로 나눈다. 학습자가 한 말에 대하여 그 말의 모국어 화자가 전체 내용을 잘못 이해하거나, 주어진 문맥에서 내용을 전혀 이해하지 못하는 경우는 전체적 오류이다. 그러나 국부적 오류는 모국어 화자가 발화를 이해할 수 있으며 의사소통상 심각한 문제를 일으키지 않는다. 학습자의 관점에서 Hammerly(1982)는 오류를 잘못(distortion)과 실수(faults)로 나누었다. '잘못'은 제 2 언어 학습자가 이미 배웠던 규칙을 잘못 적용하는 경우에 나타나며, '실수'는 그 시점에서 아직 학습하지 않은 규칙에 대한 오류로 나타난다. 또한, 오류는 언어 간 오류와 언어 내 오류로 나눌 수 있으나 대부분의 오류가 복합적 요인에 의해 발생한다. Selinker (1972)와 Richards(1973)는 언어 내 오류들을 네 가지 유형으로 분류하였다.

① 과일반화: 모국어 습득 시에 자주 발생한다.

* goed, * catched * childs

* I said him so.

② 훈련에 의한 오류: 교사의 발화나 설명을 모방하면서 발생한다.

교사: 'worship' means 'pray'

학생: Worshipping to God

교사: Tell Jimmy that he should stop talking

학생: *(to Jimmy)That you should stop talking

③ 학습전략에 의한 오류: 모국어와 강세가 같은 단어도 제2언어에서는 달리 적용시키거나, 구문형태에 있어서도 과분별화(over differentiation)를 하기도 한다.

* áttack(불어 화자의 경우)

* composed with(of)

④ 의사소통상의 오류: 특정 구문을 모국어 화자보다 더 자주 쓴다. 불어학습자가 미래시제를 배우기 전에 미래를 언급해야 하는 대화상의 문제로 특수문(Je vais+infinitive)을 자주 쓰거나 부적절하게 남용한다.

위와 같은 여러 가지 유형의 명시적 오류 외에도 자주 쓰지 않음으로써 발생하는 '회피오류'(avoidance errors: Schachter, 1974)와 규칙을 알고 있으나 표현하지 못하는 '침묵오류'(silent errors)가 있다. 전자는 정확한 표현방법을 몰라서 풀어쓰기로 말하는 경우이고, 후자는 규칙을 알고 있으나 실수를 염려해서 쓰지 않는 경우이다. 이러한 오류의 종류는 음, 규칙, 단어, 전체문장이 해당된다. 이때 교사의 지적이 필요하다.

예: "What is another (a more direct and more common) way of saying that?"

Richards(1971, 1974)는 오류가 일어나는 단계에 따라서 오류의 유형을 다음과 같이 구분한다.

① 규칙 전 단계: 학습자가 체계와 그 기능이 무엇인가를 아직 몰라서, 오류를 정정할 수 없고 그의 문제가 무엇인지 모르는 단계이다.

② 규칙단계: 학습자가 오류를 교정할 수는 없으나 무엇을 의도하거나 또는 시도하려고 하는가를 설명할 수 있는 단계이다.

③ 규칙 후 단계: 학습자가 오류를 교정할 수 있고, 또 무엇이 잘못인가를 설명할 수도 있다. 그러므로 무엇인가를 간과했다든지 이미 알고 있던 어떤

규칙적용을 단순히 잊고 있다든지 하는 따위가 설명되는 단계이다.

오류분석은 여러 가지 계층에서 이루어지는데 대체로 다음의 네 가지로 나누어 분석한다(Corder, 1973, 1981).

① 더 보충이 필요한 누락

② 어떤 불필요한 혹은 부정확한 요소의 부과

③ 부정확한 요소의 선택

④ 요소의 잘못된 배열

또한, 이와 같은 네 가지 범주를 음성 혹은 철자법상의 오류, 문법적 혹은 어휘상의 오류로 구분할 수 있다.

2.3 대조분석과 오류분석

제 2 언어 습득 · 학습에서 오류가 나타날 때 오류분석가들은 모국어에 의한 간섭보다 다른 원인에 더 중요성을 부여한다. 그래서 오류분석이 가능한 집단은 같은 모국어 환경을 가져야 하며, 태도와 적성, 교육적, 사회적 특성에서 동질적이어야 한다. 그러므로 오류분석은 모국어 습득의 설명으로 적합하다. 이질적 집단에 대한 오류분석의 효과는 의심스럽다.

행동주의 측면에서 볼 때 제 2 언어 학습자는 가설을 검증할 필요가 없다. 학습하는 규칙이 제한적이고 통제되어 있다. 따라서 규칙을 배우기 위한 가설검증으로 인하여 오류를 범하지 않는다. 다만 규칙을 배우지 않았기 때문에 오류가 생긴다. 제 2 언어 학습상황에서는 학습계획에 따라 배워야 하는 규칙의 통합체를 학습해야 한다. 그러므로 학습상황에서 나타나는 오류들은 학습자가 배운 것을 철저히 학습하지 못했거나 또는 학습자가 자연적으로 알고 있는 것(모국어 규칙 또는 제 2 언어 규칙의 일반화)에 의존할 때 나타난다. 오류분석은 제 2 언어 학습상황이 아닌 제 2 언어 습득상황에서 적용가능하고, 유용하며 제 2 언어 학습이 완성단계에 있을 때 제 2 언어 학습상황에서도 적용가능하다.

오류분석을 위하여 언어교수학자는 체계적 오류를 발견해야 한다. 또한, 오류의 회수와 발생기간도 중시해야 한다. 그러나 오류분석은 대조분석 없이 명시적 간섭오류를 설명할 수 없으며 또한 묵시적 간섭오류를 밝힐 수 없다. 그러므로 언어교수학에 있어서 대조분석과 오류분석 모두 중요하며, 이상적으로는 대조분석이 선행되어야 한다.

3. 중간언어

제 2 언어 학습자가 범하는 실수나 오류는 학습대상어인 제 2 언어 체계에 더욱더 접근해 가는 과정상의 중간에 위치한 체계로 보아야 한다는 가정하에서 Selinker(1972)는 중간언어라는 용어를 사용한다. 중간언어는 학습자의 제 1 언어와 목표언어인 제 2 언어와는 독립된 그 언어습득·학습과정의 체계적 지식이다. 오류를 포함하고 있는 이 체계는 목표언어의 정상적 체계를 목표로 언어체계를 수정하고 재확립해 나가는 연속적인 동적 과정이다.

3.1 중간언어이론

중간언어는 의사소통의 구실을 하는 규칙체계로서, 소통책략으로는 전달내용의 포기, 회피, 변경, 축소나 수단의 확대로 말바꿈, 목표언어 규칙의 과일반화 등이 있다.[7)]

Nemser(1971)는 중간언어이론의 가설을 다음과 같이 설명한다.

① 주어진 어떤 시간의 근접체계(approximative systems)는 제 1 언어와 제 2 언어로부터 구별된다.

② 그 근접체계는 발전하는 일련의 연결체를 형성한다.

③ 주어진 어떤 접촉상황에서는 숙달도가 동일한 단계의 학습자 근접체계는 대개 일치한다.

제 2 언어 학습자가 중간언어 연속체를 따라 어떻게 진척하는가에 대해서, Corder(1967, 1971)는 제 1 언어 학습자와 제 2 언어 학습자들은 다 같이 그들이 학습하는 언어의 성질에 관한 어떤 가설을 시험하고 있으며, 가설검증 때문에 오류를 범한다고 한다. 그래서 그는 오류를 학습자의 내재적 처리과정을 증명하는 방법으로 보았다. Selinker(1972)는 중간언어에 작용하는 5개의 주요 과정을 다음과 같이 제안한다.

① 언어전이

② 목표언어 규칙의 과일반화

③ 훈련의 전이

④ 제 2 언어 학습방안

⑤ 제 2 언어 의사소통전략

언어교수학적 적용에 있어서 중간언어의 규칙체계는 제 2 언어 규칙과 모국어 규칙, 또한 두 언어와 다른 특이한 규칙들이 결합되어 이루어져 있다. 또한, 정지된 체계가 아니라 제 2 언어의 정상적 체계를 목표로 변화하므로 과도기체계라 할 수 있다. 그리고 이 체계는 제 2 언어 체계에 대한 모국어 규칙의 통제가 일어나지 않을 때 멈추게 된다. 그러므로 제 2 언어 교실수업에서 먼저 첨가와 통합의 일련의 과도기 규칙학습은 유용하다. 마지막 단계의 규칙체계도 완전한 체계라기보다는 제 2 언어의 모국어 화자의 언어능력에 근접한 체계이다.

3.2 화석화와 퇴화(Fossilization and Backsliding)

중간언어 발달과정에서 화석화와 퇴화현상이 발생한다. 화석화는 중간언어체계가 발전되어 나가지 않고 정지되어 고쳐지지 않는 근접규칙체계를 일컫는다. 이러한 현상은 오류에도 불구하고 긍정적 강화가 주어지고 청취조정이 일어나지 않을 때 생긴다(D. Brown, 1980). 이민자들의 잘못된 발음이 의사소통에 집중하여 오류 섞인 중간언어(특히 발음에서)의 화석화된 근접체계로서 굳어버리는 경우이다. Selinker와 Lamendella(1978)는 화석화에 대한 연구결과로 습득과 학습상황 사이를 구별할 필요가 있다고 지적한다. 퇴화는 어렵게 극복되었던 중간언어규칙들이 긴장이나 이완된 상황하에서 다시 출현하는 경우이다. 주로 음운론에서 많이 발생하여 급한 상황에서 잘 할 수 있는 발음을 모국어식으로 발음하는 경우이다.

언어교수학적 견지에서 볼 때, Selinker(1972)는 많은 제 2 언어 학습자들이 제 2 언어 능력에 도달하지 못한다고 지적한다. 즉, 중간언어 연속체의 최종 목표지점에 도달하지 못한 채, 대부분의 학습자들의 언어능력은 어느 지점에서 고정화되어 버린다. 그러므로 언어교수학에서는 제 2 언어 능력을 활성화시킬 수 있는 프로그램의 개발과 함께 제 2 언어 학습의 최종 목표지점에 도달하는 것을 도와주는 효과적인 교수방법론에 대한 연구가 계속되어야 한다.

참 고 사 항

1) 제 2 언어 학습자는 사용하는 말과 글에서 불완전한 발음, 단어, 문법, 담화행위 등을 수행할 수 있다. 이러한 오류는 여러 가지로 분류되는데, 단어사용에 따른 어휘오류, 발음에 따른 음성적 오류, 문법에 따른 통사적 오류, 화자의 의도하는 바를 잘못 이해하여 생기는 해석상 오류, 잘못된 의사소통의 결과를 초래하는 화용론적 오류 등이 있다(Richards, 1974). 대표적 세 가지 유형의 간섭을 살펴보면 다음과 같다.
   ① 음운적 간섭: * on a *sheep*
   ② 문법적 간섭: * Did you *liked* it?
   ③ 어휘적 간섭: * Don't cry, Louise, you're too *sensible*.

2) 1950~1960년대에 행동주의 심리학과 구조언어학이 전성기였을 때 언어교수학자들이 대조분석가설에 큰 관심을 보였으며, 학습상 난이도를 추정하여 등급화 된 교육자료 연구에 적용하였다. 이러한 언어교수학자의 주장들을 아래에서 살펴볼 수 있다.
   ① Lado(1957): 외국어 학습의 난이도의 문제는 모국어와 외국어 간의 비교에 있으며 학습자의 모국어와 비슷한 요소들은 학습자에게 쉽고 서로 다른 요소들은 어려울 것이다.
   ② Carroll(1966): 혼동될 수 있는 다른 항목과 대조시켜 연습하는 것이 중요하다.
   ③ Ausubel(1963): 새로운 지식이 과거의 지식을 근거로 습득되어지므로 이러한 전이 이론을 근거로 대조분석이 이루어지며 새로운 학습이 이루어진다.

3) 언어 내 문제는 오류분석이론에서 다루고 있다. Corder(1973, 1981)에 의하면 한 언어의 어떤 일정한 점들은 학습자에게 처음부터 내재적으로 어렵다는 데에 오류분석의 이론적 근거를 두고 있다. 그래서 오류분석이론은 모국어 본성에 따라 특정의 한 언어 자료에 적용했을 때 그 언어 학습상의 정상적이고 필요한 과정에서 생기는 일련의 규칙적인 오류를 설명할 수 있다.

4) 타당성과 실제성의 결여, 간섭 역할의 미미, 모든 오류에 대한 예측 불가능으로 대조분석에 대한 반대의견이 있다(Whitman과 Jackson, 1972; Newmark와 Reibel, 1968).

5) 대학에서의 스페인어 초급과정에서, 9주 학습 후의 발음오류를 분석한 실험연구에서

영어 화자의 스페인어 학습과정의 음운적 어려움을 조사하여 그 타당성을 제공하고자 한다(Hammerly, 1975).

6) 한국인 화자의 "어디 가세요?," "식사하셨어요?," "별일 없으세요?"는 거의 인사말에 가까운 표현이다. 또한, 타이어에서도 영어표현과는 달리 "Where are you going?"은 인사말인 반면, "How are you?"는 대답을 요구하는 표현이다. 그래서 미국인에게 인사로 "Where are you going?"이라고 개인적인 질문을 하여 상대방을 곤혹스럽게 하는 경우는 담화의 단계에서 일어난 간섭이다.

7) 이러한 구조의 단순성과 양쪽 언어의 혼성성에 있어서는 중간언어와 혼합어(pidgin), 혼성어(creole)가 유사하나, 이 세 가지 중 혼성어만은 모국어로 쓰는 집단이 있다. 즉, 혼합어를 사용하는 사람들의 2세들은 이를 모국어로 사용하게 된다. 영어를 기저로 한 혼성어에는 Hawaiian creole, Jamaican creole, Haitian creole이 대표적이다.

연 구 과 제

1. 대조분석의 타당성을 논하시오.
2. 대조분석의 지표를 설명하시오.
3. 오류의 종류를 설명하시오.
4. 오류분석의 타당성을 논하시오.
5. 다음 용어를 설명하시오.
   ① 중간언어
   ② 화석화
   ③ 퇴화
   ④ 과일반화

참고문헌

Ausubel, D. 1963. *The Psychology of Meaningful Verbal Learning*. New York: Grune and Stratton.

Brown, D. 1980. *Principles of Language Learning and Teaching*. Englewood Cliffs, N. J.: Prentice-Hall.

Burt, M., and C. Kiparsky. 1974. Global and Local Mistakes. In J. Schumann and N. Stenson, eds., *New Frontiers in Second Language Learning*. Rowley, Mass.: Newbury House.

Buteau, M. 1970. Students' Errors and the Learning of French as a Second Language: A Pilot Study. *IRAL* 8: 133-145.

Carroll, J. 1966. The Contributions of Psychological Theory and Educational Research to the Teaching of Foreign Languages. In A. Valdman, ed., *Trends in Language Teaching*. New York: McGraw-Hill. Also in *MLJ* 49(1965): 273-281.

Corder, S. 1967. The Significance of Learner's Errors. *IRAL* 5: 161-170.

________. 1971. Idiosyncratic Dialects and Error Analysis. *IRAL* 9: 147-160.

________. 1973. *Introducing Applied Linguistics*. Hamondsworth, England: Penguin Books.

________. 1974. Error Analysis, In J. Allen and P. Corder, eds., *Techniques in Applied Linguistics*. Edinburgh Course in Applied Linguistics, vol. 3. London: Oxford University Press.

________. 1981. *Error Analysis and Interlanguage*. Great Britain: Oxford University Press.

Dommergues, J., and H. Lane. 1976. On Two Independent Sources of Errors in Learning the Syntax of a Second Languages. *LL* 26: 111-123.

Dušková, L. 1969. On Sources of Errors in Foreign Language Learning. *IRAL* 7: 11-36.

Fries, C. 1945. *Teaching and Learning English as a Foreign Language*. Ann Arbor, Mich.: University of Michigan Press.

Fries, C. 1949. An Investigation of Second Language Teaching. *LL* 6: 1-22.

George, H. 1972. *Common Errors in Language Learning*. Rowley, Mass.: Newbury House.

_________. 1975. *The Relative Frequency of Spanish Pronunciation Errors*. ERIC microfiche ED. 119-504.

Hammerly, H. 1975. *The Relative Frequency of Spanish Pronunciation Errors*. ERIC microfiche ED. 119-504.

_________. 1982. *Synthesis in Second Language Teaching: An Introduction to Languistics*. Blaine, Wash: Second Language Publications.

Haugen, E. 1953. *The Norwegian Language in America*. Philadelphia: University of Pennsylvania Press.

Higa, M. 1965. The Psycholinguistic Concept of "Difficulty" and the Teaching of Foreign Language Vocabulary. *LL* 15: 167-179.

James, C. 1980. *Contrastive Analysis*. London: Longman.

Krashen, S. 1982. *Principles and Practice in Second Language Acquisition*. Oxford: Pergamon.

Lado, R. 1957. *Linguistics Across Cultures: Applied Linguistics for Language Teachers*. Ann Arbor, Mich.: University of Michigan Press.

Lee, W. 1968. Thoughts on Contrastive Linguistics in the Context of Language Teaching. In J. Alatis, ed., *Report of the Nineteenth Annual Round Table Meeting on Linguistics and Language Study*. Georgetown University Monograph Series in Languages and Linguistics, No. 21. Washington, D. C.: Georgetown University Press.

Nemser, W. 1971. Approximative Systems of Foreign Language Learners *IRAL* 9: 115-123.

Newmark, L., and D. Reibel. 1968. Necessity and Sufficiency in Language Learning. *IRAL* 6: 145-164.

Odlin, T. 1989. *Language Transfer*. New York: Cambridge University Press.

Politzer, R. 1965. *Teaching French: An Introduction to Applied Linguistics*. 2nd ed.,

New York: Blaisdell.

Richards, J. 1971. Error Analysis and Second Language Strategies. *LL* 17: 12-22.

__________. 1973. A Noncontrastive Approach to Error Analysis. In J. Oller and J. Richards. eds., *Focus on the Learner: Pragmatic Perspectives for the Language Teacher*. Rowley, Mass.: Newbury House.

__________. ed., 1974. *Error Analysis: Perspectives on Second Language Learning*. London: Longman.

Rodgers, T. 1969. On Measuring Vocabulary Difficulty—An Analysis of Item-Variables in Learning Russian: English Vocabulary Pairs. *IRAL* 7: 327-343.

Schachter, J. 1974. An Error in Error Analysis. *LL* 24: 205-214.

Seah, H. 1980. Contrastive Analysis, Error Analysis and Interlanguage in Relation to Adult Chinese Speakers Learning English as a Second Language. Unpublished doctoral dissertation, Simon Fraser University.

Selinker, L. 1972. Interlanguage. *IRAL* 10: 209-231.

__________. 1992. *Rediscovering Interlanguage*. New York: Longman Group UK Limited.

__________., and J. Lamendella. 1978. Fossilization in Interlanguage Learning. In C. Blatchford and J. Schachter, eds., *On TESOL '78 EFL Policies, Programs, Practices*. Washington, D. C.: Teachers of English to Speakers of Other Languages.

Stockwell, R., and J. Bowen. 1965. *The Sounds of English and Spanish*. Chicago: University of Chicago Press.

Taylor, B. 1975. The Use of Overgeneralization and Transfer Learning Strategies by Elementary and Intermediate Students of ESL. *LL* 25: 73-108.

Tran-Thi-Chau. 1972. The Concept of Difficulty in Second Language Learning and Teaching. Unpublished doctoral dissertation, University of Toronto.

______________. 1975. Error Anlysis, Contrastive Analysis, and Student's Perception: A Study of Difficulty in Second Language Learning. *IRAL* 13: 119-143.

Wardhaugh, R. 1970. The Contrastive Analysis Hypothesis. *TESOL Quarterly* 4: 123-130.

Weinreich, U. 1953. *Languages in Contact: Findings and Problems*. New York: Linguistic Circle of New York.

Wilds, C. 1962. *Time Requirements for Foreign Language Achievement*(mimeo). Washington, D. C.: Foreign Service Institute.

Whitman, R., and K. Jackson. 1972. The Unpredictability of Contrastive Analysis. *LL* 22: 29-41.

Zobl, H. 1980. Developmental and Transfer Errors: Their Common Bases and Differential Effects of Subsequent Learning. *TESOL Quarterly* 14(4): 469-479.

_______. 1982. A Direction for Contrastive Analysis: The Comparative Study of Developmental Sequences. *TESOL Quarterly* 16(2): 169-183.

제 10 장 오류분석 이론: 종류, 형식 및 그 적용 방법

1. 언어전이현상

영어교수법 분야에서 볼 때 1970년은 매우 중요한 분계점을 이루고 있는 시기이다. 그 이유는 그 이전까지의 영어교육은 주로 교사중심으로 문법, 번역과 문형암기, 모방 등의 방법을 이용한 수업방식을 중시한 데 반하여 그 이후는 학습자 중심의 교육을 중시하는 방법론이 대두되어 많은 지지를 얻고 있기 때문이다(Richards, 1974; Corder, 1967). 학습자 중심의 학습방식과 교육의 중요성이 대두된 결과 오류의 중요성이 부각되기 시작하였다.

과거 교사중심의 교육을 중시하던 시기에는 오류란 교사의 교수방법이나 실력의 부족으로 인하여 발생하는 필연적인 결과로 보는 반면, 학습자 중심의 언어교육을 중시하게 된 1970년대 이후에는 오류란 언어학습 시 필연적으로 발생하는 학습발달과정상의 자연적·필수적 부산물로 간주된다. 그 결과 학습자의 오류는 교실수업의 입력 자료로 활용될 수 있으므로 언어이론, 학습책략, 교수방법, 교수자료개발, 교과과정개편, 심리언어학이론 내지는 언어학이론의 입력 자료로 활용될 수 있다는 중요한 결론을 얻을 수 있다.

따라서 오류의 중요성은 교사의 측면에서 볼 때 학습자의 학습 진전도를 나타내는 지표이므로 효과적인 교수를 위하여 중요하고, 언어연구자의 입장에서 볼 때 학습이나 습득방법에 대한 증거를 표시하는 지표가 되므로 언어이론 개발 면에서 중요하고, 학습자 자신의 측면에서 볼 때는 학습방법을 알려 주는 지표가 되므로 학습자의 발전도와 목표달성에 매우 중요하다 하겠다(Corder, 1967). 뿐만 아니라 상이한 언어 화자가 범하는 오류의 유사성은 언어보편성과 언어접촉현상,

즉 언어변화에 대한 역사적인 통찰력을 우리에게 보여 준다(Odlin, 1989).

오류를 논할 때 필수적인 개념은 언어전이현상(language transfer)이다. 전이현상이란 상이한 언어 간의 영향, 즉 언어 1이 언어 2에 영향을 준다든지 아니면 그 반대의 경우를 말한다. 예를 들어, 한국의 젊은이가 영어를 배우는 경우를 가정해 보자. 그 젊은이는 영어학습 시 한국어의 영향을 상당히 받게 될 것이 분명하다. 가장 분명히 나타나는 것은 발음 부분으로 한국식으로 영어를 발음하게 된다(예: 'life'를 '라이프'로 발음). 이러한 외국적인 발음은 한국어의 영향을 표시하는 전이현상이라 할 수 있다.

언어전이현상을 논할 때 우리는 대조분석가설에 근거하여 두 언어가 문법구조상 서로 다른 경우에 국한한 부정적인 언어전이현상(negative language transfer)만을 주로 체계적인 오류로 분류하여 왔다. 오류(competence errors)란 체계적인 언어능력과 관계된 것으로 언어수행상의 실수(performance mistakes)와는 구분되는 것으로 주로 분류된다(Richards, 1971; Corder, 1967).

그러나 부정적인 문법적 언어전이현상만이 오류의 원인이 될 수 있다고 말할 수는 없다. 부정적인 전이현상에는 문법 · 구조적인 것 이외에도, ① 담화분석, 화용적인 것(단락구성이나 존대어 등. 간단한 예를 들면, 어른에게 'Open the window!'라고 명령문을 사용하는 것보다는 'Would you mind opening the window?'라는 의문문을 사용하는 것이 공손한 표현방법이라고 하는 것은 영어의 담화분석, 화용론에 관한 지식이 없이는 불가능하다), ② 훈련상의 전이(즉, 훈련과정상 어떤 현상이 아주 화석화되어 버리는 경우 그 오류는 훈련과정상 발생한 것이다), ③ 학습책략상의 전이(즉, 학습자가 학습하는 자료에 접근하는 책략의 결과로 오류가 화석화되는 경우를 말한다), ④ 의사소통 책략상의 전이(즉, 학습자가 모국어 화자와의 의사소통을 위하여 사용하는 어떤 식별할 수 있는 접근방법의 결과로서 발생하는 오류), ⑤ 목표어 규칙을 과대일반화한 결과로서 오류가 발생하는 경우, 그리고 ⑥ 언어자료의 재조직화로 인한 전이현상 등의 비구조적인 전이현상을 들 수 있다.

부정적인 언어전이현상 이외에도 우리는 긍정적인 언어전이현상을 들 수 있다. 즉, 모국어와 목표어 사이에 유사성이 있는 경우, 긍정적인 전이현상이 발생하고 그 결과—오류가 일단 받아들여지는 경우—오류의 화석화현상이 발생한다.

Richards(1972), Corder(1967), Richards와 Sampson(1974), 그리고 Odlin(1989)의

언어간섭현상과 언어전이에 대한 개념을 종합하여 이번 장에서는 언어전이현상과 언어간섭현상을 다음과 같이 정의한다.

언어전이: 목표어를 습득 및 학습하는 경우, 모국어의 요소나 자질을 사용하는 현상이다.

언어간섭: 한 언어를(그 언어가 모국어가 아닌 경우) 학습자가 학습·습득하는 경우(이 경우 말하기, 듣기, 읽기, 쓰기의 네 가지 기능을 모두 포함한다) 다른 한 언어(이 경우 모국어나 제 1 언어를 말한다)의 요소나 특징 중 차이가 나는 것을 부정적으로 전이하는 현상이다.

그렇다면 오류란 무엇인가?

오류란 간단하게 말해서 목표어의 기준에서 볼 때 바람직하지 않은 형태를 말한다. 이러한 바람직하지 않은 형태의 목표어는 주로 학습자의 중간언어에서 많이 찾아 볼 수 있는 것으로 학습자의 언어체계로 인하여 발생된다. 과거에는 학습자의 언어체계로 인한 바람직하지 않은 형태와 학습자의 언어수행상의 문제로 인한 바람직하지 않은 형태를 모두 통털어서 "오류(errors)와 실수(mistakes)"라는 두 가지 용어를 혼용하여 왔었는데, 1971년 Richards는 "오류분석과 제 2 언어책략(Error Analysis and Second Language Strategies)"이라는 자신의 논문에서 언어능력(지식)으로 인한 오류와 언어수행으로 인한 오류를 "오류(errors)"와 "실수(mistakes)"로 구분할 것을 제안하고 있다. 피로감, 불안감, 조급함 등등으로 인하여 발생되는 언어수행상의 "실수"는 제 2 언어 학습자에게는 별로 중요하지 않은 것인데 그 이유는 이들 실수는 신경을 써서 노력하면 극복할 수 있는 일이기 때문이다. 그러나 언어학습 당시 학습자의 언어지식의 부족으로 인하여 발생되는 "오류"는 학습자의 언어지식을 측정하는데 매우 중요하며, 이러한 "오류"는 학습자의 언어지식이 발전하기 전에는 계속 출현하게 된다. 문헌상으로 찾아볼 수 있는 오류에 대한 용어로는 "errors(오류), ungrammatical forms(비문법적인 형태), unwanted forms(원하지 않는 형태), approximated forms(근접 형태)" 등과 "mistakes(실수), unacceptable forms(받아들일 수 없는 형태)" 등등의 다양한 용어가 사용되고 있는데, 전자는 주로 학습자의 언어지식을 기준으로 한 것이고, 후자는 학습자의 언어수행을 기준으로 한 것으로 생각된다.

오류란 언어전이의 결과로 오류가 발생할 수도 있고 언어학습이나 발달과정상 필수적으로 오류가 발생할 수도 있다. 언어발달과정상 발생하는 필수적인 오류란 학습자가 외국어나 제 2 언어 학습 시 각각의 발달 정도나 단계에서 갖게 되는 언어체계로 인하여 발생되는 오류로서, 학습자가 가지고 있는 언어체계가 변화되지 않는 한 교정이 쉽게 되지 않는 오류이다. 이렇게 언어발달의 개별적 단계에서 학습자가 갖게 되는 언어체계를 William Nemser(1971)는 근접체계(approximative systems)라고 칭하여 목표어(target language)나 원어(source language)와 구별하고 근접체계의 연구가 대조분석이론과 언어교수연구에 필수적임을 강조하고 있다.

근접체계란 바로 1972년 Selinker가 소개한 중간언어(interlanguage) 체계를 말한다. 제 2 언어(외국어 포함하여)를 학습하는 사람들은 그 언어를 모국어로 하는 원어민화자와 같은 의미의 말을 표현하는 경우에도 원어민화자와는 차이가 난다. 이 경우 제 2 언어 학습자는 원어민화자와는 별개의 언어체계를 가지고 있다고 생각되며, 그가 가지고 있는 언어체계를 중간언어라고 한다. 따라서 제 2 언어 학습자는 학습단계에 따라서 서로 다른 중간언어체계를 가지고 있고 각 단계마다 발생되는 오류는 이러한 중간언어체계로 인한 것이다.

근접체계를 인정하는 경우 우리는 L1＝L2(L1은 모국어를 지칭하고, L2는 모국어 이외의 언어를 지칭함)라는 언어학습 가정을 인정하는 것이 된다. 언어학습에 대한 또 다른 가정은 L1≒L2라는 것으로 모국어 학습과 외국어 및 제 2 언어 학습이 다르다는 가정이다.

이번 장에서는 한국어를 모국어로 하는 대학교 1학년 학생을 대상으로 하여 학생들이 교양영어 실습시간에 작문한 글을 수집, 분석하고 학생들이 범하는 오류를 문법적인 오류와 비문법적인 오류로 나누고 오류발생을 원인별로 나누어 분석함으로써 학생들의 영어학습상의 문제점을 정확히 파악하여 적절한 영어교육 방법론을 제시함을 목적으로 한다. 또한, 영어를 외국어로 학습하는 대학교 1학년 학생들의 근접체계로 인하여 발생하는 오류와 언어전이현상으로 발생하는 오류, 그리고 언어전이현상과 발달과정상의 오류 양쪽으로 해석할 수 있는 오류 등으로 나누어 분석 논의함으로써 앞으로의 대학 교양영어 교육에 대한 방향을 제시하는데 목적이 있다.

이번 장에서는 영어학습자의 근접체계를 특징짓고 또 영향을 주는 요소를 다음과 같이 나누어 논의한다.

① 언어전이현상(문법적인 오류와 비문법적인 오류, 사회적 학습책략 등등 모두 포함)으로 인한 오류

② 발달상의 오류

③ ①과 ② 양쪽에 모두 해당되는 경우의 오류

④ 언어상실(attrition)의 경우, L2의 영향으로 인한 모국어 상실의 경우

2. 자 료

이번 장의 자료는 1991학년도에 K대학교 문과대학 영어영문학과에 입학한 신입생 중 교양영어실습 A를 수강하는 학생 58명이 1991년 5월 16일에서 24일까지 작문한 'On Thanksgiving Day'에 관한 58장의 작문과 1991년 6월 작성한 'My Freshman English Lab Class,' 그리고 1991년 3월부터 6월 말일까지 58명의 학생들이 시간마다 받아 쓴 문장받아쓰기 결과를 기록한 58권의 공책이다. 영문학과 1학년 학생의 경우 대개 중 · 고등학교 6년 간의 영어교육을 받았으며 개별적으로 영어과외지도를 받은 학생이 있을 수도 있다. 연령은 대개 19세에서 21세까지이며 52명의 학생 중 여학생이 16명이고, 남학생은 36명이며 그중 지방학생이 70%에 달하고 있다. 이들 학생들이 영문학과에 입학하기 위하여는 대개 학력고사 성적이 상당히 높아야 하고 내신성적이 1, 2등급 이상이어야 한다.

K대학교 영어영문학과 1학년 학생은 일주일에 교양영어독본 3시간 영어실습 3시간, 그리고 초급영어작문 및 회화 6시간을 수강하고 있다. 교양영어독본은 50분씩 일주일에 3시간인데 주로 학생들에게 유익한 내용의 글을 읽고, 이해하게 하고 있다. 영어실습은 일상생활에 많이 쓰이는 생활영어를 대학생 수준에 맞게 대화형식과 강의형식, 듣고 대답찾기, 그리고 연습문제풀이 등으로 나누어져 있는 교재를 일주일에 3일 50분씩 듣고 훈련하는 것이고, 초급영작문 및 회화는 영어원어민화자가 영어작문 및 회화의 기본을 교수하는 것으로 일주일에 6시간을 각각 50분씩 매일 강의하고 있다.

영어영문학과 1학년 학생 110명은 번호순으로 A, B 두 반으로 나누어져 수업을 받는데, 필자는 A반 영어실습을 1년 간 맡아하면서 한 학기 동안에 학생들이 낸 작문 중 하나를 선택하여 그 오류를 분석하기로 하였다. 학생들이 처음 입학하고 나서 첫 시간에 낸 작문의 경우, 그 내용이 너무 조잡하고 문장의 거의 대

부분이 제대로 되어 있는 것이 없어서 모든 문장이 오류이므로 학생들이 어느 정도 영어훈련을 받고 난 후에 작성한 작문을 분석대상으로 하기로 하였다. 이는 그동안 교수방법의 효과를 조사하기 위한 이유도 있었기 때문이다.

학생들의 작문 분석자료는 5월 16일에서 24일경까지 학생들 스스로 작문한 오류를 중심으로 ① 단락(paragraph), ② 수(number), ③ 전치사(preposition), ④ 생략현상(ellipsis), ⑤ 시제(tense), ⑥ 관사(articles), ⑦ 어순(word order), ⑧ 철자(spelling), 그리고 구두점(punctuation) 기타 구문론적인 것과 의미적인 것을 차례로 분석 · 검토하고 이들 오류가 첫째, 모국어 간섭현상에서 오는 오류인지, 둘째, 영어학습자 개인의 중간언어체계에서 오는 것인지, 셋째, 영어학습자 개인의 영어처리 과정상 나타나는 오류인지, 넷째, 영어학습자 개인의 영어훈련 습관결과로 나타나는 것인지, 다섯째, 학습자가 영어자료를 다루고 그에 접근하는 책략이나 방법의 결과로 오는 것인지, 여섯째, 학습자가 영어규칙을 너무 과대적용한 결과로 나타나는 현상인지의 여섯 가지로 나누어 분류 · 논의하고자 한다.

'On Thanksgiving Day' 작문을 할 시기에는 이미 학생들은 영어실습교재 제12과(내용이 'Thanksgiving Day'에 관한 것임)를 끝낸 상태로 'Thanksgiving Day'가 무엇이며 미국인들이 이 날을 주로 어떻게 보내고 있는지에 관하여도 다 알고 있는 상태였다. 따라서 미국문화에 대한 예비지식을 가지고 있는 상태에서 작문을 한 것이다.

학생들이 작문한 것을 보면 그 분량은 대개 1장 정도이며, 단락(paragraph)은 하나에서 세 단락까지이고 대부분 단락의 구분 없이 그대로 쓰고 있다.

3. 단락(Paragraph)

단락이란 하나의 생각이나 사상을 다른 사상이나 생각과 구별하는 데 기본이 되는 영작문의 기본 단위이다. Fowler와 Aaron의 *The Little Brown Handbook* (1989)에 의하면, 효과적인 단락이란 ① 일관성(unity), ② 응집력(coherence), 그리고 ③ 생각의 발달(idea development)의 세 가지 속성을 가진 것이고 이러한 속성은 일단의 문장 집단체인 단락을 통하여 성취된다고 한다. 따라서 단락이란 복잡한 생각을 일목요연하게 쪼개어 독자들이 필자의 의도와 주제, 그리고 생각의 요점을 이해하기 쉽게 하는 것이다.

필자의 의도와 중심생각을 가장 명확하게 또 핵심적으로 독자에게 전달하기 위하여 필자는 주제문장(topic sentence)을 단락 내에 구사하고 있다. 주제문장이란 필자가 독자들에게 주는 일종의 언질 또는 약속이며 단락의 나머지 부분은 그 언질과 약속을 전달하기 위한 것이라고 할 수 있다.

주제문장은 단락에서 그 출현위치가 다양하다. 즉, 단락의 첫 문장으로 출현할 수도 있고, 전환문(transitional sentence) 다음에 출현할 수도 있고, 단락 중간에 출현할 수도 있고 또한 단락 끝에 올 수도 있다. 때로는 주제문장을 단락 처음에 출현시키고 나서 단락 끝에 다시 한 번 재출현시키는 경우도 있다.

단락을 시작할 때 피해야 할 점은 다음과 같다.

1. 막연하게 시간을 언급하지 말 것
2. "이 논문(수필)의 목적은 …이다" 등등의 주제를 무미건조하게 시작하지 말 것
3. 제목을 언급하지 말 것, 예를 들면, "이것은 재미있는 문제이다" 등등으로 단락을 시작하지 말 것
4. "…에 따르면" 등등의 사전적 정의로 단락을 시작하지 말 것
5. 주제에 대하여 잘 모른다고 사과하는 식으로 시작하지 말 것. 예를 들면, "이 주제에 관하여 잘 모르고 있는데 미안하다," "내 생각이 옳은지 모르겠지만…" 등으로 사과하는 표현으로 단락을 시작하지 말 것

단락을 구성 · 조직할 때는 독자들이 필자의 생각을 쉽게 따라갈 수 있도록 단락 내의 여러 가지 정보를 순서적으로 나열해야 한다. 이러한 경우, 필자는 ① 공간, ② 시간, 그리고 ③ 강조 등을 기준하여 여러 정보를 조직적으로 나열함으로써 독자의 이해를 쉽게 할 수 있다.

공간을 기준으로 단락을 조직하는 경우는 필자가 먼저 어떤 한 지점이나 공간에 주의를 집중하여 어떤 사람이나, 사물 또는 장면을 그 시점에서 정밀조사 분석하는데 그 분석방향이 ① 위에서 아래로, ② 옆에서 옆으로, ③ 먼 데서 가까운 데로, ④ 가까운 데서 먼 데로, 그리고 ⑤ 아래에서 위로의 다섯 가지 방법이 있다. 공간적으로 단락을 조직하는 것은 사람들이 처음으로 어떤 장소를 실제로 바라보는 방식과 유사하므로 독자의 기대치에 일치된다고 할 수 있어서 독자의 이해를 쉽게하는 데 많은 도움이 된다. 예를 들면, 필자는 주제문장을 단락 처음에 두고

마지막에 그 장면을 뭉쳐서 기술하거나 아니면 주제문장을 생략하고 자세한 세부 사항만 나열하여 스스로 명백하게 기술할 수도 있다.

시간을 기준으로 단락을 조직하는 경우에는 날짜나 연대순으로(chronologically)—즉, 시간상 나타난 순서대로—단락의 구성요소를 기술하는 방법이 있다. 날짜순으로 기술하는 경우, 우리의 경험에서와 같이 가장 먼저 일어난 사건이 맨 먼저 오고 그 다음 최근에 일어난 날짜순으로 기술된다. 공간을 기준으로 한 단락에서와 마찬가지로 날짜순으로 기술한 단락은 자동적으로 응집력이 강하여 독자들이 사건의 진전과정에 매우 친숙하게 되는 장점이 있다.

시간과 공간을 기준으로 한 단락의 경우는 단락의 내용에 의하여 단락의 구성요소가 거의 결정이 되는 반면에 특정한 강조를 위하여 다른 종류의 단락 조직 방법을 사용하는 경우가 있다. 예를 들면, 일반적인 것을 먼저 기술하고 특수한 것을 나중에 기술하는 일반-특수 기술방법(general-to-specific)은 주제문장으로 필자가 보편적인 것과 상식적인 것에서부터 출발하여 덜 보편적이고 덜 상식적인 것으로, 또 매우 드문 경우로, 거기에서 매우 특수한 개별적인 것으로 점차 분화하여 기술하는 방법이다. 다른 한 가지 방법은 위의 방법에 반대되는 것으로 특수한 것에서 일반적인 것으로 범위를 넓혀 단락 구성요소를 기술하는 방법이다. 이러한 방법을 특수-일반 기술방법(specific-to-general)이라 칭하며, 이러한 방법을 사용하는 경우, 필자는 먼저 주제문으로 일반적이고 상식적인 것을 이야기하고 왜 그 상식이 잘못된 것인지의 이유를 구체적으로 또 일반적으로 기술할 수 있다. 그리고 단락의 마지막에는 주제문장을 반복하여 기술할 수 있다.

단락의 세부적인 구성요소의 중요성이 다양한 경우, 필자는 구성소의 경향과 사조에 따라 ① 덜 중요한 것에서 시작하여 중요한 것으로 가든지, ② 덜 중요한 것에서 시작하여 최고절정에 해당되는 예를 최후 문장으로 미루면서 단락을 형성해 나가든지, ③ 가장 널리 잘 알려져 있는 친숙한 것에서 시작하여 덜 친숙한 것으로 단락을 형성해 나가든지, ④ 가장 단순하고 가장 간단한 것에서부터 복잡한 것으로 기술할 수가 있다.

응집력을 달성할 수 있는 또 하나의 방법은 평형관계와 대비관계(parallelism)를 통한 것이다. 이것은 문장 내에서나 문장들 가운데서 비슷한 의미요소에 대하여 비슷한 문법구조를 사용하는 것을 말한다. 평형관계에 있는 여러 문장들을 서로 결합하여 사용함으로써 문장 간의 결속을 다질 수가 있는 것이다.

응집력을 달성할 수 있는 세 번째의 방법은 단어나 단어군을 반복 사용하는 것이다. 모든 단락에는 주제문이 반드시 있으므로 그 주제가 되는 것은 계속 언급되기 마련이다. 그러므로 핵심이 되는 단어나 단어군을 반복하는 경우에는 단락의 응집력을 반복하여 언급하거나 독자들에게 동일 단어나 단어군을 사용하는 방법과 비슷한 단어나 단어군을 계획하여 짜임새 있게 사용하도록 하는 것이 필요하다.

응집력을 이루기 위한 네 번째 방법으로 대명사(it, she, him, his, they 등등)의 사용을 들 수 있다. 대명사는 명사를 대신할 수 있으므로 문장을 서로 연결하고 맺어 주는 데 도움이 된다. 그러나 무엇보다도 단락의 응집력을 이룰 수 있는 가장 미묘한 방법은 시종 일관된 일관성(consistency)이다. 그 이유는 독자들은 일관성이 결여된 경우에 한하여 일관성을 인식하게 되기 때문이다. 일관성은 주로 인칭, 명사나 대명사의 수, 동사의 시제일치 등에 주로 나타난다. 따라서 인칭, 수, 그리고 시제의 변화가 있게 되는 경우 독자는 글의 주된 사상, 즉 주제를 따라 이해하는 능력에 간섭을 받게 되어 혼란에 빠지게 된다.

이상에서 열거한 것 이외에 문장 간의 관계를 독자들에게 분명하게 하기 위하여 특정한 단어나 단어군(transitional expression)을 사용함으로써 응집력을 달성하는 경우가 있다. 문장 간의 관계를 부드럽게 하여 독자로 하여금 단락 내의 문장들의 관계가 분명해지도록 하는 데 도움이 되는 연결단어나 단어군을 화제전환 접속어귀(transitional words: 화제를 바꿀 때 앞뒤를 접속시키는 단어(군))라고 한다. 이러한 화제전환 접속어(귀)를 생략하면 매우 응집력 있고 일관성 있는 단락의 변동이 심해서 이해하기 어렵게 된다. 예를 들어, 다음을 보자(Fowler와 Aaron, 1988).

> Medical science has succeeded in identifying the hundreds of viruses that can cause the common cold. It has discovered the most effective means of prevention. One person transmits the cold viruses to another most often by hand. An infected person covers his mouth to cough. He picks up the telephone. His daughter picks up the telephone. She rubs her eyes. She has a cold. It spreads. To avoid cold, people should wash

their hands often and keep their hands away from their faces.

이 단락을 구성하고 있는 문장은 서로서로 연관되어 있는 것같이 보이며 기본적으로는 응집력이 있고 또 일관성이 있다. 그러나 이 단락을 읽는 것은 매우 어렵다. 그 이유는 의미를 쉽게 이해하는 데 도움을 주는 화제전환 접속어귀가 없기 때문이다. 이제 그러한 화제전환 접속어귀를 ( ) 내에 첨가하여 문장 간의 정확한 관계를 구성하면 다음과 같다.

Medical science has (thus) succeeded in identifying the hundreds of viruses that can cause the common cold. It has (also) discovered the most effective means of prevention. One person transmits the cold viruses to another most often by hand. (For instance), an infected person covers his mouth to cough. (Then) he picks up the telephone. (Half an hour later), his daughter picks up the same telephone. (Immediately afterward), she rubs her eyes. (Within a few days, she, too) has a cold. (And thus) it spreads. To avoid colds, (therefore), people should wash their hands often and keep their hands away from ther faces.

이렇게 화제전환 접속어귀를 첨가하여 고친 새로운 단락은 읽기가 매우 부드럽고 또한 의미가 분명하다.

영어에서 흔히 사용되는 화제전환 접속어귀는 다음과 같다.

① 장소를 나타내는 표현어귀

adjacent to, above, below, elsewhere, farther on, here, near, nearby, on the other side, opposite to, there, to the east, to the left 등

② 예를 들거나, 강도를 나타내는 표현어귀

after all, an illustration of, even, for example, for instance, indeed, in fact, it is true, of course, specifically that is, to illustrate, truly 등

③ 대조를 나타내는 표현어귀

although, and yet, but, at the same time, despite, even though, for all that, however, in contrast, in spite of, nevertheless, notwithstanding, on the contrary, on the second hand, regardless, still, though, yet 등

④ 비교를 나타내는 표현어귀

also, in the same way, likewise, similarly

⑤ 첨가 또는 순서를 나타내는 표현어귀

again, also, and, and then, besides, equally important, finally, first, further, furthermore, in addition, in the first place, last, moreover, next, second, still, too 등

⑥ 원인과 결과를 나타내는 표현어귀

according to, as a result, because, consequently, for this purpose, hence, otherwise, since, then, therefore, thereupon, thus, to this end, with this object 등

⑦ 반복, 요약, 그리고 계속을 나타내는 표현어귀

after a while, afterward, as long as, as soon as, at last, at length, at that time, before, earlier, formerly, immediately, in the meantime, in the past, lately, later, meanwhile, now, presently, shortly, simultaneously, since, so far, soon, subsequently, then, thereafter, until, until now, when 등

3.1 단락의 구분

'On Thanksgiving Day' 작문을 할 시기에는 이미 학생들은 영어실습교재 제 12과(내용이 'Thanksgiving'에 관한 것임)를 끝낸 상태로 'Thanksgiving Day'가 무엇이며, 미국인들이 이 날을 주로 어떻게 보내고 있는지에 관하여도 다 알고 있는 상태였다. 학생들이 작문한 것을 보면 그 분량은 대개 한 장 정도이고, 단락(paragraph)은 1에서 4단락까지이며, 대부분은 단락의 구분 없이 그대로 쓰고 있다. 50여 명의 학생들이 제출한 작문을 단락수대로 구분한 결과는 다음과 같다.

1단락: 41명

2단락: 7명

3단락: 1명

4단락: 1명

결국 대부분의 학생은 단락을 구분하지 않은 데 반하여 약 20%에 달하는 학생이 단락을 구분하고 있다. 이들 20%에 해당하는 학생 중 약 10%에 해당하는 학생이 4단락으로, 약 10%에 달하는 학생이 3단락으로 나누었고 대부분의 학생은 2단락으로 나누고 있다. 여기서는 1단락으로 작문한 학생의 작문과 2단락으로 한 경우만을 비교하여 단락구분의 기준이 무엇인지를 논의, 분류하여 보자.

1단락의 예(여학생의 작문)

[예-1] Thankgiving Day

I've ever heard about Thanksgiving. But I don't know much about Thanksgiving. First, I think that Thanksgiving is similar to Chusok. Of course, there is certain diferences between the two.

Three hunded fifty years ago, the pilgrims had many difficulty in cultivating new area, America. When they harvested for the first time, they thanked for their god. They gathered together and have turkey and corns. Thanksgiving was a very important feast. Thanksgiving is honor of the frontier spirit and god. It is held the fourth Thursday of November. Today, Thanksgiving is a truly American holiday.

[예-2] Thankgiving

Thanksgiving is a truly American holiday. It's different every year. It's always the fourth Thursday of November. Except that in Canada they celebrate it in October. It is very nice to invite other people, and nobody should have dinner alone at night.

Well, I'll tell you about the first Thanksgiving in the United States. Many people came over Europe—more like three hundred and fifty years ago. The first immigrants were called pilgrims. They were good friends with the Indians and they tried growing corn and other stuff together. But it was really hard farming all that stuff, so after the first harvest, the Indians and the pilgrims had a big dinner together to thank God for their good luck. The foods we are eating now are the same kinds of things that they ate, for example, turkey, corn, and squash. Everything is delicious. This is all that I know about Thanksgiving.

위의 [예-1]과 [예-2]에서 단락구분의 기준은 무엇인가? 뚜렷한 단락구분 기준을 찾을 수는 없지만, 구태여 찾는다면 첫 번째 [예-1]의 경우는 추수감사절에 관하여 필자가 말하고자 하는 것을 모두 하나의 단락으로 취급하고 있음을 알 수 있다. 이 경우 저자의 의도, 주제, 그리고 요점을 명확하게 하기 위하여 필요한 단락이라는 개념하에서 [예-1]을 평가할 때는 쓸데 없는 부분이 많다(응집력 부분을 참고바람). 두 번째 [예-2]의 경우, 필자는 단락을 ① 추수감사절 일반에 관한 부분으로 추수감사절이란 다름 아닌 미국의 큰 명절이라는 부분과, ② 추수감사절의 역사에 관한 부분의 두 가지로 구분하고 있다. 따라서 단락구분은 일반적인 것과 구체적인 것의 기술의 여부에 그 근거를 두고 있다고 하겠다.

그러나 일반적인 것에서 세부적인 사항으로 기술하는 방법은 단락 내의 내용을 시종 일관되게, 응집력 있게 기술하는 방법이지 단락 구분의 기준은 아닌 것이다. [예-2]에서 두 번째 단락 첫 문장은 사실 필요가 없는 문장이다. 단락에서는 첫 문구로(또는 그 이후 문장으로도 마찬가지지만) '…관하여 말하겠다', '…에 관하여 잘 몰라서 미안하게 생각한다' 등등의 표현은 쓸 필요가 없을 뿐만 아니라 단락의 시작으로는 피해야 할 표현이다. 이것은 지극히 한국적인 표현이라고 생각된다. 그러나 '추수감사절'에 관한 작품 중 이러한 한국적인 표현으로 시작되는 작문이 전체의 13% 정도에 해당하는데, 이는 한국어와 관습의 전이현상에 기인한다고 하겠다.

사실 추수감사절에 대한 것을 작문할 때는 먼저, 추수감사절의 무엇을, 어떤 면을 독자에게 전달해야 하는가를 필자는 깊이 생각하여 단락을 작성하여야 한다. 학생들이 작문한 내용을 분석해 보면, 거의 예외 없이 추수감사절은 미국의 진짜 명절이라는 사실을 강조하여 부각시키고 왜 추수감사절이 미국의 큰 명절이 되었는지 그 유래를 역사적인 증거를 들어 밝히고, 추수감사절에 어떤 음식을 왜 먹게 되었는지 실제로 예를 들어 설명한 것이 대부분이다. 따라서 대 주제는 '추수감사절은 미국의 큰 명절이다'라고 볼 수 있으며, 나머지 사항은 세부적인 예로서 이러한 대 주제를 뒷받침하는 예라고 할 수 있다. 이러한 관점에서 볼 때 단락은 하나의 단락으로 충분하다고 생각되며, 또한 대부분의 학생이 하나의 단락을 이용하고 있음은 영어의 단락구분을 대체로 정확히 파악하고 있다는 증거일 수도 있다. 그렇다면 학생들의 정확한 단락사용 현상을 어떻게 설명할 수 있는가?

Robert B. Kaplan(1966)에 의하면, 영어는 영미문화 패턴에서 나온 사고패턴과 연관되어 있다고 한다. 수사의 기본이 되는 논리학은 문화에서 나온 것이므로 보편적이라기보다는 문화에 따라서, 또 주어진 문화 내에서도 시간에 따라서 변하는 것이라고 할 수 있다. 따라서 영어식 사고방식의 순서는 플라톤과 아리스토텔레스를 거쳐 로마, 중세 유럽, 그리고 서구의 철학가, 사상가들로부터 유래된 것이다. 또한, 사고과정, 순서와 문법은 어떤 언어에서든지 서로 연관되어 있다고 말할 수 있다(Paul Lorenzen; Allen과 Campbell, 1972에서 재인용). 영어 독자나 화자가 대화의 필수부분으로서 기대하는 사고패턴은 지배적으로 일차선상의 선형적인 발달과정으로 특징지워진다. 따라서 영어단락은 대체로 주제문장으로 시작되어, 그 주제문장을 여러 갈래로 하위분류하여 각기 예문과 설명을 함으로써 중심주제와 사상에 연결시키고 각각의 사상과 주제는 서로서로 연결되어 전체 작문의 주제에 연결되게 된다. 영어의 경우 반대로──즉, 개별적인 예와 설명을 하고 난 후에 그 예와 설명을 단락 말미에서 하나의 진술로 연결시키는──할 수도 있다. 한마디로 영어식 사고방식은 직선적이다. 즉, 처음부터 핵심을 찌르는 기술방법으로 다음과 같이 표시할 수 있다.

반면에 우리나라 학생이 우리말로 작문하는 다음의 경우를 가정해 보자.

[예-1] 시골에서 고등학교를 나온 학생이 서울에서 대학을 다니고 있는데 하숙이나 자취를 한다고 가정하자. 매달 집에서 일정액수의 금액을 부쳐 주는데 12월에는 돈 쓸 데가 많아서 시골 부모님께 10만 원을 더 보내달라고 하는 편지를 써야 하는 경우를 생각해 보자.

영어사용 화자가 이런 상황에 처하게 되는 경우, 단도직입적으로 다음과 같이 쓸 것이다.

부모님전 상서.

그 동안 안녕하신지요?

제가 이 편지를 쓰는 이유는 12월에는 돈이 10만 원 더 필요하여서입니다.

이번 달에는 첫째로는, 친구 결혼식이 12월 10일에 있는데 저하고는 둘도 없는 사이라서 축의금은 적어도 3만 원을 해야 할 것 같습니다. 둘째로는, 친구들에게 크리스마스 카드를 보내야 하는데 만 원 정도 들 것 같습니다. 셋째로는, 내년 1학기에 수강할 과목의 교과서를 미리 구입하여 공부를 방학 중에 좀 하고 싶은데 요즈음 책값이 비싸서….

따라서 10만 원을 급히 보내주시면 고맙겠습니다.

그러나 한국 학생의 경우,

부모님전 상서.

그 동안도 안녕하신지요?

저는 염려하여 주시는 덕분에 무사히 잘 지내고 있습니다. 세월이 얼마나 빠른지 모르겠습니다. 입학할 때가 엊그제 같은데 벌써 4학년이 되다니요?

졸업을 하고 취직을 하게 되면, 부모님 은혜를 조금이라도 갚게 되길 바랍니다….

그러면 다음에 또 편지드리기로 하고 오늘은 이만 줄이겠습니다.

안녕히 계십시오.

불효자____ 올림.

추신: 아, 참! 돈 10만 원만 급히 보내주십시오.

위의 두 편지는 매우 큰 사고의 차이를 보여 주고 있다.

영어 화자의 경우, 문제의 핵심을 직접 언급하는 데 반하여 한국 학생은 문제와는 아무 관련이 없는 주변적인 것을 언급하다 시간을 다 보내고 정작 중요한 문제는 대수롭지 않는 것처럼 추신으로 간략히 언급하고 이유도 밝히지 않고 있다.

이상의 두 편지에서 영어 화자와 한국어 화자 사이에는 논리상 · 사고패턴상 상당한 차이가 있음을 알 수 있다. 그런데도 위의 '추수감사절'에 대한 대학생들의 작문을 보면 단락형성에 관한 이러한 사고패턴의 차이가 나타나지 않는다. 그 이유는 무엇인가?

우리는 그 이유를 찾아내기 위하여 다음의 세 가지 가능성을 생각해 볼 수 있다.

① 우리나라 대학생들의 작문에서 단락형성에 관한 문제가 발견되지 않는 것은 단락형성은 언어보편적인 요소가 있기 때문인데 이는 문법구조에서 보편문법구조를 찾을 수 있는 것과 같다. 즉, 단락을 형성하는 논리적인 면에서도 보편요소가 있기 때문이다.

② '추수감사절'을 작문할 때에는 이미 추수감사절 내용에 관한 것을 학생들이 여러 번 녹음테이프를 통해서 들은 바가 있기 때문에 단락형성에 문제가 없었다. 즉, 영어 단락을 이미 여러 번 듣고 있었기 때문에 단락형성에 관하여는 귀납적으로 훈련을 통하여 학습이 된 상태이다.

③ 단락을 형성하는 논리적인 사고패턴이 완전무결하게 습득·완성되어서 문제가 없는 것이 아니라, 단지 사고패턴의 차이가 일어나지 않도록 피해갔기 때문이다. 즉, 학습자의 방어책략(defense mechanism)에 의하여, 사고패턴의 차이로 인하여 발생할 오류를 피하기 위하여 이미 암기하고 여러 번 들은 문장을 적당히 나열하였기 때문이다.

필자의 생각으로는 단락형성상의 문제가 없는 이유는 위에 열거한 세 가지 이유 중 ①과 ②의 두 가지 때문이라고 생각된다.

먼저, 위에 열거한 "돈 10만 원을 보내 달라"는 내용의 편지는 영어 화자와 한국어 화자의 사고패턴과 논리상의 차이를 분명하게 보여주는 예로 많이 인용되고 있다. 또 실제로 한국 학생들이 쓴 편지를 보면 핵심을 직선적으로 언급하지 않고 주변적인 것을 중요한 것인 양 많이 쓰다가 정작 하고 싶은 중요한 말은 나중에 추신으로 그냥 내쳐 말하듯이 쓰고 있음을 볼 수 있다.

그런데 문제는 이러한 것이 과연 사고방식과 논리상의 차이인가 하는 점이다. 물론 사고방식의 차이라고도 말할 수 있으나 단순히 사고방식의 차이라기보다는 문화적 차이, 즉 동일한 현상을 보고 그 현상의 핵심을 파악하는 점은 세계적으로 다를 수 있다고 보는 것이 더 타당하다고 생각된다.

한국적인 문화는 유교문화라고 말할 수 있다. 예를 들어, 집을 방문한 노인,

어른이나 선배에게 “차 한잔 드릴까요?”하고 물어보면, 대부분의 경우, “괜찮습니다”라고 말하는데 이것을 거절의 의미로 받아들이면 안 된다. 이것은 상대방에게 폐를 끼치지 않으려고 그저 인사말로 하는 것이기 때문이다. 마찬가지로 노처녀와 노총각을 중매하여 맞선을 보는 경우, 일단 선을 보고 집에 돌아와서 “그 친구 어떻던 괜찮던?”하고 물으면, 거의 예외 없이 “난 싫어요”하고 대답하는데 이것을 액면 그대로 받아들이면 안 된다. 왜냐하면, 방어책략으로 인하여 좋다고 그랬다가 만일 성사가 되지 않는 경우, 자기만 난처하게 되기 때문에 미리 방비를 하고자 하는 책략을 사용한 결과로 나온 대답이기 대문이다. 사실 속마음으로는 “네, 저는 좋아요”인 것이 표면적으로는 “난 싫어요”가 되는 것이다.

우리나라 사회는 유교사회이고 따라서 어른이 계실 때는 맛있는 것이 있어도 어른 먼저 드리고 나서 젊은 사람이 먹는 것이 예의이다. 이것은 젊은 사람이 맛있는 것을 먼저 먹고 싶지 않다거나, 또 그렇게 할 줄을 몰라서 아니라, 사회적으로 묵인된 규칙을 알고 있기 때문이고, 이러한 규칙을 실제로 적용하기 때문이다. 따라서 위에서 언급한 편지의 경우도 우리나라 학생의 경우, 필요한 돈 10만 원을 보내달라고 하기 위하여 부모님께 편지하는 것을 누구보다도 본인이 잘 알고 있고, 또한 필요한 말만 쓸 수도 있지만, 그렇게 하는 것이 사회적 도리가 아니라는 점을 잘 알고 있기 때문에 우선 어른의 안부부터 여쭙고, 맨 나중에 자신에 관한 문제를 중요하지 않은 듯이 기술한 것이다. 따라서 편지의 핵심을 잘 알고 있고 그 핵심을 논리적으로 펼 능력도 있으나 사회적 예의상 핵심을 정통으로 찌르지 않는 것일 뿐이라고 생각한다.

만약 각기 다른 언어를 사용하고 있고 사고방식이 서로 다르다고 가정한다면, 편지를 주고 받을 때 서로 상대방 편지의 핵심을 잘 이해하지 못할 것이다. 또한, 사회적 규칙을 설명해 준다손 치더라도 이해가 어려울 것이다. 따라서 인간의 사고는 보편적으로 공통적인 분모가 있다고 가정하는 것이 옳을 것이다. 인간의 사고는 심층적인 측면에서 볼 때 보편적이지만 개별 언어로 표출되는 과정에서 사회 특수한 요소가 적용되어 사고방식의 차이가 표면에서 파생된다고 말할 수 있다.

만약 우리가 인간사고의 어떤 보편적인 요소나 특징을 인정한다면, 어떠한 사상이나 주제를 독자에게 일목요연하게 전달하는 데 필수적인 단락의 형성에서도 그 보편적인 요소를 찾아볼 수 있을 것이라고 생각된다. 따라서 우리나라 대학생들의 '추수감사절'에 관한 작문에서도 그러한 보편적인 요소가 작용했을 것이라는 점은 쉽게 알 수 있다. 즉, 보편요소로 인하여 자연스런 개념화 또는 사고현상과 그 개념은 사고를 실제 단락으로 표현하는 과정에서도 보편적인 요소가 반영되는 것이 틀림이 없다고 하겠다. 사회가 발달하고 문명이 발달할수록 사람들은 시간적 여유와 마음의 여유가 없어지게 되고 따라서 생활의 멋도 없어지게 된다. 바쁘게 쫓기는 생활을 하게 되므로 언어생활 면에서도 말하고자 하는 본론에 직접 들어가게 된다.

또한, '추수감사절'에 관한 내용을 모두 공부한 후에 작문을 하였기 때문에 내용을 기술하는 데 있어서 학생들의 부담이 덜할 것이라는 점은 이해할 수 있다. 뿐만 아니라 내용이 서양적인 것이어서 우리나라의 사회적 특징과 규칙을 적용하여야 할 필요도 없기 때문에 학생들의 입장에서는 단락형성상 별로 문제가 없었던 것이라고 해석할 수도 있다.

4. 생략현상(Ellipsis)

학생들의 작문을 자세히 분석해 보면 문맥적, 상황적으로 예견할 수 있는 경우의 예상 · 반복되는 요소를 생략하는 경우보다는 한국어의 간섭현상으로 인하여 초래되는 생략현상을 많이 찾아볼 수 있다. 그러나 한국어에서는 문맥적으로, 상황적으로 예견할 수 있는 경우, 예상 또는 반복요소를 생략하는 경우가 있다. 다음의 예문을 보자:

1. 오늘 참 덥다.
   Today very hot.(주어, be동사 생략)
2. 아직 숙제 다 못 했니?
   Don't finish your homework yet?(주어 생략)
3. 공부하는 방법을 가르쳐야 한다.
   Have to teach how to study.(주어와 목적어 생략)
4. 어떻게 가는지 알지?
   Know how to go?(주어와 목적어 생략)

5. 자동차를 보내 줄 때까지 참고 기다려야 한다.
   Have to persevere until send a car.(주어와 탈격 생략)

이러한 생략현상은 모두 한국어의 전이현상으로 인한 것이다. 한국어에서는 담화문맥이나 상황적으로 회복이 가능한 경우의 명사((상당어)구)는 생략이 가능하다. 단 그러한 회복가능한 명사((상당어)구)가 대조, 대비적으로 사용되거나 한정적으로 사용되는 경우, 또는 철저히 열거되는 경우는 예외이다. 따라서 학생들이 작문한 다음과 같은 예문에서 우리는 그 증거를 찾을 수 있다:

1. I thanked for(나는 감사하게 생각하고 있다).
2. I didn't my best(나는 최선을 다 못했다).
3. I used to absent from(난 결석했다).
4. I determined to do(나는 하기로 결정했다).
5. I felt English class duller and duller(영어 시간이 점점 재미없다고 나는 느꼈다).

위의 예문 1은 동사 'think'의 목적어인 'you'가 생략된 경우이고, 예문 2는 본동사인 'do'가 생략된 경우이다. 예문 3은 'be'동사와 전치사의 목적어가 생략된 경우이고, 예문 4도 'be'동사와 목적어가 생략된 경우이다. 예문 5는 동사 'become'이 'English class' 다음에 생략된 경우이다. 따라서 영어 정문은 다음과 같다:

1. I thanked you for that.
2. I didn't do my best.
3. I used to be absent from my class.
4. I am determined to do it.
5. I felt English class become duller and duller.

그러나 위의 생략된 예문 1에서 5까지는 한국어에서는 정문으로 받아들여진다. 따라서 문맥적으로나 상황으로 예견가능한 요소의 생략현상은 모국어 전이현상으로 인한 것이다.

5. 관사(Articles)

학생들이 가장 많이 범하는 오류범주로서 관사사용의 예를 들 수 있다. 관사사용에 관한 오류는 ① 영어에서 관사가 필요한데 한국어 화자가 사용치 않는 경우, 즉 관사생략현상과 ② 영어에서는 관사가 불필요한데 한국어 화자가 사용하는 경우, 즉 관사첨가현상의 두 종류로 분류하여 논의하고자 한다.

5.1 관사의 생략현상

관사의 생략으로 인한 오류는 학생들의 작문에서뿐만 아니라 받아쓰기(dictation)에서도 현저하게 나타난다. Sohn(1989)은 약 4개월에 걸쳐서 일상생활에서 수집한 42세의 여자 informant의 비 문장 중 약 14~15%에 해당하는 오류가 관사와 관련되어 있는데, 이들 관사의 오류 대부분은 특히 관사의 생략현상(예: You put the paper in machine hole. Both books are same quality. 등)에 관한 것이고, 불필요한 관사의 첨가현상(예: That's the my point. You are the nice brother, too. 등)도 조금 찾아볼 수 있다고 하고, 이들 관사의 오류현상은 언어내적인 요소와 발달적인 요소가 모두 연관되어 있음을 주장하는 근거로 영어를 모국어로 하는 화자나, 영어를 제 2 언어로 하는 화자 모두가 동일한 관사생략 오류를 범하고 있음을 들고 있다. 즉, 모국어로 영어를 학습하는 학습자의 경우에도 기능어는 비교적 늦게(내용어보다) 학습된다(Dulay와 Burt, 1974). 이러한 사실은 발달오류가 모국어의 압력을 때로는 막을 수 있음을 시사하고 있다.

'추수감사절'에 관한 작문에서도 관사의 생략현상은 생략 현상 중 거의 15%에 달하고 있다. 예를 들어, 다음의 예문을 보자:

1. I believe Thanksgiving Day is the biggest holiday in ( ) U. S.
2. ( ) First immigrants were called pilgrims.
3. ( ) Pilgrims were good friends with ( ) Indians.
4. after ( ) harvest.
5. after they had arrived in ( ) new land.
6. the Pilgrims and the Indians had a big dinner together to give a thanks to God for their good luck.

7. In ( ) present, it is a huge ceremony, as big as a Christmas.
8. They had ( ) big dinner all.
9. It is ( ) very delicious food.
10. They are ready for ( ) wonderful dinner.
11. Thanksgiving is ( ) expression of gratitude and ( ) form of prayer.
12. It is ( ) honor.
13. It is such ( ) memorial.

위의 예문 1에서 5까지는 정관사 'the'를 사용하지 않은 경우이고, 예문 6과 예문 7은 부정관사 'a'를 잘못 사용한 경우이며, 예문 7은 정관사가 생략되어 있는 경우이다. 또한, 예문 8에서 11까지는 부정관사 'a · an'이 사용되지 않은 경우이지만, 예문 8은 상황적 · 문맥적으로 예상 가능한 경우와 한국어의 간섭현상으로 'together'가 사용되지 않은 경우이다. 이러한 경우는 영어에서 필요한 관사가 한국어를 모국어로 하는 영어학습자의 말에서는 찾아볼 수 없는 경우이다. 예문 12와 13은 한국어로 옮기는 경우 관사가 불필요한 경우지만, 영어에서는 부정관사가 필요한 경우이다. 그러면 왜 이러한 필요한 관사가 한국어를 모국어로 하는 영어학습자(대학교 1학년 학생)의 영어에서는 찾아볼 수 없는가?

그 이유로 우리는 다음의 세 가지 가능한 이유를 들 수 있다.

① 개개인의 언어내적(intralingual) 이유 때문이다. 이러한 용어는 Richards (1974, 1976)가 언급한 것으로 다음과 같은 의미를 갖는다. 즉, 언어내적 간섭현상이란 학습자의 모국어 구조로 인한 간섭현상이 아니라, 목표어에 완전히 노출되지 낳고 부분적으로 노출된 것을 근거로 하여 일반화시키려는 규칙을 적용한 결과로 얻게 되는 간섭현상을 말하는 것이다. 따라서 서로 관련성이 없는 어족에 속하는 언어를 모국어로 하는 다양한 화자의 영어에서 영어규칙이나 구조에 관한 가정을 세우는 데 따라서 발생하게 되는 오류는 비교적 서로 유사한 공통적인 면을 갖추고 있다고 생각할 수 있다.

② 모국어의 간섭현상(interference) 때문이다. 다시 말해서 한국어에서는 관사를 사용하지 않기 때문에 그 영향으로 한국어를 모국어로 하는 영어학

습자는 영어학습 시 관사를 사용하지 않게 된다. 이것은 두 언어 간(inter-lingual)의 차이점에 기인하는 것으로 언어전이(language transfer)현상이라 칭한다.

③ 개개인의 영어학습 과정에서 볼 수 있는 발달단계적인 이유 때문이다. 이러한 발달오류(development errors)는 영어학습자가 영어를 배울 그 당시의 지식이 완전하지 않은 결과로 발생하는 것이다. 따라서 그 당시에 아무리 교정을 해도 발달단계가 바뀌지 않는 한 동일한 오류가 지속적으로 출현하게 된다. 따라서 영어에 대한 지식, 즉 영어능력이 향상되게 되면 자연히 그 이전단계에서 볼 수 있었던 오류는 찾아볼 수 없게 된다.

Richards(1974), French(1949), 그리고 Aguas(1964)에 의하면, 영어를 모국어로 학습하는 화자와 영어를 제 2 언어로 학습하는 화자가 유사한 오류를 범하고 있고 모국어와 목표어(영어)의 패턴이 유사한 경우에도 논리적 유추작용을 통하여 보편적인 관사오류를 범하고 있음을 알 수 있다고 한다. 뿐만 아니라 Dulay와 Burt(1974)는 제 2 언어 습득에서의 기능어 생략현상은 모국어 습득에서의 생략현상과 매우 유사함을 지적하고 있다. 이러한 현상은 모두 영어학습에서의 발달오류가 모국어 전이현상으로부터 오는 압력의 영향권 밖에 있을 가능성이 있음을 보여 준다.

한국어를 모국어로 하는 화자가 영어를 학습하는 경우, 어려움을 느끼게 되는 영역이 많으나 그중에서 특히 관사 부분은 구문적 및 의미적 복잡성 때문에 가장 어렵게 생각되는 부분이다. 영어를 오랫동안 학습한 사람이나, 영어를 전공하는 사람의 경우에도 영어관사의 사용(법)은 골치 아픈 부분이며 따라서 오류가 가장 많은 부분이다. 그러므로 한국어를 모국어로 하는 영어학습자의 경우, 관사를 영어 모국어 화자처럼 자유자재로 구사하는 경우는 매우 드물다고 하겠다.

한국어에는 관사가 없다고 할 수도 있다. 그러나 의미적인 관점에서 볼 때 한국어에 주제 표시어인 '-는'은 '옛 정보'를 표시하고, 초점이나 강조를 표시하는 '-가'는 '새 정보'를 표시한다는 점에서 영어의 정관사 'the'와 부정관사 'a · an'과 유사한 점이 있다는 면에서 부분적으로 한국어와 영어가 서로 중복된다고 할 수 있다. 이러한 중복현상은 한국어 화자의 영어학습을 혼란시킬 뿐이다. 이러한 중복현상은 구문적인 것과 의미적인 것과의 일치관계가 한국어에서는 성립되지 않고 있기 때문이다.

영어의 관사체계와 유사한 관사체계를 갖는 언어를 모국어로 하는 화자가 영어 관사를 학습하는 경우에, 그 화자는 영어 관사습득에 별 어려움이 없을 것이라는 점은 쉽게 상상이 된다. 따라서 두 번째 이유인 언어전이현상으로 한국어 화자의 영어 관사생략현상을 설명할 수 있다. 그러나 영어를 학습하는 한국어 화자의 관사생략현상은 영어를 모국어로 습득하는 영어화자의 경우에도 동일한 현상을 찾아볼 수 있으므로 발달단계현상으로도 설명될 수 있다.

5.2 관사의 첨가현상

추수감사절에 관한 학생들의 작문에서 영어에서는 불필요한 관사의 첨가현상을 상당수 찾아볼 수 있는데 전체 오류 중 약 15% 정도를 차지하고 있다. 아래의 예문은 모두 불필요한 관사를 첨가한 경우이다.

1. When they reached the land of ( ) United States, they have *a* little food and clothes.
2. The Americans came from *the* Europe about three hundred and fifty years ago.
3. They were good friends with the Indians and tried to grow *the* corn and other crops…
4. Since then Thanksgiving Days has been a truly American holiday and they have eaten trukey, corn, and squash on *the* day.
5. Thanksgivings day is the day in which the Christians thank *the* God for the harvest.
6. Whenever Thanksgiving comes, they come together from *the* different area.
7. They had a big dinner for *the* good luck.
8. They had *a* stillness and a comfort.

위 예문 1에서 ( ) 내에는 정관사가 필요한데 빠졌고, 부정관사 'a'는 'little food and clothes' 앞에서는 불필요한 것이다. 불필요한 부정관사를 사용한 것은 아마도 'clothes', 'food and clothes,' 그리고 'little'을 뒤에 오는 'food and clothes'란 복수개념과 연결시켜 생각한 결과 'a little'을 쓴 것이라고 추측된다.

예문 2에서는 지명이나 나라이름 앞에서 보통 관사가 생략되는데, 'Europe' 앞에 관사를 잘못 사용한 경우이다. 지역적인 이름이나 나라이름을 칭하는 경우에는 보통 관사를 사용하지 않는 반면에 정치적인 국가의 명칭을 나타내는 경우에는 정관사를 사용하는 것이 상례이다. 따라서 'France'나 'the Republic of France'가 가능하다. 그러므로 'Europe'의 경우에는 지리적인 명칭이므로 관사 없이 사용된다.

예문 3은 'corn and other crops' 앞에 불필요한 정관사가 사용된 경우이다. 일반적으로 '옥수수나 기타 곡식'이라는 의미로 사용되었으므로 어떤 특정작물을 강조하여 칭하는 것이 아니다. 따라서 관사는 여기에서는 불필요하다.

예문 4는 불필요한 정관사가 'day' 앞에 사용된 경우이다. 사실 작문한 학생은 여기서 '추수감사절 그 날에는'이라는 의미로 '그 날'을 직역하다보니 정관사 'the'가 필요하였던 것 같다. 그러나 영어에서는 정관사 대신에 'this'나 'that'이 더 적격임을 알 수 있다.

예문 5는 불필요한 정관사가 'God' 앞에서 사용된 경우이다. 유일신을 의미하는 'God'은 어휘 첫 글자가 대문자로 사용되며 관사를 필요로 하지 않는데, 학습자가 관사를 과대 사용한 결과라고 할 수 있다.

예문 6은 불필요한 정관사 'the'가 'different area' 앞에 사용된 경우이다. 이 예문에서 우리는 학습자가 첫째로 'different area'를 한국어로 '여러 장소나 지역'이라고 그대로 직역하였기 때문에 복수개념으로 인식하지 않고 그대로 단수로 사용하였다는 점과 둘째로 단수개념으로 인식하였으므로 정관사를 사용하였다는 점을 알 수 있다. 아마도 복수개념으로 사용하였더라면 정관사를 사용하지 않았을지도 모를 일이다.

예문 7은 불필요한 정관사가 'good luck' 앞에 잘못 사용된 경우이다. 비가산명사인 동시에 추상명사인 'good luck'은 부정관사를 취할 수 없고 정관사를 보통 취하지 않는다. 단, 특정집단이나 사항을 표시하거나, 문장에서 특별히 명확하게 정의되는 경우는 다음의 예문에서와 같이 예외이다:

a. The health of the nation is not good.
b. The time we spend on our exercise is wasted.
c. The silence in the forest is very restful and fresh.

예문 8은 부정관사 'a'가 비가산 추상명사 앞에 불필요하게 사용된 경우이다. 영어의 경우 비가산 추상명사는 부정관사를 취하지 못하고 특별한 경우가 아니면, 정관사도 취하지 않는 것이 상례이다. 그러나 한국어를 모국어로 하는 영어학습자는 모든 명사가 다 관사를 동반하여야 하는 것으로 생각하여 관사규칙을 과다하게 적용시킨 결과로 부정관사를 사용하여 발생한 오류이다. 그러면 이러한 관사사용상의 오류는 그것이 관사의 생략이든지 첨가이든지 간에 왜 발생하게 되는가? 이 질문에 대한 대답으로는 '5.1 관사의 생략현상'에서 이미 언급한 세 가지 가능한 이유를 들 수 있다. 또한, 위에 언급한 세 가지 이유 이외에 다음에 언급할 모국어 소멸·마멸현상을 들 수 있겠다.

한국어에는 앞에서 언급하였듯이, 관사가 없다고도 할 수 있다. 따라서 영어에서 관사가 자유롭게 사용되는 것으로 생각한 나머지, 영어를 목표어로 학습하는 한국어를 모국어로 하는 학습자는 관사사용에 너무 신경을 쓰게 되고, 그 결과 모든 명사가 관사나 또는 다른 종류의 한정사와 함께 사용되어야 하는 것으로 관사의 사용규칙을 과다적용 할 수가 있다. 이 경우 모국어인 한국어에는 관사사용이 없다고 할 수 있으므로 영어학습 시 모국어의 전이현상이 아니라, 반대로 L2가 L1에 영향을 주게 되는, 따라서 존재하지 않는 것으로 생각될 정도로 그 중요도가 미미한 모국어의 관사나 지시사의 사용규칙 면에서 영어의 영향을 받아 관사를 사용하게 되는 모국어의 소멸·마멸현상이 일어나고 있다고 생각할 수 있다. 이러한 마멸현상은 Seliger와 Vago(1991)뿐만이 아니고 Brown(1980)도 지적하고 있다. Seliger와 Vago(1991)에 의하면, 목표어 학습 시 L1과 UG가 L2에 영향을 줄 뿐만 아니라 L2도 L1 학습에 영향을 주고 더 나아가서, L2와 UG가 L1에 영향을 줄 수 있음을 헝가리어, 독어, 러시아어 등에서 예를 들면서 설명하고 있다. 이러한 L2와 UG가 L1에 영향을 주어 L1이 소멸·마멸되는 현상을 그들은 모국어 소멸·마멸현상(attrition)이라 부르고 있다. 한국 대학생의 작문에서도 이러한 소멸현상이 보이고 있다.

도표 10-1 이중언어의 종류

이중언어 1	이중언어 2	이중언어 3
L1 → L2	L1 → L2	L1 → L2
UG → L2	UG → L2	L2 → L2
	L2 → L2	L2 → L1
		UG → L1
		UG → L2

[도표 10-1]에서 이중언어 1은 흔히 말하는 복합이중언어(compound bilingual), 이중언어 2는 등위이중언어(coordinate bilingual), 그리고 이중언어 3은 복합이중언어를 일컫는 말이다.

결국 이중언어 발달의 마지막 단계는 이중언어 3단계이다. 이 단계는 모국어문법과 목표어문법이 뒤섞여 있는 이중언어 1단계와 매우 유사한 것같이 보인다. 그러나 이중언어 3단계는 매우 발전된 고급단계로서, 학습자는 L2에 매우 능숙하고 숙련되어 있어서 L1의 영역을 침해할 정도로 L2에 숙련되어 있는 단계라고 할 수 있다. 위의 [도표 10-1]에서 볼 수 있듯이 이중언어 3단계는 이중언어 1단계와 전이(transfer)방향이 반대이다. 또한, L2에서 찾아볼 수 있는 문법적인 원리원칙에 따라 L1을 재구성하는 단계라고 할 수 있다.

여기서 L2요소가 L1에 침입하는 것이나 영향을 준다고 해서 모두가 다 모국어 소멸 · 마멸현상이라고 할 수는 없다. 그 이유는 일시적 언어혼잡(language mixing)현상이나 언어전환(language switching)현상일 수도 있기 때문이다. L1의 역할과 기능이 점점 감소되어 상실되는 현상은 일시적인 언어전환현상이나 언어혼잡현상과는 다르다.

그렇다면 L1의 소멸 · 마멸현상이 일어나는 요인은 무엇인가?

첫째, 이민한 사람의 경우에서 볼 수 있듯이 L1 언어공동사회로부터 격리되므로 언어(모국어) 소멸 · 마멸현상이 일어날 수 있는데, 이러한 모국어로부터의 격리현상은 모국어 소멸 · 마멸현상이 일어나고 유지되는 중요한 사회언어학적 변인 중의 하나이다.

둘째, L2에 L1이 종속되는 경우가 중요한 사회언어학적 요인이 된다. 다시 말해서 권위, 사회적 위치와 입장, 자세, 그리고 문화변용(acculturation)의 정도 등등의 언어에 영향을 줄 수 있는 영향력 있는 언어영역 등도 사회언어학적 요인에 일익을 담당하고 있다. 따라서 모국어 소멸 · 마멸의 시작 · 시초는 어느 정도의 발전단계에 있는 고급반에 속해 있는 제 2 언어 학습자나 이중언어 화자의 경우에서 찾아볼 수 있다.

[도표 10-1]에서 모국어 소멸 · 마멸의 시기는 이중언어 2단계에서부터이다. 즉, 모국어가설에 의존하지 않고, 모국어 규칙에도 의존하지 않으며 목표어에 관하여 특수한 규칙을 창조하는 단계에서부터 시작된다. 이는 모국어가설을 목표어 자료에 적용시키는 재구성(restructuring), 즉 전이와 구별되는 것이다.

결국 관사에 관한 오류가 많이 발생하는 것은 ① 개개인의 언어내적 원인, ② 모국어의 부정적인 전이, 즉 간접현상에서, 그리고 ③ 개개인의 발달단계적인 면에서 그 원인을 찾을 수 있을 뿐만 아니라, ④ 모국어 소멸 · 마멸현상에서도 그 원인을 찾을 수 있다고 볼 수 있다. 영어를 학습하는 학생들이 모두 일정 수준을 넘은 영어학습자임에서도 모국어 소멸현상의 한 원인을 찾을 수 있다. 또한, 모국어 마멸현상과 전이현상이 동시에 일어날 수 있음을 알 수 있다.

6. 전치사(Prepositions)

영어를 외국어로 공부하는, 다시 말해서 L2로 영어를 학습하는 학생들 중 특히, 우리나라 학생들이 가장 고통스럽게 느끼는 영역 중의 하나가 바로 이 전치사 부분이다. 우리나라 학생들의 영어학습과정을 자세히 조사해 보면, 전치사에 관한 오류가 매우 많은 비율을 차지함을 알 수 있다.

전치사를 완벽하게 또 정확하게 사용하는 것은 우리나라 학생들에게는 매우 어려운 문제이고, 또 어떤 면에서는 거의 불가능하다고도 할 수 있는데 그 이유는 다음과 같다.

① 대부분의 영어전치사가 다양한 기능을 가지고 있어서 전치사 형태와 의미 간의 관계가 1대 1의 관계(isomorphic relation)를 유지하고 있지 않고(예: 전치사 'at'의 용법을 사전에서 찾아보면, 18개나 된다) 있어서, 형태를 보고 그 용법을 예측할 수 없다.

② 상이한 전치사가 매우 유사한 용법으로 쓰여져서 학생들이 오류를 범하기가 쉽다. 예를 들어, 'in the morning', 'on Monday morning', 'at night'

등등에서 볼 수 있듯이 세 가지 종류의 전치사가 유사한 용법으로 사용되어 그 용법을 전치사 종류로 예견할 수 없다.

③ 명사, 동사, 그리고 형용사가 각기 특정 전치사와 사용되어 일일이 암기해야 하는 어려움이 있다. 즉, 전치사를 수반하는 어휘범주는 어휘적으로 제한되어 있다(lexically constrained). 예를 들면, '버스에 타고 있다'는 의미를 표시하는 경우에 어휘범주 명사 'bus'와 함께 출현하게 되는 전치사는 'on'이 되어 'on a bus'가 되고, '…에게 화가 나 있다'라는 의미를 표시하기 위하여 형용사 'angry'는 전치사 'with'와 함께 사용되어 'angry with somebody'라고 표시되어야 하며, '…에 도착하다'는 동사 'arrive'는 전치사 'at'과 결합하여 'arrive at'으로, '…를 축하한다'는 의미를 표시할 때는 전치사 'on'을 취하여 'congratulations on'으로 사용해야 한다.

④ 문장 내에서 전치사의 위치가 영어의 경우 한국어보다 매우 복잡하다. 예를 들면, 첫째로, 비공식적인 문체에서는 전치사가 문장 끝에 오는 것이 원칙이다(예: What are you afraid of?, There is the house I told you about, It's a boring place to live in. 등등). 그러나 둘째로, 공식적인 문체에서는 전치사를 문두에 두는 것이 보통이다(예: With whom do you intend to travel?, For whom the bell tolls? 등등). 셋째로는, 어떤 경우에는 전치사를 문미에 두는 것이 자연스럽지 못할 때도 있다. 예를 들면, 'He left in a rage', 'She spoke with great patience' 등은 정문이고 좋으나, 'The rage he left in', 'The patience she spoke with' 등은 비문이 되는데, 그 이유는 이 경우 전치사 'in'과 'with'는 동사보다는 후속어휘(with great patience와 in a rage)인 명사구에 속한 것이기 때문이다.

⑤ 영어에서 전치사와 부사는 매우 유사한 역할을 하기 때문에 하나의 어휘가 전치사, 부사 양쪽으로 다 쓰일 수 있으므로 두 개의 기능을 하나의 어휘가 담당할 수 있는 데서 오는 혼란을 극복해야 하는 부담감이 학생들에게 있기 때문이다. 예를 들어, 'It's very cold (outside) the house'와 'Don't stay (outside), come inside'의 두 문장에서 전자의 ( ) 내의 어휘 'outside'는 전치사인 데 반하여 후자의 문장에서는 부사로 사용되고 있다.

⑥ 전치사에 강세가 있느냐 없느냐에 따라서 그 의미가 달라질 수 있다는 점

이다. 다시 말해서, 특정 효과를 나타내기 위하여 특정 강세형이 사용된다는 말이다. 예를 들면, 'He wants to have a book b́y her'(강세가 전치사 'by'에 있는 경우)와 'He wants to have a book by hér'(강세가 전치사 'by'에 없고 'her'에 강세가 있는 경우)를 비교해 보면, 전치사에 강세가 있는 경우의 문자에서 'by her'는 '그 여자 가까운 장소'(near herself)의 의미를 표시하나, 전치사에 강세가 없고 'her'에 강세가 있는 경우는 '그 여자가 쓴'(written by)의 의미로 사용됨을 알 수 있다. 한국어에서는 영어에서와 같은 억양(intonation)이나 강세(stress)는 찾기 어렵다. 한국어에서는 영어에서 볼 수 있는 강세현상을 찾아볼 수 없기 때문에 학생들로서는 혼란스럽고 부담스럽다고 볼 수 있다.

⑦ 영어에서는 전치사이나 한국어에서는 후치사이다.
예를 들면, 영어에서는 'She is (at) home now'이지만, 한국어에서는 '그 여자는 지금 집(에) 있다'이다.

따라서 영어를 학습하고 있는 한국 학생들은 이러한 영어와 한국어의 구조적 차이점을 인식해야 하며, 특히 전치사를 학습하는 경우에는 의미적 · 구문적 간섭현상이 매우 현저하게 나타나고 있음을 다음의 예문에서 찾아볼 수 있다.

이 예문은 1989년 3월 K대학교 문과대학 영문학과 신입생들의 자기소개 작문에서 취한 것이다.

1. a. I graduated high school in 1984.
   b. I graduated 경기 high school.
2. a. So I'm missing them (friends) by just now.
   b. I like with myself along.
   c. He doesn't want to marry with her.
3. a. I want to study about many fields.
   b. July 30, 88 I got out the army.
   c. So I could speak with American.
4. a. I can speak and listen a little about English.
   b. My hobby is reading about any books.

c. And, this class is good to me.

d. It takes to me by one hour by bus.

위의 예문 1은 영어에서는 필요한 전치사가 빠진 경우인데, 그 이유는 한국어에서는 동사 '졸업한다'와 그 목적어 '고등학교를'과의 관계가 영어의 타동사와 목적어 관계여서 '고등학교를 졸업한다'에서와 같이 '졸업한다'를 'graduate'와 연상시켜 타동사로 취급하였기 때문에 영어에서 필수적으로 요구되는 전치사 'from'이 빠지게 된 것이다.

예문 2에서는 예문 1과는 반대로 불필요한 전치사가 사용된 경우이다. 처음 예문의 경우, 지각 · 감각동사는 '-ing'형태(진행형)를 만들 수 없다는 제한조건이 있음에도 불구하고 그 제한조건을 준수하지 않고 'missing'이라고 사용한 것도 문제이나, 이 경우 전치사 'by'는 전혀 불필요한 것인데 사용된 것이다. 따라서 'I miss them now'라고 하면 된다. 두 번째 예문에서 'with'나 'along' 모두 불필요한 전치사로서, 학생이 원래 의도한 문장은 문맥상으로 볼 때, 'I like (to be) myself alone'으로 생각되어 'alone'을 'along'으로 잘못 철자하였을 가능성도 배제할 수 없다. 세 번째 예문은 한국어에서 '누구누구와 결혼한다'라는 것을 영어로 직역하여 'marry with her'라는 결과를 얻게 되었음을 보여 준다.

예문 3은 학생들이 특정 영어 전치사를 특정 한국어 후치사와 연상 · 연관시킨 결과, 전치사를 잘못 사용한 경우의 예이다.

예문 4는 영어에서는 불필요한 전치사를 첨가하여 사용한 경우이다.

이러한 구문적 · 의미적 연상관계는 어휘의 사용빈도수와 깊은 관계가 있다고 할 수 있다. 위의 예문 3의 첫 번째 문장인 'So I could speak with Americans'와 예문 4 'And this class is good to me'에서 전치사 'with'와 'to'를 한국어 후치사 '-와', '-에게'와 연관시킴으로써, 'So, I could speak to Americans'와 'And this class is good for me'라고 사용하지 못하고 있음을 보여 주고 있다.

이러한 종류의 오류는 Richards(1974, 1976)의 말을 빌리면 언어내적 유추작용(intralingual analogy)에 의한 것이라고 할 수 있으나, 이 경우 우리는 유추작용이란 모국어로부터의 침해나 간섭현상이 없이 모국어 특성이 유추방향과 동일한 경우에만 작용한다는 점을 알아야 한다.

여하튼, 영어를 L2로 학습하는 한국 학생들이 전치사를 학습하는 경우 아래의 네 가지 문제점을 제기할 수 있다.

① 어떤 구문에서 전치사가 있어야 하는지, 아니면 없어도 되는지를 학생들은 알아야 한다.

② 전치사가 있어야 하는 경우, 어떤 전치사를 사용해야 하는지 알아야 한다.

③ 전치사로 사용되는 어휘 중 접속사나 부사로 사용되는 경우도 많다는 것을 알아야 하고, 또한 전치사의 출현 위치도 정확히 알아야 한다.

④ 영어의 특정 전치사와 한국어의 특정 후치사를 연상시키는 것이 합당한지를 알아야 한다.

이러한 문제점을 검토 · 해결하기 위하여 학생들의 '추수감사절' 작문에서 나타난 오류 중 전치사에 관한 것을 전치사의 종류, 위치, 용법을 중심으로 조사하되, 영어에서 필요한 전치사의 생략현상과 불필요한 전치사의 첨가현상, 그리고 전치사의 오용현상 등의 세 가지 관점에서 자세히 분석 · 논의하기로 하자. 이렇게 전치사에 관한 부분을 자세히 조사 · 분석하는 것은 학생들의 작문 오류 중 거의 50% 이상이 전치사에 관한 오류이기 때문이다.

6.1 전치사의 생략현상

영어에서는 필수적으로 요구되는 전치사가 사용되지 않고 빠져 있는 경우를 전치사의 생략현상이라고 말한다. 그렇다면 어떤 종류의 전치사가 가장 많이 생략되고 있는가? 형태를 기준으로 생각해 볼 때, 단순전치사 중 단음절 전치사(박경자 외, 1992 참고)가 가장 많이 생략되고 있다. 의미를 기준으로 볼 때는 시간이나 장소를 나타내는 전치사가 가장 많이 생략되어 있다.

다음의 예문에서 ( )는 전치사나 다른 어휘가 필수적으로 영어에서는 요구되는데, 학생들의 작문에서는 생략되어 있는 경우를 표시한 것이다. 그리고 ( ) 내에 어휘가 있는 경우는 ( ) 내에 어휘가 잘못 사용된 경우이다.

1. All ( ) family have dinner together (this day).
2. But in Canada it is ( ) October.
3. Therefore, the Protestants insisted ( ) Indians (for) their first harvest.

4. ( ) Indians and pilgrims had a big dinner for (the) good luck. It was held ( ) every (forth thursday) ( ) November.
5. And we eat special ( ) (food). ( ) Song pyun.
6. Many people came over ( ) Europe.
7. Thanksgiving is ( ) honor of the frontier spirit and God.
8. So they thanked (god) for their harvest ( ) (making) a good dinner with their family.
9. They came ( ) America about three hundred and fifty yerars ago.
10. When ( ) ancestor ( ) of (American) came over ( ) the New World from Europe, they were short of food.
11. ( ) That day American ( ) eat turkey…
12. I am sure ( ) that.
13. I am not used to listening (to) English yet.

위의 예문 1은 단순 전치사 'of '와 정관사 'the'인 'of the'가 사용되어 있지 않은 경우이다. 뿐만 아니라, (this day)에서 전치사 'on'이 사용되고 있지 않다. 그러면 왜 이러한 영어에서는 필수적으로 요구되는 전치사를 한국 학생은 사용하고 있지 않은가? 그 이유는 아마도 한국어의 부정적인 전이현상 때문이라고 말할 수 있다. 다시 말해서 위 예문 1을 한국어로 할 경우, '모든 가족'이라고 할 때 '모든'과 '가족'이라는 두 개의 어휘 사이에 전치사가 한국어에서는 필요하지 않으며, '이 날'이라고 할 때도 전치사가 한국어에서는 요구되지 않는 결과로 인한 것이다.

예문 2에서는 전치사 'in'이 사용되지 않고 있다. 한국어의 경우 '캐나다에서는 10월이다'가 되어 사실상 '10월'과 '이다' 사이에 전치사가 한국어에서는 요구되지 않고 있다. 따라서 한국어를 직역한 결과로 발생한 오류라고 할 수 있다.

예문 3은 문제가 심각한 문장이라고 생각된다. 먼저, 이 문장을 쓴 학생의 작문에서 이 문장 바로 앞에 나온 문장을 보면, 'When they reached the land of (the) United States, they have a (had) little food and clothes. So the native, Indian, helped them to survive their lives'이다. 여기서 첫 문장에서 ( ) 안의 것은 오류를 바로 잡아 고친 부분이고, 두 번째 문장에서 'the native, Indian'은

'the native Indians'로 하든지, 아니면 'the natives 또는 Indians'로 하고 'helped them to srvive their lives'는 'helped them to lead their lives'나 'helped them to live(lead) a simple life', 또는 'helped them to grow corn, wheat and others'로 바로 잡아도 좋겠다. 즉, 토착민인 인디언들이 청교도들을 도와서 생활을 할 수 있도록 해 주었기 때문에 첫 추수를 하고는 인디언들에게 감사하고 같이 첫 추수 결과로 얻은 음식을 즐기며 神에게 감사한다는 내용을 'Therefore, the Protestants insisted Indians for their first harvest'라고 표현한 것으로 생각할 수 있다.

영어에서 동사 'insist'는 전치사 'on'을 항상 수반하는데, 한국에서는 '고집한다, 주장한다'라는 동사는 전치사를 수반하지 않고 바로 목적어를 취하고 있기 때문에 전치사 'on'을 영어에서 사용하지 않는 학생들이 많게 된다. 따라서 'Therefore, the Protestants insisted on it that the Indians should have dinner together with them to celebrate their first harvest'라고 잡으면 어떨까?

예문 4 중 첫 문장은 정관사 'the'가 사용되지 않고, 또한 'their'를 'the'로 잘못 사용한 경우이다. 두 번째 문장에서는 전치사 'on'과 'in'이 사용되지 않은 경우이다. 한국어에서는 '11월 넷째 목요일마다 추수감사절이 지켜진다', '추수감사절은 11월 넷째 목요일이다'이다. 따라서 한국에서는 '11월'이란 단어 다음에 후치사가 사용되지 않고, 이를 영어로 직역하여 사용한 결과 전치사 'in'이 사용되지 않게 된 것이라고 할 수 있다.

예문 5는 'food'를 'foods'로 하여야 하고, (   ) 안에 'like'가 사용되지 않은 결과로 발생한 오류의 예이다. 이 예문의 경우, 한국에서는 후치사가 필요하기 때문에('송편 같은 특별한 음식을 먹는다') 'Song-pyun' 앞에 어떤 종류의 전치사건 전치사를 사용할 것 같은데 사용하지 않고 있다. 그 이유는 무엇인가? 우리는 그 이유를 다음의 두 가지로 생각할 수 있다.

① 'food'와 'Song-pyun'을 동격으로 처리하였기 때문이다. 동격이므로 전치사가 필요치 않고 콤마만이 필요하다.

② '특별한 음식 송편'을 그대로 영어로 직역하였기 때문이다.

위의 두 가지 이유 중 ①은 학습자의 영어지식이 어느 정도 수준에 있음을 알려 주며, ②는 한국어의 부정적 전이현상의 결과로 인한 것이다.

예문 6은 전치사 'from'이 사용되고 있지 않은 경우이다. 여기서는 전치사

'over'를 '…을 넘어서, 건너와서'의 의미로 학습자가 받아들여 또 다른 전치사가 필요하지 않다고 판단한 결과인 것 같다. 즉, 학습자가 특정 한국어 후치사와 영어의 전치사를 동일한 것으로 오해한 결과로 발생한 오류이다.

예문 10도 전치사 'over' 다음에 다른 전치사 'to'가 사용되고 있지 않은 경우이다. 이들 경우에서 알 수 있듯이 학습자는 이 시기에 전치사 두 개를 동시에 사용하지 않고 있다. 이들 학습자는 'came over'가 하나의 단위로 쓰이는 2어 동사(구동사라고도 한다)이므로, 다음에 오는 전치사는 명사구와 결합되어 있다는 사실을 깊이 인식하지 못하는 것 같다.

예문 7은 전치사 'in'이 사용되고 있지 않은 경우이다. 이 문장은 '추수감사절은 개척정신과 神을 위한 것이다'라는 의미를 표시하는 것으로, 'in honor of'가 하나의 관용어구, 숙어로 되어 있는데 학습자는 그것을 잘 이해하지 못한 것 같다. 또 한 가지 이유는 'Thanksgiving' 다음에 'be'동사가 오기 때문에 명사를 직접 사용하는 'NVN' 책략을 학습자가 이용한 결과라고 볼 수도 있다.

예문 8은 'god'의 첫 글자를 대문자로 쓰지 않았고(유일신을 표시하기 때문에 대문자를 사용해야 함), 전치사 'by'를 사용하지 않은 경우이다. 대문자로 'G'를 표시하지 않은 것은 한국어에 대문자가 사용되지 않을뿐더러, 영어의 경우에도 문장 첫 글자를 대문자로 한다는 규칙만을 알고 적용시킨 때문이다. 전치사 'by'를 사용하지 않은 이유는 '저녁을 잘 준비하는(잘 준비하여) 추수감사를 神에게 감사드린다'라는 의미로 학습자가 이해하여 전치사의 필요성을 인식하고 있지 못하기 때문이다. 즉, 한국어에서는 전치사가 사용되지 않기 때문이다. 이 예문은 '…by having a good dinner with their family'가 정문이다.

예문 9는 전치사 'to'가 사용되지 않은 경우이다. 그 이유는 역시 한국어의 전이현상 때문이다. 학습자는 'come here, he came here'에서 장소를 나타내는 부사에는 전치사가 사용되지 않고 있음을 보아왔기 때문인 것 같다. 예문 9와 10에서도 장소를 나타내는 어휘 'America, the New World'가 각각 사용되고 있고, 예문 10에서는 특히 전치사 'over'가 사용되고 있어서 더욱이 'to'를 사용하지 않을 것이라고 사려된다. 예문 11은 전치사 'on'과 복수형이 사용되지 않은 경우인데, 이것 역시 모국어의 전이현상 때문이다. 한국어에서는 '그날 미국 사람들은 칠면조 요리를 든다…'로 후치사가 필요없기 때문이다.

예문 12는 전치사 'of'가 사용되지 않은 경우로, 그 이유는 모국어의 전이현상으로 인한 것이다. 한국어에서는 '나는 그것을 확신한다'로서 전치사가 필요없다. 예문 13 또한 전치사 'to'가 빠진 경우로 모국어의 간섭현상 때문에 발생한 오류이다. 한국어에서는 목적어인 '영어를'과 동사인 '듣는 데 익숙하지 않다' 사이에 전치사가 필요하지 않다.

결론적으로 말해서 전치사의 생략현상의 대부분은 모국어의 부정적 전이현상으로 인한 것이라고 할 수 있다.

한마디로 영어전치사의 형태와 의미 · 기능 간에 대응관계가 일정하지 않기 때문에 예측 불가능하다는 점이 학습의 중요 장애요인이 된다.

6.2 전치사의 첨가현상

영어에서는 요구되지 않은 전치사가 사용되는 경우를 전치사의 첨가현상이라고 한다. 다음의 예문을 보자:

1. It was started (from) 350 years ago.
2. When they harvested for the first time, they thanked (for) their god.
3. …I have had a hard time (in) this semester.
4. I will study harder (in) next semester.
5. I am always (in) helplessness.
6. (At any way), the Thanksgiving is memorable to me.
7. I have to study more hard (in the) next semester.
8. I am busy (in) studying English and other subject.
9. Though it was difficult to memorize all (of) the dialogue, it enabled me to speak English a little ultimately.
10. I think there must be more lab classes because most (of) the students are not accustomed to listening and speaking English.
11. I thank(ed for) Prof. Pak.
12. I will try to get a good grade (at) the next semester.

위 예문에서 ( ) 안의 것은 학습자가 영어에서는 사실상 요구되지 않는 것인데 첨가한 것이다. 전치사의 첨가현상은 전치사의 생략현상이나 오용현상보다는 빈도수가 덜하다고 할 수 있다. 전체 전치사의 오류 중 거의 반 정도가 생략현상에 해당하고, 나머지 반 중에서 50% 이상이 전치사의 오용현상에, 그리고 그 나머지가 전치사의 첨가현상에 해당된다. 첨가되는 전치사의 종류는 주로 단음절 전치사가 대부분을 차지하고 있으며, 의미적으로 볼 때 장소나 시간을 표시하는 전치사가 주로 첨가되고 있음을 볼 수 있다.

예문 1은 전치사 'from'이 잘못 첨가된 것이다. 왜 영어에서는 요구되지 않는 전치사가 첨가된 것일까? 그 이유는 아마도 모국어의 부정적 전이현상, 즉 간섭현상 때문인 것 같다. 한국어에서 '350년 전부터 시작되었다'라고 하는 것을 그대로 직역한 결과이다.

예문 2는 영어에서는 요구되지 않는 전치사가 사용된 경우이다. 이러한 불필요한 전치사의 첨가현상은 모국어의 간섭현상, 구체적으로 모국어를 직역한 결과로 발생한 오류이다. 한국어로 '신에게(께) 감사한다'라고 하는데, 이때 사용된 '…에게(께)'를 영어로 직역하면 'to, for'가 된다.

예문 1과 2의 전치사 첨가로 인한 오류발생 원인으로 ① 모국어의 전이현상 뿐만 아니라, ② L2(영어)가 L1(한국어)에 미치는 영향, 즉 모국어 마모현상을 들 수 있다. 영어에서는 전치사가 명사구 앞에 많이 사용되고 있는 반면에 한국어에서는 후치사가 사용되고 있으며, 전치사는 사용되고 있지 않기 때문에 영어학습에 어느 정도 익숙한 학습자는 필요 이상으로 전치사를 많이 사용할 수가 있다. 이는 학습자가 영어에서는 전치사가 많이 사용된다는 선입관을 가지고 있어서 명사구 앞에서는 어디서나 전치사를 사용하고자 하는 데서 오는 오류현상이라고 말할 수 있다.

모국어 마모현상으로 위의 오류를 설명할 수 있다는 또 하나의 이유로는 전치사 첨가현상을 보인 학생들의 작문이 모두 일정 수준을 넘는, 그 반에서는 상위에 속하는 것이었다는 점에서 볼 때 영어문법에 너무 집착한 나머지, 전치사를 과다사용하고 있음을 알 수 있다. 이러한 전치사의 과다사용 문제는 학습자의 유추작용과도 관계되는 것으로 볼 수 있는데, 이 경우 한 가지 짚고 넘어갈 점은 학습자의 모국어 특징이 유추방향과 동일한 경우에 발생한다는 점이다.

예문 3과 4, 그리고 5. 7. 8.은 전치사 'in'이, 그리고 예문 11은 전치사 'at'이 사용되지 않아야 하는데 사용되고 있는 경우이다. 그 이유는 첫째로 한국에서는 '…에는', '…에', '…하는 데에' 등등의 후치사가 요구되므로 한국어를 그대로 영어로 직역한 결과인 모국어 간섭현상과, 둘째로는 목표어인 영어의 전치사 사용에 너무 집착한 나머지 전치사를 명사구 앞에 과다하게 사용한 결과로서 L1이 L2에 영향을 미치는 동사에 L2가 L1에도 영향을 미치고 있음을 알 수 있다. 그러나 첫 번째 이유가 더 타당하다는 것은 동일한 명사구인 'the next semester' 앞에 어떤 학습자는 'in'을, 또 어떤 학습자는 'at'을 사용하고 있음을 보고 알 수 있다. 즉, 학습자에 따라서 '다음 학기에는…'이라는 어구에서 '…에는'을 영역하는 과정에서 각기 다른 전치사를 취하고 있음을 알 수 있기 때문이다.

예문 6은 단순전치사 'at'이 필요 없이 사용된 경우이다. 그러면 왜 'at'이 사용되고 있는가? 그 이유는 첫째로 한국어에서는 '어쨌든 간에 추수감사절은 나에게…'라는 문장을 영어로 직역한 결과이며, 둘째로는 영어 전치사에 너무 집착한 나머지 전치사 사용규칙을 과다하게 사용한 결과이다.

예문 9와 10, 그리고 12는 요구되지 않은 전치사 'of'와 'for'가 각각 사용되고 있는 경우로, 이것 역시 한국어를 영어로 직역하는 과정에서 발생한 오류이다.

이상에서 우리는 전치사의 첨가현상은 주로 모국어를 영어로 직역하는 과정에서 발생하므로, 모국어 간섭현상으로 설명할 수 있음을 논의하였다. 동시에 이러한 전치사의 첨가현상은 학습자가 목표어인 영어의 전치사 사용에 너무 집착한 나머지 모든 명사구 앞에서 전치사를 사용해야 한다는 일종의 전치사 사용규칙을 가지고 있어, 이러한 규칙이 모국어 간섭현상과 맞아떨어질 때에 발생하는 오류라고 설명할 수 있음을 보았다. 따라서 모국어 간섭현상과 목표어에 대하여 학습자가 가지고 있는 규칙의 과다사용현상은 상보적 관계(complementary distribution)에 있는 것이라고 하기보다는 오히려 동시에 발생하는 공기현상(co-occurrance phenomenon)이라고 할 수 있겠다.

6.3 전치사의 오용현상

전치사의 오용현상은 영어에서 요구되는 특정 전치사 대신에 다른 종류의 전치사가 사용되어 발생하는 오류를 말한다. 요구되는 전치사가 사용되지 않고 다른 전치사가 사용되고 있다는 의미로 전치사의 오용현상이라고 부르기로 한다.

전치사의 오용현상 역시 단순전치사가 대부분이며 의미적인 관점에서 볼 때, 'by, to, in' 등등의 전치사가 대부분이다. 학생들의 작문에서 취한 다음의 예문을 보자:

1. Some people immigrated from Europe (into) America.
2. Thanksgivingday's date is different (from) each country.
3. Now (Occidental) celebrate it (in) the fourth Thursday of November.
4. They came (into) America in 1620.
5. When ( ) Mayflower's people arrived (at) America they were at a loss ( ) what to do.
6. At that time, they met Indians who were ( ) pre-residents (in) (this) country.
7. They were (in) good terms with the Indians.
8. It was a hard time (to) them.
9. … (in) this day.
10. … (in) this time.
11. They celebrated it (on) October.
12. They are thankful (for) their ancestors.
13. Except that (in) Canada, Thanksgiving (always is) celebrated (in) the fourth Thursday of November.
14. I was not diligent (for) lab class.
15. Listening to English is hard (to) me.
16. Indians helped them (to give the) seeds of corn, so they could live so far.

예문 1과 4는 전치사 'to'가 요구되는 곳에 'into'를 사용한 결과로 발생한 오류이다. 이와 같은 오류를 범한 학생이 상당수에 달하고 있고, 특기할 만한 점은 '이민을 보낸다'는 의미로 사용되는 'emigrate'와 '이민을 온다'는 의미로 사용되는 'immigrate'의 어휘사용을 혼돈하는 학생이 상당수 있다는 점이다.

그러면 왜 이러한 오류와 혼동이 발생하는가?

한국어의 경우, '미국에(으로) 이민온다' 또는 '미국에(으로) 이민간다'는 말을 영어로 직역하면 'immigrate into America', 'immigrate to America'로 각각 된다. '미국 안으로'라는 보다 세밀한 의미로 직역하는 경우에는 'immigrate into America'로 된다. 따라서 세밀하게 영어로 직역한 결과라고 볼 수도 있다. 또한, 영어표현에 너무 집착한 나머지 어떤 공간 속으로 들어간다는 의미로 'go into the house'를 사용하듯이 사용하고 있다고도 할 수 있다. 어떤 나라를 중심으로 그 나라에서 다른 나라로 이민을 나가는 경우에 'emigrate'를 그 나라로 이민이 들어오는 경우를 'immigrate'를 사용하는 어휘사용의 의미규칙을 학습자가 잘 모르고 있고, 또한 두 개의 어휘절차가 비슷한 동의어와 유사하므로 어휘사용에 혼동이 있을 수 있다.

예문 2는 (from) 대신에 전치사 'in'이 요구되는 경우이다. 학습자가 전치사 'from'을 오용하게 되는 이유는 영어학습 시 학습자가 자주 사용되는 (관용)어구나 숙어를 암기하게 되는데, 그중 가장 많이 사용되는 것 중의 하나가 'different from'(…과 다르다)이므로, 'different'라는 어휘만 나오면 자동적으로 'from'을 사용할 정도이다. 따라서 전치사 'from'이 오용되고 있다. 또 하나의 이유로는 모국어 전이현상을 들 수 있다. '추수감사절 날짜는 각 나라마다 서로 다르다'를 영어로 직역하게 되면 'A와 B는 다르다'라는 의미의 'A is different from B'라는 어구를 그대로 차용하여 '…different from each country'로 직역하게 된다. 이 경우 학습자는 '날짜는 각 나라와 서로 다르다'가 되어 '날짜'와 '각 나라'가 서로 대조되고 있어서 문제가 되며, 따라서 아무 의미도 없는 이상한 비문이 된다는 사실을 인식하고 있지 못하다.

예문 3과 5는 전치사 'on'과 'in'을 사용하여야 할 때 전치사 'in'과 'at'을 잘못 사용하여 발생한 오류의 예이다. 영어의 경우 넓은 장소나 시기를 말할 때는 'in America, in Korea, in October' 등등으로 전치사 'in'을 사용하지만, 범위가 작은 장소나 시간을 언급하는 경우에는 'on the desk, on the table, on the fourth Thursday, on Tuesday' 등등 전치사 'on'을 사용하고 있다. 범위가 가장 작은 경우에는 전치사 'at'을 사용하여 'at the door, at the top of the house, at ten, at nine, at Oxford' 등등의 예를 만들 수 있다. 그러나 한국어에서는 이러한 범위의 구분없이 어디서나 '한국에는, 미국에는, 9월에는, 네 번째 목요일에는 등등 …에는'의 한 가지 표현으로 사용된다. 따라서 여러 가지 전치사가 경우에 따라 각기 달리 사용되는 영어와는 달리 한국어에서는 한 가지 후치사가 사용되므로, 학습자는 한 가지 후치사를 사용하는 모국어의 규칙에서 벗어나 여러 가지 전치사를 사용하는 영어의 규칙을 사용하여야 하는 부담감이 있다. 즉, 학습자의 입장에서는 규칙을 과도하게 구별하여야 하는 부담감이 있으므로 오류가 발생하기 쉽다. 한마디로 말해서 모국어의 간섭현상으로 인한 결과로 오류가 발생한다고 할 수 있다.

예문 6은 'pre-residents' 앞에 정관사 'the'가, 그리고 'in this country'는 'of the country'가 대신 사용되어야 정문이 된다. 따라서 학습자는 정관사와 전치사 'of'의 사용에 문제가 있다고 할 수 있다. 한국어로 이 문장의 내용을 바꾸면 '이 나라(즉, 미국)에 그 전부터 거주하고 있었던 인디언들…'이 되어, '이 나라에…'를 영어로 직역한 결과로 'in this country'라는 오류가 발생한 것이므로, 이것 역시 모국어 간섭현상의 결과라고 할 수 있다.

예문 7은 전치사 'in'을 전치사 'on' 대신에 잘못 사용한 결과로 인한 오류의 예이다. 사실 영어에는 관용어구와 숙어가 많이 사용되고 있으며, 이러한 관용어구나 숙어를 모르면 영어를 이해하는 데 많은 지장이 초래된다. 이 경우도 'on good terms with'는 '…과 좋은 사이로'라는 의미의 관용어·숙어이다. 따라서 학습자가 영어에서 자주 사용되는 관용어구나 숙어를 모르고 있어서 발생한 오류이다.

예문 8과 12는 전치사 'for'를 사용하여야 할 곳에 전치사 'to'를 오용한 결과로 인하여 발생한 오류의 예이다. 한국어로 표현하면, '그들에게는 매우 어려운 일이었다'와 '그들의 조상들에게 감사'로 '…에게…'를 영어로 직역한 결과로 발생한 오류이다. 따라서 이것 역시 모국어 간섭현상으로 인한 오류이다.

예문 9와 10, 그리고 11은 전치사 'in'이 전치사 'on'과 'at'이 각각 사용되어야 할 장소에 잘못 사용된 결과 발생한 오류의 예이다. 앞의 예문 3과 5에서 논의한 것과 같은 이유에서 발생한 전치사 오용의 예이다.

예문 13은 전치사 'of'를 사용하여야 할 장소에 전치사 'in'을 오용한 경우의 예이다. 한국어로 표현하면, '캐나다에서는 예외이지만…'으로 표현되는데 여기에서 '…에서는…'을 영어로 직역한 결과로, 전치사 'in'을 학습자가 오용하게 된 경우로 모국어 간섭현상에서 그 원인을 찾을 수 있다. 학습자는 또한 어순상의 오류와 전치사 'in'을 'on' 대신에 오용하는 오류도 범하고 있다.

예문 14는 전치사 'in'을 사용하여야 할 장소에 전치사 'for'를 오용한 경우의 예이다. '근면하다'라는 어휘는 영어로 'diligent'라고 하는데, '…에 정진한다'라는 의미를 표현할 때는 'diligent for'가 아니라 'diligent in…'으로 표현하는 것이 영어이다. 한국어로 '나는 영어 실습시간에 정진하지 않았다'인데, 왜 전치사 'for'가 사용되고 있는가? 그 이유는 아마도 이 학습자가 나름대로 영어식으로 생각한다고 생각한 결과인 것 같다. 즉, 전치사 'for'는 diligent'와 연관된 것으로 생각하지 않고, 그 다음에 오는 명사구인 'lab class'와 연관시켜서 'for lab class'로 생각한 것 같다. 따라서 학습자 나름으로는 L2식으로 생각한 결과임으로 발달상의 오류 또는 목표어의 영향으로 인한 오류라고 할 수 있다.

예문 15는 전치사 'to'가 전치사 'for' 대신에 오용된 경우이다. 한국어로 '영어듣기는 나에게는 매우 어렵다'가 되는데, 이때 '…나에게는…'을 영어로 직역하면 'to me'가 된다. 따라서 이 경우는 학습자의 모국어 간섭현상으로 인한 오류라고 할 수 있다.

예문 16은 'to give'를 'by giving…' 대신에 잘못 사용한 결과로 발생한 오류의 예이다. 한국어로 표현하면, '토착민인 인디언들이 이주해 온 사람들을 도와주어 옥수수나 기타 곡식의 씨를 주었다…'라는 문장이 되는데 이것을 영어로 번역하는 경우, 인디언들이 도와주는 것하고 씨앗을 주는 것하고의 관계를 분명히 이해하여야만 제대로 번역을 할 수 있다. 즉, 씨앗을 줌으로써 이주민들을 인디언들이 도와주었다라는 내용이 되어야 문맥상으로 옳은 문장이 된다. 그런데 '씨앗을 주기 위하여 인디언들이 이주민을 도왔다'라고 하면 의미가 통하지 않게 되어 비문이 되게 된다. 또한, '씨앗'이라는 어휘인 'seeds' 앞에는 정관사가 영어에서는 요구되지 않는데 첨가적으로 잘못 사용되고 있다. 따라서 이 문장의 오류는 학습자의 문맥파악 결여에서 온 것이라고 할 수 있다.

이상 전치사의 오류를 분석한 결과 우리는 다음과 같은 결론을 얻을 수 있다:

① 대부분의 전치사 오류는 단순전치사에 한한다.

② 전치사 오류의 원인은 첫째, 모국어 간섭현상과 직역으로 인한 결과, 둘째, 학습자의 언어발달상의 오류, 셋째, 목표어가 모국어에 미치는 영향으로 인한 오류, 넷째, 학습자가 영어 관용어구와 숙어를 잘 알지 못하는 데

서 오는 오류, 그리고 다섯째, 학습자의 문맥파악 결여에서 오는 오류 등등이다.

③ 전치사의 오류는 첫째, 전치사의 생략현상, 둘째, 첨가현상, 그리고 셋째, 오용현상 등의 세 가지로 구분할 수 있다.

④ 전치사의 오류 중 생략현상이 제일 많고 그 다음이 오용현상, 그리고 그 다음에 첨가현상의 순서이다

⑤ 전치사의 오류는 의미적인 관점에서 볼 때, 시간이나 장소를 표시하는 전치사의 오류가 제일 많다.

⑥ 전치사의 오류는 학습자의 오류 중 관사 다음으로 빈도수가 많다. 그 이유는 아마도 관사나 전치사는 그 성격상 'list frequency'와 'text frequency'가 많기 때문인 것 같다.

⑦ 전치사 오류의 원인이 대부분 모국어(L1) 간섭현상인 전이현상에 있으므로, 대비분석의 타당성과 장점을 잘 살려서 외국어 교수에 이용하면 좋은 결과를 얻을 수 있을 것이라고 생각된다.

7. 어순(Word Order)

어순은 구문분야뿐만 아니라 제2언어 습득분야에서도 가장 많이 집중적으로 연구되어 온 주제 중의 하나이다. 특히 언어학습 및 언어습득 분야에서 어순이 집중적으로 연구된 이유는 첫째로, 오류란 대부분 모국어 전이현상을 반영하는 데 반하여 어순은 이러한 모국어 전이현상을 반영하지 않는 오류를 학습자가 범한다는 가정을 증명하는 데 강력한 증거가 되기 때문이라고 할 수 있다(Dulay와 Burt, 1974). 즉, 언어전이현상은 어순에서는 일어나지 않으며, 만일 일어난다손 치더라도 무시할 만한 정도라는 것이다. 둘째로, 어순의 경직성(rigidity)은 언어에 따라서 다양하지만, 대체로 전이가 가능한 속성이므로 모국어 어순이 좀 유연하고 목표어 어순이 좀 경직된 경우에 학습자는 여러 가지 어순을 사용할 수도 있기 때문에 언어전이현상을 반영하는 증거가 되기 때문이다. 즉, 언어전이현상을 어순에서 명확하게 찾아볼 수 있다는 것이다(Granfors와 Palmberg, 1976; Trévise, 1986). 따라서 어순연구는 전이현상을 보다 잘 이해하는 데 있어서뿐만 아니라 담화, 구문유형 또는 기타 다른 제2언어 습득에 영향을 주는 다른 요인을 이해하는 데 매

우 중요하다.

영어와 한국어의 어순은 매우 다르다. 영어 어순은 주어, 동사, 목적어, 즉 S, V, O의 순서가 경직되어 있는 반면에, 예를 들어, 한국어에서는 "대학생은 중학생보다 영어공부를 훨씬 더 많이 해야 한다"라는 문장은 영어로는 "College students should study English harder than Middle School students"가 된다. 위의 한국어 문장을 어순 그대로 영어로 옮기면 College students Middle School students than English study harder should가 되어야 한다.

어순에 관하여는 이번 장에서 제시된 자료에서 나타난 문장만 조사·분석하기로 하자. 5월 24일에 작문한 한 여학생의 첫째 문장은 다음과 같다.

Americans came over from Europe like maybe three hundred and fifty years ago.

거의 모든 학생의 작문에서 어순상의 오류는 거의 찾아 볼 수가 없었다. 어순상의 오류가 있다면, 다음의 예문에서 볼 수 있는 것이 전부이다.

1. Washington president
2. Thanksgiving always is celebrated in November.
3. But Canada is except.

위의 예문 1은 우리말 어순에서 '워싱턴 대통령'이나 영어에서는 'president Washington'이 정문이므로 한국어 어순의 전이현상 결과이다. 예문 2에서도 한국어 어순으로는 '추수감사절은 항상 11월에 있다'이나 영어에서는 'Thanksgiving is always celebrated in November'이므로 역시 한국어의 전이현상 결과이다. 예문 3은 한국어에서는 '캐나다는 예외이다'이므로 이것을 영어로 직역한 결과이다. 영어에서는 'but except in(for) Canada'가 정문이므로 역시 한국어 전이현상의 결과라고 할 수 있다.

그렇다면 한국어와 영어의 어순이 매우 다른데, 왜 어순상의 전이현상은 많이 나타나지 않을까? 이 질문에 대한 대답으로 우리는 다음의 두 가지 이유를 들어 제시할 수 있다.

첫째, 영어 어순이 SVO인 반면에 한국어 어순은 SOV이므로 보편원리에 의

하며, 법조동사 요소가 영어에서는 동사어간을 선행하지만, 한국어에서는 후행한다. 또한, 부사 상당어와 관계절이나 보문절이 영어에서는 수식되는 절 다음에 오지만 한국어에서는 앞에 온다. 그리고 형용사, 관사, 소유형 등은 한국어와 영어 양쪽에서 모두 수식어휘 앞에 위치한다. 이를 도표로 표시하면 [도표 10-2]와 같다.

도표 10-2 한국어와 영어의 기본 특징 비교

	한 국 어	영 어
1. 어 순	SVO	SVO
2. 법조동사(M)	M+V-stem	V-stem+M
3. 수식절	부사 · 보어 · 관계절+수식되는 절	수식되는 절+부사+보어 · 관계절
4. 수식어	수식어+수식되는 어휘	수식어+수식되는 어휘
5. 접 사	후치	전치

이상의 [도표 10-2]에서 우리는 영어와 한국어가 어순 면에서 같은 점(4. 수식어 참고)도 있으나 여러 가지 면에서 거울영상(mirror image)을 하고 있음을 알 수 있다. 그리고 이러한 거울영상은 언어 산출과 개념화 과정에 어떤 보편적인 함축성과 연관성이 있음을 반영하고 있으며, 이러한 보편성은 다름이 아닌 자연적인 현상으로서, 기본어순인 SVO를 내재화한 경우, 학습자는 내재화한 함축적인 보편원리에 어긋나는 모국어 어순을 따르기보다는 보편원리에 부합되는 자연적인 어순을 따르게 된다는 사실을 알 수 있다. 개념화 과정과 언어 산출 과정이 있음은 어느 언어에서나 보편적인 사실이고 따라서 보편적인 어순현상이 있음을 쉽게 가정할 수 있다.

영어 어순학습을 쉽고, 그리고 빨리하게 되는 또 한 가지 이유로 들 수 있는 것은 영어의 경우 어휘의 순서는 의미변화에 기능적인 역할을 한다는 점이다. 즉, 영어의 주어와 목적어(직접목적어와 간접목적어)의 순서를 변화시킬 경우, 의미변화가 초래된다는 점이다. 그 이유는 영어의 발달과정을 통하여 볼 때 문장을 구성하고 있는 각 어휘가 문장에서 담당하고 있는 기능, 역할을 표시하는 굴절어미가 상실되므로 그 결과 어순이 고정되게 되었다는 점이다. 따라서 고대영어에서는 다음과 같이 어순이 자유스러웠다.

a. ic hit eom.

b. hit eom ic.

c. eom hit ic.

d. ic eom hit.

e. hit ic eom.

f. eom ic hit.

즉, 'I am it'라는 문장의 가능한 어순은 여섯 가지였다. 그 이유는 어순이 아무리 변하더라도 'eom'이란 동사의 형태를 보면 'I'와 연관되어 있는 'be'동사인 'am'인 것이 확실히 표시되기 때문이다. 따라서 어휘의 굴절형태가 모든 정보를 다 지니고 있었다는 말이다. 그러나 현대영어로 오면서, 굴절형이 상실되고 따라서 어순으로 구문상의 정보를 나타나게 되어 문장 첫머리에 오는 명사는 주로 주어의 기능을 담당하게 되었다.

그러나 한국어의 경우, 명사의 격은 주로 격 표시어로 표시가 되기 때문에 어순은 별 의미가 없고, 따라서 자유어순이 가능하게 되는 것이다. 따라서 어순상의 오류가 많지 않은 이유는 ① 보편어순과, ② 한국어의 자유어순 등 양쪽에서 그 원인을 찾을 수 있다고 하겠다.

마지막으로 어순학습상의 오류가 별로 없는 이유는 '추수감사절'에 관한 내용을 너무 많이 다루어서 학생들이 그 내용에 어느 정도 친숙하고 학생들이 잘 알고 있는 내용의 것만을 작문으로 하였기 때문에 오류발생률이 낮은 것이 아닌가 한다. 즉, 학생들이 내용이 친숙하고 아는 것만 작문하고 잘 모르는 내용과 구문은 피하기 때문에 발생하는 기피증에 있을 수도 있다.

4. It is always the fourth Thursday of November now.

예문 4 에서는 'now'의 위치가 'is'와 'always' 중간에 있어야 더 영어적이라고 할 수 있다. 이것은 "현재에는 항상 11월 넷째 목요일이다"를 영역한 것으로 현재라는 어휘 'now'를 어두에 넣는 것은 학생들이 갖고 있는 SVO 틀에 맞지 않으므로 어미로 간 것 같다. 영어 부사의 문장 내 위치(어순)에 관한 것은 매우 복잡하다(박경자 외, 1992: 부사 참고).

5. Except (that) in Canada, Thanksgiving (always is) celebrated (in) the fourth Thursday of November.

이 경우 'always'의 위치가 'is'와 'celebrated' 중간에 있어야 영어적 표현이라고 할 수 있다. 영어문장 내에서의 부사의 위치는 외국 학생들, 특히 우리나라 학생들에게는 상당히 어려운 문제이다. 그 이유는 한국어에서는 부사의 위치가 비교적 자유스러워서 아래와 같은 a. 문장이 가능한 데 반하여, 영어에서 부사의 위치는 그 부사가 문장 부사인가 아니면 동사구 부사인가에 따라서 부사의 위치가 다르기 때문이다(박경자 외, 1992 참고).

a. 나는 항상 공부를 열심히 한다.
   항상 나는 공부를 열심히 한다.
   나는 공부를 항상 열심히 한다.
   나는 공부를 열심히 한다. 항상
   나는 공부를 열심히 항상 한다.
   공부를 항상 열심히 나는 한다. 등등

b. I always study hard.
   I study always hard.
   I study hard always.
   Study hard I always.
   Study hard always I.
   Study I hard always.
   Study I always hard.
   Always I study hard.
   Always I hard Study.
   Always study I hard.
   Always study hard I. 등등

학습자는 ① 수동형인 'is celebrated'를 아직 분리시키지 못하는 단계에 있고, ② 한국어에서 '추수감사절은 항상…이다'라는 모국어의 전이현상에 그 원인을 돌릴 수 있다고 본다.

6. So, always I worried and worried

이 문장에서 ① 먼저, 종지부가 사용되지 않았고, ② 부사의 위치가 'I' 다음에 와야 한다. 학습자는 위에 든 이유 외에도 'So'가 나와 있기 때문에 도치현상을 적용시켰는지도 모르겠다.

7. I have been many (classes) Freshman English Lab.

이 문장에서는 ( ) 내에 있는 'classes'가 문미로 가서 'Lab classes'가 되어야 한다. '많은 수업, 교양영어실습'이라는 의미로 사용한 것 같다.

8. For, by myself, only by my trial and effort (it is) possible to improve my ability of hearing and speaking English freely.

이 문장에서는 ( ) 내의 'it is'가 'is it'로 도치되어야 하는데, 학습자가 그 규칙을 완전히 습득하지 못한 것 같다.

9. I have learned listening comprehension (English).
10. I will (be never) absent….
11. …(highly) I became improved.
12. …(these all) courses…
13. …Washington president…
14. They are pilgrim(s) Fathers (what we call).

예문 9는 'I have learned English listening comprehension'이 되어야 정문이 된다. 한국어의 간섭현상이 이유가 된다면, '영어듣기 또는 청해'가 되어 'English listening comprehension'이 될 터인데, 어순이 바뀐 이유는 아마도 학습자의 독특한 발달단계에 기인한 것인지도 모를 일이다. 다시 말해서 영어식 사고방식으로는 '청해력'과 그 청해력은 '…에 대한 것이다'라는 식으로 어순을 결정한 것인지도 모를 일이다. 이 학습자의 자료를 보다 많이 수집하여 분석하여야 정확한 이유를 알 수 있을 것 같다.

예문 10은 'I will never be absent…'가 되어야 정문이 된다. 학습자는 조동사 다음에 본동사가 위치한다는 규칙을 너무 잘 지킨 결과 이러한 오류를 범한 것 같다. 모국어의 간섭현상으로 인한 결과는 아니다.

예문 11은 'I became highly improved'로 되어야 정문이 된다. 이 경우 부사 'highly'는 동사구 부사로 동사인 'improved'를 수식하고 있다. 한국어의 경우는 '나는 매우 발전하게 되었다', '매우 나는 발전하게 되었다'가 되어 부사가 문두나 동사구 앞에 위치할 수 있다.

예문 12는 '…all these courses…'가 되어야 한다. 어순을 'these all course'라고 한 것은 아마도 한국어 '이러한 모든 교과목은…'을 영어로 직역한 결과라고 볼 수 있다.

예문 13은 한국어의 워싱턴 대통령을 영어로 직역한 결과 발생한 오류로 L1의 전이현상으로 인한 오류이다.

예문 14에서는 (what we call)이 'They are' 다음 위치로 와야 하고, 'Pilgrim(s)'에서 '(s)'가 빠져야 정문이 된다. 'Pilgrim Fathers'라고 하지 않은 이유는 아마도 학습자가 이들 두 단어를 각각 별개로 취급하였기 때문이라고 생각되며, 어순상의 문제는 (what we call)을 영어의 관계절같이 해석하여 명사를 수식하게 하였거나 아니면 자유스런 어순을 그대로 따라서 문미에 위치시킨 결과라고도 볼 수 있다.

이상 어순에 관한 오류를 분석한 결과 우리는 다음의 결론을 얻을 수 있다.

① 어순에 관한 오류는 다른 종류의 오류에 비하여 그 수가 훨씬 적다.

② 어순에 관한 오류가 빈도수에서 적은 이유는 아마도 보편어순과 한국어의 자유어순, 그리고 학생들이 잘 모르는 구문을 피하여 가는 데에서 그 원인을 찾을 수 있다.

③ 어순상의 오류원인으로는 모국어 전이현상으로 인한 것이 제일 많고, 다음으로 발달오류, 그리고 목표어 규칙의 과다사용으로 인한 것이 있다.

8. 수(Number)

학생들이 가장 많이 오류를 범하는 문법사항 중이 하나는 수(number)에 관한 것이다. 우리말에서는 복수를 나타내는 개념이 있기는 하지만 실제로 별로 쓰이지 않기 때문에 학생들이 영어를 학습하는 경우에 복수개념을 잊는 수가 많다. 우리말에서는 '-들'을 명사 뒤에 첨가하여 복수개념을 표시할 수 있다. 따라서 '책들, 사람들, 자동차들' 등등으로 복수개념을 표시할 수 있지만, 실제생활에서 사용될 때는 '책, 사람, 자동차' 등등으로, 즉 단수형으로 복수개념을 표시하고 있다. 또한, 우리말의 경우 인칭과 수의 일치관계가 없으므로, 다시 말해서 3인칭 단수를 받는 동사 현재형에 특별한 형태소가 첨가되는 것이 아니므로, 영어를 학습하는 경우 삼인칭 단수 현재형으로 받는 '-s'형을 제대로 사용하지 못하는 경우가 상당히 있다. 즉, 명사의 수와 동사의 3인칭 현재 시제에서 오류가 많다. 여기서는 명사의 수에 관한 것만 조사 분류하여 그 원인과 빈도를 논의하고자 한다.

모국어 전이현상으로 인한 오류 중 가장 현저한 것 중이 하나가 명사의 수 또는 주어와 동사의 수의 일치관계에 관한 것이다. 우리말에서는 복수개념을 표시하는 후치사인 '…들'은 명사 앞에 지시사가 있는 경우를 제외하고는 사용되지 않고 있다. 예를 들어, 다음의 예문을 보자.

1. 여학생은 남학생보다 공부를 잘한다.
2. 오늘은 돈을 많이 벌지 못하였다.
3. 저 집에는 아들만 둘이 있다.
4. 모든 학생들이 요즈음은 열심히 공부만 한다.
5. 저 친구들은 놀기를 좋아한다.

위의 예문에서 볼 수 있듯이 만일 학습자가 모국어의 간섭현상을 받는다면, 우리는 학습자의 영어문장에서 위와 같은 현상을 발견할 수 있어야 한다. 따라서 우리는 'all those dialogues', 'those pilgrims', 'those puritans' 등등을 학습자의 작문에서 발견할 수 있기를 기대한다.

그러나 학습자의 작문을 분석하여 본 결과, 모국어의 간섭현상을 찾을 수 있었으나 지시사가 있는 경우에도 복수형을 사용하고 있지 않음을 알 수 있었다. 다시 말해서, 학습자는 모국어의 예외적인 규칙까지도 무시하고 있어서 복수개념을 표시하는 후치사를 전혀 사용하고 있지 않다.

그 이유는 무엇인가?

우리는 다음의 예문에서 그 이유를 찾을 수 있다.

1. …listen to tape(s)…
2. …all those dialogue(s)…
3. …many assignment(s)…
4. …other subject(s)…
5. …many problem(s)…
6. …make a lot of effort(s)…
7. …listening to English tape(s)…
8. …hear many tape(s)…
9. …have more chance(s)…
10. …on that day American(s)…
11. …the pilgrim(s)…
12. …those puritan(s)…
13. …those Canadian(s)…
14. …their ancestor(s)…
15. …many European(s)…
16. …the ancestor(s) of American(s)…
17. Occidental(s) of celebrate it…
18. …friends, relative(s), and neighbors…
19. …American(s) enjoy this holiday.
20. …the colonist(s)…
21. …see these guy(s)…
22. They were called pilgrim(s).

이상의 예문에서 우리는 학습자가 복수형을 표시하는 형태소 '-s'를 전혀 사용하고 있지 않음을 알 수 있다. 단, 예외적인 경우가 있다면, 그것은 예문 18이다. 그렇다면 한 가지 의문점이 생긴다. 즉, 학습자는 영어의 복수형에 대한 개념이 정말 없어서인가? 만일 이것이 사실이라면, 복수형을 학습자의 작문에서 찾아볼 수 없어야 한다.

위의 자료만을 보면 'the' 다음에는 복수형이 사용되고 있지 않음을 알 수 있다. 따라서 'the + 명사 단수형'이라는 규칙을 학습자가 가지고 사용하고 있다고 볼 수 있다. 이러한 규칙을 주어진 22개의 자료를 해결하는 데는 충분하다. 따라서 학습자의 기타 다른 작문의 예문에서 'the + 명사 단수형'이 사용되고 있다면, 위의 규칙은 일관성 있게 적용이 되어 학습자의 오류에 대한 설명을 모국어의 간섭현상 때문이라고 분명히 말할 수 있다.

그러나 학습자의 작문을 자세히 분석하여 보면, 정관사 'the' + 명사형의 복수형이 사용되고 있음을 볼 수 있다(예: The Indians, the foods, the pilgrims, the classes, the ancestors, the harvests 등등). 뿐만 아니라, 'their family, their ancestors' 등등의 예문도 발견할 수 있고, 심지어는 'a thanks' 등과 같은 오류도 쉽게 발견할 수 있다.

그러면 위에서 언급한 종류의 오류는 무엇을 시사하고 있는가?

모국어인 L1의 전이현상 때문이라고 한마디로 잘라서 말할 수는 없다. 그 이유는 'the' 다음에 단수형이 쓰이기도 하고 또한 복수형이 쓰이기도 하기 때문이다. 우리는 이상의 오류를 보고 학습자가 영어 복수형에 대한 개념을 완전하게 습득하고 있지 못하며, 동시에 영어 복수형에 대한 규칙이 혼동 상태에 있음을 알 수 있다. 즉, 어떤 경우에는 모국어 간섭현상의 영향을 받고 있으나, 어떤 다른 경우에는 영어식으로 생각하여 제대로 복수개념을 표시하고 있음을 알 수 있다. 결론적으로 우리는 다음과 같이 요약할 수 있다.

① 복수형에 대한 규칙을 학습자가 완전하게 습득하지 못하고 혼동된 상태에서 사용하고 있기 때문에 이상과 같은 오류가 발생한다.

② 학습자가 복수형의 규칙을 완전히 터득하지 못한 결과 비록 혼동의 시기에 있지만, 모국어의 영향과 목표어의 영향을 동시에 받고 있는 결과로 야기된 오류이다.

이러한 결론의 타당성은 다음의 주어와 동사의 수의 일치에 관한 예문에서 더욱더 뚜렷하게 증명된다고 할 수 있다.

23. Of course, there (is) certain differences between the two.
24. In general, Thanksgiving last ( ) two more weeks.
25. Weekends in my life (is)…

26. So, nobody (have) dinner alone…
27. …there (was) European immigrants to America.
28. …and they (has) eaten turkey, corn, and squash on (the) day.
29. They eat turkey, corn, and squash.
30. The first immigrants were called pilgrims.
31. They were good friends with the Indians and they tried growing corn and other stuff together.
32. So my learning ability in English (have) been improved.
33. Little by little, we (was) able to know…
34. This Lab class gave me (many) help in many ways.

위의 예에서 예문 23에서 28까지는 ( ) 안에 있는 동사는 그 동사가 함께 하는 명사의 수와 일치하지 않고 있음을 표시한 것이다. 한국어에서는 영어에서와 같은 주어와 동사의 수의 일치관계가 없다. 따라서 예문 23에서 28까지를 모국어인 L1의 전이현상으로 인한 오류라고 설명할 수 있다. 그런 경우 예문 29에서 31까지는 주어와 동사의 수의 일치관계에서 하등의 문제점을 찾을 수 없기 때문이다. 즉, 같은 작문 내에서 이상과 같은 두 가지 종류의 예를 동시에 발견할 수 있는데, 예문 23에서 28까지를 단순히 학습자의 부주의한 실수라고 보기에는 실수가 너무 많다. 이러한 많은 실수는 학습자의 수에 대한 혼동된 지식에서 오는 것이며 이러한 혼동된 지식은 모국어와 목표어의 전이현상으로 인한 것이다.

예문 32에서 34까지는 동사와 주어의 수의 일치문제, 그리고 명사가 가산명사인지 아니면 비가산명사인지를 구분하는 문제를 혼동한 결과로 발생한 오류의 예라고 할 수 있다.

9. 시제(Tense)

시제에 관한 오류는 그 수에 있어서 관사나 전치사에 관한 오류에 거의 맞먹을 정도로 많다고 할 수 있다. 실제로 오류의 수를 분석해 본 결과는 관사와 전치사 다음으로 많다.

시제에 관련된 오류가 많다는 점은 한국어를 모국어로 하는 학습자에게 영어

시제가 학습하기 매우 어려운 사항이라는 것을 말해 주고 있는 것이며, 이것은 다시 말해서 한국어의 시제와 영어시제상의 차이가 존재하기 때문이라는 대조분석 이론에서 그 원인을 찾을 수 있다. 또 한편으로는 시제에 관련된 오류가 한국어의 전이현상에 원인이 있는 것이 아니라, 학습자 개개인의 영어발달 과정상 필연적으로 발생하는 현상이라는 해석도 가능하다. 이러한 경우를 발달상의 오류라고 하며 모국어의 전이현상에서는 그 원인을 찾을 수 없는 현상이다.

한국어의 경우 접속사로 연결된 문장의 경우에는 첫 번째 절에서는 단순현재 시제가 사용되고 있으며, 영어에서와 같은 주절의 동사와 삽입문의 동사 간에 시제의 일치현상은 찾아볼 수 없다. 다음의 한국어의 예문을 보면 이러한 현상을 쉽게 이해할 수 있다.

1. 나는 오늘 아침밥을 먹지 못하고 출근했다.
2. 내가 미국에서 공부할 때 나는 항상 새벽까지 공부했다.
3. 네가 우리집에 올 수 있는지 너의 어머님께 나는 문의했다.

따라서 이러한 한국어의 규칙전용으로 인하여 발생하는 구문적인 오류를 학습자에게 가르치지 않는 한, 위와 같은 종류의 오류는 계속 발생할 가능성이 많음을 예견할 수 있다. 학생들의 작문에서 시제에 관한 오류를 찾아 분석하기로 하자. 다음은 학생들의 작문에서 발견한 시제에 관한 오류의 예문이다.

1.

But as time (goes) by, I was accustomed to it.

Once in a while, the lab class (is) terrible for me, because I didn't memorize the Dialogue.

They (have a) a good terms with the Indians, and grew corn and other stuff together.

2.

If my professor was not Prof. Park, I (will give up) my English lab class.

At first I had many troubles in the class, but as time (goes) on, I was able to understand what a teacher and tape said.

So I thought the Lab class (is) very useful to me.

I listened to it and (study) …

When they reached the land of ( ) United States, they (have a) little food and clothes.

3.

This time I'm (worry) about my grade too.

I want this class (is located) at second or third class next semester.

But I think that I (am) improved at least a little.

It (is) started three hundred and fifty years ago.

One semester (is) passed by.

Americans (are eating) the same kind of foods that the Indians and Pilgrims ate.

4.

I (decide) to study English very hard, but I (have) many problems.

This conversation test (is) terrible because it (is) very difficult to me.

5.

So I got up late and missed your class two or three times. I am sorry.

Can you forgive me ( ).

It (is not purpose).

I (don't) develop my ability of listening comprehension.

6.

Canadian ( ) (observed) thanksgiving day on the second monday of October.

I (thanked) (for) Prof. Park.

So in the second semester, I (should) attend every class and ( ) sometimes go to the lab and listen to tapes many times.

Now a semester (came) to an end, but I don't find myself very much improved (comparing) myself a few months ago. I am sorry for that.

7.

And when they had a harvest, they('d got) a festival in order to thank God for their good luck.

I was surprised at the Lab class at first, because I had never (have) such a class.

I did not (memorized) the dialogue very carefully.

If my professor was not Prof. Park, I (will give up) my English lab class.

위 예문에서 ( ) 내의 것은 시제가 잘못 표현된 것임을 나타내기 위한 것이다.

위 예문 중 상당 부분이 모국어 간섭현상으로 인한 시제의 오류현상을 나타내고 있다. 예를 들어, 예문 1은 한국어의 구조──즉, 등위접속사로 연결된 문장이나 복문의 경우 첫 번째 문장에서는 단순현재시제를 사용하는 점──를 반영하고 있다. 다시 말해서 한국어에서는 주절문의 동사와 삽입문의 동사 사이에 시제 일치를 하여야 한다는 구문적인 제약이 없는데, 바로 이러한 점을 예문 1이 반영하고 있다. 따라서 'went, was, were on' 등등을 사용하는 대신에 'goes, is, have a' 등등을 각각 사용하고 있음을 볼 수 있다. 그러므로 이러한 한국어와 영어의 구문 규칙과 제한점을 학습자에게 충분히 가르치는 일이 필요한 것이다.

다음으로 예문 2는 모국어의 간섭현상으로 볼 수 없는 오류들이다. 만일 학습자가 모국어의 간섭현상을 받았다면, 정확한 영어문장을 생성할 수 있었을 것이다. 예문 2에서는 각 문장에서 적어도 동사 하나는 과거시제를 표시하고 있을 뿐만 아니라, 문맥상으로 볼 때나 앞의 문장이나 단락과의 연관성 면에서 볼 때도 그 문장이 과거의 사건이나 상황, 동작을 의미하고 있음이 확실하다. 이런 면에서 볼 때, 반복적인 요소를 축약하거나 생략하는 어떠한 규칙을 학습자 나름대로 사용하고 있다고 볼 수 있다. 따라서 예문 2의 경우는 발달상의 오류라고 분류할 수 있겠다.

예문 3은 'be'동사를 학습자가 일종의 시제표시어로 사용한 경우라고 볼 수 있다. 이와 같이 'be'동사를 시제를 표시하는 어휘로 사용하는 경우의 예를 학습자의 작문에서 흔히 찾아볼 수 있다.

한국어에서는 시제표시가 동사나 형용사에 모두 적용되므로, 영어에서도 사용되는 'was glad'에 근거하여 'was worry' 등도 학습자는 쉽게 사용할 수 있다. 또한, 학습자는 'be'동사에 관련된 규칙을 아직 내재화하여 습득하지 못한 상태에 있다고 볼 수 있다.

예문 4는 과거시제를 사용하여야 할 경우에 현재시제를 잘못 사용하고 있는 경우이다. 예문 5의 경우에는 단문인 경우에도 과거시제 대신에 현재시제를 잘못 사용하고 있는 경우이다. 예문 4는 예문 5와는 달리 접속사로 연결된 두 개의 문장에서 사용되는 동사가 모두 현재시제로 잘못 사용되고 있는 경우로 모국어의 간섭현상으로 볼 수 없는 경우이다.

예문 6은 현재형을 사용해야 할 때 과거형을 사용한 경우와 현재완료형을 사용해야 할 때 과거형을 사용한 경우로 학습자의 발달상의 오류로 해석할 수도 있고, 또한 모국어의 전이현상 때문으로 해석할 수도 있는 경우이다. 예문 6은 세 번째 문장에서는 학습자는 등위접속사 전에 'should' 대신에 'will'을 사용해야 문맥적으로 합당한 문장이 된다는 점과 등위접속사 다음에 의지미래를 표시하는 조동사 'will'을 반복하여 사용하여야 한다는 점을 인식하고 있지 못한 결과로 범하게 되는 오류를 찾아 볼 수 있다. 따라서 그 문장은 다음과 같이 되어야 한다:

> 'So for the second semester, I will attend every class and will sometimes go to the lab, and listen to the tapes often.'

학습자는 때때로 과거시제를 과거형의 조동사 다음에 사용하거나, 현재형을 과거형의 조동사와 함께 사용하거나, 가상법 시제에 관한 지식을 완전히 학습하지 못하여 오류를 범하고 있음을 우리는 알 수 있다. 예문 7은 바로 이러한 오류를 보여 주고 있다. 또한, 학습자는 'do'동사에 관한 규칙을 아직 완전히 습득하지 못한 상태에 있다고 하겠다. 과거시제의 조동사 다음에 과거시제의 동사를 사용하는 오류는 아마도 학습자가 보다 정확하게 하는 데 신경을 쓴 결과인 '과장정확'이나 '과장일반화' 현상에서 그 원인을 찾을 수 있다.

결론적으로 시제에 관한 오류는 빈도수가 매우 높은 오류 중의 하나이며, ① 모국어 전이현상으로 인한 오류와, ② 발달상의 오류, 그리고 ③ 모국어 전이현상과 발달상의 오류 등 양쪽으로 모두 해석이 가능한 세 가지 종류의 오류로 그 원인을 분류할 수 있다.

10. 기타 중요한 오류

이상에서 언급한 오류 이외에 많은 학생들이 범하고 있는 오류로서 학교수업을 통하여 교정될 수 있는 것으로 ① 철자, ② 구두점, ③ 대문자 사용문제, 그리고 ④ 영어표현상의 문제 및 문법문제 등을 들 수 있다. 이상 네 가지 문제를 하나하나 간단히 논의하기로 하자.

10.1 철자(Spelling)

학생들의 철자상의 오류를 자세히 분석하여 보면, 모국어의 간섭현상으로 인한 것이 거의 대부분이다. 다시 말해서 영어어휘를 모국어식으로 발음하거나 영어식 발음을 발음되는 대로 그대로 철자하는 '철자발음'(spelling pronunciation)에 반대되는 '발음철자'(pronunciation spelling)현상을 상당히 많이 발견할 수 있다. 그 이외에는 부주의한 실수로 인한 경우와 '과대정확' 현상으로 인한 경우가 대부분이다.

다음의 예를 보자.

1. negrected
   Eurepeon
   Octover
   Nobember
   Lobby(Rovvie)
   Mrs. Steven(Mrs. Stevens)
   Mr(Mrs)
2. semaster
   intresting
   supression
3. culivating
   turky
   forth
4. eatten

Indiands.

위 예에서 1은 한국어의 간섭현상으로 인한 것이 분명하다. 위 예에서 ( ) 내의 것은 영어에서 사용되는 올바른 어휘이다. 한국어에는 유음 음소가 /l/ 하나인 반면에, 영어에서는 /l/과 /r/의 두 개가 있기 때문에 한국 학생이 영어를 학습하는 경우, 하나를 둘로 구분하여야 하는 부담감이 있어서 학습하기가 매우 어렵다. 이것은 /b/의 경우도 마찬가지이다. 한국어에서는 /b/음소가 존재하고 /v/음소는 존재하지 않는 반면에, 영어에서는 /v/와 /b/의 두 가지 음소가 모두 존재하기 때문이다. 즉, 한국 학생들은 이러한 음소를 학습할 때 '과대구별'(over differential)하여야 하는 부담감이 있다. 또한, 한국어의 복수개념 표시어가 많이 사용되지 않기 때문에 'Steven'이라고 철자하고 있다. 놀라운 사실은 'Mrs.'를 사용해야 할 곳에 'Mr.'를 사용하고 있다는 점인데, 이것 역시 한국어의 대명사에서는 남성과 여성을 영어에서처럼 그렇게 명확하게 구분하지 않고 '그대', '그 사람'이라고 할 수 있는 데서 그 원인을 찾을 수 있을 것 같다. 이는 한국 학생들은 상당히 의식하고 영어를 구사하지 않는 한 남성과 여성의 구분에 있어 매우 어렵게 느낀다는 사실을 쉽게 알 수 있다. 이렇게 남성과 여성을 구별해야 할 'Mr.' 'Mrs.'를 잘못 사용하는 것을 아무 의미도 없는 우연한 실수라고 보기에는 이러한 오류를 범하는 학생들의 수가 의미 있는 정도로 상당한 수에 이르고 있다.

예 2는 영어를 모국어로 하는 사람들이 발음하는 것을 듣고 그대로 철자하려는 의도에서 발생한 오류라고 할 수 있다. 또한, 뒤집어 말하면 학습자가 영어식으로 발음하고자 하는 욕구가 강해서 너무 과대하게 영어식으로 철자한 경우에 해당된다고 하겠다.

예 3과 4는 예 2보다 한 단계 더 지나친 감이 있는 경우이다. 그러나 영어를 모국어로 사용하고 있는 사람들도 영어를 습득할 때 이상과 같은 철자상의 오류를 범한다면, 이상의 오류는 단순히 모국어의 전이현상 때문만은 아니고 발달상의 오류라고 볼 수도 있다.

이러한 오류를 학습자가 범한다는 사실은 학습자가 영어철자에 익숙하지 못하고, 또한 영어철자를 완전히 내재화하지 못하였기 때문이라 하겠다. 영어철자는 영어의 역사를 보면 매우 이질적인 요소가 필연적으로 영어에 첨가된 결과이다.

따라서 학습자는 부단히 영어철자를 암기, 연습하고 계속 쓰기훈련을 하여야 한다.

10.2 구두점(Punctuation)

구두점은 영어 작문 시 매우 중요한 요소라고 할 수 있다. 학생들의 작문을 분석하여 보면, 다음의 두 가지 사항을 알 수 있다.

① 사용되고 있는 구두점은 종지부와 콤마 두 가지뿐이다.

② 종지부도 제대로 사용하지 않는 경우가 허다하다.

다섯 가지 예문만 들기로 하자. 그 이유는 종지부를 사용하지 않는 수가 예상 외로 많기 때문이다.

1. …turkey, corn, and squash(.) etc.
2. turkey corn and squash
3. Indians, and(,)…
4. …special foods(.) like turkey…
5. It was really nice of you

학습자는 첫째, 종지부의 사용이 얼마나 중요한 사항인지를 인식하지 못하는 것 같다. 문장이 마감되었음을 알려 주는 것이 종지부이기 때문에 종지부가 없는 것은 문장으로서 확인될 수 없다는 점을 학습자에게 주지시켜야 한다. 또한, 콤마가 기타 다른 종류의 구두점 사용법에 관하여 자세히 학습자에게 설명하고 학습자를 충분히 연습시켜야 한다.

10.3 대문자 사용(Capitalization)

영어에서는 고유명사의 경우, 대문자를 사용하고 문장의 첫 글자는 대문자로 한다. 한국어의 경우는 대문자가 없고 또한 사용하지도 않는다. 학생들의 작문을 분석해 본 결과, 약 43명에 달하는 학생이 다음의 두 가지 어휘를 대문자로 사용하고 있지 않음을 발견하게 되었다.

1. thanksgiving
2. thursday

그리고 문장 첫 글자를 대문자로 쓰지 않고 있는 학생도 상당수에 이르고 있고, 'october'라고 소문자를 사용한 학생도 여러 명 있었다. 이러한 오류는 학교 수업시간에 충분히 해결할 수 있는 사항이라고 생각된다. 우선, 대문자의 사용에 관하여 자세히 설명하고 연습문제를 통하여 충분히 학습자가 익숙하여지도록 유도하며, 평가 시에 철자, 구두점, 그리고 대문자 사용을 제대로 하지 않은 학습자에게는 불이익이 되도록 감점을 예외 없이 하면 자연히 해결되리라고 생각된다.

10.4 영어표현상의 문제 및 문법상의 문제

영어표현상의 문제란 첫째, 어휘선택의 문제와, 둘째, 구문 선택의 문제인데 이 모든 것이 결국은 문법상의 문제가 된다. 학생들의 작문에서 비문법적인 문장을 찾아 분석해 본 결과, 학생들은 먼저 자신이 표현하고자 하는 것—내용—을 한국어로 생각하여 일단 만들어 놓고 그것을 영어로 번역하게 되는데 주로 직역을 하게 되며, 이러한 번역과정에서 자신의 영어지식에 근거하여 구문구조나 어휘를 선택하게 된다. 따라서 모국어인 한국어의 영향이 영어작문에 많이 나타난다는 것은 우리가 쉽게 상상할 수 있는 일이다. 다음의 예문은 이러한 모국어의 간섭현상을 잘 반영하여 주고 있다.

1.

…annually we memorized this day (annually we commemorate this day) it is good to thank someone for this bless (It is good to thank someone for this blessing).

…they not forget(…they do not forget…)

I felt English class duller and duller.(I felt English class become duller and duller.)

But Canada is except …(But except in/for Canada…)

…to thanks their lucky harvest…(…to thank God for their good luck…)

2.

…dinner alone today…(…dinner alone on this day…)

…because of really hard farming all that…(…because it was…)

…they came together and ate…(…they gathered…)

…they made a feast to thank God…(…they had a feast to…)

…thanked God for their products…(…thank God their harvest…)

3.

It is starting of Thanksgiving.(This was the start of Thanksgiving)

So when the first harvest,…(At the first harvest,…)

…they got the first harvest that they pick up the food after it's finished growing…(when they have the first harvest they pick…)

…but it was only desire to me…(…but it was only my desire…)

4.

…in some field it is compared with…

I really expect Chusuk.(I am looking forward to Chu-suk)

At present time…(At the present…) …way of festival…(…how the festival is conducted…)

…our same ager's death…(the death of a fellow…)

Canadians keep it in October.(Canadians observe it in October)

It is the origin.(This is the origin…)

It was the reason.(This is the reason…)

…with their family and the neighborhood…(…with their family and neighbors)

위의 예문 1에서는 학습자가 영어에서 사용되는 적절한 어휘에 정통하지 못한 결과로 인하여 발생한 오류를 찾아볼 수 있다. 먼저, 학습자는 'memorize'와 'commemorate'를 구분하지 못하고 있으며, 'bless'와 'blessing'을 구분하여 사용하고 있지 못하다. 조동사에 대한 지식도 완전하지 못하고 한국어를 영어로 직역하고 있음을 'But Canada is except'(캐나다는 예외이다)에서 찾아볼 수 있다. 따라서 학습자는 자신이 말하고자 하는 내용을 일단 모국어로 작문하고 그것을 다시 영어로 직역하고 있음을 알 수 있다.

예문 2는 영어구문에 대하여 학습자가 매우 어려움을 느끼고 있음을 볼 수 있다. 문맥상으로 보아서 과거시제를 사용하여야 하는 데도 예문 2의 첫 번째 문장에서 'today'란 어휘를 사용하고 있으며, 두 번째 문장에서도 절을 'because' 다음에 사용하는 것이 무난한데 'because of'를 사용하여 구문을 무리하게 구성하고 있음을 볼 수 있다.

예문 3과 4 역시 모국어의 전이현상과 과대일반화 현상으로 인한 것이다. 예문 3의 첫 번째 문장은 'starting'은 'beginning'과 같은 어휘의 영향으로 인한 과대일반화현상 또는 유추현상이라고 할 수 있다. 예문 4의 두 번째 문장은 '나는 정말 추석을 고대하고 있다'라는 문장을 그대로 직역한 결과이므로 모국어 전이현상이라고 할 수 있다.

이러한 오류를 분석한 결과, 영어를 학습하는 한국 학생들은 다음 사항을 필요로 하고 있음을 알 수 있다.

1. 영어구문 구성에 대한 지식
2. 영어식 표현방법에 대한 학습
3. 영어어휘의 학습
4. 한국어와 영어의 차이점에 대한 구체적 인식
5. 충분한 훈련과 엄격한 평가
6. 충분한 독서(영어독해 포함)
7. 영어 관용어구의 학습

11. 결 론

이제까지 분석 논의한 학생들의 작문상 오류를 보면, 대략 반수 이상의 오류가 모국어의 간섭현상으로 인한 것임을 알 수 있다. 그리고 나머지는 발달상의 오류, 유추현상으로 인한 오류, 과대일반화 현상으로 인한 오류, 보편적인 책략사용으로 인한 오류, 목표어 규칙을 완전히 습득하지 못한 결과로 인한 오류임을 알 수 있다.

가장 빈도수가 많은 오류는 관사, 전치사, 시제, 수, 그리고 단락구분과 철자, 대문자 사용 기타 문법적인 제반사항 등등의 순서라고 할 수 있다.

대비분석(contrastive analysis)이론은 학생들의 오류 중 약 반수 이상 정도만 설명할 수 있을 뿐이다. 따라서 대비분석으로는 학생들의 오류를 모두 설명할 수 없다는 단점이 있다. 마찬가지로 L1=L2라는 가설을 지지하는 Dulay와 Burt (1974) 등의 학자들이 주장하는 오류분석만으로 학생들의 오류를 모두 설명할 수는 없다. 이들 오류분석을 주장하는 학자들에 의하면, L1과 L2 학습은 모두 같은 창조적인 언어학습 과정이므로, 아이들이나 성인이 학습과정에서 범하는 오류는 모국어를 학습할 때 범하는 오류와 같은 것을 목표어를 학습하는 경우에도 범하게 된다고 주장한다. 실제로 Dulay와 Burt(1973)는 아동들이 범하는 오류 중의 3% 정도만이 모국어의 전이현상으로 인한 것이라고 한다. 다시 말해서 오류분석으로 대부분의 오류를 설명할 수 있다고 한다.

대학교 1학년 학생들의 작문과 받아쓰기 결과를 조사 분석한 결과는 아동의 경우와는 상당히 차이가 있음을 보여 주고 있으며, L1=L2라는 가설을 대학생의 경우 적용시키는 것이 무리임을 보여 주고 있다.

대학생의 경우, 모국어에 대한 지식이 있고 또한 규칙중심적이기 때문에 학생들의 작문과 받아쓰기 결과에서 볼 수 있는 그러한 종류의 오류와 관련된 영어의 구문적 · 의무적 규칙을 학생들에게 철저하게 교수하는 것이 필수적이라고 생각한다. 다시 말해서 어린 아동의 경우 규칙을 설명해 주어도 그 규칙을 잘 적용하지 못하는 데 비해, 성인의 경우는 연습을 많이 하게 하는 것도 중요하지만, 규칙을 설명하여 알려 주고 연습을 시키면 훨씬 더 효과적이라고 하겠다. 또한, 모국어의 간섭현상으로 인한 규칙이 상당부분을 차지하기 때문에 모국어와 목표어 사이의 구문적 · 의미적 차이를 점진적으로 이해가 빨리 되도록 체계적으로 교수하는 것이 매우 효과적이라고 생각한다. 학생들의 오류에서 볼 수 있듯이, 한국어와 영어는 여러 가지 면에서 상당한 차이가 있으므로 학생들에게 단순한 문형의 암기보다는 영어규칙을 자세히 한국어와 비교해 가면서 점진적으로 설명해 주고, 또한 그 규칙을 실제로 사용할 수 있도록 주위상황을 이끌어 주는 것이 필요하다. 이렇게 하면 발달상의 오류나 기타 다른 오류도 점진적으로 쉽게 제거하고 교정할 수 있다.

한국 대학생의 경우, 중 · 고등학교에서 6년 간 영어를 공부하고 대학에 입학하게 되는데, 그렇게 오랜 시간 영어공부를 했다고는 도저히 믿어지지 않는 매우 기초적인 문법상의 오류마저 범하고 있는 것을 어떻게 설명할 수 있는가?

최소한 영문법 교육만이라도 제대로 대비분석가설의 입장에서 철저하게 하였었더라면, 매우 기본적인 문법상의 오류는 발견할 수 없었을 것이다. 대학생들은 자신이 하고자 하는 내용을 일단 한국어로 하여 그것을 영어로 직역하는 다음과 같은 과정을 거쳐 영어작문을 하고 또 영어를 말한다.

내용 → 한국어로 표현 → 영어로 직역 → (직역한 것 검토)

따라서 한국어를 영어로 직역하는 과정에서 자연히 한국어의 간섭현상과 혼용이 나타나게 되고, 그 결과 모국어 전이현상으로 인한 오류가 발생하게 된다. 그러나 대학생 정도면 한국어와 영어의 구문상의 차이, 의미상의 차이, 영어구문규칙, 의미규칙 등의 제반규칙을 점진적으로 철저히 교수하면 쉽게, 그리고 빨리 그 규칙을 습득하여 적용할 수 있는 능력이 있기 때문에, 규칙의 설명과 교수는 영어학습에 매우 중요하다. 이러한 영어규칙에 대한 지식은 학생들의 광범위한 독서와 작문에도 필요하기 때문에 교재를 만들 때나 또는 영어를 교수할 때 위에서 논의한 영어규칙(관사, 전치사, 시제 등등)을 고려하는 것이 필수적이다.

대학 교양영어 교육에서도 이러한 영어규칙을 철저하게 교수하는 것이 필요하다. 학생들의 작문상 오류분석 결과는 다음과 같다. 학생들이 이중언어환경에 있지 않고 또한 상당히 고급수준에 도달하지 않았으므로, 모국어의 마모현상은 거의 없으나 매우 드물게 모국어의 마모현상이 발견된다. 대부분의 학생들은 모국어 규칙과 목표어 규칙을 혼돈 사용하거나 과장 또는 과대일반화하여 사용하고 있다.

① 모국어의 간섭현상으로 인한 오류가 반수 이상이다.

② 이것은 오류분석가설로 모든 종류의 오류를 설명할 수 있다는 주장이 설득력이 없음을 보여 준다.

③ 그렇다고 대비분석가설만으로 모든 종류의 오류를 다 설명할 수 있는 것은 아니다.

④ 학생들의 오류를 설명하기 위하여는 대비분석가설, 오류분석 가설, 유추작용, 과대일반화 현상 등등의 여러 가지가 필요하다.

⑤ 이것은 오류는 어떤 한 가지 원인만으로 발생되는 것이 아니고, 매우 복합적인 현상임을 보여 주는 것이다.

⑥ 학생들이 가장 많이 범하는 오류는 학생들이 가장 어렵게 느끼는 부분이 되겠다. 따라서 학생들이 학습하는 데 상당한 정신적인 집중과 시간적 여유가 필요하고 경우에 따라서는 결코 학습될 수 없는 것도 있을 수 있다.

⑦ 학생들이 가장 어렵게 느끼는 부분은 관사, 전치사, 시제… 등등의 순서이다.

⑧ 학생들이 범하는 오류에서 발견되는 규칙을 중심으로 교수하는 것이 실질적이고 효과적이라고 하겠다.

⑨ 가장 기본적인 영어규칙부터 매우 엄격하게 교수하고, 또한 연습(훈련)과 평가를 자주 시행하는 것이 효과적인 교양영어교육에 필수적이다.

⑩ 교양영어교육을 담당하고 있는 사람들의 훈련이 필요하다.

⑪ 현재의 상황을 고려하여 대학 교양영어 실습시간(50분)을 담당하는 사람들이 다음과 같은 교수방법을 이용하는 것도 하나의 방법이 되겠다:

1. 먼저, 교사에게 부담이 많이 되지 않는 선에서 학생 위주의 수업방식을 취하자.
2. 학생들이 이해할 수 있는 이해가능 입력을 많이 주자.
3. 학생들의 흥미를 끌도록 많이 암기시키자. 이 경우 단순한 기계적인 암기는 학생들을 지루하고 지겹게 하기 때문에 기계적인 암기가 되지 않도록 유도한다.
4. 출석을 엄격히 하고 성적에 반영시키고 평가를 엄격하게 한다.
5. 노트검사는 일정기간마다 정기적으로 평가한다.
6. 가능한 한 시간 중에 영어를 사용하게 한다.
7. 매과를 시작하기 전에 적어도 3번 내지 5번 정도 그 과를 듣고 출석하게 한다.
8. 그 과에서 쓰이는 표현 중 실생활에 자주 사용되는 표현은 학생들에게 불러 주고 노트에 적어서 암기하게 하거나, 그 내용을 우리말로 주고 영어로 바꾸어 적도록 한다.
9. 그 과에서 사용되는 축약형(reductions)을 미리 알려 주고—예를 들면, 'like them'은 'likem'(라이컴)으로 'pick them up'은 'pickemup'(피커머프)로 들린다는 사실을 주지시킨 다음—대화를 들려 주고 연습시

킨다.

10. 학생들은 개별적 · 집단적으로 대화나 훈련에 참가한다.
11. 교사는 학생들의 질문이 무엇이든지 경청하고 친절히 답해 주며, 정확하게 자신이 알고 있지 못하는 것은 추후에 논의하기로 하고, 일단 숙제로 부과하고 다음 시간에 자세히 문제점과 해결책을 제시한다.
12. 학생들의 질문에 부정적인 태도나 나무라는 입장을 취하지 않고, 학생들이 심리적 부담감을 갖지 않도록 학생들의 질문을 승화시켜, 다시 질문을 만들어 그런 의도로 질문하였는지 묻거나 설명하거나 하여 학생들에게 자신감을 심어주도록 노력한다.

한 마디로 교사의 역할은 학생들에게 최적의 입력을 많이 제공하여 주고, 학생들 스스로 학습할 수 있도록 이끌어 주며 영어에 대한 설명을 점진적으로 자세히, 그리고 철저하게 하여 줌으로써, 학생들 스스로 심리적 부담감을 갖지 않고 즐겁게 서로 도와가며 학습하도록 하여주는 데 있다. 이러한 방법을 사용하는 데는 교사의 입장에서 대단히 많은 시간과 노력이 드는 것은 아니라고 생각된다. 반면, 학생의 입장에서는 수동적인 역할과 능동적인 역할을 모두 담당하게 되어 시간과 노력을 즐겁게 투자하여야 한다.

그러나 학습자의 발달단계에 관계없이 항상 발생되는 오류인 화석화된 오류(fossilized errors)는 어쩌면 평생 교정할 수 없을 수도 있다. 학습자의 노력에도 불구하고 이미 학습자의 머리에 화석으로 입력이 되어 학습자의 언어체계에 화석으로 남아 있기 때문에 그러한 화석화된 오류는 제거되지 않고 항상 발생하게 되기 때문이다. 이러한 화석화된 오류를 교정하는 방법은 앞으로 제2언어 습득연구자가 해결하여야 할 과제 중의 하나라고 보겠다.

연 구 과 제

1. 오류와 실수는 어떻게 다른가?
2. 우리나라 학생들이 전치사 사용 시 많은 어려움을 겪게 되는데 그 이유는 무엇인가?
3. 오류의 연구는 영어학습이나 영어교수 시 왜 중요한가?
4. 연어상실과 언어전이현상의 차이는 무엇인가?

참 고 문 헌

Brown, H. D. 1980. *Principles of Language Learning and Teaching*. Prentice Hall.

Corder, S. P. 1967. The significance of learners errors. *International Review of Applied Linguistics* 5: 16-19.

Dulay and Burt. 1974. You Can't Learn without Goofing. In Richards(1974).

Fowler and Aaron. 1989. *The Little, Brown Handbook*. Scott, Froesman and Company.

French, F. G. 1949. *Common Errors in English*. London.

Granfors and Palmberg. 1976. Errors made by Finns and Swedish-speaking Finns at a commercial college level. *Errors made by Finns of Swedish-speaking Finns in the Learning of English*. ed., by Hakan, Ringbom and Rolf palmberg. ABO Finland.

Nemser, W. 1971. Approximative systems of foreign language learners. *International Review of Applied Linguistics* 9: 115-123.

Odin, T. 1989. *Language Transfer*. Cambridge University Press.

Park, Kyung-Ja. 1989. Freshman English Revisited: The Reality and Problems. *The Journal of Education*, Vol. 18. Korea University.

Ravem, R. 1974. The Development of WH Question in First and Second Language

Learners. In Richards(1974).

Richards, J. 1971. Error analysis and second language strategies. *Language Sciences* 17: 12-22.

_________. 1972. Social factors, interlanguage and language learning. *Language Learning* 22: 159-188.

_________. 1974. ed., *Error Analysis: Perspectives on Second Language Acquisition.* Longman.

_________. 1976. The Role of Vocabulary Teaching. *TESOL Quarterly* 10: 77-90.

Seliger, H. W., and R. M. Vago. 1991. *First Language Attrition.* Cambridge University Press.

Selinker, L. 1972. Interlanguage. *International Review of Applied Linguistics* 10, iii (1972): 209-301. Also in J. Schumann and N. Stenson, eds., *New Frontiers in Second Language Learning.* Rowley, MA: Newbury House, 1974.

Sohn, Ho-Min. 1986. *Linguistic Expeditions.* Hanshin Publishing Company.

Trévise. 1986. Is it transferable, topicalization? In *Cross-Linguistic Influence in Second Language Acquisition.* ed., by Eric Kellerman and Michael Sharwood Smith. New York. Pergamon.

박경자 · 김용성. 1997. 『영어학 입문』. 서울: 학연사.

박경자. 1992. 『영문법의 이해 Ⅱ』. 서울: 소명사.

박경자 · 전창식. 1992. 『영문법의 이해 Ⅰ』. 서울: 소명사.

제 3 부

기능별 언어지도법

제 11 장 언어교수방법론

현재 제 2 언어 교수에서 많은 교사들이 19세기의 전통적인 방법들을 그대로 쓰고 있다. 한편, 전통주의 언어교수방식이나 새로운 교수법에 대한 무비판적인 모방이나 부정주의가 제 2 언어 교수에 해를 끼치고 있다. 또한, 보수적인 교사들은 기계사용을 반대하는 경향이 있어 언어실험실 이용을 거부하고 녹음기와 컴퓨터의 사용을 기피하고 있다. 제 2 언어 교수에서 학습자의 지능이나 언어적성은 조정이 불가능한 반면, 언어교수방법론은 학습자를 고려하여 여러 가지로 변화시킬 수 있으므로 방법론이 언어학습의 성공에 매우 중요하다.

언어교수방법론에 관하여 방법, 이론, 기술 등 여러 가지 용어가 사용되고 있으므로 정확한 정의가 필요하다.[1)] 제 2 언어 교수방법(method)은 언어적 · 의사소통적 · 문화적 언어능력의 개발을 목적으로 하며, 규칙의 선택과 등급, 교재제시, 훈련을 다루는 제 2 언어 학습의 언어본질, 목표, 과정에 관한 기본가정에 일치하는 절차와 기술의 집합으로 정의된다. 그러므로 실용적이고 특별하다. 반면, 교수이론(approach)은 철학적이고 일반적이다. 일반가정이나 원리원칙과 일치하는 지시활동의 방법이다. 예를 들어, 구어접근론(oral approach)에는 직접교수법, 구조주의적 교수방법, 청취발화법, 시각청취법 등이 있다. 절차(procedures)는 한 가지 방법론 안에 있는 여러 가지 절차들이다. 예를 들면, 청취발화법의 한 절차가 대화의 교수이다. 기술(technique)은 절차를 실행하는 특수방법들이다. 각 절차에 있어서 여러 실행기술들이 있을 수 있고 교사에 따라 각기 다른 기술을 사용할 수 있다. 교수요목(syllabus)은 '개념-기능 교수요목'(notional-functional syllabus)에서처럼 교과과정의 내용의 순서와 세분화를 언급한다. 미국식 용어로는 하나의 교과과정에 해당하는 과목개요(course outline)와 교과과정들의 프로그램인 교육과정(curriculum)에 해당된다. 방법이론(methodology)은 제 2 언어 교수의 과정과 교사역할과 학습자역할에 관한 가정에 기초한 것이다. 그러나 흔히 교수이론, 방법이론 등도 단지 교수방법과 혼용하여 쓰인다.

1. 전통적 배경

학습자로 하여금 문법을 암기시킨다든가 문장 내에 있는 어떤 형태를 반복이나 모방을 통해서 학습하는 학습방법을 전통적인 교수이론이라고 한다. 시대적으로 볼 때 19세기까지의 교수방법들이다.

전통적 방법들은 과학적 실험이나 연구의 결과에 의해 개발되지 않고, 주로 경험적 기초에서 수행되거나, 언어학적, 응용언어학적, 심리언어학적인 배경이 없이 실시되고 있는 방법들이다. 이와 같은 전통적 교수법에는 문법번역식, 직접식, 자연적, 연속적 교수법 등이 있다. 다음에서는 이러한 교수법에 대해서 자세히 살펴보겠다.

1.1 문법번역 교수법(Grammar-Translation Method)

고전시대와 르네상스시기에는 제 2 언어인 라틴어를 가르칠 때 의사소통과 문법을 둘 다 강조하여 가르쳤다. 그러나 라틴어가 사어(dead language)가 되자 문법만 강조하게 되었다. 이러한 영향으로 현대 언어들을 가르칠 때 마치 사어처럼 문법만 가르치게 되었다. 그리하여 문법번역식 교수방법이 탄생하게 되었다.

18세기 이전부터 이 방법으로 가르쳐지기 시작하여, 1840년대에서 1940년대 독일에서 Seidenstucker, Plötz, Ollendorf, Meidinger에 의해 절정에 달했으며, 약간 수정은 되었으나 지금도 널리 쓰이고 있는 전통적 방법론이다. 그러나 이 방법으로는 학습자가 문장생성을 하는데 미흡하며 의사소통 능력을 가질 수 없다. 반면, 이 방법으로는 교사의 역할이 크고, 대단위 · 소단위 수업에 다 적용할 수 있고, 비용이 적게 들며, 시험과 수업의 관리감독에 편리하다. 우리나라에서는 과거에서부터 현재에 이르기까지 언어교수 시 널리 사용되고 있는 방법이다. 이 교수법의 기본가정과 절차를 살펴보자.

기본가정

① 언어는 글이 우선이다.

② 제 2 언어는 문헌연구의 도구로서나 학습자의 논리력을 키우고자 학습한다.

③ 제 2 언어 학습과정은 연역적이며 모국어에 의존하여 이루어져야 한다.

절 차

① 읽기와 쓰기를 강조

② 발음 무시

③ 규칙의 암기에 의한 문법교수

④ 초기단계부터 어휘와 철자를 강조

1.2 자연적 교수법(Natural Approach)

문법번역 교수법에 대한 최초의 반작용으로 자연식 교수법이 생겨났다. 이 방법의 주창자는 Pestalozzi이며 1850~1860년대 Marcel, Heness와 Sauveur 등의 학자들도 이 방법을 주장하였다.[2)] 이 방법은 어린아이가 모국어를 학습하듯이 자연스럽게 외국어도 가르쳐야 한다는 자연주의 교육철학을 원칙으로, 교사와 학습자 모두가 모국어 사용을 극히 피한다. 그러나 제 2 언어 교실에서 모국어 습득과정에 따르는 수업이 효과적일 수 없다. 후에 Terrell(1977)도 제 2 언어 학습에서 의사소통 중심의 신자연교수법을 주장하였다. 이 교수법의 기본가정과 절차는 다음과 같다.

기본가정

제 2 언어 학습의 과정은 아동의 모국어 습득과정과 같다.

절 차

① 능동적인 의미제시와 함께 목표어만 사용

② 구어체 강조와 귀납적 학습(번역, 규칙, 설명의 배제)

1.3 연속적 교수법(Series Method)

전통적 방법에 반대하여 1880년대 Gouin의 연구로 창안되어 Gouin 방법이라고도 하며, 이 방법의 중심이 관념의 연상과 심리적 구상화이므로 '심리적 교수법'(psychological method)이라고도 한다. 이 방법은 행동의 순서에 따라 각 문장을 연속으로 표현하는 방법을 사용한다. 그러나 성인에게는 행동을 세세한 사항들로 표현하는 것이 지루하고 흥미를 유발하지 못한다. 또한, 어휘와 문법도 이 방법으로는 등급화하여 표현하기가 어렵다. 이 방법은 과학적이지 못하여 효과를 크게 거두지 못했다. 아동의 모국어 습득방법에 따른 기본가정과 지도절차는 다음과 같다.

기본가정

아동의 모국어 습득과정을 모방하여 제 2 언어를 학습할 수 있다.

절 차

① 반복적으로 실행되는 짧은 문장의 연속체를 이용하여 다양한 연습을 한다.[3]

② 동사를 중심으로 능동적 동사형태의 연습이 이 교수방법의 기본이다.

2. 교수방법의 개혁기

1880년에서 제 1 차 세계대전까지의 언어교수법의 추세는 각 나라의 실정과 방식에 알맞게 외국어를 편성하고, 명확한 방법으로 언어교수를 하자는 개혁적인 방향으로 가게 되었다.[4] 제 1 · 2 차 세계대전을 겪으면서 모국어 이외의 외국어의 필요성을 절감하게 되었으며, 점차 무역의 확대와 국제 간 교류가 급격히 늘어나면서 외국어의 가치를 더욱 인식하게 되었으며, 특히 20세기 초 구조주의 언어학이 대두되면서 언어교수법은 실용성을 중시하였다.

또 하나의 커다란 변화는 심리학적인 면에서 Watson, Pavlov, Skinner 같은 행동주의 심리학자들이 동물을 대상으로 한 실험을 근거로 학습이론을 발전시킨 일이다. 한편, 1970년대에는 행동주의에 반대하는 Chomsky의 변형생성문법에 의한 언어학과 심리언어학의 발전이 언어교육에 큰 영향을 주었다. 이와 같은 영향으로 인한 교수방법론의 개혁기에 속하는 방법들로는 직접식, 독서식, 구조주의식, 청취발화식, 자연식, 인지적 방법 등이 속하는데, 분류하는 방식에 따라 청취발화식, 구조주의식, 상황교수법 등은 전통적 교수법에 속하나, 이번 장에서는 시대적 배경을 중시하였다.

2.1 직접교수법(Direct Method)

직접교수법은 문법번역식 교수법에 대한 반작용으로 시작되었으며, 모국어를 사용하지 않고 외국어를 직접사용하여 실용성을 중시하고, 언어학적으로는 음성학이 적용되었다.[5] 19세기 말에서 20세기 초까지, 이러한 교수방법의 개혁을 일으킨 Berlitz, West, Jespersen, Palmer 등의 학자들은 직접교수방법론의 선구자들이다. 직접식 교수론자인 Passy(1899)는 초급단계에서부터 "외국어로 생각하라"고 한다(Hammerly, 1982, 재인용). 그러나 제 2 언어로 직접 단기간에 생각하는 것은 어렵다. 또한, 직접교수법에서 엄격하게 모국어 사용을 금지하는 것은 학습자에게 많은 좌절감을 준다. 그리고 수업단계는 제시와 의사소통의 두 단계로 의사소통만 강조하며 규칙과 항목의 이해에는 관심이 없다. 또한, 교실에 있는 물건 중심으로 수업이 행해질 때 실제 대화에는 유용하지 못하며 성인에게는 유치한 방법이 되기 쉽다.

직접교수법이 효과를 거두기 위해서는 유능한 교사가 필요하며 많은 시간을 요구하므로 실제 교실상황에서는 비효율적이다. 그러나 직접교수법이 음성 면을 중시하고, 제 2 언어를 제 2 언어에 의하여 직접적 시도로서 높이 평가하며 그 기본가정과 절차도 의의가 크다고 하겠다.

기본가정

① 언어는 구어가 우선적이다.

② 제 2 언어 학습의 주 목적은 의사소통이다.

③ 제 2 언어 학습과정은 모국어 습득과정과 같다.

절 차

① 듣기, 말하기에 강조

② 발음은 모방을 통해서 습득

③ 규칙에 대한 정식교육이나 연습 없이 귀납적인 문법학습

④ 교실에 있는 물체중심으로 처음단계부터 어휘강조

⑤ 물체, 사진, 행동을 사용하여 귀납적인 의미학습

⑥ 모국어 사용금지로 제 2 언어의 다양한 사용

2.2 직접교수법에 관련된 여러 교수법

직접교수법의 기본가정을 따르는 한편, 실제 교실상황에서 나타난 문제점을 시정하기 위한 수정이론 등 직접교수법과 관련이 있는 여러 가지 교수법들이 나타났다.

1) 벌리츠식 교수법(Berlitz Method)

이 방법은 Berlitz에 의하여 제창된 방법이며 모국어를 사용하지 않고 외국어를 자연스럽게 사용하는 것을 원칙으로 하므로 직접교수법의 일종이다. 이 교수법의 특징은 첫째, 외국어로 생각하는 습관을 기르는 일과, 둘째, 외국어의 계속적인 사용에 있다. 이 목적을 위해 먼저 구체적인 것을 가르치고 다음에 추상적인 것, 그리고 문법은 예시와 구술훈련을 통해서 가르친다. 수업진행은 처음부터 구술로 시작한다. 교사는 단어와 문장을 제시할 때 그림, 몸짓, 시범을 통해서 설명하며, 학생은 먼저 교사의 말을 듣고 교사를 따라 모방한다.

이 교수법에 의한 Berlitz School은 외국어의 음성 면을 강조하며 주로 여행자, 방문객, 사업가를 위한 실용적인 일상회화의 속성교육을 목표한 것으로, 미국에서 매우 성공을 거두고 있다.

2) 단계식 직접교수법(Graded Direct Method)

영국의 심리학자 Ogden에 의해 완성된 기본영어(Basic English)는 어휘선택의 기준을 어휘의 빈도보다 이용도에 두어 되도록 적은 수의 어휘로서 모든 표현이 가능해지도록 하는 것을 원칙으로 만들어 졌다. Ogden의 주장을 따르는 하버드 대학교의 I. Richards(1943)는 *Basic English and Its Uses*를 출판하여 기본영어의 이용법과 이에 따르는 단계식 직접 교수법을 제시하였다. 이 교수법은 어휘의 수를 합리적으로 통제하고, 사용하는 문장구조는 간단 · 명료하며 이해하기 쉽고 모든 필요한 의미를 잘 표현할 수 있다는 장점이 있다.

이 교수법의 특징은 첫째, 초급단계에서는 이 기본영어를 가르쳐야 한다. 둘째, 지도의 최소단위인 문장을 상황에 적용하여 가르친다는 것이며, 이것을 문장상황(sen-sit)이라고 한다. 여기에서 선정된 어휘가 850개이며, 동사로는 be, come, do, get, give, go, have, keep, let, make, put, take, say, see, send, seem이 사용된다. 그러나 이 16개의 동사는 문장환경에 따라서 수백 개의 의미로 해석되기 때문에 영어가 제2언어인 학습자에게는 매우 어렵다.

3) 구술접근법(Oral Approach)

Fries가 주창한 방법으로 미국의 구조주의 언어학적 입장에서 본 교수원리를 따르는 교수법이다. 그러므로 단순히 학습지도에 역점을 두기보다는 교수목표와 학습교재에 대한 연구가 우선이다. 방법으로는 모국어의 사용을 되도록 피하고 음조직과 구조의 기계적 암기습관을 중시하는 문형연습에 중점을 둔다. 이 방법도 듣기, 말하기를 우선적으로 하므로 직접교수법과 연관이 있다.

4) 구술법(Oral Method)

Palmer가 적용한 교수법으로 구술훈련에 역점을 둔다. 모국어를 사용하지 않고 되도록 목표어를 사용하고자 하며, 다음의 방법을 사용한다.

① 행동이나 몸짓으로 직접결합

② 그림으로 제시

③ 내용에서 추정

④ 학습자가 알고 있는 단어로 설명

5) 음성학법(Phonetic Method)

Sweet가 창시하여 Jespersen, Palmer에 의해 계승되었다. 이 방법에서는 먼저 초기 언어교육은 음성조직을 터득해야 한다는 주장으로, 음운조직이나 음성기호를 먼저 교수하며, 음성을 배운 뒤에 글자를 배워야 한다는 이론이다.

2.3 독서식 교수법(Reading Method)

Coleman Report(1929, 1931)에서 Coleman은 직접교수법의 효과적인 적용으로 독서의 능숙도에 도달할 수 있다고 독서식 교수법을 제안하였는데, 이 방법은 1940년에서 1950년대까지 널리 사용되었다.[6] 이 교수법은 문법번역식 방법을 지양하고 묵독 · 속독 · 다독의 독서법을 강조하였는데, 외국어로 된 새로운 언어자료를 읽도록 가르치는 데 목적을 두었다. 그러므로 처음에는 정독을 시도하고 묵독을 강조하며, 다음 이를 통하여 독서의 속도를 높이고 어휘력을 증강시키면서 다독을 가능하게 하는 교수법이다.

이 방법의 특징은 초보자에게 처음부터 읽기를 시킴으로써, 시각영역을 확대하여 잠깐 훑어보는 정도에서 문장의 뜻을 파악하게 하며, 특히 내용중심으로 교수하여 학습자의 지적 흥미를 유도한다. 새로 나오는 단어나 구문은 목표어로 설명하며, 읽는 내용에 관해서 처음에는 문장마다 질문을 하여 내용을 알고 읽도록 한다. 점차 질문의 수를 줄이고 내용파악에 주의를 집중시킨다. 이 방법은 독서의 능숙도라는 하나의 목표에 도달하는 점에서는 효과적이다. 그러나 다독훈련에서는 독서의 질보다는 양을 중시하므로 진정한 의미의 독해력보다는 읽을 수 있는 분량에 관심을 둔다는 점과 또한 독해력 개발의 성패는 학습자 자신의 인내와 노력에 달려 있어서 교사의 통제가 약한 점이 결점이다. 독서식 교수법의 절차상 특징은 다음과 같다.

절 차

① 모국어 사용금지

② 어휘의 세세한 등급화

③ 새 어휘 항목은 알고 있는 문맥에서 사용

2.4 구조주의식 교수법(Structural Approach)

이 교수법은 구조주의 언어관에 따른 교수법을 총칭하며, 대표적인 것으로 제 2차 세계대전 시 미국의 육군에서 군인들에게 특별히 외국어교육을 위한 계획으로 실시한 방법으로, '군교수법'(Army Method) 혹은 '군특별훈련과정'(Army Specialized Training Program: ASTP)이라고 부르기도 한다.[7]

제 2차 세계대전이 일어나자 제 2 언어로 의사소통하는 기술이 필요하게 되었다. 그러나 전통주의 방법은 효과가 없고, 직접교수법도 완전한 의사소통 기술의 습득에는 너무 느리다. 그리하여 Boas, Sapir, Bloomfield, Sweet, Jespersen, Palmer 등 미국 구조주의 학자들이 중심이 되어 미국언어학회(Linguistic Society of America)를 조직하여 군인들의 외국어교육에 대한 자문역할을 했고, 또한 외국어교육을 위한 언어분석도 음소로부터 시작해야 한다고 주장하고 음운표기 등 구조주의이론에 대한 적용을 강조했다. 그러므로 실제생활에 쓰이는 구어체를 대상으로, 음성조직과 문장구조의 형식을 등급화 · 체계화한다. 이 구조주의 방법은 귀납적 · 연역적 방법의 극단을 피하고 모국어 사용에 있어서는 균형잡힌 방법이며, 구조주의 이론인 대조분석에 의한 과학적인 교육방법이다.

이 방법론에 의한 교수결과는 습관형성과 규칙내재화, 구조의 이해, 의사소통 능력 획득에 우수하였다. 반면, 이 방법의 단점으로는 교사가 대조분석에 의한 철저한 음성지도의 실력을 갖추기 어렵고, 교실에서 모국어 제공자와 언어학자에 의한 지도를 필요로 하고, 또한 소단위 학급편성을 필요로 하는 점이다. 다음의 기본가정과 절차들이 이 교수법의 특징이다.

기본가정

① 언어는 우선적·근본적으로 구어이다.

② 언어의 주 목적은 의사소통이다.

③ 제 2 언어 학습 과정은 모국어 사용, 두 언어의 대조분석과 귀납적 설명, 집중연습함으로써 효과적으로 이루어진다.

절 차

① 구어기술을 강조

② 설명과 오류수정, 모방에 의한 발음학습

③ 작은 단위 학습(6~8명의 학생과 전형적 모국어 화자, 언어학자로 교실수업 구성)

④ 설명과 함께 귀납적 문법학습

⑤ 대화문의 문맥에서 새로운 어휘학습

⑥ 대화문의 모방과 암기(mim-mem practice)

⑦ 모국어 사용 절제

2.5 청취발화법(Audiolingual Approach)

1950년대 말 미국 언어교사들은 구조주의식 교수법의 절차를 수정하고자 하였다. 즉, 직접교수법과 구조주의식 방법, 그리고 행동주의 심리학의 학습이론을 접목하여 청취발화법을 탄생시켰다.[8] 이 방법은 Michigan 대학에서 Fries 교수가 중심이 되어 English Language Institute에서 유학생을 대상으로 8주간 동안 유형연습(pattern practice)을 중심으로 영어를 가르친 방법으로 Michigan Method, 또는 Fries Method라고도 한다.

이 교수법은 좋은 언어습관을 형성하기 위해서 대화를 암기하고, 문형연습을 통하여 오류를 최소화하도록 해야 하며, 듣기와 말하기의 훈련은 다른 기능의 개발보다 선행되어야 하고, 문법이나 규칙은 설명하지 않고 연습을 통해 유추하는 능력을 기르도록 귀납적으로 가르친다. 청취발화법은 귀와 입을 통하여 가르친다는 것이 기본방침이고, 그 강조점에 따라 세 가지 방법들로 나눈다(Hammerly, 1982).

① 구조중심의 이중언어주의: 대화문과 유형훈련, 그리고 의사소통 활동 중시

② 상황중심 방법: 모국어 사용을 최소화하며 훈련을 강조하지 않는 반면, 많은 대화문을 제시

③ 직접교수법과 유사한 방법: 모국어 사용을 배제하고 대화문과 그 훈련을 강조

그러나 이 방법을 위한 교사들에 대한 훈련이 충분히 이루어지지 않았으며, 그래서 교사의 자질이 불충분하여 효과적인 기술들을 학습자에게 제공하지 못했다. 또한, 대화문연습이 실제 상황에서 의사소통기능을 개발하지 못하였는데, 이는 언어연습 과정이 기계적인 것이였기 때문이다. 이 교수법의 기본가정과 주요 수업절차를 살펴보면 다음과 같다.

기본가정

① 언어는 말이 우선이며 읽기 전단계가 중요하다.

② 언어학습의 주 목적은 의사소통이다.

③ 제2언어 학습은 귀납적으로 이루어진다.

절 차

① 구어기술의 우선적 개발

② 모방에 의한 발음습득

③ 언어학자와 모국어 화자로서의 교사역할의 필요성

④ 개인 반응 유도

⑤ 구어적 유형연습과 귀납에 의한 문법학습

⑥ 문맥에 의한 어휘학습

⑦ 교재의 각 과의 첫 부분에 대화문의 사용

⑧ 모국어의 적절한 사용

2.6 인지적 교수법(Cognitive Approach)

청취발화법의 기계적이고 부족한 의사소통 활동에 실망하여 1960년대 중반 인지적 접근론이 대두되었다. 이 방법론은 언어의 의식적 습득을 강조하는 인지적 심리학과 변형문법에 그 이론적 기초를 두고, 행동주의와 구조주의 언어학적 접근을 반대하는 규칙인지학습이론으로, 인지규칙 학습이론(cognitive-code learning theory)이라고도 부른다.[9] 이는 Chomsky의 언어관으로서, 즉 언어란 규칙지배적

이고 창조적 특성을 갖는다. 그래서 인간은 선천적으로 언어를 학습할 수 있으므로 의미 있는 언어사용의 상황에서는 언제든지 언어를 학습할 수 있으며, 학습자에게 있어서도 훈련보다는 의미 있는 연습이 효과적이다.

Carroll(1966)은 변형생성 언어학자들의 영향으로 학습과 분석을 통한 유형의 의식적 통제를 강조한다. 그러나 제 2 언어 학습은 무의식적으로 규칙을 습득하거나 의식적인 의사소통에의 참여가 될 수 없으므로 습관형성이 필요하다. 인지적 교수법의 기본가정과 주요 절차는 다음과 같다.

기본가정

① 언어는 '규칙의 지배를 받는 행위'이다.

② 제 2 언어 학습은 연역적 교수법에 의한 규칙의 암기이다.[10)]

절 차

① 언어의 네 가지 기능 모두 강조

② 정확한 발음의 교수 피함

③ 문법의 연역적 교수

④ 의미 있는 의사소통을 위한 어휘의 강조

⑤ 기계적 활동(모방, 훈련) 배제

⑥ 모국어사용 허용

2.7 전신반응법(Total Physical Response: TPR)

심리학자 Asher(1977)는 아동이 모국어를 습득하는 것을 관찰한 결과로 얻은 전신반응법을 제 2 언어 교수·학습 환경에 적용시켰다. 아동은 먼저 명령에 대해서 신체적으로 반응하는 것을 학습하며, 특히 아동은 청취력이 말하기 능력보다 우수하다. 그래서 신체 감각기관이 제 2 언어 학습가능성에 영향을 미친다고 할 수 있다. 그러므로 이 교수법은 신체적 행동을 통한 언어교수를 시도하고, 말과 행동의 일치관계를 중심으로 전개된다. 이는 구조언어학과 발달심리학을 기본으로 하고 인본주의에 입각한 학습과 교수를 시도한 교수법이다.

이 교수법은 청취이해력을 강조하는 이해력 교수이론을 기본원리로 한다. 그래서 교사의 명령에 따라서 실제 반응을 요구하므로, 듣기이해를 가르치는 데 있어서 다른 방법론보다 성공적이다. 또한, Asher는 목표어의 문법구조와 어휘들은 명령형을 잘 사용하면 학습할 수 있다고 한다. 그러므로 전신반응법은 다른 방법론과 함께 절충적으로 사용하는 것이 바람직하며, 특히 초급단계에 유용하며, 조기 외국어교육에서도 이 방법이 효과적이라고 본다. 또한, 처음부터 어려운 외국어의 발음과 문장을 발화해야 하는 다른 방법들보다 부담감 없이 듣고 이해하여 행동으로 반응을 보이기만 하면 되므로 학습자의 자발적인 참여가 기대된다.

단점으로는 첫째, 학습자들이 듣고 전신반응으로 나타내는 연습을 먼저 한 후 말하기를 시작하므로 발화에 있어서 많은 오류가 발생한다. 둘째, 명령형에 지나치게 의존하는 방법론이므로, 추상적 단어의 학습이 어렵고 학습자는 오류를 범하기 쉽다(예: * Hand me honor. * Hand me justice). 셋째, 성인들은 육체적으로 움직이는 것을 유치하게 생각하기 때문에 성인에게는 적절한 방법이 아니다. 따라서 성인에게는 적절한 방법이 아니다. 넷째, 이 방법으로 교수할 때, 학습자는 명령에 대해 묵독을 함으로써 나쁜 발음과 문법적 습관을 형성할 수 있으나, 교사가 이를 알 수 없으므로 수정할 수 없다. 이 교수법의 이해력 중심의 기본원리와 절차들은 다음과 같다.

기본원리

① 청취력이 말하기보다 먼저 개발되어야 한다.

② 청취력은 신체적 명령에 대한 응답을 통하여 가장 잘 개발될 수 있다.

③ 학습자는 스스로 준비될 때 자동적으로 말할 수 있다.

절 차

① 교사가 먼저 명령을 말하고 다음 실제 행동으로 보여 준다.

② 학습자들은 먼저 단체로, 다음 개인으로 명령에 행동으로 행한다.

③ 처음에는 명령이 간단하나 점차 복잡해진다.

2.8 신-자연교수법(Neo-Natural Method)

모국어에 의존하지 않고 의사소통 상황에서 제 2 언어를 사용하도록 하는 데 기초를 둔 교수법으로 Krashen과 Terrell(1983)이 자연교수법을 제안하였는데, 19세기 자연교수법과 구별하고자 '신-자연교수법'이라고 한다. 이 방법론은 영어의 습득에 관한 이론적 배경과 실험적 연구의 결과에 근거하여, 성인의 제 2 언어 습득모형을 제시한다. 이 교수법의 설계와 절차에 내포된 가설로는 습득-학습가설, 조정가설, 자연적 순서가설, 입력가설, 감정여과가설 등이 있다.[11] 이와 같은 가설은 제 2 언어 습득이 가능하도록 학습자에게 이해가능한 언어입력을 제공하고, 교실에서는 듣기와 읽기에 초점을 두고 지도하여 청취이해력을 기른 후 저절로 말을 할 수 있게 하고, 감정여과를 낮추기 위하여 동기부여와 자신감을 주어야 많은 입력을 받아들일 수 있다고 주장한다. 그래서 제 2 언어 습득 초기단계에서는 청취이해를 중시한다.

Terrell(1977)은 어린아이가 아닌 어른에게도 습득이 가능하다고 보고, 다음과 같이 제 2 언어 교수의 기본원리와 절차를 제시하였다.

기본원리

① 언어교육의 목표는 당면한 의사소통 능력의 배양이다.

② 언어교육은 학습자의 문법지식이 차츰 수정되어 가도록 하는 것이다.

③ 학습자는 학습이 아니라 습득의 기회를 가져야 한다.

④ 언어습득의 성공요인은 인지적 요인이 아니라 감정적 요인이다.

절 차

① 수업은 형태보다 내용을 강조하며 주로 의사소통 활동으로 이루어진다.

② 의사소통을 원활히 하기 위해 많은 어휘의 습득과 이해력개발을 처음부터 강조한다.

③ 구조연습은 수업시간 이외에 하도록 한다. 즉, 녹음된 구조 제 2 언어 연습문제와 시험문제, 또는 숙제로 구조연습을 시킨다.

④ 수업에서는 학습자의 발화를 수정하지 않는다. 오류수정은 의사소통을 방해하기 때문이다.

⑤ 학습자는 수업에서 모국어, 제 2 언어 혹은 두 언어를 겸하여 사용할 수 있다.

한편, 이 교수법의 단점과 장점을 살펴볼 수 있다. 단점으로는 이 교수법에서는 어휘사용을 강조하나 제한된 구조 내에서 어휘를 많이 사용하는 것은 부정확한 의사소통을 유도한다. 또한, 교사가 오류수정을 하지 않으므로, 학습자는 연습문제를 철저히 하지 않으며 오류를 범하지 않으려는 데 신경을 덜 쓴다. 장점으로는 이 방법론에서는 문법설명, 구조훈련과 연습문제를 듣기테이프와 숙제에 의존하므로 제 2 언어 구조연습에 시간낭비가 없다. 또한, 학습에서 새로 제시된 구조를 이해하지 못했을 때는 그 시간에 바로 교사의 도움을 받을 수 있고, 수업 후 스스로 많은 연습을 할 수 있다. 이 방법론은 자습과 의사소통 활동이 결합되어 효과적인 학습을 이끌어 내므로, 우수한 제 2 언어 학습자들은 이 방법에 높은 선호도를 보여 주고 있다(Naiman 외 공저, 1975).

2.9 기타 교수법들

1) 이해력교수법(Comprehension Approach)

말하기보다 먼저 듣기능력의 개발을 중시한 방법으로 이해력교수법이 있다. Gauthier(1963)는 학습자가 제 2 언어로 말하는 것에 자신이 생기기 전까지, 제 2 언어로 들은 내용을 모국어로 묻고 답하도록 하였다. 이해력개발을 우선으로 주장한 학자들은 Winits와 Reeds(1973, 1975), Gary와 Gary(1978, 1980) 등이 있다. 또한, Asher(1973)의 전신반응법과 Krashen과 Terrell(1983)의 신-자연교수법이 이해력 중심의 교수원리에 의한 교수법에 속한다. 단점으로는 모든 이해력교수방법에서 나타나는 것으로 내적 음성발화가 나쁜 버릇으로 굳어질 때 교사의 수정을 받을 수 없는 점과 학습자의 강한 동기인 발화욕구가 처음에 좌절당해 흥미를 잃기 쉬운 점이다.

2) 상황교수법(Situational Method)

이 방법은 실제 상황을 중시한 상황중심의 청취발화법이다. 이 교수법에서의 '상황'이란 문형의 제시와 연습의 방법으로, 새로운 언어의 의미를 나타내는 구체적 사물이나 그림을 행동과 몸짓 등과 함께 사용하는 것을 말한다. 그러므로 교재는 상황에 따라 꾸며져 있고, 구문들은 상황이 달라지는 문맥에 따라 반복해서 제시되고 이해의 정도에 따라 구문을 반복하기 때문에, 학습자는 문맥이 약간씩 달라짐에 따라 배운 구문을 유추화시킬 수 있고 또 일반화시킬 수도 있는 것이다.

장점으로 이 방법은 학습자가 쉽게 이해할 수 있는 상황에서 교재를 연습시키며 또한 문법설명을 하지 않기 때문에, 특히 지속적 구조연습이나 구조설명에 대한 이해가 힘든 나이 어린 학습자에게 유용한 방법이다. 이때 상황들이 구문을 무시한 채 강조되어서는 안 되며, 또한 구조학습은 상황적 연습을 배제해서는 안 된다. 즉, 상황교수법은 구조와 의사소통연습과 문화를 적절히 배합하는 것이다.

그러므로 구조주의식 방법이나 발화청취법들이 상황적 교재를 적절히 사용하는 것이 바람직하다.

3) 시청각교수법(Audio-Visual Method)

시청각교수법은 반-청취발화법의 한 방법으로 1960년대 말, 직접교수법을 계승하여 시청각 자료를 보조로 하여 직접교수법의 효과를 극대화시키고자 한다. 학습자에게 시청각자료로 의미를 추측하게 하며 또한 상황을 파악하게 한다. 원래 이 방법은 프랑스에서 외국인에게 불어를 가르치기 위해 개발된 방법으로 불어교육원(Centre de Recherches pour la Diffusion du Français: CREDIF)에서 시청각 방법에 대한 많은 연구를 하였으며, 미국의 교육과정개발원(Center for Curriculum Development: CCD)에서 내용을 수정 · 발전시켰다. 여기에서의 프로그램은 대화의 상황만 있는 것이 아니라, 문법연습과 훈련이나 문형연습을 위한 부분들이 포함되어 있다. 그러나 영상을 통한 의미의 전달이 불확실하거나 오해를 초래할 가능성이 있다. 이 교수법은 아래 특징에 따라 크게 두 가지 경향으로 나눌 수 있다.

① CREDIF 방법: 이곳에서 개발한 '소리와 영상'(Voix et Images) 자료로 모국어 배경이 여러 나라인 학생들에게 불어수업을 할 때 주로 사용하여 효과가 입증된 방법으로, 대조분석을 사용하지 않으며 거의 훈련을 시키지 않는다.

② 대조분석에 근거한 방법: 구조주의 교수법과 직접교수법을 결합시킨 방법으로, 표현 및 의사소통 목적과 언어학적 구조를 동시에 중시하며 시청각 교재(그림, 녹음테이프, 슬라이드, 영화 등)를 사용한다.

4) 모듈교수법(Modular Approach)

이 교수법은 주로 프로그램 개발에 유용하며 어떤 방법론과도 같이 사용될 수 있다. 이 교수법에 의하면 교수프로그램이 여러 가지 모듈로 나누어져 있고 교사는 여러 가지 모듈을 조합하여 사용할 수 있다. 특히 중급, 고급단계에 적당하다. 예를 들면, 일반 프로그램의 틀 안에서 각 전문적 업무(경찰관, 의사, 간호사, 식당종업원 등등)의 특정 목적에 부합시켜 특정 모듈의 프로그램을 교수한다. 단점으로는 초급단계에는 불가능한 점과 기본기술은 모듈 사용 전에 학습해야 한다는 것이다.

5) 문화중심 교수법(Culture-based Method)

문화중심 교수법은 먼저 다른 문화를 소개하여 이해시킴으로써 동기유발이 강하다. 초급단계에서는 모국어로 교수할 수 있으며 고등학교에서는 2년 정도, 대학에서는 1년 정도의 탐구과정으로 한다. 그러나 초급단계에서 문화에 대한 지나친 강조는 구조연습에 해를 끼친다. 특히 초급단계에서부터 문화를 소개하고자 문학작품을 읽히는 방법은 문화이해와 언어학습에 도움이 되지 못한다.

6) 미시적 파장교수법(Microwave Method)

Stevick(1967)은 미국 국무부의 외교연구소에서 제 2 언어 교수자료를 개발하기 위한 미시적 파장교수법을 고안하였으며, 이 교수법의 초기단계에서는 청취발화법의 방법과 유사하나 초기에 연습한 것을 즉각 상황에 따른 의사소통의 표현으로 활용하는 것이 특색이다. 여기에서 미시적 파장이란 일련의 주기로 구성된 교수자료를 말한 것이다.

이 교수법에서 수업의 주기는 각각 'M' 단계와 'C' 단계로 전개되는데, M-단계는 다시 M-1, M-2, M-3, M-4와 같은 더 작은 구조적 관련성이 있는 몇 개의 부분으로 나누어지며, C-단계는 짧은 회화내용으로 구성된다. 이때 M-단계에서는 모방(Mimicry), 조작(Manipulation), 의미(Meaning)파악, 기억(Memorization)의 훈련을 하는 단계이다. M-단계의 문장 기초훈련이 끝나면 C-단계에서는 의사소통훈련을 한다. 매 주기는 자료의 도입에서부터 그 자료가 의사소통의 목적으로 사용된 후 끝나게 된다. 이 교수법은 학습자료 제작과 교수방법에 응용되고 있다.

3. 심리학 중심의 신경향

1970년 이후에 심리학자와 심리치료학자들이 제안한 혁신적인 방법론은 제 2 언어 학습의 심리적 방어를 감소시켜야 한다고 주장하였다. 즉, 전통적 또는 구조적 교수법들이 교사중심으로 기계적 훈련을 중시한 데 대한 반동으로 학습자의 인격과 인간관계, 학습자의 상호작용 등을 중시하였다. 그래서 이러한 방법론을 학습자들로 하여금 서로를 이끌어 주고 서로를 도와주며 교실에서 일체감을 느끼게 한다. 그러므로 심리학 중심의 새로운 방법론은 학습과업에 대한 학습자의 태도를 중시하고 자신감을 심어 주는 학습자 중심의 방법론이다.

3.1 무언교수법(silent way)

Caleb Gattegno(1972)에 의해 개발된 무언교수법은 교사는 거의 침묵하며, 도표와 색깔 있는 막대기를 보조자료로 하여 학습자로 하여금 무엇을 말해야 하는지를 발견하게 하여 발화하게 하는 방법이다. 그러므로 교사와 학습자는 협조적이어야 하며, 학습자는 단순히 앉아서 듣기만 해서는 안 되고 적극적으로 학습에 참여하여 문제를 해결하고, 발견적이며 창조적인 활동을 전개해야 한다. 또한, 이 방법에서는 학습자들이 상호교정해 주면서 더 능률적으로 학습한다는 점을 강조하고 있으며, 스스로 학습하는 과정을 통해서 제 2 언어 학습이 가장 효율적으로 이루어질 수 있다고 주장한다.

장점으로는 무언교수법을 절충식 방법에 사용할 때 침묵을 효과적으로 사용할 수 있다. 즉, 교사의 말의 횟수가 적어서 학습자가 자기의 표현을 감상할 수 있으며, 학습자는 들은 내용을 마음 속에서 철저히 할 수 있는 기회를 가질 수 있다(Stevick, 1976). 그래서 학습자의 언어적 · 의사소통적 능력을 효과적으로 개발할 수 있다. 이 교수법이 주장하는 기본원리와 절차 및 단점을 살펴보면 다음과 같다.

기본원리

① 가르치는 일은 학습하는 일에 종속되어야 한다.

② 학습의 일차적 작업은 모방이나 훈련이 아니다.

③ 학습자의 지성은 학습전략에 대한 기능을 발휘할 수 있다.

④ 지성이 작용할 때 이미 학습한 모든 것이 동원된다.

⑤ 교사는 학습자의 활동을 방해하거나 회피해서는 안 된다.

절 차

① 첫 단계는 발음연습 단계이다. 이때 음-철자의 관계를 나타낸 채색된 도표(Sound-color fidel)를 이용한다. 이때 먼저 모국어 도표를 공부하고 난 후, 제 2 언어의 도표를 큰 소리로 읽게 한다. 따라읽기는 교사의 발음을 모방하게 되므로 따라 읽히지 않으며, 다른 학생의 발음을 관찰하고 학습자 스스로 분별적 재입력을 받도록 한다. 또한, 학습자로 하여금 가장 나은 발음을 모방하게 하며 직접교정은 하지 않는다.

② 발화단계로서 발음연습이 끝난 다음, 문형과 구조, 어휘 등을 연습하는데,

교사는 여러 가지 다른 색깔과 크기로 되어 있는 막대기(Cuisenaire rods)들을 소개한다. 이때 막대기는 단어나 구조의 의미관계를 직접 연결하는 데 사용되거나, 색의 명칭, 비교, 사람, 사물의 이름 등을 가르치고, 학습자들이 의사소통을 위한 창의력과 흥미를 유발하는 데 쓰인다. 교사는 이것들을 이용하여 명사와 문장(위치관계, 크기비교, 시간관계 등등)을 만들어 보인다. 이때 학습자 스스로 발화하게 한다.

③ 다음으로 새로운 구문을 도입한 후 교사는 막대를 사용하여 그 구문을 연습할 수 있는 상황을 만들어 준다. 교사는 보조 자료로서 그림책, 테이프, 선정된 독서자료 등을 교재로 사용한다.[12)]

단 점

① 학습활동에서 반복과 암기, 번역이 없으며, 지도원칙을 교수에 두지 않고 학습에 두기 때문에 교수는 부수적이다.

② 학습자는 막대기 사용으로 상상력을 유발하여 다양한 문장을 만들 수 있으나, 지루하여 시간의 낭비가 많다.

③ 교사는 수업에서 90% 정도 침묵하고 있고 다른 학습자를 큰 소리로 모방하게 한다. 그러나 음-철자관계만 익힌 후 발화하는 것은 불가능하며 동료의 발음이 발화에 나쁜 영향을 미칠 수 있다. 또한, 듣기가 부족하며 쓰기와 읽기가 첫 단계에서부터 소개되어 발화에 나쁜 영향을 미치기 쉽다. 특히 큰 소리로 읽기는 자연스런 리듬과 억양의 결합을 가져오기 쉽다.

④ 이 방법은 심리학적 면은 고려되었으나 교사의 지도가 거의 없으므로 학습자들은 좌절감을 느끼며, 또한 침묵시간을 어떻게 보내야 할지 몰라 당황하게 된다.

3.2 집단언어학습법(Community Language Learning: CLL)

심리학자 Charles A. Curran(1972, 1976)은 상담학습(Counseling Learning)을 제 2 언어 교수에 적용하였으며, La Forge(1971)는 일본에서 집단언어학습법으로 이 방법을 활용하였다. 이 교수법은 인본주의에 따른 전인학습을 주장한 Carl Rogers의 교육철학인 상담학습법(Rogerian counseling)을 제 2 언어 교육에 적용한 방법이다.

이 교수법에서 학습은 상담의 형태로 진행되는데, 특히 부드럽고 격식을 차리지 않는 상황에서 진행되며, 교사는 학습자에게 긴장감이나 부담감을 주지않고 하고 싶은 말을 제 2 언어로 할 수 있게끔 도와주는 역할을 하는 것이다. 한편, 학습자는 자신이 속한 집단과 같은 수준일 때 걱정이 사라지고 마음의 안정감을 얻는다. 또한, 학습자는 자기주장을 내세워 공동사회로부터 지지받기를 원한다. 그러므로 효과적인 학습을 위해 자기주장과 소속성의 욕구 간에 균형이 필요하다. 그래서 교사는 학습자의 감정특성을 이해하는 상담자이어야 한다. Curran(1976: 6)은 효과적인 학습을 위하여 심리적인 다음의 네 가지(SARD) 요구조건을 제시하고 있다.

① 안정감(Security): 안정감이 있어야 성공적인 학습경험을 할 수 있다.

② 집중력과 진취성(Attention and Aggression): 집중적으로 학습에 몰입하고 진취적으로 학습할 때 표현할 수 있다.

③ 내재화와 반성(Retention and Reflection): 학습한 것이 내재화되어야 하며, 학습자는 침묵기를 통해 평가 · 반성할 수 있어야 한다.

④ 분별화(Discrimination): 학습된 것이 분류되고 다른 학습과 연관지어져야 한다.

수업진행을 살펴보면, 작은 모임(6명 정도)에서 학습자들이 서로 제 2 언어로 말하는 것을 녹음하고, 그 다음 녹음을 듣고 문장을 쓴다. 다음은 교사의 도움을 필요로 하는데, 이때 교사는 부드러운 분위기를 자아내기 위해 뒤에서 손을 학습자의 손에 얹고 다정스럽게 가르쳐 준다. 상담에서의 대화방식을 도입하고 모국어를 제 2 언어로 번역하며 각자의 짧은 대화를 녹음하고 분석하는 이러한 방법을 절충적으로 사용할 때 유용하다. 이 교수법의 특징은 학습자가 다섯 단계의 발달을 거치도록 지도한다는 점이다. 그 절차와 이 교수방법의 장점과 단점을 살펴보고자 한다.

절 차

① 초기단계: 학생이 모국어로 하고 싶은 말을 하면 교사는 뒤에 서서 제 2 언어로 통역하여 다시 말해 준다.

② 자기주장단계: 교사의 도움을 받으며 학습자가 먼저 제 2 언어로 말하고 난 후 다시 모국어로 번역하여 말한다.

③ 탄생기: 제 2 언어로만 말한다.

④ 성숙기: 스스로 오류수정을 할 수 있다.

⑤ 독립기: 마지막 단계로 숙어적 표현과 문제적 통찰력을 가질 수 있다.

장 점

① 학생이 말하고 싶은 것을 말하므로 학습자의 발화연습은 유의적이며 지루함이 없다.

② 학습으로 야기되는 문제점(학습자의 걱정과 고민 등등)과 느낌을 자유로이 토론하므로 학습활동과 수업에 활용할 수 있다.

③ 직접 학습자 자신이 말할 수 있는 기회를 가짐으로써, 자기의 결함을 보완할 수 있게 되며 안정된 분위기에서 동료들의 말을 들을 수 있다.

④ 녹음된 내용은 전적으로 학습자 자신들의 소리이기 때문에 교사로부터의 간섭을 줄일 수 있으며 자발적인 활동이라 할 수 있다.

단 점

상담역인 교사의 역할이 너무 제한적이다(H. Brown, 1977). 그러므로 초급단계에서는 학습자가 좌절하기 쉽다. 또한, 소단위 학급(6~8명)으로 구성되어야 하며, 교사는 완벽한 이중언어를 구사하고 상담훈련도 받아야 하므로 유능한 교사의 확보가 어렵다.

3.3 연상교수법(Suggestopedia)

연상교수법은 심리치료학자인 동시에 교육자인 불가리아인 Lozanov(1978)가 개발하였으며 유럽의 교육기관에서는 현재도 사용하고 있으며, 최근 미국을 비롯한 여러 나라에서도 연구되고 있다. Lozanov의 언어교육은 그의 학습철학인 연상법(suggestology)을 응용하며, 인지적인 영역과 감정적인 영역의 가치를 강조하고 있다. 학습자로 하여금 학습하는데 방해가 되는 방해요소들을 몰아 내고 무의식적인 연상이 가능하도록 아래와 같은 분위기를 만들며 귀납적 학습을 유도한다.

① 교사의 권위로 수업통제

② 음악

③ 연극적 독서방법

④ 부드러운 불빛과 안락의자로 긴장이 풀리는 거실과 같은 분위기

⑤ 재미있고 쉽고 자연스런 활동

⑥ 다양한 휴식방법 제공

⑦ 정확성보다 의사소통 강조

Lozanov의 교수방법은 연상(suggestion)의 힘에 대한 이론적 원리인 연상법과 그 이론의 실제 접근방법이 되는 교수법이 핵심이 된다. 연상교수법에 의한 집중학습을 할 때 수업은 하루 4시간씩 일주일에 6일 간 계속된다. 초급단계는 학습내용이 10단위로 나누어져 있고, 각 단위는 긴 대화(75문장 이상)로 이루어져 있다.[13] 각 단위는 6시간을 필요로 하며 총 60시간 동안 2,000개의 단어를 학습하게 한다. 학급구성은 남자 6명, 여자 6명이 이상적이다. Lozanov의 네 시간 수업은 '연상적 순환'(suggestopedic cycle)의 세 과정의 절차를 거친다. 이 교수법의 연상의 힘의 기본원리와 절차를 살펴보자.

기본원리

① 인간의 잠재능력은 연상을 통해서 개발될 수 있다.

② 신념체계 내에서는 마음의 기능이 중요한 역할을 한다.

③ 인간은 누구든 연상의 힘을 받도록 되어 있다.

④ 인간은 적극적이고 안락한 분위기 속에서 잘 학습할 수 있다.

절 차

① 첫 과정에는 학생들이 원형으로 특별히 설계된 의자에 앉아서 세미나형식으로 토론을 하고, 문법, 어휘에 주의를 기울이며 이미 학습한 것을 중심으로 질문과 응답을 한다. 다음은 새로운 자료를 중심으로 토론한다. 이때 교사는 주로 목표어를 사용하지만 학습자들은 모국어나 목표어를 사용하여 문답을 해도 좋다.

② 본 과정은 음악회로 이 교수법의 중심이 되는 시간이다. 이때 교사는 배경음악과 함께 대화들을 읽는다. 이 과정은 두 부분으로 나누어져, 먼저 정서적인 고전음악이 흐르는 가운데 교사는 천천히 정확한 말로 대화를 읽고 다음, 사색적인 음악 속에서 학습자들은 교과서를 덮고 정상속도의 대화를 듣는다.

③ 마지막 과정에서 질문과 역할연극 기타 다른 기술들로 대화를 익힌다. 또한, 이때 학습자에게 새로운 외국이름과 이력서를 주고 스스로를 외국 사

람으로 여기고 역할연습을 하도록 하여 학습효과를 높일 수 있다.

이와 같이 언어학습에서 연상의 힘을 이용할 때 언어학습을 증진시킬 수 있는 반면, 이 방법이 갖는 제한점들도 있다. 연상교수법에 의한 교수의 장 · 단점을 살펴보면 다음과 같다.

장 점

① 기계적인 연습을 하지 않으며 편안한 분위기 속에서 음악과 함께 대화를 듣는 것이다.

② 대화가 길지만 암기할 필요가 없고 교실에서 공부한 후, 아침 · 저녁 20분씩 읽도록 한다. 그리고 다음으로는 대화를 듣기 · 읽기 · 회화과정에서 사용하도록 한다.

③ 교사는 오류를 수정하지 않는다. 분석을 하지 않고 귀납적인 방법을 택하여 학습자 스스로 깨닫게 한다.

④ 다른 방법론과 함께 절충하여 사용할 수 있다.

단 점

① 학습자가 대화에서 암기해야 할 새로운 단어를 많이 접하며, 학습단계가 빠르게 진행된다.

② 교사가 권위적인 존재로서 수업을 통제하므로, 교실 밖에서 교사와 학습자 간에 인간적인 관계성립이 어렵다.

③ 방법론이 비과학적이며, 학급을 나눌 때 학습자의 적성이나 다른 변인들을 고려하지 않는다.

④ 좋은 음악을 듣게 되는 장점은 있으나, 배경음악이 반드시 학습에 효과가 있다고 판단하기 어렵다.

4. 유럽의 영향

1970년대 초 서유럽, 특히 영국에서 Halliday 중심의 Neo-Firthian의 언어학자들과 사회언어학자들이 중심이 되어, 제 2 언어 교수법에 있어서 의사소통을 무시한 구조주의 교수법과 특히 문법적 교과요목에 의한 교과자료에 대한 반대운동이 일어났다.[14] 그래서 형태보다는 기능을 중시하는 의사소통(기능적) 교수방법을 주장하였다. 이러한 기능중심의 방법론은 가르치는 방법보다는 내용, 즉 교수요목의 설계를 더 중시하여, 교수방법이라기보다는 교수이론에 해당한다.

4.1 의사소통(기능적)교수법(Communicative or Functional Approach)

의사소통 중심의 교수법은 언어의 의사소통 기능과 사용을 중시하는 언어학적 배경에 의한 교수법으로 의사소통교수법, 또는 기능적 · 의미적 교수법(communicative · functional · notional · notional-functional)이라고 부른다. 1972년 Widdowson은 영국에 유학 온 학생들이 실제 의사소통 상황에서 영어를 사용하는 능력이 불충분하다고 지적하였다. 그 후 언어교수 학자들은 언어구조와 어휘가 아닌 의사소통을 강조하게 되었다. 그러므로 이 교수법은 언어의 의사소통 기능에 중점을 두고 그 기능을 토대로 한 새로운 접근을 시도하며, 구조에 대한 정확한 지식보다는 의사소통을 위한 유창성을 강조한다.

이 교수법의 분석단위는 담화이며 화제는 문장이 아니라 의사소통행위이다. 이 행위는 흔히 언어행위, 발화행위 또는 대화라고도 한다. 이러한 의사소통행위는 찬성 · 반대, 칭찬, 불평, 약속, 사과 등의 표현이다. 따라서 표현기능과 형태 간의 일대일의 대응관계는 없다. 여러 형태로서 명령의 의사소통행위가 가능하며, 또한 명령형태가 명령뿐만 아니라 초대, 충고, 지시, 기분 등의 기능을 할 수 있다. 이 교수법에서 구조는 이차적인 기능을 하는 것으로 여기며 의사소통 활동에 따라 학습활동을 구성한다. 즉, 인사말하기, 대답하기, 전화담화, 공손하게 불평하기, 요청 거절하기, 작별하기, 거부감 주지 않고 반대하기 등이 있다. 이러한 활동은 상황교수법과 유사하나 의사소통교수법에서는 특히 문체와 다양성을 강조한다.

이 접근방식에서는 의사소통이 기본이 되므로 의사소통분석이 중요하다. 이러한 접근방식의 선구자로서 Austin(1962)은 화행(speech act)을 표면적 표현 행위(locutionary force)와 발화수반 행위(illocutionary force)로 나누었는데, 의사소통방법론에서는 발화수반, 즉 기능적 의미를 중시한다.

① **표면적 표현**: 발화의 일반적 개념

예: It's getting late(단순히 늦음을 언급).

② **발화수반 표현**: 기능적 의미

예: It's getting late(집에 가야 한다는 제안).

사회언어학자인 Hymes(1972)는 대화의 특징을 아래와 같이 세 가지로 나누었는데, 또한 하나의 화행이 환경에 따라서, 화자와 청자와의 관계에 따라서 그 특징이 달라질 수 있다.

① 발화상황: 파티, 식사, 싸움 등의 상황의 구분

② 발화종목: 두 사람 간의 대화, 강의, 작별인사 등등

③ 화행: 진술, 질의, 찬성, 후회, 충고, 약속 등

한편, Wilkins(1972)는 화행의 의미형태를 의미적 범주(notional categories)와 의사소통 기능적 범주(communicative functional categories)로 나누고 이를 *Notional Syllabus*(1976)로 발전시켰으며, 이 교수요목이 van Ek와 Alexander(1980)의 '입문단계'(threshold level)로 구현되면서 프로그램의 설계에 큰 영향을 주었다. Wilkins (1976)의 화행의 분류를 살펴보면 다음과 같다.

① 의미론적 문법범주: 시간, 모양, 공간, 관계, 등의 문맥적 지시

② 의사소통 · 기능적 범주: 판단, 평가, 설득, 논쟁, 질의, 감정, 잠정적 관계 등등

이 교수법은 학습자 개개인의 필요성을 중시하는 학습자 중심의 방법론이다. 그러므로 먼저 학습자의 필요성을 결정하고 다음 그 중요성에 맞는 언어를 제공해야 한다. 학습자의 필요성을 결정하는 근거는 다음과 같다.[15)]

① 학습자가 직면하게 될 특수상황

② 학습자가 담당하게 될 역할

③ 학습자가 필요로 하는 화제

④ 학습자가 필요로 하는 언어기술

위와 같은 필요성을 고려해 볼 때 의사소통 교수요목은 구조적 교수요목과 함께 병행하여 지도해야 효과적이다. Widdowson(1978)은 구조적 교수요목서를 발전시켜 '의미적 교수요목서'(notional syllabuses)라고 하였다. 학습자는 이와 같은 복합적인 교수요목서를 필요로 하여, 초급단계에는 구조와 개념적인 기초에 주력하며, 문체에 대한 기능적 요소는 고급단계에서 학습할 수 있다. 즉, 교사는 초급단계에서는 구조를 강조하며 중급초기에서부터 의사소통적 기능(문체, 적절성 등)을 강조해야 한다. 이러한 의사소통교수법은 교수법의 개발로서뿐만 아니라 아래와 같은 공헌도를 가지는 장점이 있는 반면, 실제 교실상황에서 여러 가지 제한점을 지닌다.

장 점

① 의사소통교수법은 교수법으로서뿐 아니라 교수요목의 개발에 큰 공헌을 한다.[16)]

② 의사소통 과정, 특히 대화에 대한 이해가 있었다.

③ 계몽적 · 절충식 방법에 공헌하게 되었으며, 구조적 · 상황적 · 기능적인 모든 고려가 교수법에 필요함을 역설하게 되었다.

단 점

① 의사소통방법론에서는 교재가 구조보다 의사소통 행위에 따라 구성되므로, 학습자들은 구조적으로 혼동하게 된다. 예를 들면, '요구하기'에 대해서 배울 때 명령문뿐만 아니라 다른 여러 문법구조를 동시에 학습해야 한다.

② 의사소통 필요성의 정확하고 상세한 분석이 어려우며 학습자 자신도 자신의 역할, 화제, 상황 등에 대해 정확히 예견하기 어렵다. 문제점은 학습이 집단으로 이루어지므로, 교사는 일반적인 의사소통 필요성을 강조해야 하며 각 개인의 의사소통 필요성을 충족시킬 수 없다.

③ 형태와 기능의 중요성을 고려할 때는 문법이 의사소통 필요성보다 우선적이었다. 그러나 내용(의사소통행위)에 따라서 교수요목을 만들 때 다양한 표현에 대한 학습이 가능하나 체계적이지 못하고 등급의 원리를 지킬 수 없다. 그러므로 의사소통행위를 강조한 교수요목은 문장을 생성하는 능력을 발달시킬 수 없다.[17)]

④ 의사소통교수방법의 근본 문제점은 제 2 언어 과정이나 프로그램에 대한 선택과 등급의 적절한 기준이 없다는 점이다. 따라서 의사소통을 강조하면서 학습한 학생은 문법의 능숙도를 개발할 수 없다.

4.2 특수목적을 위한 제 2 언어(Second Languages for Specific Purposes)[18)]

의사소통교수법은 특정 직업의 의사소통상의 필요성을 분석하여 제 2 언어 교수요목서를 제공할 수 있다. 교역에 종사하는 사람, 의사, 기술자 등 특정의 직업에 있어서 요구되는 의사소통의 기능과 제 2 언어의 어휘와 숙어사용이 관련이 있기 때문이다. 또한, 내용 면에 있어서도 활동지향적으로 매우 전문화되어 있다. 그래서 이 목적에 부합한 교수요목은 각기 특별 분야인 의사와 사업가, 경찰관,

사회사업가, 식당종업원 등에 대한 각각의 교재로 그들을 자극할 수 있으며 효과를 기대할 수 있다.

이들 특수한 목적을 위한 제 2 언어 교재를 사용하는 데 있어서 두 가지 방법이 있다. 한 가지는 학습시간이 제한적이고 직업상 그 집단이 동질적일 때 학습과정은 특수목적에 맞는 제한된 과정이 좋다. 다음으로는 시간이 충분하고 직업이 서로 다를 때 일반 프로그램과 함께 특수목적을 위한 교재를 부가하는 것이 좋다. 그러나 교사가 특수 목적에 맞는 여러 종류의 교재를 개발하기 어렵기 때문에 권위 있는 기존의 교재를 택하여 언어학적으로 적용시켜야 한다.

5. 특수상황에 적용된 방법론

이 부분에서는 특수상황에 적용된 교수방법론으로, 집중교수법, 흡수교수법, 그리고 조기외국어(제 2 언어)교육에 대해서 살펴보고자 한다. 먼저, 집중교수법은 특히 제 2 차 세계대전 중 육군에서 군사적 목적으로 집중적인 어학교육법으로 실시하여 대단한 성공을 거둔 방법이다. 다음 흡수교수법은 캐나다에서 개발되어 1960년대 말 이래 불어 교수·학습에 매우 성공적으로 이루어진 모형으로, 미국에서도 여러 초등학교에서 제 2 언어 교수에 이를 도입하였다. 또한, 지금까지 사용된 이중언어 교수법들의 단점을 진단하고 개선책과 더불어 이중언어 교수법의 효율성을 지적하며 한편, 요즈음 열풍을 일으키고 있는 조기외국어교육의 방향을 제시하고자 한다.

5.1 집중접근법(Intensive Approach)

17세기 때 제 2 언어 교육에 개인지도, 단기과정을 강조하는 집중접근법이 있었다. 19세기에 Gouin이 다시 집중접근법을 강조하여 하루 5시간씩, 6개월 간 교육하는 교육과정을 주장하였다. 그 후 1941년경부터 구조주의 언어학적 방법에 의한 외국어 속성교육을 목표로 한 집중 어학교육이 실시되었는데, 미국학술연합회(the American Council of Learned Societies)에서는 집중접근법에 따른 군특별훈련과정(ASTP)을 개발하여 Michigan, Stanford, Yale 등 18개 대학에 이 과정에 의한 어학교실을 개설하였다. 이 방법의 특징과 장점은 다음과 같다.

특 징

① 비교적 단기간에 많은 수업시간을 할당(5~20시간의 수업과 그에 대응하는 실험실 학습과 숙제가 주어진다).

② 작은 규모의 학생 수(5~9명), 구어강조, 단체지도법의 선호

③ 적성을 근거로 흥미를 느끼는 학생의 선발

④ 언어구조의 학습과 회화연습의 균형을 조정

⑤ 음소분석과 음소표기를 사용

⑥ 해당 언어를 모국어로 하는 전형적 발화자를 채용

장 점

① 성취의 즉각적 증거를 얻을 수 있다.

② 단어, 규칙 등 언어자료들이 출연 빈도수가 높고 연속성이 있으므로, 학습에 있어서 연상과 내재화에 효과적이다.

③ 언어내부의 관계를 분명히 알 수 있다.

④ 상급단계로의 진급이 빠르다.

5.2 흡수교수법(Immersion Approach)

1950년대 후반 캐나다에서 시작되어 최근 미국에서도 이민세대들을 위해 사용하는 방법이다. 이 교수법에 따르면 제 2 언어 학습을 위한 일반교육과정 활동에 있어서, 해당 제 2 언어가 교수의 대상이라기보다는 교수의 매체이다. 이 교수법은 초기학습단계라고 불리는 유치원이나, 초등학교(1~2학년) 수준에서 시작할 수 있는데, 첫 몇 개월 동안 학생들은 교사가 묻는 제 2 언어에 대해서 모국어로 대답한다. 그러나 학습자의 제 2 언어 기능이 점차 개선됨에 따라 교사와 친구들에게 제 2 언어로 말하기 시작한다. 이 교수법의 최대의 장점은 최대 노출의 효과이며 정식교과목으로 가르치는 것보다 제 2 언어에 접하는 시간이 많으므로 더 좋은 결과를 얻을 수 있다(Stern, 1976).

흡수교수법을 연구한 Swain(1979)의 결과를 살펴보면, 흡수교수법에 의한 학생들이 독해력과 어휘지식에서 우수하였다. 한편, 여러 문제점이 단점으로 지적되었다.

단 점

① 학부모와 교육자들은 이 방법론이 인지발달과 모국어 능숙도에 부정적 영향을 미칠 가능성이 있다고 생각할 수 있다. 그러나 Lambert와 Macnamara (1969)는 실험에서 모국어 읽기와 말하기에 부정적 영향이 없음을 입증하였다.

② 아동이 결점을 보이는 중간언어를 사용하게 된다. Stern(1976)은 해결방법으로 흡수방법에 의한 노출과 함께 형식적 수업을 조화를 이루어 병행하는 것이라고 주장하였다.

③ 전적인 흡수교수법은 성인에게 부적합하다. 성인은 제2언어 상황에 놓여질 때 자신을 표현하는 데 어려움을 겪는다. 그러므로 초급·중급단계에서는 형식적 수업을 집중적으로 실시한 후 고급단계에서 흡수교수법을 활용할 수 있다.

5.3 이중언어교수법(Bilingual Method)

여러 언어교수방법론들은 모국어 사용을 허용하거나 금지시키고 있다. 모국어 사용을 허용하는 여러 방법론들(G-T Method, Structural Method, Audiolingual Method, Cognitive Approach, CLL, Suggestopedia) 중에서 전통적 문법번역식은 모국어의 오용과 남용이 있었다. 그 외 다른 교수법들(Direct Method, Reading Method, Audio-Visual Method, TPR, Silent Way, Immersion Approach)은 모국어를 사용하지 않고 목표어로만 교수한다. 그러나 제2언어의 사용만을 고집하는 단일어접근법은 다음과 같은 단점이 있다.

① 설명 없이 시각자료만을 통하여 문장의 의미를 정확히 전달하기 어렵다. 또한, 실제상황에서 실물을 제시할 수 있는 경우는 극히 제한적이며, 추상적인 것에 대한 제시는 단일어교수로는 어렵다. 그러므로 단일어방법론은 옳은 의미전달이 불확실할 뿐만 아니라, 의미전달에 시간이 많이 걸리므로 비효율적이다(Corder, 1966).

② 제2언어 학습자들이 실험(Hammerly, 1974)에서 모든 표현을 모국어와 관련지어 생각하므로, 제2언어에 의한 설명이나 풀이가 적당하지 못하며 모국어 사용 없이 제2언어에 의한 직접적 연상을 기대하기 어렵다.

③ 사고란 무의식적이며 신속한 언어자료의 처리를 포함하므로, 제 2 언어 학습자가 제 2 언어로 사고하기는 어렵다. 특히 초급단계에서 제 2 언어로 사고한다는 것은 불가능하다.

여러 실험(Mishima, 1967; Dodson, 1967; Lim, 1970; Sastri, 1970; Butzkamm과 Dodson, 1980)에서 이중언어교수법의 효과가 입증되었으므로, 제 2 언어 학습자에게 모국어 번역이 허락되어야 한다. Dodson(1967)은 통역방법인 구술문장번역의 효율성을 주장하며 이중언어교수법을 제안하였다. Dodson의 효과적인 수업을 위한 4단계의 제시를 살펴보면 다음과 같다.

① 구술로 제 2 언어 문장제시

② 의미습득을 위한 모국어 표현제시

③ 의미 기억을 위한 시각자료제시

④ 제 2 언어 문장의 교본제시

즉, 제 2 언어 학습자는 모국어로 새 단어의 의미를 신속하고 정확하게 이해하며 제 2 언어를 사용하여 그 단어를 의미 있게 연습하여 내재화시키며, 제 2 언어 표현과 그 의미를 직접 연관시키는 능력을 키운다. 그러므로 모국어의 사용은 제 2 언어 발화를 향상시킨다. 모국어의 사용정도는 다음과 같은 비율로 진행하는 것이 효과적이다.

① 기초 초급단계(첫 15~20시간): 20%

② 중급 후기단계: 8~10%

③ 고급단계: 5%(새로운 단어, 항목만 소개)

제 2 언어 교수에서 모국어를 사용하는 것은 의미전달을 위해서이다. 제 2 언어 교수에서 의미를 전달하기 위한 여러 가지 방법들이 있는데 모국어 번역과 풀이, 모국어와 같은 표현 등을 사용하는 것이 효과적이다.[19] 이때 일상생활에서 쓰이는 구어체인 자연스런 번역을 사용해야 한다. 그리고 번역은 문화적 차이까지 고려해야 하므로 Macnamara(1967)는 개별단어 대 단어식의 번역보다 단문을 중심으로 번역하는 것이 심리적 현실성이 있다고 한다. 자연스런 번역은 제 2 언어 학습자에게 의미를 정확하게 전달하며, 또한 의미전달에 필요한 시간을 절약하게 한다. 그러므로 제 2 언어 교수에서 이중언어교수법이 실시될 때, 처음부터 제 2 언어만을 고집하는 단일어교수법보다 그 효과를 기대할 수 있다. 또한, 초급단계에서 모국어와 제 2 언어의 병용은 감정여과기를 낮출 수 있다. 점차로 모국어에 대한 의존도를 낮추며 점진적으로 용이하게 유창한 화자로 접근할 수 있다. 특히 우리나라 상황과 같은 학습상황이나, 능숙한 이중언어 화자가 아닌 교사에 의한 수업으로 진행될 때, 모국어의 효과적인 도입은 반드시 개발되어야 한다.

5.4 조기외국어교육(Foreign Languages in the Elementary School: FLES)

미국에서는 1950년대 초등학교에서 제 2 언어가 교과목으로 채택되기 시작하여 1960년대에는 제 2 언어 교육이 활발하였으나, 1970년대 조기외국어교육의 효과에 회의가 생기면서 국가적 관심이 퇴조하여 교육열기가 급속히 쇠퇴하였다. 흔히 제 2 언어 교육은 빨리 시작하는 것이 효과적이라고 한다. 그러나 Stern(1963)은 어린 나이가 제 2 언어 학습 시작의 최적조건은 아니라고 한다. 또한, Carroll (1960)은 같은 수업시간이 주어질 때 발음을 제외하고는 아동이 성인보다 제 2 언어 학습에서 우월하지 않다고 한다. 아동이 습득상황에서는 우수하나 교실에서의 학습상황에서는 성인보다 우수하지 않다. 어린 나이에 시작한 제 2 언어 교육은 대체로 다음과 같은 이유로 실패하였다.

① 목표와 방법선정의 실패

② 교사훈련부족과 자격자부족

③ 행정지원부족

④ 구조교수에 실패(흥미위주)

⑤ 교과과정 연결의 문제

⑥ 실험실 사용의 문제

⑦ 불충분한 수업시간

⑧ 부적절한 교재

그런데 아동은 10세경부터 자신을 나타내기 시작하여 14세경 자아를 형성하므로, 13세 이후에는 모방을 훌륭하게 하기 어렵고 발음능력이 떨어지게 된다. 조기외국어교육 계획안의 실패에도 불구하고, 미국에서는 1980년대에 언어능력의 중요성을 다시 인정하게 되어 초등학교에서 새로운 외국어교육의 기회를 모색하게 된다. 그래서 새로운 프로그램들은 목표설정의 새로운 면, 즉 제 2 언어의 구술 및 청취기능의 발달과 학생들의 문화적 이해의 개발에 역점을 두게 되었다.

오늘날 조기외국어교육 계획의 중요한 부분은 흥미있는 교수자료의 개발이라고 볼 수 있으며 아직은 해결해야 할 과제가 많은 것이 현실이다. 현재 우리나라에서는 조기외국어교육의 열풍이 불기 시작하여 유치원 과정의 어린이에게조차 영어교육을 시키려고 노력하고 있다. 그러나 우리나라와 같이 단일민족·단일어 국가의 특징을 무시한 채 학부모들이 어린이에게 이중언어 화자가 되기를 강요하는 것은 어린이의 정신건강에 해악을 끼치며, 학부모도 그 결과를 볼 때 빠른 실망을 느끼게 된다. 그러므로 교육부 당국은 이러한 열의를 수용하는 한편, 목표의 설정 전문적인 교사의 양성, 유용하고 적절한 교수자료의 개발에 힘써야 할 것이다.

6. 결론: 최상의 교수법이 있는가?

지금까지 수십 년 간 많은 교수법과 교수이론이 논의되었다. 각기 서로의 주장이 겹치는 부분도 많고 또한 반대되는 주장도 있다. 교사는 이들 중에서 취사선택하여 어떤 방법론에서는 절차를, 어떤 방법론에서는 교수요목, 기술 등을 목적에 맞게 골라야 한다. 그래서 단 하나의 최상의 방법론이란 있을 수 없다. 그러므로 최상의 방법론이란 여러 방법들이 제공하는 좋은 점들을 합하여 최상의 목적을 달성하는 것이다. 진정한 의미의 최상의 교수법이란 변화하는 교육목표와 학습자의 유형에 적용할 수 있는 교수법을 의미하며, 이러한 교수법을 사용하려면 먼저 교사가 창조적이고, 능동적이며, 실험과 연구를 수행할 수 있는 자질을 갖춰야 한다.

최상의 언어교수법의 특징을 살펴보면 다음과 같다(Hammerly, 1982).

① 기계적인 면과 창조적인 면을 함께 하며, 언어사용에 있어서 연습에 치중해야 한다.

② 학습자의 태도를 고려하여 인지적 책략을 사용해야 한다.

③ 평균수준뿐만이 아닌 상하수준의 학생들의 필요성에도 적응해야 한다.

④ 제 2 언어 학습이므로 자연스런 방법만 주장하기보다는 인위적인 면도 있어야 한다.

⑤ 수업절차에 대하여 학생들의 동의를 구하는 것이 좋다.

⑥ 여러 다른 절차를 배제한 한두 절차만을 강조하지 않으며, 여러 절차의 장·단점을 잘 고려해야 한다.

⑦ 유창함과 정확함 모두 강조해야 한다.

⑧ 교수와 학습에 우선 중점을 두고 흥미와 재미는 부수적이어야 한다.

⑨ 절충주의가 좋다: 여러 방법론과 접근법 중에서 취사선택하여 조화적 · 효과적으로 교수할 수 있어야 한다.

⑩ 세 가지 유형(구조적, 상황적, 의사소통적 기능)의 교수요목을 합쳐야 한다.

⑪ 교사가 수업준비에 과중한 부담을 느껴서는 안 된다.

⑫ 전문적 훈련과 준비에 근거한 방법론을 사용해야 한다.

이상과 같은 최상의 교수법을 만들어 내기 위해서 제 2 언어 교사는 제 2 언어 교수방법에 대한 이론과 구체적인 실행가능성을 충분히 알고 있어야 하며, 구체성과 개별성에 따라서 적재적소에 알맞는 교수방법을 펼쳐야 한다. 이러한 자질과 능력을 갖춘 제 2 언어 교사를 양성하여 제 2 언어 학습의 질을 향상시키는 것이 언어교수학의 목표이다.

참 고 사 항

1) Richards와 Rodgers(1986)의 정의를 살펴보면, 이론은 언어와 언어교수 및 학습에 대한 일련의 가설이며, 방법은 이론에 근거한 절차와 계획이고, 기술은 수업에 사용되는 특별히 고안된 술책이라는 의미이다. 교수법의 구성요소를 도표로 살펴보면 다음과 같다.

도 표 방법론의 요소와 세부요소

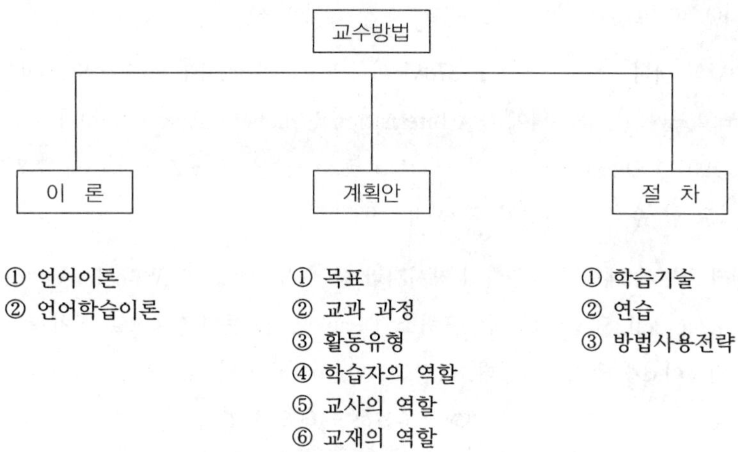

2) 이 교수법은 귀와 입을 통한 회화를 강조하였기 때문에 회화적 교수법(conversational method)이라고도 불리운다. 이후 나타난 Gouin method와 Berlitz method도 같은 지도이념을 가졌다고 볼 수 있다.

3) "I open the door"에 관련된 연속문장을 살펴보면 다음과 같다(Diller, 1971).

① I walk towards the door.	I walk
② I draw near to the door.	I draw near
③ I draw nearer to the door.	I draw nearer
④ I get to the door.	I get to
⑤ I stop at the door.	I stop
⑥ I stretch out my arm.	I stretch out

⑦ I take hold of the handle.	I take hold
⑧ I turn the handle.	I turn
⑨ I open the door.	I open
⑩ I pull the door.	I pull
⑪ The door moves.	moves
⑫ The door turns on its hinges.	turns
⑬ The door turns and turns.	turns
⑭ I open the door wide.	I open
⑮ I let go the handle.	I let go

4) 교수법의 개혁운동은 첫째로, 1878년 미국 Rhode Island에 Berlitz School이 최초로 설립되고, 둘째로, 1886년에 IPA(International Phonetic Association)가 설립되고, 셋째로, 1904년 Otto Jespersen의 *How to Teach a Foreign Language*가 출판된 데 힘입었다고 할 수 있다(박경자 외 공저, 1987).

5) 19세기 후반에 태어난 음성학의 창시자라 할 수 있는 독일의 Wilhelm Viëtor, 영국의 Alexander Bell, Henry Sweet, 프랑스의 Paul Passy 등의 활동으로 점차 음성학의 지식이 외국어교수에 이용되었다. 직접교수법은 여러 가지 특성에서 전통방법론과는 다르다. 두 교수방법의 특징을 비교 · 분석하면 다음과 같다.

문법번역교수법	직접교수법
① 18세기 이전	19세기 말
② 제 1 언어 주로 사용	제 2 언어 주로 사용
③ 규칙의 연역적 교수	규칙을 가르치지 않음
④ 설 명	설명 없음
⑤ 등급화	등급화하지 않음

6) Coleman 협회는 카네기재단에서 후원을 받아, 1924에서 1927년까지 미국의 고등학교 및 대학 1, 2년을 대상으로 외국어학습(독일어, 불어, 스페인어 등)의 실태를 조사하였다. 그 결과 생겨난 Coleman Report에 따라 효과적인 외국어 교수법으로 전통적인 독해중심의 독서식 교수법을 다시 주장하게 되었다.

7) 이 교수법은 또한 언어학적 교수법(linguistic approach)이라고도 불리는 데, 미국의

언어학계는 유럽의 구조주의 입장과는 다른 측면에서 시작되어, 미국 구조주의 언어학은 언어를 그대로 놓고 관찰하고 분석하여 기술하는 방법을 택한다.

8) 이 방법론은 처음에는 귀로 듣고 입으로 발표하는 것을 기본방침으로 한다는 의미에서 '귀와 입으로의'(aural-oral) 접근으로 칭했으나, 후에 N. Brooks(1964)는 영어발음상 혼란이 있으므로 'audio-lingual'이라는 명칭을 사용할 것을 제안하여 널리 쓰이게 되었다.

9) 이 방법은 학습자가 그 언어구조를 인지적으로 조절하는 정도에까지 도달하게 되면, 자동적으로 그 언어를 의미 있는 상황에서 능숙하게 사용하는 것을 알게 되고 학습하게 된다는 것이다. 문법번역식과 매우 유사하지만 학습자에게 언어의 네 가지 기술을 모두 훈련시킨다는 점에서 다르다. 인지주의적 언어교수원칙으로 Diller(1971)는 다음과 같이 네 가지를 든다.

① 현재 사용되는 언어의 특징은 규칙지배되는 창조적인 활동이다.
② 그 문법규칙은 심리적으로 실재한다.
③ 인간만이 언어를 배울 수 있다.
④ 현재 사용되는 언어란 그것을 사용해서 사고할 수 있는 언어이다.

10) 인지적 교수법에서는 문장의 형태를 이해시키고 그 형태를 의식적으로 학습하게 하며 그 형태가 문맥에 맞는가를 의식적으로 선택하게 한다.
예: 보기에서 알맞는 재귀대명사를 골라 빈자리를 채우라.

보기: myself, yourself, himself

① He hurts _______.
② I hurt _______.
③ John, did you hurt _______?

11) 자연교수법의 다섯 가지 가설은 다음과 같다.

① 습득 · 학습가설: 제 2 언어 과정의 기본적 구성은 습득 · 학습의 구분에 따른다(제 6 장 참고). 그래서 대부분의 수업시간이 습득을 조장하는 활동에 쓰여져야 한다.
② 자연적 순서가설: 학습 · 습득의 자연적 순서에 따라 오류가 발생한다. 오류정정에 대한 과도한 강조를 하지 않으며, 제 2 언어 습득의 초기단계에서 학생들이 늦게 습

득되는 항목들을 정확하게 수행하리라고 기대되지 않는다.

③ 조정가설: 의식적 학습은 성인의 제2언어 수행에 있어 매우 제한된 기능을 가진다. 의식적 학습은 단지 조정이나 편집기로만 사용될 수 있을 뿐이다. 그런데 자연교수법은 '적절하며 최적인 모니터'의 사용을 조장한다.

④ 입력가설: 언어습득에는 이해가능한 입력(comprehensible input)이 필요하다. 자연 교수법은 교과과정의 중심에 입력을 위치시킨다는 점에서 언어습득이론과 일치한다.

⑤ 감정여과기가설: 감정여과기가 학습에 방해작용을 할 것이다. 그런데 자연교수법은 학생에게서 방어적 태도를 제거하고 습득상황의 불안도를 낮춤으로써, 감정여과기를 가능한 한 약한 수준으로 끌어내려야 한다.

12) 무언교수법의 학습자료는 다음과 같다.

① 채색된 막대(유럽 교육학자 Georges Cuisenaire가 맨 처음 수학교육을 위해 이러한 막대기를 사용했으며, 흔히 Cuisenaire rods라고 칭함.)

② 단어표

③ 음소대조 발음표(같은 발음의 음절은 같은 색으로 표시함.)

④ 벽 보

⑤ 접을 수 있는 지시봉

⑥ 교재 3종류(개별문장의 읽기교재, 연속적인 문장의 교재, 이야기책)

⑦ 테이프 · 디스크판

⑧ 연습종이

13) 교재로 사용되는 초급단계의 10가지 대화는 다음과 같다.

① 성명, 주소, 직업 등을 묻는 소개에 관한 대화

② 외국어를 사용하는 가정을 방문하여 보고, 듣고 한 내용

③ Lozanov 연구소의 활동상황을 기술한 것

④ 가족파티에 참석하여 그 곳 가족과 음식에 대한 것

⑤ 식사, 물건사기, 생일 등에 대한 일상적인 대화

⑥ 은행에서 돈 바꾸기, 택시타기, 방 예약하기 등등

⑦ 박물관, 교회, 문화재를 방문한 내용

⑧ 음식점에서의 식사, 먹는 습관에 대한 것

⑨ 극장, 영화, 음악연주회, 오페라 등 문화생활에 관한 것

⑩ 교외로의 소풍간 일에 관한 것

14) 영국의 언어학자, 교수학자들은 언어의 구조와 언어가 사용되는 맥락(context)과 상황의 맥락(context of situation) 간의 밀접한 관계를 강조한다. 역사적으로 살펴보면, 1940년대 런던 언어학파의 창시자인 언어학자 John Firth와 인류학자인 Malinowski는 언어사용의 의사소통적 맥락의 요소를 강조하였다. 특히 Firth는 언어사용은 사회・문화적 맥락에서 포괄적으로 분석・연구되어야 한다고 주장하였으며, 언어분석을 위한 주제와 맥락으로 담화를 중시하였다. 이러한 경향은 1960년대 이후에도 영국언어학에 큰 영향을 주게 되었는데, 이 영향을 받는 Halliday 중심의 언어학파를 Neo-Firthian 학파라고 한다.

15) Munby(1978)는 아래 기준에 따라 학습자의 의사소통 필요성을 세분화하여 강의계획의 기초를 제공한다.

① 학습자의 목표

② 학습자가 활동하는 배경

③ 학습자가 관계하는 사회적 관계

④ 언어매체(예: 구술어), 방식(예: 독백), 통신(예: 라디오)의 고려

⑤ 학습자가 참여하고자 하는 의사소통의 특수한 경우 분석

⑥ 학습자가 배워야 하는 방언

⑦ 능숙도의 목표수준

⑧ 학습자가 표현하거나 이해해야 하는 태도와 음색

16) 의사소통중심 교수법의 가장 큰 공헌의 하나는 교수요목의 개발이다. Wilkins(1972, 1976)는 교수요목을 문법적 교수요목, 상황적 교수요목, 의미적・기능적 교수요목 등 세 가지 유형으로 분류한다. 또한, van Ek(1976)는 의사소통의 '입문단계'에 이르는 교수요목을 설정한다.

17) 의사소통 교수요목의 단점으로 다음과 같은 사항을 들 수 있다.

① 등급화되지 않은 다양한 구조를 사용하여 학습자에게 혼동을 준다.

② 초급・중급・고급단계로 이어지는 구조의 등급화가 없다.

③ 능숙도에 대한 직접적 측정이 불가능하다.

④ 교재 상호 간에 연결이 되지 않는다.

18) 특수 목적을 위한 제 2 언어로서의 영어교육을 고려하면, 새롭고 중심적인 경향으로 교역 · 산업 · 과학 · 공학 · 기술 분야에 있어서 국제적 의사소통의 수단으로서의 '영어'라는 개념으로, 종래의 일반적인 교과개념으로서의 'English' 대신에 ESL, EFL, ESP, EST 등의 약칭어가 사용되기도 한다. ESP(English for Specific Purposes)는 크게 나누어 EAP(English for Academic Purposes)와 EOP(English for Occupational Purposes)로 구분한다. EAP는 학교교육에 있어서 구분한다. EAP는 학교교육에 있어서 학습에 필요하며 영어에 의한 의사소통의 기술과 관련되어 있으며, 그 내용은 교과과정 지향적이다. EAP의 중심적 영역으로 EST(English for Science and Technology)가 있다. EAP와 비교하면, EOP는 전문적인 직업상 필요한 영역이다(『영어교육사전』 참고).

19) 다음과 같은 여러 가지 의미제시방법이 있다.

① 실물제시: 실물이나 영화장면 제공

② 제 2 언어로 풀이: 초보자에게 어려움

③ 실례설명: 문맥에서 의미 추측

④ 모국어 번역: 모국어로 같은 표현제시

⑤ 모국어로 풀이: 모국어에 직접적 표현 없을 때 풀이 설명

단일어로 의미를 전달하는 ①, ②, ③의 장점은 모국어 간섭 없이 직접적 연상으로 처음부터 제 2 언어로 생각하는 습관을 갖게 하는 것이다. 반면, ④, ⑤와 같이 번역을 할 때는 다음 사항을 주의해야 한다.

① 단어 번역표 이용과 단어끼리의 번역을 지양하고, 문맥 내에서의 문장의 번역에 주시해야 한다.

② 과거에는 문어체적 번역에 치중하였으나, 구어체 번역중심으로 해야 한다.

③ 번역이나 풀이에 있어서 복잡하고 어려운 구문의 사용을 배제하고, 간단한 문장으로 번역하는 것이 좋다.

④ 모국어의 개념의 간단한 단서를 제공하고, 제 2 언어 모형을 기초로 문장을 생성하도록 연습시킨다.

연 구 과 제

1. 각 교수방법론의 특징을 설명하시오.
   ① Suggestopedia
   ② Michigan Method
   ③ Silent Way
   ④ CLL
2. 다음 학자들이 주장한 교수방법론과 그 방법론의 장·단점을 설명하시오.
   ① Rivers
   ② Stevick
   ③ Palmer
3. 제 2 언어 교수방법론의 개혁기에 나타난 교수법의 특징을 설명하시오.
4. 20세기 교수방법론 중에서 현재 우리나라 중학교 영어교육 발전에 도움이 된다고 생각하는 방법을 찾아서 어떤 점에서 좋은지 논하시오.
5. 유럽에서 일어난 혁신적 언어교육 방법론의 특징을 설명하시오.

참 고 문 헌

Anthony, E. 1963. Approach, method and technique. *English Language Teaching* 17: 63-67.

Asher, J. 1977. *Learning Another Language Through Actions: The Complete Teacher's Guidebook*. Los Gatos, California: Sky Oaks Productions.

Austin, J. 1962. *How to Do Things with Words*. Oxford, England: Clarendon Press.

Bancroft, W. 1978. The Lozanov Method and Its American Adaptions. *MLJ* 62(4): 167-175.

Bell, D. 2003. Method and postmethod: Ard they really so incompatible? *TESOL Quarterly* 37: 325-336.

Blair, R., ed., 1982. *Innovative Approaches to Language Teaching*. New York: Newbury House.

Bowen, J., H. Madsen, and A. Hilferty. 1985. *TESOL Techniques and Procedures*. New York: Newbury House.

Brooks, No. 1964. *Language and Language Learning: Theory and Practice*. 2nd ed., New York: Harcourt Brace and World.

Brown, H. 1977. Some Limitations of C-L/SLL Models of Second Language Teaching. *TESOL Quarterly* 11: 365-372.

Butzkamm, W., and C. Dodson. 1980. The Teaching of Communication: From Theory to Practice. *IRAL* 18: 289-309.

Carroll, J. 1960. Foreign Languages for Children: What Research Says. *National Elementary Principal* 39: 12-15.

________. 1966. Psychology—Research in Foreign Language Teaching: The Last Five Years. In R. Mead, ed., *Language Teaching: Broader Contexts*. RWCNECTEL New York: Modern Language Association.

Coleman, A. 1929. *The Teaching of Modern Foreign Languages in the United States*. New York: Macmillan.

________. 1931. A New Approach to Practice in Reading a Modern Language. *MLJ* 15: 101-118.

Corder, S. 1966. Modern Foreign Language Teaching by Television. In Valdman ed., *Trends in Language Teaching*. New York: McGraw-Hill.

Curran, C. 1972. *Counseling-Learning: A Whole-Person Model for Education*. New York: Grune and Stratton.

________. 1976. *Counseling-Learning in Second Languages*. Apple River, Ill.: Apple River Press.

Diller, K. 1971. *Generative Grammar, Structural Linguistics, and Language Teaching*. Rowley, Mass.: Newbury House.

Dodson, C. 1967. *Language Teaching and the Bilingual Method.* London: Pitman.

Finocciaro, M., and C. Brumfit. 1983. *The Functional-Notional Approach: From Theory to Practice.* New York: Oxford University Press.

Gary, J., and N. Gary. 1978. Why Speak If You Don't Need to? The Case for a Listening Approach to Beginning Foreign Language Learning. In W. Ritchie, ed., *Second Language Acquisition Research: Issues and Implications.* New York: Academic Press.

__________________. 1980. Comprehension-Oriented Foreign Language Instruction —An Overview. *LR* 23(3): 4-5.

Gattegno, C. 1972. *Teaching Foreign Languages in School: The Silent Way.* 2nd ed., New York: Educational Solutions.

__________. 1976. *The Common Sense of Teaching Foreign Languages.* New York: Educational Solutions.

Grandall, J. 1999. Cooperative language learning and affective factors. In J. Arnold (Ed.), *Affect in language learning.* 226-245. Cambridge, UK.

Macnamara, J. 1967. The Bilingual's Linguistic Performance—A Psychological Overview. *J Social Issues* 23: 58-77.

Halliday, M. 1973. *Explorations in the Functions of Language.* London: Deward Arnold.

__________. 1975. *Learning How to Mean.* London: Edward Arnold.

__________. 1978. *Language as Social Semiotic.* London: Edward Arnold.

Hammerly, H. 1974-a. *The Articulatory Pictorial Transcriptions—New Aids to Second Language Pronunciation.* Blaine, Wash.: Second Language Publications.

____________. 1974-b. The Myth of Language Laboratory Monitoring. *MLJ* 58: 336-339.

____________. 1982. *Synthesis in Second Language Teaching: An Introduction to Languistics.* Blaine, Wash.: Second Language Publications.

Hymes, D. 1972. On Communicative Competence. In J. Pride and J. Holmes eds., *Sociolinguistics: Selected Readings.* Harmondsworth, Middlesex: Penguin Books.

Johnson, 1982. *Communicative Syllabus Design and Methodology*. Oxford: Pergamon.

Kelly, L. 1969. *Twenty-five centuries of language teaching*. Rowley, MA: Newbury House Publishers.

Kennedy, C., and R. Bolitho. 1984. *English for Specific Purposes*. London: Macmillan.

Krashen, S., and T. Terrell. 1983. *The Natural Approach: Language Acquisition in the Classroom*. Oxford: Pergamon Press.

Kumaravadivelu, B. 2001. Toward a postmethod pedagogy. *TESOL Quarterly* 35: 537-560.

La Forge, P. 1971. Community Language Learning: A Pilot Study. *LL* 21(1): 45-61.

__________. 1977. Uses of Social Silence in the Interpersonal Dynamics of Community Language Learning. *TESOL Quarterly* 11(4): 373-382.

__________. 1983. *Counseling and Culture in Second Language Acquisition*. Oxford: Pergamon.

Lambert, W., and J. Macnamara. 1969. Some Cognitive Consequences of Following a First-Grade Curriculum in a Second Language. *JEP* 60: 86-96.

Lee, J., & Vanpattern, B. 2003. *Making communicative language teaching happen* (2nd ed.), New York: McGraw-Hill.

Lim, K. 1970. The Use of the First Language in Second Language Teaching and Learning. *RELC Journal* 1: 66-76.

Long, M., and J. Richards, eds., 1987. *Methodology in TESOL: A Book of Readings*. New York: Newbury House.

Lozanov, G. 1978. *Suggestology and Outlines of Suggestopedy*. New York: Gordon and Breach Science Publishers.

McKay, S. 2006. *Reseraching second language classrooms*. Mahwah, NJ: Lawrence Erlbaum Associates.

Mishima, T. 1967. An Experiment Comparing Five Modalities of Conveying Meaning for the Teaching of Foreign Language Vocabulary. Unpublished doctoral dissertation, Georgetown University.

Munby, J. 1978. *Communicative Syllabus Design*. Cambridge, England: Cambridge

University Press.

Naiman, N., M. Frolich, H. Stern, and A. Todesco. 1975. *The Good Language Learner*. Toronto: Modern Language Centre, The Ontario Institute for Studies in Education.

Richard-Amato, P. 1988. *Making It Happen*. New York: Longman.

Richard, J., & T. Rodgers. 1986. *Approaches and Methods in Language Teaching—A description and analysis*. New York: Cambridge University Press.

______________________. 2001. *Approaches and methods in language teaching*(2nd ed.), Cambridgem, UK: Cambridge University press.

Richards, I. 1943. *Basic English and Its Uses*. London: Kegan Paul, Trench, Trubner & Co.

Robinson, P. 1980. *ESP*(English for Specific Purposes). Oxford: Pergamon.

Sastri, H. 1970. The Bilingual Method of Teaching English—An Experiment. *RELC Journal* 1(ii): 24-28.

Scovel, T. 1979. Review of Suggestology and Outlines of Suggestopedy. *TESOL Quarterly* 13: 255-266.

Stern, H. 1963. *Foreign Languages in Primary Education: The Teaching of Foreign or Second Languages to Younger Children*. Report on an international meeting of experts, April 1962. Hamburt: UNESCO Institute for Education.

_______. 1976. The Ottawa-Carleton French Project: Issues, Conclusions, and Policy Implications. *CMLR* 33: 216-232.

Stevick, E. 1967. UHF and Microwaves in Transmitting Language skills. *IRAL* 32: 84-93.

_________. 1976. *Memory, Meaning, and Method—Some Psychological Perspectives on Language Learning*. Rowley, Mass.: Newbury House.

_________. 1980. *Teaching Languages: A Way and Ways*. Rowley, Mass.: Newbury House.

Swain, M. 1979. *What Does Research Say About Immersion Education?* So You Want Your Child to Learn French! Ottawa: Canadian Parents for French.

Terrell, T. 1977. A Natural Approach to Second Language Acquisition and Learning. *MLJ* 61: 325-337.

van Ek, J. 1976. *The Threshold Level for Modern Language Learning in Schools.* Council of Europe, London: Longman.

________., and L. Alexander. 1980. *Threshold Level English.* Oxford: Pergamon.

Widdowson, H. 1978. Notional-Functional Syllabuses: 1978, part four. In C. Blatchford and J. Schachter, eds., *On TESOL '78—EFL Policies, Programs, Practices.* Washington, D. C.: Teachers of English to Speakers of Other Languages.

Wilkins, D. 1972. Grammatical, Situational and Notional Syllabuses, a Paper Presented to the 3rd International Congress of Applied Linguistics, Copenhagen.

________. 1976. *Notional Syllabuses: A Taxonomy and Its Relevance to Foreign Language Curriculum Development.* Oxford: Oxford University Press.

Winits, H., and J. Reeds. 1973. Rapid Acquisition of a Foreign Language (German) by the Avoidance of Speaking. *IRAL* 11: 295-317.

________________. 1975. *Comprehension and Problem Solving as Strategies for Language Training.* The Hague: Mouton.

Winitz, H. 1981. *The Comprehension Approach.* New York: Newbury House.

박경자 외 공저. 1987. 『신영어학 개론-영어학의 이론과 실제』. 서울: 학연사.

조명원 · 이흥수. 1991. 『영어교육사전』. 서울: 한신문화사.

제 12 장 발음지도

제 2 언어 학습에 대한 다양한 연구의 결과는 학생들이 목표 음을 정확히 발음하려는 욕구가 대단히 강하다는 사실을 보여 준다. Stevick(1982)는 학생들이 발음학습에 대한 욕구가 강한 이유를 다음의 세 가지로 분석한다.

첫째, 발음연습은 구체적인 학습에 참여하는 데에서 발생하는 심리적인 안정감을 부여해 준다. 둘째, 자신의 발음과 목표어 화자의 발음을 비교하여 그 차이점을 인식하는 것이 비교적 쉽다. 셋째, 발음연습의 반복적 성격이 학습자에게 학습의 용이함과 여유로움을 제공해 준다. 이처럼 발음학습에 대한 욕구는 강하나 많은 학생들에게 발음지도가 효과적이지 못한 이유는 무엇일까? 그 이유로는 다음의 세 가지 점을 지적할 수 있다.

첫째, 전통적인 교수법의 영향이다. 전통적인 언어교수의 배경에서는 발음을 중요하지 않은 것으로 간주하는 경향이 있다. 둘째, 제 2 언어 교사 중에서 정확한 발음모델이 될 수 있는 사람이 적다. 셋째, 발음을 훌륭히 구사하는 교사 중에서 발음을 지도하는 방법을 모르는 경우가 많다. 위의 세 가지 요인 중에서도 마지막 요인이 중요한데, 다른 요인들이 동일한 조건에서는 이 세 번째 요소 때문에 발음학습의 차이점이 생긴다. 따라서 교사가 발음지도법을 정확히 알고 지도하는 것이 중요하다. 제 2 언어 학습의 목표는 정확한 발음으로 원활하게 의사소통을 하는 것이므로 제 2 언어 학습에서 발음은 그 비중이 대단히 크며, 반드시 정확하게 지도되어야 한다.

1. 발음지도의 기준

제2언어 발음을 효과적으로 지도하는 데에는 여러 가지 기준점과 고려사항이 필요하지만, 그중에서도 다음의 여섯 가지 기준은 반드시 고려하면서 지도해야 한다.

1.1 적절한 시기

발음은 적절한 시기에 정확하게 형성되는 것이 중요하다. 발음은 제2언어 프로그램에서 다양한 시기에—초기, 프로그램을 통해서 지속적으로, 혹은 늦게—강조될 수 있으나, 발음습관은 초기에 형성되기 때문에 이 시기에 훌륭한 발음법이 강조되어야 한다. 그러나 발음을 강조한다고 해서 제2언어 학습 프로그램을 통해서 줄곧 단순한 발음법만을 강조하는 것은 무의미하다. 즉, 의미 있는 연습과 언어의 용례가 함께 제시되어서 전체적인 의사소통 활동 속에 포함되어야 한다.

1.2 단 계 화

학생들에게 제2언어의 음체계를 단계적으로 소개해야 한다. 즉, 처음부터 완전한 대화형식이나 제2언어의 모든 음들이 포함된 일련의 문장을 제시하기보다는, 모국어와 제2언어에 공통된 음들을 기초로 해서 점차로 상이한 음을 한번에 1~2개씩 첨가하는 단계적인 지도법이 바람직하다.

1.3 기　　준

발음지도에 대한 기준으로서 음성적 기준과 음소[1)]적 기준(phonemic standard)을 들 수가 있다.

음성적 기준이란 학생들이 제2언어의 모든 음을 정확하고 상세히 발음할 것을 요구하는데, 제2언어 학생들에게는 그 요구수준이 지나치다.

음소적 기준은 음의 대조만을 학습할 것을 요구하는데, 이 기준은 너무나 느슨한 경향이 있다. 바람직한 수업의 기준으로서는 모든 음소들과 각 음소에 부속된 중요한 이음소(allophone)[2)]를 학습하는 것이다. 즉, 대조적인 음의 단위와 각 음소들의 음성적 환경에 의한 중요한 변이형을 학습하는 것을 기준으로 설정한다.

발음지도의 기준을 설정함에 있어서 주의해야 할 점은 모국어 화자들도 무시하는 음의 구별을 요구해서는 안 된다는 점이다. 또한, 모국어 화자들도 쉽게 빠져드는 철자발음법(spelling pronunciation)[3]을 주의해야 하고, 일단 학생들에게 명확히 전달되어 이미 결정된 음의 기준은 지속적으로 일관성 있게 유지되어야 한다. 또한, 학생들이 발음과 억양에 주의를 기울이고 있는가를 관심 있게 관찰해야 하는데 이는 평가를 통해서 확인할 수 있다.

1.4 제시의 기준

음을 제시하는 기준이 문자소(graphemic)[4]가 되어서는 안 된다. 왜냐하면, 문어(文語)에 기초를 두어서 발음법을 제시하면 잘못된 발음법이 유도되기 때문이다. 제 2 언어의 구어체에 직접 기초를 둔 발음법을 제시하는 것이 정확한 발음습관을 성공적으로 발달시킨다.

1.5 지 도 법

제 2 언어의 음체계를 구체적으로 지도하는 것은 복잡한 과정인데, 이 과정은 다음과 같은 다양한 지도법을 이용하는 것이 효과적이다.

① 조음법의 설명

② 발견적 과정[5]을 제시한다. 예를 들어서, 이음소를 조건화시키는 환경을 발견하도록 한다.

③ 목표음 학습자료 제시의 순서와 속도를 신중히 고려한다. 학습자료 제시의 순서는 음체계의 구조 속에서 목표음의 역할과 빈도수, 또 학습의 상대적 난이성 등을 고려하여 결정하고, 학습자의 주의력과 학습내용을 통제하는 능력을 바탕으로 속도를 결정하는 것이 바람직하다.

④ 적절한 교육적 표기법과 시각보조자료를 이용한다.

⑤ 올바른 발음연습을 한다.

⑥ 발음상의 오류에 대해서 즉각적이고 효율적인 정정을 한다.

⑦ 진단적 발음평가를 시행한다.

⑧ 특히 시각보조자료가 발음지도에 매우 효율적이다.

예를 들어서, 음의 조음법을 얼굴모형이나, 성대모형, 사진, 그림 등을 통해서 제시할 수가 있다. 또한, 억양, 강세, 리듬에 있어서의 모국어와 제2언어의 차이점을 나타내는 도표를 이용할 수가 있다.

1.6 연 습

학습해야 하는 목표음에 근접하는 것을 추구하는 발음연습은 처음에는 기계적인 연습에서 출발하지만, 점차로 새로운 음들이 첨가되는 의미 있는 학습활동으로 확대된다.

발음지도방법이 극단적으로 행동주의적이거나 인지적인 방법이 아닌 절충적인(부분적으로 인지적인) 방법을 이용하는 것이 바람직한데, 이런 경우에 발음습관은 다음과 같은 과정을 통해서 형성된다.

① 의식적으로 이해하면서 발음을 한다.

② 빈번하게 정확한 발음법을 반복하고 이것이 기계적인 연습에서 자유로운 연습으로 절반 정도 이동하게 한다.

③ 의식적인 주의집중이 없이도 발음법이 요구될 때는 언제나 자동적으로 발음을 구사하는 능력을 획득한다.

교실수업에서는 개인이 충분히 발음연습을 할 기회가 적기 때문에 어학실습실이나 녹음테이프를 이용하는 것도 바람직한 연습방법이다.

2. 다양한 지도법

앞에서는 발음을 지도할 때 반드시 고려해야 하는 여섯 가지 기준 이외에도 제2언어의 발음을 지도하는 데는 영어교수법과 관련된 다섯 가지 중요한 접근방식이 있다.

2.1 전통적 방식

전통적인 교수방법에서는 제2언어 학습 프로그램의 전반적인 과정을 통해서 발음법에는 거의 주의를 기울이지 않거나, 상급과정에서 선택적으로 늦게 발음법을 강조한다. 이 접근방식은 모국어-제2언어의 도표적인 비교에 기초를 두며, 구체적인 지도법이나 단계화에는 주의를 기울이지 않는다.

2.2 직접적 방식

직접적 방식에서는 발음에 대해서 최소한의 수준에서부터 적절한 수준에 이르기까지 다양하게 강조하는데, 발음 학습에서 정확한 단계적 구분은 없고, 의사소통과 밀접히 연관되어 있다. 지도기준은 다양하지만 언어적 개념이 사용되지 않는다. 구두연습에 기초를 두며, 모방에 의존하고 지도법이나 설명을 사용하지 않는다. 상업적 언어학교에서 이 방식을 사용하고, 초등학교, 중 · 고등학교에서도 이용되며 유럽에서 널리 이용된다.

2.3 음성적 방식

음성학과 음운론은 오랫동안 존재해 왔으나 발음법에 대한 음성적 접근방식이 19세기 후반에 시작되었고 1920년대와 1930년대에 황금기를 이루었다. 프로그램을 통해서 지속적으로 발음을 강조하고 단계화의 기준이 매우 세심하고, 구두연습을 기본으로 하는 특징이 있다. 특히 음성학은 발음지도에 있어서 대단히 중요하다. 수업 과정에서 음성학에 대한 비율이 적다고 하더라도 교사는 정확한 발음지도를 위해서 음성학에 대한 지식을 충분히 가지고 있어야 한다.

2.4 구조적 방식

구조적 방식은 구조주의 언어학이론을 기초로 발음지도에 있어 구조적 방식을 세분하면 다음의 두 가지 방식으로 나눌 수 있다.

① 음소적 방식: 최소대립쌍(minimal pair)을 기준으로 한다. 이 방식의 문제점은 원래의 제 2 언어의 음에서 현저히 이탈되는 음들 사이에서도 음소적 대립현상을 발견할 수 있다는 점이다.

② 음소적-이음적 방식: 최소대립쌍의 기준에다 음의 음성적 특징에 따르는 중요한 이음들도 학습되어야 하는 기준을 첨가한다.

중요한 점은 제 2 언어의 발음지도는 음소의 단계를 넘어서서 모든 중요한 이음(異音)들도 지도해야 한다는 점이다. 또한, 이음들도 내부적 이음(intrinsic allophone)과 외부적 이음(extrinsic allophone)으로 구분할 수 있는데, 전자는 음성적 환경에 의해서 불가피하게 자동적으로 결정되는 이음들이어서 학습자들이 무시할 수 있으나, 후자는 불가피한 조음규칙을 따르지 않는 임의적인 이음들인데 이것은 제2언어 학습자가 반드시 학습해야 하므로, 발음지도에서 반드시 정확하게 지도해야 한다.

2.5 생성적 방식

생성론자들은 주로 통사론에 치중했기 때문에 생성적 원리를 따르는 접근법으로 발음을 지도하는 것은 부적절하다. 그러나 제2언어의 발음지도를 위해서 생성음운론[6]에서 중요한 위치를 차지하고 있는 학자로는 Scott(1966), Shane(1970), Wardhaugh(1970), Kriedler(1972) 등이 있다. 그러나 이러한 이론이 제2언어 학습의 초기단계에는 적합하지 않은데 그 이유는, 생성음운론의 규칙들은 발음과 통사론의 관계를 반영하고, 문자론에 기초를 두었으며, 고도로 지성적이고 추상적이기 때문이다. 그러나 상급수준에서는 특정한 생성음운규칙들을 이용할 수도 있다. 예를 들어서, capacity-capacious, sign-signify, paradigm-paradigmatic, courage-courageous, pale-pallid, face-facial, deduce-deduction과 같은 단어 사이의 규칙이 2~3개 단어의 쌍에도 적용되는 것이 제시된다면, 생성규칙도 발음지도에 유용하다.

그러므로 제2언어의 발음을 정확히 지도하기 위해서는 영어선생님은 목표어의 음을 정확히 구사할 수 있어야 함은 물론이고, 각 지도방법에 대해서도 상세히 알고 있어야 한다.

그러면 위의 다섯 가지 방식 중에서 무엇이 가장 효과적인 방식인가?

음소적(제2언어의 음체계에서 나타나는 모든 음의 대비가 제시되어야 한다)+이음적(모든 중요한 외부적 이음이 제시되어야 한다)+음성적(음성 자질이 언어를 비교하는 기초를 형성하기 때문에 중요하다)+생성규칙(상급과정에서는 생성규칙이 유용하다)을 포함하는 절충적 방식이 실제적인 학습현장에서는 매우 유용하다.

3. 발음지도의 단계

발음지도의 단계는 보다 세분해서 구분할 수도 있으나, ① 청각적 구별단계, ② 인지와 이해의 단계, ③ 발음단계의 세 단계로 구분하는 것이 적합하다.

첫째, 청각적 구별단계에 대해서 살펴보자. 청각적 구별단계는 발음단계 이전의 단계이다. 청각적 구별연습은 소음이 심한 상태에서도 음을 구별할 수 있는 능력을 현저히 향상시킨다. 또한, 음의 감지와 발성의 관계는 서로 밀접하기 때문에 음의 발성에도 매우 유익하다는 연구가 많다. 반대로 발성하는 법을 학습하는 것이 그 음을 감지하는 능력을 향상시킨다는 보고도 있다. 즉, 음의 감지와 음의 발성은 상호작용하기 때문에 발음지도에서 청각적 구별능력은 대단히 중요하다. 음의 구별을 인식하는 것은 학습자의 모국어에 의해서 영향을 많이 받는다. 따라서 청각훈련은 모국어와 목표어 사이의 차이점을 강조해서 지도해야 한다.

두 번째 단계인 인지와 이해의 단계는 새로운 음들을 조음하는 데 관계되는 문제점들을 학생들이 인지하고 이해하는 것을 도와 주는 단계를 의미한다. 여기에는 과장된 조음법, 간략하고 단순한 조음 방식에 대한 설명, 얼굴 도형들이 사용된다. 이 단계에서 교사는 모든 학생들이 음 사이의 차이점을 명백히 인식하고 있다는 사실을 확신하고, 필요한 때에 발성방법을 설명한다.

마지막 단계인 발음단계에서는 처음에는 발음문제에만 주의를 기울이다가 점차로 의사소통에 주의를 기울이는 연습단계로 이행한다. 모국어의 간섭현상은 새로운 목표 음을 제 2 언어의 체계 속에 점차적으로 통합시킴으로써 해결할 수 있다.

4. 발음연습과 기술

제 2 언어의 발음법을 효과적으로 지도하기 위해서는 교사는 다음과 같은 구체적인 연습과 기술을 조화롭게 이용할 줄 알아야 한다.[7)]

4.1 음성적 구분연습

혼동되기 쉽거나, 학생들이 대체하는 음에 대하여 모국어와 목표어를 구분하는 연습으로 그 구체적인 예를 하나 들면 다음과 같다.

예: English/French: say/ses, nay/ne,
sell/sel, bell/belle

English/German: fell/fell

4.2 음소적 분별연습[8)]

음소적 대립을 학습하는 연습으로 학습자들이 혼동하기 쉬운 음소들을 정리하여 지도하는 것이 효과적이다(우리나라 학생들이 영어에서 혼동하기 쉬운 음소들은 주에서 정리하였으니 참고 바람).

4.3 이음분포연습

제 2 언어 음소에 대한 이음의 분포를 인식하고 훈련하는 연습이다.

예: /p, t, k/ 영어의 세 무성파찰음 음소가 실제로 발음될 때, 다음과 같은 변이음으로 발음되므로 주의해서 연습해야 한다.

① 첫소리에는 강한 기음을 동반한다: [p^h], [t^h], [k^h]

② /s/ 다음에 오면 기음을 동반하지 않는다: [$p^=$], [$t^=$], [$k^=$]

③ 어휘 끝소리에서 공기를 방출하지 않고 발음되거나(unreleased), 약한 기음을 내면서 발음된다: [$p^{\urcorner}$], [$t^{\urcorner}$], [$k^{\urcorner}$]

	p	t	k
1. 기식음화:	[p^h]	[t^h]	[k^h]
	pen	test	cold
	pie	table	car
2. s_ 다음소리:	[$p^=$]	[$t^=$]	[$k^=$]
	spy	student	skin
	spring	sting	ski
3. 비개방화:	[$p^{\urcorner}$]	[$t^{\urcorner}$]	[$k^{\urcorner}$]
	hope	hat	cook
	cup	great	back

4.4 음소분포연습

음소분포연습은 학습자의 모국어에서 나타나지 않는 음의 순서나, 위치에 대해서 제 2 언어의 음소를 연습하는 것이다. 우리나라 학생들에게는 우리말에는 존재하지 않는 영어의 자음군이 발음 시에 문제를 야기시킨다. 우리말에는 음절마다 모음이 들어 있으며 대개 (c)v(c)의 구조로 되어 있다. 따라서 두 개 이상의 자음이 잇달아 나타나는 경우는 극히 한정적이다. 영어에서 흔히 나타나는 자음군의 발음연습이 필요하다.

① 첫소리에서

street spring split tree drive three

please flame scarp

② 끝소리에서

warp help kiln absorb hearth bullge

clasp lapse sixth

4.5 형성기술

목표어의 발음이 어려울 때 학습자가 발음할 수 있는 일련의 음들에서 시작하여 단계적으로 원하는 목표어의 음들로 전환시키는 발음기술로, 예를 들면, 영어의 [č], [ǰ] 음소를 지도할 때, 우리말에는 [ㅊ-ㅉ-ㅈ]로 실현되기 때문에 우리말의 유사한 소리에서 출발하여 점차로 목표음에 도달해야 한다. [č]를 지도할 때는 우리말 '취, 추'를 성대를 떨지 않고 발음할 때 나는 소리에 가깝게 내도록 지도하여 입술이 둥글게 나오도록 해야 한다(chair, choke, chill, cheat, cheep).

[ǰ]는 [č]와 같은 요령으로 지도하되 성대를 진동시킨다. '다람쥐'의 '쥐'소리에 가깝게 낸다(joke, jeep, jest, gin, jane).

4.6 음성분포연습

이음은 아니지만 어떤 환경에서 예측될 수 있는 관계된 음들의 분포를 연습한다.

4.7 초분절음연습

자음이나 모음과는 달리 강세(stress), 억양(intonation), 리듬(rhythm)은 특정 분절음에 속하지 않고, 개별 음소에 얹혀서 사용되기 때문에 초분절음소(suprasegmental segment)라고 한다. 우리말의 음절구조에 익숙해진 우리나라 학생들은 이러한 초분절음을 고려해서 발음연습을 해야 한다.

1) 강세지도

① 강세를 받는 음절은 규칙적인 리듬에 따라 속도를 맞추어 진행한다.

a pén　　　　　　　　　　a good pén

a very good pén　　　　　a very good pén and péncil

② 강세를 받는 음절에 박자를 맞추어서 리듬을 깨뜨리지 않고 발음한다.

I thínk it is.　　　　I héard of it.　　　　It's wónderful.

She wánted to see a bóok on the desk.

She wént to the school.

2) 억양지도

기본적인 억양패턴은 초급수준에서 간단한 문장을 통해서 지도하는 것이 바람직하다.

She is a good mother.

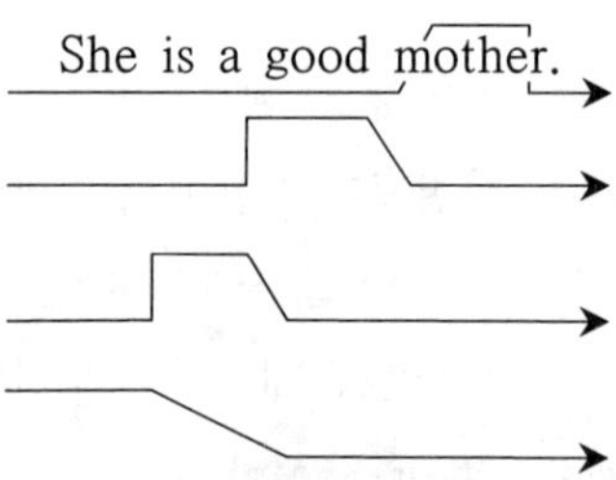

(그녀는 좋은 엄마이다.)

(그녀는 정말로 좋은 엄마이다.)

(내가 분명히 말하건대 그녀는 좋은 엄마이다.)

(다른 사람이 아니라 그녀가 좋은 엄마이다.)

4.8 일치발화기술

Schwartz(1967)가 제안한 기술인데, 교사가 발화한 후 1~2초 후에 학생이 교사를 모방하는 기술이다.

4.9 조음적 기교

조음적 기교는 단순한 행동이나 교재를 이용하여 제 2 언어의 발화에 필요한 조음상의 과정을 인식시키는 기술이다. 예를 들어서, 유성음과 무성음의 차이를 인식시키기 위해서는

① 손바닥을 이마에 놓고서 발음해 본다.

② 귀를 막고서 발음해 본다.

③ 성대에 손가락을 갖다 대고서 발음해 보는 것 등이 조음적 기교이다.

이상과 같은 다양한 발음연습과 기술을 이용하면 발음지도에서 효과적인 학습효과를 초래할 수 있다.

5. 발음학습에 있어서 고려해야 할 요소[9)]

앞에서 제시된 발음지도의 기준, 다양한 지도법, 발음지도의 단계, 발음연습과 기술 이외에도 발음학습에 있어서 모방, 발음상의 오류와 정정, 개인의 특성 등을 고려하여 지도하는 것이 효과적이다.

5.1 모 방

제 2 언어를 지도하는 데 있어서 모방과 관련된 사항은 다음과 같다.

① 분절음, 음의 고저, 강세, 리듬에 대해서 주의를 기울여야 한다.

② 학생은 모방의 정도에 따라서 보상이나, 지적을 받아야 한다.

③ 교사는 모방의 모델이 될 수 있는 정확한 발음을 구사해야 한다. 또한, 두 번 이상 반복해서 지루함이나, 거부감을 야기시키지 않도록 하고 정상적인 속도로 된 발화를 모방하도록 해야 한다.

5.2 발음상의 오류와 정정

오류가 항상 모국어의 방해작용[10)]에 의해서 발생되는 것이 아니라, 잘못된 유추, 추측상의 문제점, 기억의 희미함, 부정확성 등의 여러 가지 요인에 의해서 발생된다. 오류정정에 대해서 어떤 학자들은 불필요함을 주장하지만, 오류가 정정되지 않으면 여전히 존재하므로 오류를 정정해서 빠르게 소멸되도록 해야 한다.

오류정정의 단계는 다음의 것을 따르는 것이 바람직하다.

① 학생들에게 오류가 발생한 곳을 인식시킨다.

② 오류의 내용을 인식시킨다.

③ 초분절적인 오류를 정정할 때는 몸짓이 매우 중요하다(손동작, 손으로 가볍게 두드리기 등을 이용하는 것이 좋다).

5.3 개인의 특성

발음학습에 영향을 끼칠 수 있는 개인적 특성으로는 나이, 사회적・문화적 요인, 음악적 재능 등을 고려할 수 있다. 각 특성에 대한 구체적인 내용을 정리하면 다음과 같다.

① 나이: 어린 학생이 성인보다 더 훌륭하게 제2언어의 발음을 학습한다는 것은 사실이다. 그러나 수업시간에 적절한 지도를 통하여 성인도 어린 학생보다 발음을 더 잘 학습할 수 있다. 아동은 습득과정에서 유리하지만 성인은 학습과정에서 더 유리하다.[11)]

② 사회적 · 문화적 요인: 성인은 제2언어 화자와 동일시되는 것에 대하여 약간의 거부감을 갖기 때문에 발음학습에서 약간의 어려움이 따른다.

③ 음악적 재능: 음악적 재능이 훌륭한 학생이 발음학습에 성공적이라는 사실이 주장되었다.

이 밖에도 모국어의 특성, 구두모방에 대한 적성, 거주환경의 특성, 발음에 대한 관심도 등이 제2언어의 발음을 학습하는 데 관련된 요인으로 간주된다.

발음학습에 대한 학생들의 강한 학습욕구에도 불구하고, 수업시간에 연습이 부족한 형편이다. 이번 장에서 논의한 발음지도에 대한 기준, 단계, 지도방법 등을 적절히 절충하여 수업시간에 효과적으로 활용할 수 있어야 한다. 제2언어 교육에서 의사소통 능력을 중시하는 현재의 교육목표에서는, 발음지도가 반드시 목표어 화자와 같은 정확한 발음을 발달시키는 것을 추구하기보다는 의사소통상의 효율성을 추구하여 의사소통상의 언어교육 속에서 통합될 수 있어야 한다.

참고사항

1) 음소(phoneme): 한 언어에서 낱말 사이의 의미상의 차이를 나타내는 소리이다. 음소는 모든 소리단위들과 대조를 이루는 기능을 한다. 예를 들어서, /p/, /b/는 의미의 차이를 초래하는 음소이다.

   예: Let's put the pin here. Let's put the bin here.

2) 이음(allophone): 한 음소에 대한 변이형으로 의미차이는 초래하지 않는다. 이음은 위치에 의해 조건 지어지기 때문에 조건변이음(conditional variant), 위치변이음(positional variant), 자유변이음(free variant)이 된다.

   예를 들면, /p/는 세 개의 중요한 이음소를 가지고 있다.

   [pʰ](aspirated) - pin

   [p⁼](unaspirated) - spin

   [p˺](unreleased) - nip

3) 철자발음법(spelling pronunciation): 철자와 발음이 서로 다를 때 철자대로 발음하는 것이다. 일반적으로 철자발음에는 두 가지 방식이 있다. 하나는 발음은 그대로 두고 철자를 발음에 가깝게 적는 철자개혁(spelling reform)이고, 또 하나는 철자에 발음을 가깝게 하는 철자발음이다. 예를 들면, author는 원래 auteur 형태로 차용되어 오다가 15 · 16세기경부터 h를 삽입하여 author로 쓰이고 th가 [θ]로 철자발음되어 오늘날에 이르고 있다.

4) 문자소(graphemic): 한 음소를 표기하는 문자는 그 위치에 따라서 모양이 다르게 나타나는데, 영어의 경우 A, a, ɑ와 같은 문자가 문자소를 구성한다. 이들 세 문자들 사이에는 상보적 분포(문자의 첫머리나 고유명사에는 대문자 A만이 올 수 있으므로 다른 문자는 올 수가 없다.)관계가 있고, 이들 세 문자는 이문자(allograph)를 구성한다.

5) 발견적 과정: 주어진 어떤 언어의 자료(corpus)에만 입각하여 그 언어의 옳은 문법을 자동적으로 또 기계적으로 발견하는 과정(절차, 방법)을 말한다. 이것은 적어도 두 가지 면에서 살펴볼 수 있는데, 하나는 어린아이가 언어를 습득할 때이고, 또 하나는 언어학자가 언어사용현장(field)이나 자료제공자(informant)를 통하여 문법을 기술할 때

이다(『영어학 사전』, 1990, 신아사, 354).

6) 생성음운론: 생성음운론은 변형생성문법(Transformational Generative Grammar)의 관점에서 본 음운론으로서, 문법의 음운부문(phonological component)을 구성하는 규칙과 음운부문의 형식, 기능에 관한 언어이론을 말한다(『영어학 사전』, 1990, 신아사, 478).

7) 제 2 언어 발음지도에서 바람직하지 않은 연습유형은 받아쓰기 연습과 침투(saturation) 연습이다. 받아쓰기 연습은 음의 분별능력을 연습하는 과정에 쓰기능력을 도입함으로써, 학생들의 주의가 두 가지 기능에 분산되는 경향이 있다. 침투연습이란 새로이 학습된 음이 너무 자주 나타나는 문장을 이용하여 목표음을 지도하는 연습인데, 이것도 음의 분별능력과 발성에는 효과적이지 못하다.

8) 음소적 분별연습(phonemic discrimination drills): 한국 학생들에게 혼동을 야기시키는 음소들을 구분하여 연습시키는 것이 효과적이다(『영어교수법』, 이맹성 공저, 1984, 신아사, 166-177).

① 자음 음소

영어의 /p, t, k/ 세 음소는 실제로 발음될 때, 그 음소의 위치에 따라서 세 개의 변이음으로 실현된다는 사실은 변이음 연습에서 살펴보았다. 그러나 이 세 음소는 조음위치나, 조음방법은 동일해도 유성·무성에 따라서 뜻의 차이가 초래되므로 대조에 주의하면서 지도해야 한다.

1. p/b : a large pack, a poppy
   a large back, a bobby
2. t/d : a tired tramp, a dead duck
3. k/g : The cake is like a rock!
   The guide gazes at the garden.
4. f/v/b: 우리말에는 이음이 없기 때문에 우리나라 학생들은 [ㅍ], [ㅎ]으로 대치하여 발음하려는 경향이 있으므로, 발음지도를 할 때, 윗니를 아랫입술에 가볍게 대고 그 사이로 공기를 내보내면서 발음하도록 연습시켜야 한다.

[f]	[v]	[b]	[v]
five	vie	ban	van

fill vill boat voat

5. θ/ð: 이음은 한국 학생들이 학습하기가 어려운 음소 중의 하나이다. [θ]음을 우리말의 [s]로, [ð]음을 [d]로 내지 않도록 주의해야 한다.

[θ] – [ð]		[θ] – [s]		[ð] – [d]	
think	they	thin	sink	then	den
thank	father	thumb	sigh	thy	die

6. s/z: 우리나라 학생은 /z/를 [ㅈ]로 발음하기 쉽다. 따라서 /s/를 발음할 때와 같은 조음위치를 유지하면서 끊지 않고 성대를 울려서 소리가 나도록 지도해야 한다.

seal, rice, kiss

zeal, rise, his

7. š/ž: 이 음소는 우리말에는 존재하지 않는다. 입술을 둥글게 내밀고 혀끝을 잇몸에 가까이 댄 다음 혀의 중앙이 경구개에 접근하면서 혀에 생긴 홈을 공기가 지나가면서 나는 소리가 /š/이고, 이때 성대를 울리면서 나는 소리가 /ž/이다.

[š]	[ž]
shape	vision
shoes	rouge
cash	confusion

8. č/ǰ: [č]를 발음할 때에는 우리말 '취'나 '추'를 성대를 떨지 않고, 발음할 때 나오는 소리에 가깝게 내도록 지도하며, 입술이 둥글게 되도록 해야 한다. [ǰ]의 경우에는 [č]와 같은 방법으로 조음하나 성대를 울린다는 점에서 다르다.

chin, choke, cheap

gin, joke, jeep

9. l/r: 우리말에서는 첫소리에 [ㄹ]음이 오지 않기 때문에 [l]과 [r]음을 구별하기가 어렵다. 영어에서는 light-right처럼, 이 첫소리음으로 인해 뜻의 차이를 가져오지만, 우리말에서는 이 음의 차이가 변별적 기능을 하지 못한다. 따라서 이 첫소리음의 발음지도에 특히 유의해야 한다.

leave, list, look, ill, pull

rat, hurry, rain, sorry, rack

lead-read, lay-ray, lock-rock, law-raw

② 모음 음소

1. i/I: [i]는 '이'보다도 좀 더 긴 소리이며 긴장음이다. [I]는 '기분, 전기'의 '이'에 가까운 짧은 모음이다. 혀나 입의 긴장을 풀고 발음해야 한다.

   bit, rid, leave

   beat, reed, live

2. e/ɛ/æ: [e]는 우리말 '물레방아'의 [에]에 가까운 음으로, [에]보다도 혀의 위치가 약간 낮으며 긴장음이다. [ɛ]는 우리말의 [애]보다 혀의 위치가 약간 높다. [æ]는 우리말의 '해, 개'의 [애]보다도 입을 더 열고 혀를 내려야 낼 수 있다.

[e]	[ɛ]	[æ]
leg	very	pat
nest	set	vary
tent	met	mat

3. ə/a : [ə]는 우리말의 [아]보다도 혀의 위치가 약간 낮고, 중앙에 오며, 이완음이다. [a]음은 우리나라 경상도 사투리의 '어데'의 첫모음에서 나는 모음의 소리값과 비슷하며, 항상 강세를 받지 않는 음이다.

[ə]	[a]
cup	cop
nut	not
hut	hot

4. o/ɔ: [o]음을 발음할 때는 혀의 위치가 우리말의 [오]보다 약간 높고 입술을 둥글게 내밀고 근육을 긴장시켜 짧게 낸다. [ɔ]음은 우리말 [오]보다 입을 좀 더 열고 발음해야 한다.

[o]	[ɔ]
so	saw
coal	call
row	raw

5. u/U: [u]는 우리말 '불: 다'의 긴 [우]에 가까운 음으로 긴장음이다. 우리말보다 혀의 위치가 좀 더 높고 입술을 더욱 오무려서 발음한다. [U]는 '겨우'의 [우]에

가까운 짧은 모음이다. 입과 혀의 근육을 긴장시킴이 없이 발음해야 한다.

[u]	[U]
fool	full
suit	soot
Luke	look

9) Kenworthy(1987)는 발음학습에 영향을 끼치는 다음의 여섯 가지 주요 요소를 지적했다.

① 모국어

② 연령

③ 목표어에 노출된 정도

④ 음성적 능력

⑤ 태도와 자아인식

⑥ 훌륭한 발음을 위한 동기와 관심

또한, Kenworthy는 교사가 발음지도에 있어서 학습자에게 영향을 끼칠 수 있는 세 가지 방식을 제안했다.

① 학습자에게 훌륭한 발음이 상대방이 듣는 내용의 이해를 촉진시키는데 대단히 중요한 영향을 줄 수 있는 사실을 심어 준다.

② 학습의 목표가 목표어 화자와 똑같은 발음법의 정확성을 추구하는 것이 아니고, "이해가능하고, 의사소통상 효과적인" 발음을 추구하는 것이라는 사실을 학습자에게 인식시킨다.

③ 학습자의 발달과정에 지속적인 관심을 보인다.

10) 제 2 언어 발음학습에서 모국어의 간섭현상을 연구하는 분야가 대조음운론(contrastive phonology)이다. 대조음운론에서는 사춘기를 지나서 목표어의 발음을 학습하는 경우는 구문론이나 어휘의 영역과는 달리 목표어 화자의 기술을 학습하기 어렵다는 사실을 인정하고, 목표어와 모국어의 차이점을 대비하여, 모국어가 목표음 학습에 끼치는 영향을 연구한다. 대조음운론의 한 연구에서 Odlin(1989)은 연구대상을 음성적 차이점(목표어 · 모국어음 사이의 물리적인 차이점)과 음소적 차이점(최소대립쌍의 측면에서 목표어 · 모국어의 차이점)을 비교 · 연구한다고 규정하고 조사한 결과, 다양한 모국어

의 배경을 가지고 있는 학습자들이 그들의 모국어의 배경과는 무관하게, 영어를 발음하고, 이해하는데 문제점을 가지고 있다는 사실을 발견하고, 목표어 · 모국어 사이의 대비관계를 반영하는 데에 문제점이 있다는 사실을 밝혀냈다.

11) 습득과 학습에서 성인과 아동의 차이점에 대한 연구는 '제 6 장 언어습득 · 언어학습 발달론' 참고.

연 구 과 제

1. 제 2 언어 교수학에서 발음지도가 중요한 이유를 설명하시오.
2. 발음지도의 세 단계를 지적하고 그 특징을 간단히 설명하시오.
3. 발음지도의 가장 효과적인 방식으로 이 책에서 주장하고 있는 절충적 방식을 구성하는 다섯 가지 방식이 무엇이며, 그것이 중요한 이유는 무엇인가?
4. 발음연습과 기술에서 사용되는 다음의 방법들을 간단히 설명하시오.
   ① 형성기술
   ② 조음적 기교
   ③ 이음분포연습
   ④ 초분절음연습

참 고 문 헌

Asher, James J., and Ramiro Garcia. 1969. The Optimal Age to Learn a Foreign Language. *MLJ* 53: 334-341.

Bailey, K. 2005. *Practical English language teaching: Speaking*. New York: McGraw-Hill.

Brown, G., and Yule, G. 1983. *Teaching the Spoken Language*. Cambridge: Cambridge University Press.

Brown, H. Douglas. 1980. *Principles of Language Learning and Teaching*. Englewood Cliffes, N. J.: Prentice-Hall.

Bowen, J. Donald, and Robert P. Stockwell. 1960. *Patterns of Spanish Pronunciation—A Drillbook*. Chicago: University of Chicago.

Brown, James W. et al. 1972. A Testing of the Audio-Active Voice Reflector in the Foreign Language Classroom. *MLJ* 56: 144-147.

Carruthers, Rod. 1987. Teaching Pronunciation. In *Methodology in TESOL*. Michael, H. Long & Jack C. Richards, eds., 191-199.

Celce-Murcia, M., Brinton, D., & Goodwin, J. 1996. *Teaching pronunciation: A refernce for teachers of English to speakers of other languages*. Cambridge, UK: Cambridge University Press.

Chomsky, Noam, and Moris Halle. 1968. *The Sound Pattern of English*. New York: Harper and Row.

Clifford. Hill, and Beebe, Leslie. 1980. Contraction and Blending: The Use of Orthographic Clues in Teaching Pronunciation. *TESOL Quarterly* 14(3): 299-323.

Dickerson, Wayne B. 1975. The WH-Question of Pronunciation: An Answer from Spelling and Generative Phonology. *TESOL Quarterly* 9: 299-309.

__________. 1977. Generative Theory in TESL Practice. *MLJ* 61: 179-187.

Dreher, Barbara, and James Larkins. 1972. Non-Semantic Auditory discrimination: Foundation for Second Language Learning. *MLJ* 56: 227-230.

Ecklund, Constance L., and Peter Weiss. 1981. French Accent Through Video Analysis. *FLA* 14: 17-23.

Guiora, Alexander Z. et al. 1972-a. The Effects of Experimentally Induced Changes in Ego States on Pronunciation Ability in a Second language: An Exploratory Study. *Comprehensive Psychiatry* 13: 421-428.

__________. 1972-b. Empathy and Second Language Learning. *LL* 22: 111-130.

Hall. Edward T. 1966. *The Hidden Dimension.* New York: Doubleday.

Hammerly, Hector. 1970-b. Linguistics and the Teaching of Foreign Language Pronunciation. Unpublished doctoral dissertation, University of Texas at Austin.

________________. 1973-b. Teaching Pronunciation and Generative Phonology. *FLA* 6: 487-489.

________________. 1974-b. The Myth of Language Laboratory Monitoring. *MLJ* 58: 336-339.

Hayes, Alfred S. 1965. New Directions in Foreign Language Teaching. *MLJ* 49: 281-293.

Hill, Clifford A., and John S. Rittershofer. 1976. *An Integrated Approach to Pronuncaition and Spelling in ELS Curricula.* In J. Fanselow and R. Crymes, eds., 1976: 117-128.

Hill, Jane H. 1970. Foreign Accents, Language Acquisition, and Cerebral Dominance. *LL* 20: 237-248.

Hughes, R. 2002. *Teaching and researching speaking.* London: Pearson Education.

Kelly, Louis G. 1969. 25 *Centuries of Language Teaching.* Rowley, Mass.: Newbury House.

Kenworthy, J. 1987. *Teaching English Pronunciation.* London: Longman.

Kreidler, Charles W. 1972. Teaching English Spelling and Pronunciation. *TESOL Quarterly* 6: 3-12.

Lado, Robert. 1964. *Language Teaching-A Scientific Approach.* New York: MacGraw-Hill.

Lane, Harlan, and Roger Buiten. 1966. *A Self-Instructional Device for Conditioning Accurate Prosody.* In A. Valdman, ed., 1966: 159-174.

Leon, Pierre. 1966. *Teaching Pronunciation.* In A. Valdman, ed., 1966: 57-79.

Levis, J. 2005. Changing contexts and shifting paradigms in pronunciation teaching. *TESOL Quarterly* 39: 369-377.

Mackey, Willam F. 1965. *Language Teaching Analysis.* London: Longmans.

Mantini, Lawrence C. 1980. The Use of a Structured Sequence of Recorded Materials for Language Stress-Rhythm and Intonation Study. *FLA* 13: 373-377.

Matluck, Joseph H. 1957. The Presentation of Spanish Pronunciation in American Textbooks. *MLJ* 41: 219-228.

McCarthy, M., & O'Keefe, A. 2004. *Research in the teaching of Speaking. Annual Review of Applied Linguistics* 24: 260-243.

Moulton, Williams G. 1962. *The Sound of English and German.* Chicago: University of Chicago Press.

Neufeld, Gerald G. 1980. On the Adult's Ability to Acquire Phonology. *TESOL Quarterly* 14(3): 285-298.

Obrecht, Dean H. 1956-1957. A Visual Aid to Pronunciation. *LL* 7: 51-58.

Odlin, T. 1989. *Language Transfer.* Cambridge: Cambridge University Press.

Oller, D.K. 1974. *Toward a General Theory of Phonological Processes in First and Second Language Learning.* Paper presented at the Western Conference on Linguistics, Seattle.

Olson, Linder, and S. Jay Samuels. 1973. The Relationship Between Age and Accuracy of Foreign Language Pronunciation. *J Educational Research* 66: 263-268.

Pimsleur, Paul. 1959. The Functions of the Language Laboratory. *MLJ* 43: 11-15.

____________. 1963. Discrimination Training in the Teaching of French Pronunciation. *MLJ* 47: 199-203.

Politzer, Robert, and Louis Weiss. 1969. Developmental Aspects of Auditory Discrimination, Echo Response and Recall. *MLJ* 53: 75-85.

Parish, Charles. 1980. A Practical Philosophy of Pronunciation. In *Readings on English as a Second Language.* Kenneth Croft, ed., Cambridge, MA: Winthrop Publishers(2nd ed.).

Purcell, Edward T., and Richard W. Suter. 1980. Predictors of Pronunciation Accuracy: A Reexamination. *LL* 30: 271-287.

Scott, Charles T. 1966. The Linguistic Basis for the Development of Reading Skill. *MLJ* 50: 535-544.

Setter, J., & Jenkins, J. 2005. Pronunciation. *Language Teaching* 38: 1-17.

Stevick, Earl W. 1982. *Teaching and Learning Languages.* Cambridge University Press.

Stockwell, Robert P., and J. Donald Bowen. 1965. *The Sounds of English and Spanish.* Chicago: University of Chicago Press.

Tarone, E. 2005. Speaking in a second language. In E. Hinkel(Ed.), *Handbook of research in second language teaching and learning.* 485-502. Mahwah, NJ: Lawrence Erlbaum Associates.

Taylor et al. 1969. The Role of Personality Variables In Second Language Behavior. *Comprehensive Psychiatry* 10: 463-474.

Valdman, Albert ed., 1966. *Trends in Language Teaching.* New York: McGraw-Hill.

Walz, Joel. 1980. An Empirical Study of Pronunciation Errors in French. *FR* 53: 424-432.

Wardhaugh, Ronald. 1970-a. An Evaluative Comparison of Present Methods for Teaching English Phonology. *TESOL Quarterly* 4: 63-72.

제 13 장 문법지도

제12장에서 고찰한 발음지도의 중요성과 더불어서, 제 2 언어에 대한 학습자의 문법능력도 대단히 중요하다. 왜냐하면, 발음이 아무리 훌륭하다고 하더라도 문법상 중요한 오류를 범했다면 그가 의사소통하려는 의도는 이해될 수 없기 때문이다. 따라서 제 2 언어의 문법을 적절히 구사하는 능력이 제 2 언어 학습에는 필수적이라 할 수 있다.

역사적으로 언어학이론의 발달에 따라서 '문법'에 대한 정의도 다양한데, 변형-생성론자[1]들은 문법을 문장생성을 위한 규칙들의 체계(음운론적, 어휘적 규칙들이 모두 포함되는)라고 넓은 의미로 규정한다. 그러나 실제적으로 효과적인 문법지도를 위해서는 '문법'을 언어의 형태론[2]과 통사론[3]으로 제한하는 것이 바람직하다.

또한, 최근의 제 2 언어 교육의 목표는 의사소통 능력을 향상시키는 것이기 때문에 언어학적 능력보다는 의사소통 능력을, 상징의 체계로서 언어보다는 활동 중인 언어를, 언어지식보다는 언어사용 능력이 강조되고 있다. 따라서 문법도 이러한 강조점에 맞추어서 지도되어야 한다.

이번 장에서는 제 2 언어 학습자에게 필요한 언어교수학문법이 무엇인지 소개하고, 효과적인 문법지도방식을 소개하고자 한다.

1. 언어교수학문법이란 무엇인가?

지금까지 언어학이론에 바탕을 둔 다양한 문법이 존재해 왔으나, 언어지도의 관점에서는 대중문법, 전통문법, 언어교수학문법의 세 가지 문법으로 대별할 수 있다. '대중문법'(popular grammar)이란 평균적인 모국어 화자가 그 언어의 구조에 대해서 아는 것이나, 안다고 생각하는 문법인데, 대부분의 모국어 화자들이 잘못된 개념을 가지고 있다는 데에 문제가 있다. 그러나 그 언어에 대해서 대중들이 가지고 있는 보편적인 개념들이 언어구조에 대한 올바른 개념으로 학습자를 유도하는 데 출발점이 될 수 있다면 대중문법도 나름대로의 의의를 찾을 수 있다.

'전통문법'(traditional grammar)은 역사가 오래되고 지금도 이용되고 있는 문법인데, ① 의미에 기초를 두고 품사를 정의하였고, ② 언어를 규범적으로 정의하였으며, ③ 문어에 기초를 두고 품사를 정의하였다는 단점을 가지고 있다.

'언어교수학문법'(languistic grammar)은 언어학적 원리가 아닌 언어교수학원리에 의해서 결정되며 형태론과 통사론을 구분해 줄 뿐만 아니라, 발음과 어휘의 차이도 구분해 줄 수 있는 문법이어서, 제 2 언어 학습현장에서 실제로 이용할 수 있는 문법내용을 담고 있다.

언어교수학문법은 통사론 영역에서 다음의 세 가지 유형의 규칙을 포함해야 한다.

① 형태론규칙: 형태론규칙 학습에 가장 효과적인 연습유형에는 상관연습(correlation drill)과 대치연습(replacement drill)이 있다(이 연습유형에 대한 예문은 이번 장의 후반부에서 제시된다). 형태론학습에서 유의해야 할 사항은 형태소는 독립된 형태가 아니라, 문장 내에서 단어의 한 부분으로 연습되어야 하며, 무작위 순서로 연습되어야 한다는 점이다.

② 문형형성규칙: '문형'은 한 언어의 독특한 구조이다. 즉, He reads the book. They sold the house와 같은 문장에서 의미 형태소들이 제거된 후에 남는 대명사+동사+명사구와 같은 형식적 자질을 의미한다. 따라서 문형이 추상적 문장이라면, 실제적인 문장은 그 문형에 어휘항목이 삽입되어 나타나는 구체적인 문장이다. 한 언어에 존재하는 문형의 수는 비교적 제한적이나, 대체와 변형을 통해서 구체적인 문장이 다양하게 나타날 수 있다.

③ 변형규칙: 변형규칙이란 기본문형을 수정하고 결합시키는 규칙이다. 변형연습에는 확장, 축소, 치환 등과 같은 단순변형연습과 두 문장을 결합시키는 복합변형연습이 있다(연습에 대한 구체적인 예는 이번 장의 후반부에서 제시된다).

언어교수학문법은 형태론규칙, 문형형성규칙, 변형규칙을 포함할 뿐 아니라, 언어교수학문법에서 이용되는 언어교수학규칙[4)]들은 학습자들이 반드시 학습해야 하는 규칙들로서 언어학적 규칙들과는 다르며 다음의 조건을 만족시켜야 한다.

① 구체적이어야 한다. 실제적인 문장들에 기초를 두어야 한다.

② 단순해야 한다.

③ 지나치게 전문적인 내용은 피해야 한다.

④ 축적될 수 있어야 한다. 한번에 한 가지씩 학습되고 이전에 학습된 규칙들과 통합될 수 있어야 한다.

⑤ 가능한 한 대중문법이나, 전통문법에 밀접해야 한다.

⑥ 한번에 학습될 수 있는 것만을 처리하고, 예외적인 사항이나 중요한 요점은 이후로 남겨 두는 실용적인 규칙의 형태를 띤다.

이러한 특성을 가지고 있는 언어교수학문법은 실제 언어현장에서 자주 사용되는 실용적인 규칙들을 효과적으로 지도하기 위한 것이다. 또한, 최근에 언어문법에 대한 논의는 문법을 언어교육현장에서 실제적으로 이용 가능한 구체적인 문법으로 지도하는 것에 초점이 맞추어지고 있다. 의사소통 능력을 향상시키기 위해서는 전통적인 문법지도 방식과는 반대되는 '하향식 접근방식'(top-down approach)[5)]이 주장되고 있다. Butt(1989)는 학습자들에게 문법을 다음과 같은 단계로 제시해야 한다고 주장한다.

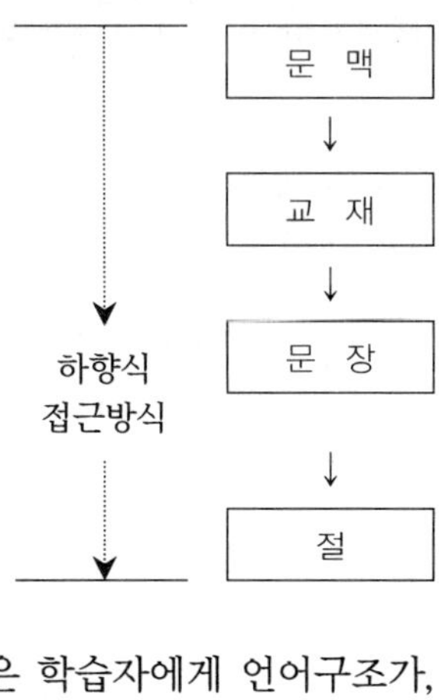

이런 접근방식의 특징은 학습자에게 언어구조가, 언어가 사용되는 문맥 · 언어가 사용되는 목적 · 언어가 대상으로 하는 청중에 따라서 얼마나 달라질 수 있

는가를 알려주기 위한 것이다. 이런 맥락에서 Pit Corder(1988)는 문법제시 유형을 저자 · 독자 · 문법의 목적에 따라서 [도표 13-1]과 같이 구분했다. 따라서 제 2 언어 지도에서 문법지도는 언어교수학적 응용가능성을 목표로 하면서 의사소통 능력향상에 도움을 줄 수 있어야 한다.

도표 13-1 문법제시유형의 구분

저 자	독 자	문법의 목적
언어학자	언어학자	특별한 언어이론을 제시하고 정당화한다.
언어학자	언어학과 학생	통사이론을 실제적인 언어에 적용함으로써 귀납적으로 지도한다.
응용언어학자	교육받은 모국어 화자	독자의 내재적 지식을 언어적 용어로서 체계화한다.
응용언어학자	모국어 교사	학생들(모국어 화자)에게 교육할 수 있는 적합한 형태로서, 독자의 내재적이거나 명시적인 지식을 체계화한다.
응용언어학자	외국어 교사	학생들(외국어 화자)에게 교육할 수 있는 적합한 형태로서, 독자의 내재적이거나 명시적인 지식을 체계화한다.

2. 연역법 · 귀납법 · 통제된 발견법[6)]

제 2 언어 학습과정에서는 연역법과 귀납법이 자주 사용된다. 그러나 이 두 가지 방식에는 나름대로의 문제점이 있기 때문에, 보다 효과적인 지도방식으로 통제된 발견법을 제시한다.

'연역법'은 일반적인 것에서 구체적인 것으로, 즉 규칙의 언급에서 특수한 경우의 규칙의 적용으로 이행하는 과정을 의미하고, '귀납법'은 특수한 것에서 일반적인 것으로, 즉 다양한 예들로부터 그 예를 토대로 유도할 수 있는 일반화로 이행하는 과정을 의미한다. '통제된 발견법'(guided discovery)은 학생들이 예문과 선생님의 질문을 기초로 하여 학생들 스스로 법칙을 유도해 내는 방법으로서 귀납법과 연역법의 장점을 모두 갖추고 있다. 연역법은 문법-번역식 수업방식과 대표적으로 연결되어 있다. 문법-번역식 방법이 연역법을 과도하게 사용하기 때문에 제 2 언어 교사들이 거부하는 경향이 있으나, 복잡한 규칙이나, 모국어와는 다른 의미적 차이점에 기초를 둔 규칙을 지도하는 데는 연역법이 효과적이다.

연역법의 진행절차는 다음과 같다.

① 규칙이나 문형을 설명한다.

② 학생들이 반복할 수 있는 예문을 제시한다.

③ 학생들이 새로운 문형을 연습할 수 있는 기회를 준다.

예: 서술문을 의문문으로 전환하는 규칙을 학습하는 경우는 다음과 같다.

듣기: He is Tom. ⟶ Is he Tom?

반복: He is Tom. ⟶ Is he Tom?

다른 예문: She is a girl. ⟶ Is she a girl?

'귀납법'은 가르치고자 하는 구조나, 형태를 일반화할 때까지 학생들에게 제시하여 반복시키는 방법인데, 교수방법 중에서 자연방법론과 직접방법론에 관련이 깊다.

진행절차는 다음과 같다.

① 구조나 형태를 제시한다.

② 형태연습, 질의응답, 구두연습, 문자를 통한 연습을 한다.

③ 구조를 일반화한다.

귀납법의 장점은 문법을 이해할 때까지 학생들을 참여시킨다는 점이고, 단점은 시간의 손실이 많고, 이해가 빠른 학생들은 지루함을 느낀다는 점이다. 따라서 귀납법은 매우 짧은 시간에 일반화에 도달할 수 있는 단순한 규칙들에 적용하는 것이 바람직하다.

'통제된 발견법'은 연역법과 귀납법의 특징을 결합한 것이다. 즉, 귀납법처럼 예문들이 모두 제시된 다음 질문을 통해서 예들을 분석하고 일반화를 형성하도록 지도된다. 그리고 기계적인 훈련이나, 의미있는 연습, 의사소통 활동(이러한 연습방법에 대한 구체적인 예는 13. 4. 문법연습유형에서 제시됨)을 통해서 학생들이 발견한 내용을 학생들의 반응에 대한 지시사항으로 이용된다. 통제된 발견법은 도전적이고 학생들의 동기를 유발시킨다는 장점이 있다. 통제된 발견법의 지도과정을 도표로 나타내면 [도표 13-2]와 같다. 이렇게 연역법 · 귀납법 · 통제된 발견법은 각각의 장 · 단점이 있기 때문에 문법지도에서 개별규칙을 가르칠 때 그 규칙의 특

도표 13-2 통제된 발견법

개별규칙에 대한 예문 제시

↓

분 석

↓

일반화

기계적인 훈련 · 의미 있는 연습 · 의사소통 활동

↓ feedback

학생들이 스스로 발견한 일반화에 대한 재검토

징에 따라서 연역법 · 귀납법 · 통제된 발견법을 선택하는 것이 바람직하다.

다음의 [도표 13-3]은 개별 규칙에 대한 지도과정을 결정하는 데 도움을 주는 기준을 제시하고 있다.

도표 13-3 개별규칙에 대한 지도과정을 결정하는 요인

<table>
<tr><th>차이점의 유무</th><th>제2언어 규칙
=모국어 규칙</th><th colspan="4">제2언어 규칙≒모국어 규칙</th></tr>
<tr><td rowspan="3">차이점의
본질 정도</td><td rowspan="3">제2언어 규칙과 모국어 규칙 사이에 차이점이 없다.</td><td colspan="4">제2언어 규칙과 모국어 규칙 사이에 차이점이 존재한다.</td></tr>
<tr><td colspan="2">기술적 차이점</td><td colspan="2">의미적 차이점</td></tr>
<tr><td>(사소함)</td><td>(중대함)</td><td>(사소함)</td><td>(중대함)</td></tr>
<tr><td>이용되는
지도과정</td><td>구체적인 지도과정이 필요없다. 제2언어 규칙을 단지 소개하고 동질성을 지적한 다음 바로 이용한다.</td><td>제2언어 규칙을 소개한다.</td><td colspan="2">통제된 발견법을 이용한다.</td><td>연역법이 효과적이다.</td></tr>
<tr><td>규칙에 대한
언급</td><td>규칙에 대한 언급이 필요없다.</td><td colspan="2">개별규칙에 대한 예를 소개한 후 학생들 스스로가 일반적인 규칙을 유도해 낸다.</td><td colspan="2">초기에 교사가 규칙을 언급한다.</td></tr>
<tr><td>모국어 사용</td><td>반드시 필요하지는 않으나 교사의 판단에 따라서 선택적으로 사용된다.</td><td colspan="4">모국어와 목표어의 대조과정이나 부정적인 전이를 예방하기 위해서 모국어의 사용이 필요하다.</td></tr>
</table>

통제된 발견법에서 학생들은 대조와 분포상황을 기초로 하여 언어 상호 간의 문제들을 해결하기 때문에 학생들 스스로 어떤 문제를 해결했을 때에는 자신의 성취에 대한 만족감을 얻게 된다는 장점이 있다.

3. 문법지도단계

제 2 언어 교육에서 문법을 효과적으로 지도하기 위해서는, 문법규칙을 제시하는 데 있어서 논리적인 단계에 따라서 지도하는 것이 효과적이다. 문법지도단계[7]를 구분하는 데도 여러 가지 이론이 있으나, 다음과 같은 세 단계가 현장학습에서 가장 적절하다.

① 예시화: 예들이 제시되고 반복, 이해되는 단계

② 규칙의 형성단계: 규칙의 일반화가 표현된다. 가능하다면 발견적 지도법에 따라 학생들로부터 규칙의 일반화를 유도하는 것이 바람직하다.

③ 연습단계: 문법문제에 주의를 집중하면서, 문법문제를 조작하는 단계에서 보다 자유로운 의사소통을 중시하는 자유로운 연습단계로 점진적으로 이동한다.

위에서 제시한 문법지도단계를 귀납법 · 연역법과 비교해 보면 귀납법은 두 번째 단계를 생략하고, 연역법은 두 번째 단계를 첫 번째 단계 앞에 놓거나 동일한 단계에 위치시킨다. 다음에서 각 단계를 상세히 살펴보자.

3.1 예 시 화

문법규칙을 공부하기 전에 하나의 규칙에 대한 예를 소개하는 것이 바람직하다. 이 단계는 그 규칙에 대한 친숙함을 선사하고 다음 단계인 규칙의 형성단계를 준비할 수 있게 해 준다. 구체적인 예들은 대화, 본문에서 채택되어야 하며, 필요하다면 특별한 자료를 이용할 수 있다. 특히 일반적인 상황에서 거의 사용되지 않는 인위적인 문장들은 배제해야 한다.

3.2 규칙의 형성단계

앞에서 언급한 대로 규칙은 학생들 스스로 형성하는 것이 가장 바람직하다. 그러나 일부 교사들은 설명을 전혀 불필요한 것으로 간주하는데, 문법에 대한 설명이 학습발달에 지표를 제시해 줄 수 있다면 유용한 것이다. 그러나 문법에 대한 설명이 할당된 시간의 5~10% 이상을 차지해서는 안 되며, 연습을 시작하기 전에 설명을 하는 것이 바람직하다. 또한, 설명은 최소로 하고 연습은 최대로 해야 한다. 또한, 문법설명은 다음의 사항을 고려하여 제시하는 것이 바람직하다.

① 설명은 짧고 요점이 있어야 한다.
② 설명은 가능한 한 단순해야 한다.
③ 필요한 경우에는 설명은 모국어로 한다.
④ 문법 설명은 어순, 색깔, 모양의 변화를 주는 도표와 같은 시각적 자료를 병행하는 것이 바람직하다.
⑤ 각각의 문법 설명은 곧 집중적인 연습이 뒤따라야 한다.

3.3 연습단계

연습단계에서는 문법규칙이 내재화될 때까지 연습이 계속되어야 한다. 도입기에서는 문법규칙에 대한 훈련을 강조하지만 점차로 자유로운 의사소통의 단계로 발전할 수 있는 다양한 연습문제를 이용하여 학생들로 하여금 문법규칙을 충분히 내재화시킬 수 있는 기회를 주어야 한다. 연습문제유형에 대해서는 다음 부분에서 상세히 소개하기로 한다.

4. 문법연습유형[8)]

문법지도에 필요한 연습문제 유형을 문법지도단계와 그 문법문제의 특징에 따라서 다양하게 구분할 수 있다. 그러나 다양한 연습문제유형에서 공통적으로 나타나는 문법연습과정을 요약하면 다음과 같다.

① 교사가 문제점을 제시

+

② 학생이 해결책을 제시

+

③ 교사가 학생의 대답에 대한 feedback을 준다.

+

④ 학생이 feedback을 고려하여 자신의 해결책이 옳은지 그른지를 결정한다.

문법지도에 필요한 연습문제유형을 문법지도의 단계에 따라서, ① 도입단계, ② 훈련단계, ③ 의사소통단계로 분류할 수 있고 문법지도의 핵심이 의사소통 활동을 강조한다는 점에서, ④ 의미 있는 연습과, ⑤ 의사소통 활동으로 분류할 수 있다.

4.1 도입단계

이 단계에서 이용되는 연습문제유형의 특징은 문법적인 단서와 대답 사이에 문법적인 변화가 없다는 점이다. 이 단계에서는 반복학습과 대체연습이 주로 이용된다.

1) 반복학습

문법적인 지식보다는 음운론적인 지식만이 필요하다.

① 단순반복: 대조의 예가 없이 한 가지 측면만을 나타내 주는 일련의 문장을 반복한다.

예: I walk<u>ed</u> to the store.
The bus stopp<u>ed</u> at the corner.

위의 예문들은 모두 영어의 과거시제어미 중에서 /-t/변이형만을 포함하고 있다. 그러나 대비의 예가 없는 단순반복 훈련은 효과가 없다.

② 대비반복: 두 개의 구조나, 하나의 규칙에 대한 두 개의 자질 혹은 모국어와 목표어의 대비를 포함하고 있는 문장들을 반복한다.

예: I walk<u>ed</u> to the store and order<u>ed</u> a book.
After he cash<u>ed</u> the check, he call<u>ed</u> a cab.

여기에서 제시된 예문들은 영어의 과거시제어미 중에서 /-t/와 /-d/의 변이형을 나타내고 있다. 대비반복유형은 다양한 구조를 학습하는 데 도움을 줄 수 있다.

2) 대체연습

이 연습유형에는 문법적인 변화는 포함되지 않고, 대체되는 단어의 기능만이 연습과정에서 요구된다.

① 한 가지 항목대체:

We talked downtown. ⟶ We talked downtown.

worked ⟶ We worked downtown.

danced ⟶ We danced downtown.

② 여러 가지 항목대체:

We talked downtown. ⟶ We talked downtown.

at home ⟶ We talked at home.

John ⟶ John talked at home.

대체연습은 학생들이 문법 단서와 대답 사이에서 선택을 할 필요가 없기 때문에 무의미하거나, 지루한 느낌을 준다. 따라서 선택을 하는 데 지적인 능력이 요구되거나, 빠른 선택이 요구되는 훈련이 필요하다.

4.2 훈련단계

4.1 도입단계에서는 문법적인 단서와 학생들 반응 사이에 문법적인 변화가 없는 것에 비해서 훈련연습은 문법 단서와 반응 사이에서 학생들이 선택을 해야 하는 연습인데, 문법규칙에 대한 지식이 연습과정에 선행하거나, 연습과 함께 발달한다. 이 단계에서 상관관계연습, 대치연습, 변형연습유형이 포함된다.

1) 상관관계연습

상호 의존적인 상관적 형태를 학습하기 위한 연습유형이다.

① 한 가지 항목 상관관계: 문장 내의 한 부분에서만 상관관계를 일치시킨다.

예: We walk a lot. ⟶ We walk a lot.

Yesterday———. ⟶ Yesterday we walk<u>ed</u> a lot.

② 여러 가지 항목 상관관계: 문장 내의 여러 부분에서 상관관계를 일치시킨다.

예: We first talk and then play. ⟶ We first talk and play.

Yesterday———. ⟶ Yesterday we talk<u>ed</u> and play<u>ed</u>.

상관관계연습은 성의 일치, 수의 일치, 주어-동사의 일치, 시제의 일치, 격의 일치, 전치사-명사의 일치와 같은 연습유형에 유용하다.

2) 대치연습

학생들이 대치되는 문법유형을 학습하기 위한 연습유형이다.

예: "Change the verbs in the following sentences from the present to the past."

If I say, I walk to school.

You say, I walk<u>ed</u> to school.

I take the bus home. ⟶ I <u>took</u> the bus home.

I eat dinner at six. ⟶ I <u>ate</u> dinner at six.

3) 변형연습

이 연습에서는 변형작용과 변형작용에 영향을 받는 단어를 인식하는 것을 연습시킨다.

① 단순변형: 한번의 변형작용에 하나의 문장이 관련된다.

1. 확장: 하나 이상의 단어가 문장에 첨가된다.

단순 확장: 하나의 발화가 각 문장에 첨가된다.

I like Chinese food. ⟶ I <u>don't</u> like Chinese food.

발전적 확장: 하나 이상의 발화가 하나씩 발전적으로 각 문장에 첨가된다.

He is a student.

⟶ He is a Canadian student.

⟶ He is a <u>tall</u> Canadian student.

⟶ He is a <u>tall</u> <u>handsome</u> Canadian student.

2. 축소: 하나 이상의 단어가 각 문장으로부터 탈락된다.

It is an important company. ⟶ It is important.

I lost an expensive watch. ⟶ I lost a watch.

3. 치환: 한 문장의 어순이 변화된다.

John can sing well. ⟶ Can John sing well?

We must buy a newspaper. ⟶ Must we buy a newspaper?

② 복합변형: 두 개의 문장을 하나의 복합문장으로 결합시키는 데 관계되는 변형으로 다른 변형작용도 포함된다.

예: This is the man. We wanted to see him.

⇓

This is the man we wanted to see.

4.3 의사소통단계

이 연습유형은 질문과 대답을 하는 작은 대화형식을 통해서 의사소통 능력을 향상시키는 맥락에서 문법을 연습하는 특징이 있다. 한 가지 예는 주어진 질문에 대한 대답을 학생들이 함으로써 문법을 연습한다.

① 단서가 주어지는 대답: 학생들은 교사가 제시해 주는 단서에 의존해서 대답한다.

예: Does he want to go?(yes) ⟶ Yes, he does.
Does he want to go or stay? ⟶ He wants to go. or,
He wants to stay.

② 유형화된 대답: 학생은 미리 짝지어진 유형에 맞추어서 대답한다.

예: Are they from New York? ⟶ Yes, they are, and
so is their sister.
Is he from New York? ⟶ Yes, he is, and so is his sister.

③ 전환된 대답: 학생들이 의문문을 학습하는 경우에 교사는 하나의 대답을 주고, 학생은 그 대답이 나올 수 있는 질문을 만들어야 한다.

예: He wants to go. ⟶ What does he want to do?
The window is open. ⟶ Is the window open?

4.4 의미 있는 연습

이 연습유형은 기계적인 것이 아니라, 하나의 구성된 대답을 요구한다.

1) 번역연습

이 연습유형의 특징은 번역의 목표문장이 제 2 언어로 제시되고, 모국어의 의미 단서에 기초해서 구두로 번역하는 것인데, 과거의 전통적인 번역연습과는 다음과 같은 점에서 차이가 난다.

① 모델문장이 제 2 언어로 제시된다.

② 번역연습은 필기형이 아니라 구두형이다.

③ 문장들은 짧으나 공백이 없이 완전하다.

④ 연습은 단지 하나의 문법요점에만 집중한다.

⑤ 단지 친숙한 어휘만을 사용한다.

⑥ 단어 대 단어의 번역보다는 관용구적 대용어를 사용한다.

⑦ 빠른 속도로 진행한다.

⑧ 전문적인 번역보다는 구문적 유형과 어휘항목을 대응시키는 번역이 요구된다.

번역연습은 관용구적인 표현이나, 문법사항을 빠르게 복습하는 경우 또는 학습된 문법사항을 확실히 인식하는 데 유용하다.

2) 단서가 없는 대답

학생들에게 단서를 제공하지 않고서, 단 하나의 대답만이 가능한 확실한 대답에 대해서 질문한다.

3) 조작된 담화

학생들은 누군가가 이야기한 것에 대해서 보고하거나, 서로에게 특정한 사실을 이야기하도록 요구된다.

① 보고하기: 학생들은 다른 학생이 이야기한 것을 3인칭, 현재・과거형으로 보고한다.

② 조작된 담화: 학생들은 정해진 이야기 내용에 대해서 대화를 한다.

4.5 의사소통 활동

이 연습에서는 학생들이 대화의 소재를 자유롭게 선택할 수 있고, 그에 대한 대답도 예측이 불가능하기 때문에 의사소통에 도움을 준다. 이런 의사소통 활동에서 사용될 수 있는 구체적인 연습유형은 다음과 같다.

① 문장산출: 학습된 규칙을 이용하여 일련의 짧은 문장을 만든다.

② 문장완성: 교사가 한 문장을 소리 내서 읽다가, 끝부분을 죽이면 학생들이 문장을 완성한다.

③ 자유로운 대답: 교사는 특정한 문법구조를 이용하도록 고안된 질문을 하고, 학생들은 그 구조를 이용하여 자유로운 대답을 하게 된다. 예를 들면, 교사는 "What did you do yesterday?"라고 질문을 하면, 학생은 과거시제를 이용하여 대답을 한다.

④ 자유로운 대답: 교사가 언급한 내용에 대해서 학생들은 자유롭게 대답한다.
⑤ 자유연상: 다양한 시청각, 언어적 자극을 이용하여 학생들이 독백이나, 대화를 하도록 한다.
⑥ 묘사: 학생들은 교실이나, 어떤 인물에 대해서 묘사하도록 지시받는다.
⑦ 상황 또는 역할극: 하나의 상황이 기술되면 학생들은 그 상황에 대해서 자신의 역할을 표현한다.

4.6 시험연습

학생들이 알고 있는 문법사항이 올바르게 형성되었는지를 시험해 보기 위한 연습유형이다. 그중의 하나가 주의분산 훈련인데, 이것은 학생들의 주의를 다른 곳으로 분산시키면서 문법규칙을 제대로 이해하고 있는지 알아보는 연습유형이다.

① 어휘분산: 학생들이 문장 내의 어휘변화에 주의를 분산시키는 동안에 새로운 문법사항을 제시하고 이것을 학습하도록 학생들에게 요구한다.

예: 과거시제를 학습하는 경우에

Mary sees the book.(자동차 그림을 보여준다.)

They saw the car.(글과 그림을 보여준다.)

They were looking for a letters.

② 문법요소분산: 학생들이 이전에 학습된 문법사항에 주의를 집중하는 동안에 새로운 문법규칙을 학습해야 한다.

예: 시제전환에 주의를 집중하는 동안에 주어의 수도 변화시킨다.

We are busy, aren't we? ⟶ I was busy, wasn't I?

She speaks slowly, doesn't she? ⟶ They spoke slowly, didn't they?

이상에서 제 2 언어를 지도하는 데 있어서 문법지도의 중요성과 교실수업에서, 제 2 언어 문법을 효과적으로 지도할 수 있는 여러 가지 문법지도 연습문제유형을 고찰해 보았다.

한 언어의 문법을 안다는 것은 어떤 의미가 있는 것일까?

문법을 안다는 것은 어형변화와 규칙을 암기할 수 있는 능력을 의미하는 것뿐 아니라, 구문론적인 오류를 범하지 않고서 언어를 유창하게 구사할 수 있는 능력을 의미하는 것이다. 따라서 문법에 대한 지식은 인지적인 능력이 아니라, 수행적인 응용능력[9]이다. 또한, 문법규칙은 부가적이고, 결합적이기 때문에 이전에 학습한 규칙에 새로운 규칙을 첨가하면서 진행하면 학습자는 규칙을 폭넓게 이해하면서 모국어 화자의 수행능력에 접근하게 될 것이다. 따라서 전체 문법에 대한 피상적이고 부정확한 지식을 가르치기보다는 규칙에 의한 철저한 지식을 지도하는 것이 바람직하다.

Mckay(1987)는 문법지도에 대한 견해를 다음과 같이 세 가지로 제시하고 있다.

① 문법지도는 문법규칙에 대한 형식적인 설명을 포함한다.

② 문법지도는 유추과정을 통해서 공통적인 문법유형을 학습할 수 있는 연습문제를 제공해 주는 것이다.

③ 다양한 상황에서 현실적으로 목표어를 사용할 수 있는 기회를 부여해 주는 것이다.

이상에서 제시된 Mckay의 견해처럼 문법지도가 단순한 규칙의 이해나 암기에서 벗어나 실제적인 의사소통 능력을 발달시키는 데 가장 기초적인 역할을 할 수 있는 방향을 지향해야 한다.

참고사항

1) 변형-생성문법: Noam ChoMsky에 의해 창시된 문법이론이다. 일정한 수의 규칙을 가지고 무한한 수의 문장을 생성하는 명시적(explicit)이고 형식적인 문법으로, 20세기 후반의 언어학의 주류를 이루고 있다. 흔히 생성문법(generative grammar)이라고 약칭한다(『영어학사전』, 1990, 신아사, 1278).

2) 형태론: 영어와 같이 단어(word)라고 하는 단위가 인정되는 언어에서, 단어의 내부구조 분석 및 그 구성소(constituent)의 분류를 목적으로 하는 분야이고, 음운론(phonology), 통사론(syntax)과 함께 언어구조 연구의 3대 분야의 하나를 이룬다(『영어학사전』, 1990, 신아사, 760).

3) 통사론: 형태론(Morphology)과 함께 문법(Grammar)을 구성하는 2대 부문, 혹은 음운론(Phonology)을 합하여 3대 부문의 하나이다. 원래 syntax는 'putting together'라는 의미의 그리스어 'súntaxis'에서 나온 것이며, 일반적으로 언어요소의 결합(체)을 뜻한다. 언어의 음성구조를 다루는 부문이 음운론, 어구조를 다루는 부문이 형태론 또는 어형론(accidence), 문의 구조를 다루는 부문이 통사론이다. 문의 구조를 다룬다는 것은 구체적으로 문을 구성하는 요소들 사이의 단계 및 요소의 배열형태에 관하여 연구하는 것이다(『영어학사전』, 1990, 신아사, 1232).

4) 언어교수학 규칙은 두 언어 사이의 관계에 있어서도 다음의 세 가지 유형으로 구분된다.
   ① 이중언어규칙: 두 개 언어에서 동일하므로 가르칠 필요가 없다. 예를 들면, 영어와 기타 유럽어에서는 서술문의 어순이 S+V+O의 구조로 공통이다.
   ② 단일언어규칙: 두 언어 사이에서 무관하고 한 언어에만 적용되는 규칙이므로 서로 간섭을 유발하지 않는다. 그러나 지도할 필요는 있다.
   ③ 비교규칙: 두 언어 사이에서 부분적으로 상이해서 상당한 간섭을 유발하므로 집중적인 지도가 필요하다.

5) 의사소통 능력의 향상을 목표로 하는 영어교육학 이론에서는 최근 1990년대 이후에 언어의 네 가지 기능에 대한 구체적인 지도법에 있어서 전통적인 접근방식의 틀을 벗어나서 새로운 접근방식이 강조되고 있다. 즉, 전통적인 언어기능의 접근방식은 언어

구조를 작은 단위에서 출발하여 보다 큰 단위를 설명하는 '상향식 접근방식' (bottom-up approach)이었는데, 최근의 경향은 반대방향의 접근방식 '하향식 접근방식'(top-down approach)을 지향하고 있다. 즉, Nunan(1991)에 따르면, 상향식 접근방식과 하향식 접근방식은 다음과 같이 대조될 수 있다.

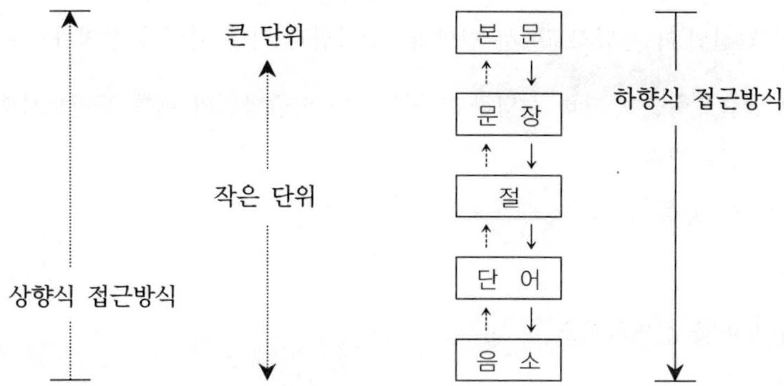

6) 문법지도 과정에서는 분석과 유추도 대단히 중요한 역할을 담당한다. 분석은 전체를 부분으로 나누어서 각 부분들의 본질과 기능을 결정하는 인지과정이고, 유추는 부분적 유사성에 기초하여 비교하는 인지과정이다.

7) Ur(1988)은 문법지도의 단계를 다음의 네 단계로 제시했다.

① 제시단계: 학습목표로 하는 문법항목이 제시되는 입력교재를 통해서 문법구조가 명확하게 되도록 한다.

② 독립·설명단계: 학습과정에 있는 문법구조의 다양한 측면을 학생들이 이해한다는 사실을 확실히 한다.

③ 연습단계: 학생들이 그 언어를 흡수하고 완전히 학습하도록 한다.

④ 시험단계: 학생들이 완전히 학습한 내용을 나타내보이도록 한다.

8) 연습유형은 훈련과 연습으로 구분한다. 훈련은 대답을 하는 데 있어서 지적인 능력이 필요하지 않고, 단지 하나의 대답이 가능한 데 반하여, 연습은 대답을 하는 데 있어서 지식을 응용해야 하고 가능한 대답이 하나 이상 존재한다. 즉, 훈련은 다소 기계적이나, 연습은 보다 창조적이다.

9) 수행능력에 대한 자세한 내용은 제 1 장 언어능력과 언어수행 참고.

연 구 과 제

1. 언어교수학문법(languistic grammar)이란 무엇을 뜻하며, 다른 문법과는 어떤 점에서 다른지 그 특징을 설명하시오.
2. '통제된 발견법'이 문법지도에서 연역법 · 귀납법과 다른 차이를 설명하시오.
3. 다음의 연습유형을 간단히 설명하고, 구체적인 연습방법의 예를 들어보시오.
   ① 의미 있는 연습
   ② 의사소통 활동
   ③ 시험연습
4. 다음의 용어를 설명하시오.
   ① 대체연습
   ② 주의분산 훈련
5. 문법지도에서 하향식 접근방식은 무엇이며, 그것이 전통적인 상향식 접근방식에 비해서 가지고 있는 장점을 논하시오.

참 고 문 헌

Bialystoc, Ellen. 1974-a. Explicit and Implicit Judgement of L2 Grammarticality. *LL* 29: 81-103.

Brinton, D., and R. Neuman. 1982. *Getting Along: English Grammar and Writing (Book 2)*. Englewood Cliffs. J. J.: Prentice-Hall.

Butt, D. 1989. *Living with English*. Sydney: Macgnarie University.

Chastin, Kenneth D. 1976. *Developing Second-Language Skills: Theory to Practice*. 2nd ed., Chicago: Rand Mcnally.

Corder, S. Pit. 1988. Pedagogic grammars. In W. Rutherford and M. Sharwood-

Smith. eds., *Grammar and Second Language Teaching*. New York: Newbury House.

Eisentein, M. R. 1987. Grammatical Explanation in ESL: Teach the Student, Not the Method. In 'Methodology in TESOL'.

Ellis, R. 2006. Current issues in the teaching of grammar: An SLA perspective. *TESOL Quarterly* 40: 83-107.

Frank, C., and M. Rinvolucri. 1987. *Grammar in Action*. Hemel Hempstead: Prentice Hall.

Grittner, Frank M., ed., 1977. *Teaching Foreign Languages*, 2nd ed., New York: Harper and Row.

James, Carl. 1980. *Contrstive Analysis*. London: Longman.

Jenkins, Jacinto C. 1970. *The Effects of Explanation with Spanish Pattern Drills*. Unpulished doctorial dissertation, Stanford University.

Jesperson, Otto. 1904. *How to Teach a Foreign Language*. London: Allen and Unwin.

Lado, Robert. 1964. *Language Teaching—A Scientific Approach*. New York: McGraw-Hill.

Larsen-Freeman, D. 2003. *Teaching language: From grammar to grammaring*. Boston: Heinle & Heinle.

Mckay. 1987. *Teaching Grammar: Form, Function and Technique*. Hemel Hempstead: Prentice Hall.

Morton, Jacqueline. 1979. *English Grammar for Students of French*. Ann Arbor, Mich.: The Olivia and Hill Press.

Nassaji, H., & Fotos, S. 2004. Current development in research on the teaching of grammar. *Annual Review of Applied Linguistics* 24: 126-145.

Nation, I. S. P. 2005. Teaching and learning vocabulary. In E. Hinkel(Ed.), *Handbook of research in second language teaching and learning*. 581-595. Mahwah, NJ: Lawrence Erlbaum Associates.

Numan, David. 1991. *Language Teaching Methodology*. Prentice Hall.

______________. 2005. *Practical English language teaching: Grammar.* New York: McGraw-Hill.

Palmer, Harold E. 1917. *The Scientific Study and Teaching of Languages.* London: Harp. Reprinted in 1968. London: Oxford University Press.

Pelosi, Angelo G. 1973. What is Grammar? *MLJ* 57: 329-335.

Read, J. 2004. Research in teaching vocabulary. *Annual review of Applied Linguistics* 24: 246-161.

Rutherford, W. 1982. Functions of Grammar in a language Teaching Syllabus. *Language Learning and Communication* 1(1): 21-37.

Seliger, Herbert W. 1979. On the Nature and Fuction of Langage Rules in Language Teaching. *TESOL Quarterly* 13: 359-369.

Spinelli, Emily. 1979. *English Grammar for Students of Spanish.* Ann Arbor, Mich.: The Olivia and Hill Press

Sweet, Henry. 1899. *The Practical Study of Languages.* London: J. M. Dent and Sons. Reprinted in 1964. London: Oxford University Press.

Terrell, T. D. 1981. The Role of Grammar Instruction in a Communicative Approach. *Modern Language Learning* 75(1).

Ur, P. 1988. *Grammar Practice Activities.* Cambridge: Cambridge University Press.

Wiiliams, J. 2005. Form-focused instruction. In E. Hinkel(Ed.), *Hanbook of research in second language teaching and learning.* 671-691. Mahwah, NJ: Lawrence Erlbaum Associates.

제 14 장 어휘지도

제 2 언어 학습자들이 음운론이나 구문론과 같은 수준으로 제 2 언어의 어휘를 학습할 수 있다고 기대할 수 없다. 왜냐하면, 모국어 화자들도 음운론의 영역에서는 100%, 형태론과 구문론에서는 99% 이상 능숙하게 구사하지만, 어휘의 50% 이상을 알고 있는 사람은 극히 적기 때문이다. 그러므로 제 2 언어 학습의 경우에 비추어 볼 때 어휘학습의 범위는 더욱 축소되어질 것이다. 그러나 어휘학습은 다른 영역의 언어학습(특히 발음학습)에 비해 학습자의 나이에 영향을 받지 않는다는 장점이 있다. 오히려 나이가 듦으로써 생기는 세상사에 대한 풍부한 지식으로 인하여 어휘학습은 용이해진다. 이러한 장점을 이용하면 제 2 언어 학습에서 어휘를 효율적으로 지도할 수 있다. 그러나 제 2 언어 학습이 문법을 이해하거나, 어휘를 축적하는 과정이라고 생각해서는 안 된다. 상당한 수의 어휘를 알고 있다 하더라도 그 어휘를 이해하지 못하거나 의사소통 상황에서 사용하지 못한다면 아무런 소용이 없는 것이다. 따라서 문법구조만을 강조하거나, 어휘학습을 무시해서도 안 되며 어휘학습에 지나친 비중을 두는 극단적인 경향도 바람직하지 못하다.[1]

또한, 학생들 스스로 쉽게 학습할 수 없는 기본적인 어휘는 적절한 상황 내에서 등급화된 교재[2]를 이용하여 지도하는 것이 바람직하다.

1. 어휘의 종류[3]

제 2 언어의 어휘를 효과적으로 지도하기 위해서는 어휘의 의미와 사용되어지는 영역에 따라서 어휘의 종류가 구분된다는 사실을 먼저 이해해야 한다. 우선, 한 어휘항목이 지니는 의미에 따라서 어휘의 종류는 지시(denotation), 문화적인 암시(cultural connotation), 그리고 단어의 구체적 용법(special use of the word)으로 구분된다. 한 어휘의 의미가 문화적인 암시의 측면에서는 언어 간의 차이가 크지만, 지시내용에 있어서는 언어 간의 차이가 작다.

어휘의 의미가 '지시', '문화적 암시', '단어의 구체적 용법'으로 구분되는 경우를 다음과 같은 구체적인 예를 통해서 살펴보자. 영어 'milk'에 해당되는 대응어는 스페인어 'leche', 불어 'lait', 독어 'Milch' 등이 존재하지만, 영어의 'milk'와 스페인어 'leche'의 문화적 암시내용은 서로 다르다. 즉, 'milk'는 주로 병이나 종이팩에 넣어서 팔지만, 'leche'는 주전자로부터 따라서 팔고, 'milk'는 다른 것을 넣지 않고서 순수한 상태로 마시는데, 'leche'는 물을 섞어서 마신다는 점 등이다. 한 단어가 구나, 절 속에 삽입되어서 사용될 때에도 언어마다의 구체적인 특징이 나타난다. 예를 들어서, 'milk'는 milk run, the milk of human kindness, milk-livered 등과 함께 쓰이고, 'leche'는 estar en leche, un tipo de mala leche 등으로 쓰인다. 이처럼 한 단어의 구체적인 사용법은 언어마다 서로 다르다는 사실이 명백하다.

어휘의미에 있어서 '지시', '문화적 암시', '단어의 구체적 용법' 등의 관계는

도표 14-1 어휘의 의미관계

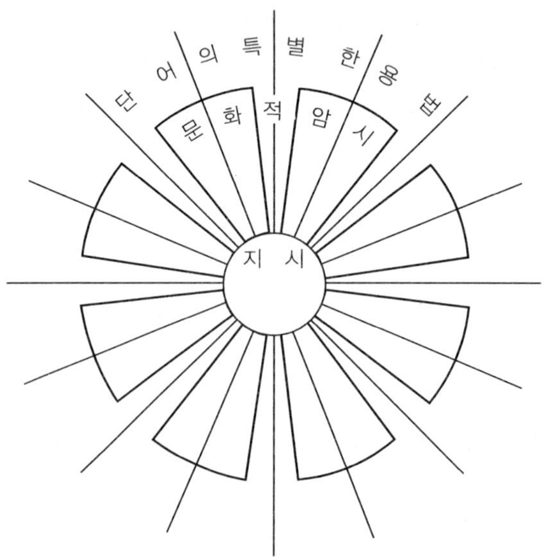

도표 14-2 능동적 어휘와 수동적 어휘의 관계

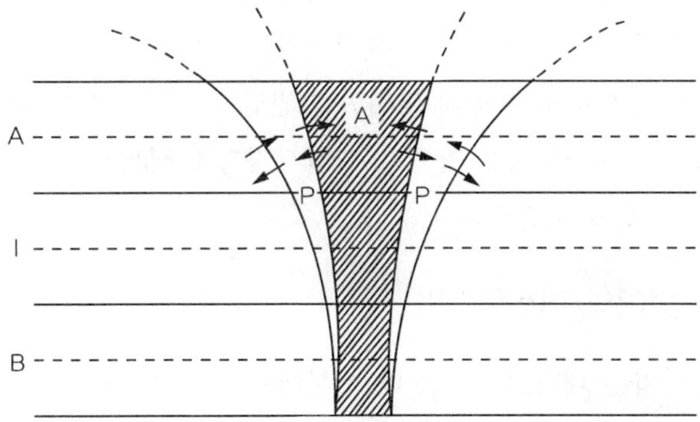

A: advanced level(고급단계)
I : intermediate level(중급단계)
B: beginning level(초급단계)
A: active vocabularly(능동적 어휘)
P: passive vocabularly(수동적 어휘)

[도표 14-1](Hammerly, 1982)에 잘 나타나 있다. 지시적 의미가 그림의 중앙에 위치하는데, 이것이 의미의 기본을 형성하여 다른 요소들과 관련된다. 지시적 의미 주변에 문화적 암시 내용이 위치하여 지시내용에 관련된 문화적 총체를 구성한다. 마지막으로 단어의 독특한 용법이 지시내용과 문화적 암시내용에 연결되어 확장된다. 이러한 어휘의 의미분류를 기초로 하여 학생들에게 제 2 언어 어휘항목을 지도할 때, 어휘의미를 제시하는 순서는 '지시' 의미를 첫째로 하고, 그 다음에 '문화적 암시', 마지막으로 단어의 '독특한 용법'을 제시하는 것이 바람직하다.

또한, 어휘를 능동적 어휘와 수동적 어휘로 구분할 수 있다. 그 구분의 기준은 능동적 어휘는 화자가 말을 할 때나 글을 쓸 때에 산출하는 어휘이고, 수동적 어휘는 듣는 과정이나 글을 읽을 때 이해할 수 있는 어휘이다. 제 2 언어 학습의 초기단계에서는 능동적 어휘학습에 집중하다가(왜냐하면, 능동적 어휘가 의사소통을 용이하게 해 주기 때문이다) 중간단계에서는 능동적 어휘와 수동적 어휘를 병행하고, 고급단계에서는 수동적 어휘의 비율을 높이는 것이 바람직하다.

이 과정은 [도표 14-2](Hammerly, 1982)로 잘 나타낼 수 있다. 위의 [도표 14-2]에서 나타난 작은 화살표는 학습자가 어휘에 노출됨으로써 수동적 어휘를 학습할 수 있고, 연습에 의해서 수동적 어휘가 능동적 어휘로 전환될 수 있음을 나

타낸다. 반대로, 연습이 부족하면 능동적 어휘가 수동적 어휘로 전환될 수 있고, 노출이 부족하면 수동적 어휘가 잊혀지게 된다. 따라서 수동적 어휘를 능동적 어휘로 전환시켜서 계속 능동적으로 유지시키는 노력이 필요하다. 또한, 읽기는 그 범위가 아무리 방대해도 수동적 어휘만을 발달시키므로, 문어적으로 어휘를 아는 것과 구어체로 의사소통하는 능력을 연결시키기 위해서는 능동적 어휘를 체계적으로 지도하는 것이 바람직하다.

2. 제 2 언어의 어휘학습량

모국어 화자는 대학교 1학년 때 기본어휘의 약 17,000개와 파생어를 합쳐서 총 30,000개의 어휘를 알고 있고, 교육받은 성인의 경우는 기본어휘와 파생어를 합쳐서 200,000단어를 알고 있다. 물론, 제 2 언어 학습자가 이 정도의 수준까지 도달하리라고 기대하기 어렵다. 제 2 언어 학습자의 경우는 대학교 1학년(초급단계) 때 기본어휘 1,000개와 2학년(중급단계) 때 1,500단어, 3학년(상급단계) 때 2,000단어, 4학년(고급단계) 때는 2,500단어를 학습하는 것이 바람직하다.

1,000개의 능동적 어휘를 알고 있으면 많은 수의 문장을 생성할 수 있고, 기본적인 의사소통의 기초조건을 만족시킨다. 2,500단어는 보다 기본적인 회화에 필요하고 단순한 작문에도 적합하다. 청취과정에는 적어도 4,500단어가 필수적이며 일반적인 읽기를 위해서는 최소한 7,000단어가 필수적이다. 문학작품을 읽기 위해서는 적어도 10,000단어가 필요하다. 이러한 사실을 기초로 하여 제 2 언어 학습에서 학생들의 학습단계에 적합한 어휘항목의 수를 선택해야 한다.

3. 어휘의 선택과 제시

어휘학습을 효과적으로 지도하기 위해서는 수업시간에 학습할 어휘를 선택하고 제시하는 기준과 방법이 대단히 중요하기 때문에, 다음에서는 제 2 언어 학습에서 어휘항목의 선택과 제시방법은 제 2 언어 어휘지도에서 매우 핵심적인 부분이다. 제 2 언어 학습에서 사용되는 어휘는 학습의 효율을 극대화하기 위하여 신중하게 선택되어져야 하는데 그 선택의 기준은 다음과 같다.

① 빈도수[4]: 현재 사용되는 교재와 발화 내에서 어휘가 나타나는 시간수를 뜻한다. 보통 발화의 95~97%는 10,000개의 가장 빈번한 어휘로 구성된다.

② 영역: 단어가 사용되는 상이한 교재와 발화의 본보기들을 뜻한다.

③ 이용가능성: 단어가 특정한 상황에서 사용될 수 있는 유용성을 뜻한다.

④ 포함가능성: 한 가지 단어를 이용해서 표현할 수 있는 사물의 수를 뜻한다.

⑤ 친숙성[5]: 어휘항목이 화자에게 친숙한 정도를 뜻한다. 이것은 화자가 다양한 주제에 대하여 단어를 나열하라고 요청받았을 때 나열하는 어휘목록으로 결정된다.

⑥ 교실 의사소통의 유용성: 교실에서 의사소통할 때 이용되는 어휘를 뜻한다. 이것은 학생들에게 이야기해 보고 싶은 주제와 사용하고 싶은 어휘에 대해서 질문하고 학생이 여기에 답한 내용으로 결정된다.

⑦ 학습가능성: 학습의 용이성을 의미하는데, 이것은 모국어와 목표어의 유사성에 기초한다.

Galisson(1979)은 기초어휘가 '도구적 어휘론'에 기초한 어휘선택을 통해서 확장되어야 한다고 주장했는데, '도구적 어휘론'이란 정치, 법률, 의학, 경제 등과 같은 다양한 영역의 특수한 어휘들로부터, 일상생활에 필요한 어휘를 도출하는 것을 의미한다.

학생들의 어휘 확장에 도움을 주기 위해서는 고급과정에서는 단순한 대화나 문학작품의 읽기의 영역 이외에 더욱 광범위한 영역에서 어휘가 학습되어야 하며, 학생들이 관심 있는 분야에 초점을 맞추어서 모든 경험과 지식의 영역을 이용할 때 어휘가 확장된다.

또한, 어휘항목 사이의 연상관계를 이용하면 학습이 더욱 용이해질 수 있다. 그러나 교사에 의해서 주어지는 것보다 학생들 자신이 스스로 만들어 낸 연상이 더 효과적이다.

이상에서 제시된 기준에 의해서 선택된 어휘가 학습과정에서 제시될 때에도 여러 가지 면에서 신중히 고려해야 한다. 첫째, 초기의 어휘교육은 친숙한 개념에 집중해야 한다. 특히 어린 학생에게는 추상적인 어휘보다 구체적인 어휘를 먼저 지도해야 한다. 또한, 어려운 산문이나 시는 적어도 10,000개의 단어를 학습한 고급수준에서 학습해야 하고, 새로운 어휘는 언어적인 상황뿐 아니라 비언어적인 상황에서도 제시될 수 있는데, 이것은 보통 대화, 독서, 연극, 그림이나 기타의 매체를 통해서 제시되며, 새로운 어휘는 다음의 네 단계를 통해서 제시된다.

① 인지: 학생이 단어를 정확히 들었는지 확인한다.

② 모방: 학생이 그 단어를 정확히 반복할 수 있는지를 확인한다. 인지와 모방의 단계에서는 단어의 형태를 학습하는 데 중점을 둔다.

③ 의미전달: 한 문장의 맥락에서 단어의 모국어 대용어를 제공하거나 유도해 낸다. 대용어의 상황적 한계성이 학생들에게 지적되어지기만 한다면, 모국어를 이용해서 의미를 전달하는 것이 의미전달에 있어서 가장 효율적이고 정확한 방법이다. 초기의 제 2 언어 학습자는 모국어의 범주에 기초해서 의미를 파악하고, 점차로 제 2 언어 범주를 발달시킨다. 제 2 언어 학습자는 점차 모국어에서 독립되어서 제 2 언어로 의미관계와 범주를 인지할 수 있는 능력을 발달시킨다.

④ 유의적 연습: 유의적 연습과 의사소통 활동을 통해서 학습자는 어휘의 형태, 의미, 기능 사이의 상관관계를 내재화할 수 있다. 네 단계 중에서 가장 시간의 소모가 많으나, 필수적인 단계이다. 따라서 제 2 언어 어휘학습에 대한 교과내용을 결정할 때 위에서 제시한 어휘선택과 제시의 기준을 반영해야 한다.

4. 어휘연습

어휘연습은 강조하는 면에 따라서, 또 어휘연습을 분류한 학자들에 따라서 다음과 같이 다양하게 구분할 수 있는데, 우선 어휘를 확장시키는 연습은 다음과 같은 세 가지 단계를 거친다.

① 제시단계: 문장 내에서 각 단어의 의미를 알려 주면서 각 단어를 제시한다. 문장을 여러 번 반복한다.

② 연습단계: 문장을 네 번 이상 반복한 다음에 질문, 대답 등 의사소통적 활동을 통해서 새로운 단어를 연습한다.

③ 시험단계: 시험을 통해서 학습이 되었는지의 여부를 확인한다.

또한, 어휘연습은 이중언어 연습과 단일언어 연습으로 구분할 수 있다. 이중언어 연습은 모국어와 목표어를 동시에 이용해서 어휘 확장을 연습하는 것이다. 즉, 잘 알려진 목표어 문형이 제시되면, 그 문형은 고정시킨 채 단어를 하나씩 모국어로 대체하거나 모국어로 대용적인 문장을 제시하기도 한다. 시험단계에서는 교사가 모국어 문형을 제시하면, 학생이 목표어로 대답한다.

단일언어 연습은 목표어만을 이용해서 어휘 확장을 연습하는 것이다. 이 연습은 목표어의 기본적 지식이 요구되기 때문에 중간단계 이상에서만 사용할 수 있고, 동의어, 반의어, 문장의 완성과 같은 단어 사이의 다양한 관계를 이용할 수 있다. 예를 들면,

① 동의어 연습

Another way of saying 'very small' is 'minute'.

Another way of saying 'fast' is 'rapid'.

② 반의어 연습

The opposite of 'sweet' is 'bitter'.

Sugar is 'sweet' but coffee is 'bitter'.

③ 문장완성 연습

A heavy storm with strong winds is a <u>hurricane</u>.

Someone who sells meat is a <u>butcher</u>.

학생들이 자발적으로 발화하도록 고안되어진 어휘연습의 유형도 어휘지도에서 매우 유용한데, 그 내용을 소개하면 다음과 같다.

① 변화연습: 처음에 학생들이 목표어 문장으로 시작하면 교사가 한 단어씩 모국어로 문장의 구조나, 내용어의 변화를 소개한다.

② 바꿔쓰기 연습: 처음에 다지선다형 질문을 통하여 단어나 숙어의 개념을 표현하는 다른 방식을 선택한다. 그 다음에 각각의 새로운 단어나 구에 대하여 학생들 스스로 바꿔쓰는 표현을 제시한다.

③ 연상연습: 학생들에게 하나의 어휘가 제시되면 그 어휘에 연상되는 모든 어휘를 표현한다. 예를 들어서, 'car'가 주어지면 그 단어에 연상되는 'tire, gasoline, travel, steering-wheel' 등을 제시한다.

④ 어휘게임: 주어진 시간에 알고 있는 모든 단어를 가능한 한 많이 이야기하거나 쓰는 방법이 있다. 또한, 날짜에 관한 어휘를 연습할 때는 단순한 날짜를 표현하는 것보다 다른 사람의 생일을 추측하게 하는 게임도 재미있다. 어휘게임에서 주의해야 할 점은 연습시간을 너무 많이 낭비하지 않아야 한다는 점이다.

어휘연습의 또 다른 유형으로서 Nattinger(1988)는 어휘개발을 위한 구체적인 기술을 제시했는데, 이것은 어휘이해를 위한 기술과 어휘산출을 위한 기술로 구분된다. 우선, Nattinger가 제안할 어휘이해를 위한 기술에는 다음의 내용이 포함된다.

① 문맥적 단서 이용하기
② 형태론적 정보(어조, 접사 등) 이용하기
③ 기억을 돕는 장치를 이용하기
④ 단어를 친숙한 시각영상과 결합하기
⑤ 연상법으로 짝짓기: 음·의미의 관계가 유사한 모국어·목표어를 짝짓기
⑥ 중요단어를 이용하기
⑦ 전신반응법을 이용하기
⑧ 노력을 통한 인지적 이해도를 높이기
⑨ 형식적 특징을 가지고 집단화하기: '기본형태+접사'를 인식하기, tele+phone, photo+graph 등
⑩ 단어집단을 인식하기: part, partition, partly, partner, participant 등
⑪ 역사성·정서법의 유사성을 이용하기: 원족어의 역사·철자상의 유사성에 기초한 유추법을 이용하기
⑫ 연어법을 이용하기: 평범하게 결합되는 단어들의 구조를 이용하기

다음으로 어휘산출을 위한 기술로서 다음과 같은 기술을 제시했다.

① 혼성어화하기
② 상황을 이용하기
③ 의미적 체계를 이용하기
④ 비유적 체계를 이용하기
⑤ 연어법을 이용하기

이상에서 살펴보았듯이 어휘연습은 어휘를 확장시키는 연습, 이중언어·단일언어 연습, 학생들이 자발적으로 고안한 연습, Nattinger가 제시한 어휘이해를 위한 기술·어휘산출을 위한 기술 등으로 다양하게 구분할 수 있는데, 제 2 언어 어휘를 효율적으로 지도하기 위해서 교사는 한 어휘항목의 특성에 맞추어서 다양한 연습유형을 적절히 선택해서 지도해야 한다.

5. 어휘학습의 유의사항

어휘지도가 효율적으로 이루어지기 위해서는 앞에서 제시한 다양한 어휘연습 유형을 가지고 학생들을 지도할 때는 다음 사항에 유의해야 한다.

① 한 번 학습된 어휘도 재학습하지 않으면 쉽게 잊혀진다. 따라서 일정한 간격을 두고 반복하는 것이 필요한데, 어느 정도의 간격이 적합할 것인가에 대해서는 아직 정확한 결론이 없으나 수업의 전체과정을 통해서 변함없는 규칙적인 간격을 설정하는 것보다, 점차로 긴 간격을 두는 것이 바람직하다.

② 어휘를 독립시켜서 어휘목록을 작성하여 지도하는 것은 바람직하지 않다. 왜냐하면, 어휘는 언어적 · 비언어적 문맥 속에서 구체적 의미가 결정되기 때문에 어휘는 다양하다.

③ 새로운 어휘항목은 어휘의 본질과 기능을 명확히 정의해 줄 수 있는 서로 다른 어휘들과 함께 지도하는 것이 좋다.

④ 고정된 순서로 나타나는 어휘항목은 'flash card'를 이용하여 지도하는 것이 좋다.

⑤ 새로운 어휘항목에 대해서는 그 어휘가 사용되는 상이한 문맥을 제시한다.

⑥ 제 2 언어 교실에서 필요로 하는 어휘와 표현들은 학습 초기에 지도한다.

⑦ 어족을 지배하는 형태론 규칙의 중요성을 인식시킨다.

⑧ 의미는 다르지만 형태가 유사한 단어는 혼동을 유발시킨다. 또 의미가 유사한 단어가 비슷한 상황에서 지도되면 혼동을 유발시킨다.

⑨ 학생들이 어휘공책을 만들도록 한다.

⑩ 학생들이 새로운 어휘항목의 의미를 추측하도록 한다.

⑪ 학생들이 동료학생에게 어휘를 지도하는 것이 더욱 효과적이다.

⑫ 상급수준에서는 학생들이 그들이 원하는 주제에 관련된 개별 어휘계획을 자발적으로 선택하도록 한다.

⑬ 어휘항목의 난이도에 대한 연구는 충분하지는 않으나, 구체적인 어휘가 추상적인 어휘보다 쉽게 학습된다.

또한, 어휘학습의 유의사항으로서 어휘학습의 오류를 처리하는 문제가 있다. 즉, 어휘학습 시 오류가 발생하는 것은 잘못된 형태로 어휘를 사용하는 경우, 연어

(collocation)[6]가 틀린 경우, 의미가 잘못된 경우 등이 있다.

어휘학습에서 음운론적 오류가 발생했을 때에는 학생들에게 그 어휘의 올바른 발음을 제시하는 것이 바람직하다. 특히 영어는 발음과 철자의 차이가 많은 언어이므로, 새로운 어휘를 그 철자대로 읽는 철자발음법에 유의하면서 지도해야 한다. 예를 들면, mice의 모음이 [i]가 아니라 [aɪ]로, house의 모음이 [u]가 아니라 [au]로 발음되는 현상은, 교사가 이런 모음변이를 설명해 주는 규칙, 즉 대모음전환[7]을 설명해 주는 것이 효과적이다. 따라서 새로운 어휘를 학생들 스스로 접할 때에는 반드시 사전에서 명시된 발음기호를 참고하도록 지도해야 한다.

형태론적 오류는 학생이 형태소를 몰라서 발생되는 것이 아니고 형태소를 사용할 것인가, 사용한다면 어떤 형태소를 사용할 것인가를 몰라서 발생한다. 이런 경우에는 인지적인 학습방법이 효과적인데 언어 상호 간, 언어 내부의 대조를 통해서 오류를 정정해 준다.

구문론에 기초한 오류는 연어와 관용어에 관련되는데, 논리적으로 설명하기보다는 단순히 올바른 표현을 상기시킴으로써 정정한다.

의미론에 기초한 오류는 언어 상호 간 대용어의 사용을 조사해야 한다.

모든 오류의 정정은 교사가 올바른 어휘를 제시하는 것에 그치지 말고, 오류가 발생한 문맥을 학생들에게 상기시킴으로써 학생들 스스로가 오류를 정정하도록 하는 것이 바람직하다. 제 2 언어의 어휘를 효율적으로 지도하기 위해서는 한 어휘의 특성에 따른 어휘의 종류를 구분하고, 학생들의 수준에 맞는 적절한 양의 어휘항목을 선택하여 어휘학습의 유의사항을 고려하면서 제시해야 한다. 또 교사는 다양한 어휘연습유형을 정확히 파악하여 실제 수업시간에 적절히 이용할 줄도 알아야 한다.

참 고 사 항

1) 제 2 언어 학습의 초기단계에서 어휘학습을 강조하지 않는 경향이 있는데 그 이유는 다음과 같다.

① 어휘학습을 지나치게 강조하면 구문학습이 무시되는 경향이 있다.

② 어휘가 문맥 내에서보다는 독립되었을 때 기능적으로 의의가 있다는 인상을 심어 줄 수 있다.

③ 음운론적이나, 구문론적으로는 부적절하나, 어휘적으로 올바른 발화에 대해서 보상을 받는 잘못된 습관을 기른다.

그러나 기본적인 어휘는 학생들이 학습하기 어려운 경향이 있으므로, 초기의 어휘학습에서도 수업시간에 짧은 대화나 기타의 상황 내에서 어휘를 지도해야 한다.

2) 어휘학습을 위해서 고안된 교재는 다음과 같은 점을 고려해야 한다.

① 새로운 단어는 고딕체나 기타의 방법으로 철자상에 중점을 두는 인쇄를 하는 것이 바람직하다.

② 의사동족어나, 동족어는 표시되어야 한다.

③ 대용어가 필요한 경우에는 그 페이지의 하단에 작은 글씨로 인쇄를 하되 문맥적인 제약도 함께 표시해야 한다.

④ 숫자를 읽는 법을 지도하기 위해서는 초급단계에서는 약자가 아닌 완전한 형태로 표시한다.

⑤ 어휘목록에 목표어 · 모국어 목록뿐 아니라, 모국어 · 목표어 목록도 포함해야 한다.

초급단계와 중급단계에서는 교과서와 이중언어사전을 병행하는 것이 바람직하다. 그 이후의 단계부터는 목표어로만 구성된 단일언어사전을 이용하고 점차로 이중언어사전의 사용을 줄인다.

3) 한 언어 내에서 어휘의 종류를 내용어와 기능어, 구, 숙어로 구분할 수도 있다. 내용어와는 달리 기능어(대명사, 조동사, 지시사, 전치사, 접속사 등)는 대부분이 문법적 기능을 나타내고, 문법의 일부로 간주되기 때문에 사용빈도수는 높으나 어휘의 수는 적다. 따라서 초기의 학습단계에서 완전히 학습되어야 한다.

구의 경우에는 하나의 어휘항목으로 간주되어야 하는 경우가 많다. 예를 들면, 'get

up', 'block off'와 같은 동사구뿐만 아니라, 'Statue of Liberty,' 'merry-go-round'와 같은 명사구는 하나의 어휘 항목으로 간주되어야 한다.

숙어는 숙어를 구성하고 있는 단어들의 의미에서 전체 의미를 도출할 수 없다. 모국어와 목표어 사이에서 상응한 대응구가 있는 경우를 진정한 숙어 혹은 단순숙어라고 하고, 상응하는 대응구가 없는 경우의 숙어를 제 2 언어 숙어 혹은 의사숙어라고 한다. 후자의 경우에는 제 2 언어 학습자가 학습하기 어렵다. 따라서 제 2 언어 숙어는 모국어와 목표어 차원에서 모두 기술되어야 한다.

4) 어휘선정에서 가장 중요한 요인인 빈도수와 관련된 연구는 다음과 같이 다양하다.

① West(1960): "Teaching English in Difficult Circumstances"
영어에서 가장 자주 쓰이는 단어의 빈도수에 기초해서 1,200개 단어의 목록을 출간했다.

② Ogden과 Richards(1930): "Basic English"
복잡한 개념을 이해할 수 있도록 해 주는 850개 단어를 포함하는 기본 어휘를 고안했다.

③ Renauf(1984): "Multi-Million Word Birmingham Corpus"
단어들의 기능과 각 기능의 발생가능성을 기준으로 200개의 기본 어휘목록을 작성했다.

5) 친숙성에 대한 개념은 Richards(1974)가 다음과 같이 정의했다.

친숙성 = 빈도수 + 의미성 + 구체성
(familiarity = frequency + meaningfulness + concreteness)

6) 연어(collocation)란 단어가 발생하는 임의적인 결합순서를 의미한다. 각각의 언어는 임의적인 연어구조를 갖고 있다. 예를 들어서, 영어에서 'big, large'는 동의어인데 'a big lie'라는 표현은 가능하지만, 'a large lie'는 불가능한 표현이다. 이러한 연어구조가 제 2 언어 학습자 오류의 빈번한 원인이 된다.

7) 대모음전환(Great Vowel Shift): 중세영어 말기에 시작하여 현대영어시기에 들어와 계속된 장모음의 추이이다. 즉, 후기 중세영어의 모든 장모음이 높아지거나 이중모음화한 변화이다. 대모음전환은 오랜 세월에 걸쳐, 그리고 여러 중간단계를 거쳐서 서서히 진행된 것이며, 이 출발은 장모음 개개의 단독적인 변화가 아니고, 서로 밀접히 관

련된 연쇄적인 변화로 생각된다(『영어학 사전』, 1990, 신아사, 1146).

연 구 과 제

1. 한 가지 어휘항목이 지니는 의미가 지시(denotation), 문화적 암시(cultural connotation), 구체적 용법(special uses)으로 구분된다. 이 세 가지 개념을 설명하고, 이 개념의 올바른 지도방법을 설명하시오.
2. 능동적 어휘와 수동적 어휘는 어떻게 구분되며, 이것의 올바른 지도법은 무엇인가?
3. 제 2 언어 학습에서 지도되는 어휘를 선택하는 기준을 설명하시오.
4. 새로운 어휘를 암기하는 것과 의사소통 상황에서 이용하는 것 중에서 어느 것이 더 유용하며, 그 이유는 무엇인가?
5. 제 2 언어 습득이론이 어휘학습에 대해서 무엇을 제시해 줄 수 있는가?

참 고 문 헌

Adams, S. 1982. Scripts and the Recognition of Unfamiliar Vocabulary: Enhancing Second Language Reading Skills. *MLJ* 66(2): 155-159.

Feeny, Thomas P. 1976. Measuring Auditory Discrimination of Supra-segmental Features in Spanish. *IRAL* 11: 195-209.

Fox, Len. 1987. On Acquiring an Adequate Second Language Vocabulary. In *Methodology in TESOL*. Michael H. Long & Jack C. Richards, eds., 307-311.

Galisson, Robert. 1979. *Lexicologies et Enseignemeny des Langyes*. Paris: Hachette.

Haldich, Roger L. 1965. Lexical Contrastive Analysis. *MLJ* 49: 426-429.

Honeyfield, J. G. 1987. Word Frequency and the Importance of Context in Vocabulary Learning. In *Methodology in TESOL.* Michael H. Long & Jack C. Richards, eds., 318-324.

Kurse, A. F. 1987. Vocabulary in Context. In *Methodology in TESOL.* Michael H. Long & Jack C. Richards, eds., 312-317.

Laufer, B. 1991. The Development of L2 Lexis in the Expression of the Advanced Learner. *MLJ* 75(4): 440-448.

________., & Osimo, H. 1991. Facilitating Long-Term Retention of Vocabulary: the Second-Hand Cloze. *System* 19(3): 217-224.

Mackey, Williams F. 1965. Language Teaching Analysis. London: Longman.

Marshall, Jhon C. et al. 1975. Lexical Memory: A Lingusitic Approach. In Alan Kennedy and Alan Wilkes, eds., *Studies in Long Term* Memory. London: Jhon Wiley, 315-322.

Meara, P. M. 1984. The Study of Lexis in Interlanguages. In *Interlanguage.* A Davies, C. Criper & A. Howatt, eds., Edinburgh: Edinburgh University Press.

Nattinger, J. 1988. Some Current Trends in Vocabulary Teaching. In R. Canter and M. McCarthy, *Vocabulary and Language Teaching.* London: Longman.

Nation, I.S.P. 2003. Vocabulary. In D. Nuanan(Ed.), *Practical English language teaching.* 129-152. New York: McGraw-Hill Contemporary.

___________. 2005. Teaching and learning vocabulary. In E. Hinkel(Ed.), *Hanbook of research in second language teaching and learning.* 581-595. Mahwah, NJ: Lawrence Erlbaum Associates.

Osgood, Charles E., and G. J. Suci. 1955. Factor Analysis of Meaning. *J Experimental Psychology* 50: 325-338.

Paulston, Christina B., and Mary N. Bruder. 1974. *From Substitution to Substance: A Handbook of Structural Pattern Drills.* Rowley, Mass.: Newbury House.

Pollio, Howard R. 1966. *The Structural Basis of Word Association Behavior.* The Hague: Mouton.

Ramsey, Robert M. 1981. A Technique for Interlingual Lexico-Semantic Comparison:

The Lexigram. *TESOL Quarterly* 15: 15-24.

Raugh, Michael R., and Richard C. Atkinson. 1975. A Mnemonic Method for Learning a Second-Language Vocabularly. *JEP* 67: 1-16.

Read, J. 2004. Research in teaching vocabulary. *Annual Review of Applied Linguistics* 24: 146-161.

Richards, Jack C. ed., 1974. *Error Analysis: Perspectives on Second Language Learning*. London: Longman.

____________________. 1976. The Role of Vocabularly teaching. *TESOL Quarterly* 10: 77-90.

Rivers, W. M. 1983. Apples of Gold in Pictures of Silver: Where have all the words gone? In *Communicating Naturally in a Second Language*. Wilgar M. Rivers. New York: Cambridge UP. 114-132.

Wallace, M. 1982. *Teaching Vacabulary*. London: Heinemann.

Wolfe, David L. 1967. Some Theoretical Aspects of Language Learning and Language Teaching. *LL* 17: 173-188.

제 15 장 듣기 · 읽기 · 쓰기지도

제 2 언어 학습의 궁극적인 목표는 목표어의 네 가지 기능을 의사소통 상황에서 능숙히 수행하는 것이다. 따라서 교수 · 학습의 이론적 지식도 중요하지만, 이러한 이론적 지식을 바탕으로 각 기능에 대한 구체적이고 효율적인 지도방법을 아는 것이 대단히 중요하다. 이번 장에서는 언어의 네 가지 기능 중 듣기, 읽기, 쓰기에 대한 구체적인 지도법을 구분하여서 논의하고자 한다. 또한, 제13장 문법지도에서 소개했었던 하향식 접근방식(top-down approach)에 기초하여 언어의 기능을 지도하는 구체적인 지도방법도 설명하고자 한다.

1. 듣기지도

모국어의 습득과정에서도 입증되듯이, 듣기능력은 언어의 네 가지 능력 중에서 제일 먼저 습득되는 능력이다. 또한, 모국어 습득과정뿐 아니라, 제 2 언어 학습과정에서도 매우 중요한 과정임에도 불구하고 그러나 듣기능력은 지금까지 비교적 적은 관심을 받아왔다. 이런 단점을 극복하기 위해서, 이번 부분에서는 여러 가지 효율적인 듣기지도 방법을 논의할 것이다.

1.1 듣기지도의 필요성

지금까지 듣기연습이 제 2 언어 학습에서 비교적 무시되어 왔다. 그러나 성공적인 의사소통을 위해서는 듣기능력은 말하기능력만큼 발달되어야 한다. 듣기능력은 다른 능력으로부터 자동적으로 발생되는 부산물이 아니고, 그 자체로서 독립된 하나의 중요한 기술이 되어야 한다. 또한, 학습자는 그 내용과 수준에서 다양한 언어자료에 노출되기 때문에 듣고, 읽는 기능은 말하고, 쓰는 능력보다 그 영역이 훨씬 넓어야 한다.

듣기과정은 매우 능동적인 과정이라는 사실은 Rivers(1971)가 듣기과정을 다음과 같이 세 단계로 구분하여 주장한 점에서도 발견할 수 있다. 즉, 첫 번째 단계는 대략적인 인상을 감지하는 단계로서 빠르게 진행되고 비교적 수동적인 단계이다. 두 번째 단계는 언어음의 분절화와 그룹화를 통해서 언어음을 인식하는 단계인데 능동적 단계이다. 세 번째 단계는 복습과 기억의 단계인데 이 단계는 이전의 두 단계와 동시에 진행되는데, 결과적으로 청각자료가 장기기억 속에 저장된다. 장기기억 속에 저장된 청각자료는, 의미표시는 보유하면서 문장을 쉽게 재구성할 수 있는 형태로 단순화시키는 과정을 통해서 재구성된다. 이런 세 가지 단계에서 학습자는 단지 수동적인 청취자의 역할을 수행하는 것이 아니고, 음을 감지하고 음을 그룹화하고 기억하는 능동적 행위의 주체인 것이다. 따라서 듣기과정을 다른 언어기능의 지도에 종속시켜서 지도하는 것은 제 2 언어 교육에서 대단히 부정적인 결과를 초래하기 때문에, 능동적인 과정으로 듣기능력을 전문적으로 지도해야 할 필요성이 있다.

1.2 하향식 듣기지도법

전통적인 상향식 접근방식에서는 발화의 흐름을 다음과 같이 연결되는 상향식 접근방식으로 분석했다.

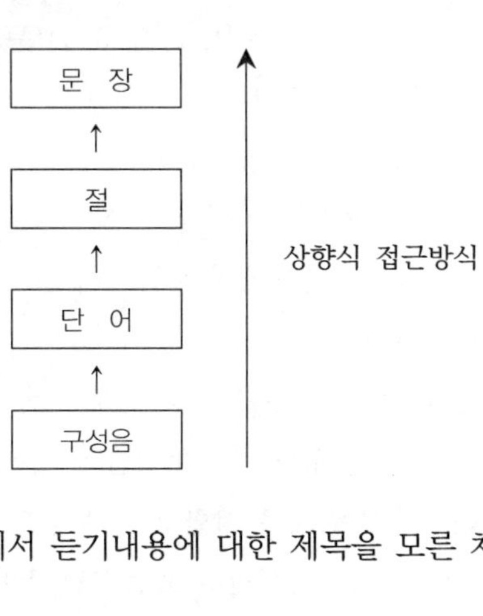

그러나 듣기지도에서 듣기내용에 대한 제목을 모른 채 작은 언어단위에서부

터 보다 큰 단위로 진행하는 상향식 접근방식보다는 듣기내용에 대한 제목을 먼저 제시한 후 듣기내용에 접하는 것이 훨씬 이해가 빠르다. 즉, 청자는 듣기교재에서 단어로 표시된 지식만을 이용하지 않고, 청자의 경험적 지식도 이용한다는 점을 강조한 것이 하향식 접근방식의 요점이다. 따라서 듣기지도를 상향식 접근방식에만 기초를 두어서 지도하지 말고, 하향식 접근방식에 기초를 두어서 보다 큰 듣기내용의 흐름이나 문맥을 제시해 주는 것이 효과적인 지도법이다.

1.3 듣기지도의 단계

Hammerly(1982)에 따르면 영어수업・시간당 듣기지도에 할애되는 시간은 다음과 같다.

초급단계: 초기; 5min/hour
후기; 8min/hour

중급단계: 10min/hour

고급단계: 15min/hour

이 과정에서 중급단계에서부터는 실험실이나, 카세트, 레코드 등을 이용한 다양한 개별학습과 병행되어야 한다.

전통적인 듣기지도법에서 듣기지도의 단계는 다음과 같이 세 가지로 구분할 수 있다.

① 식별: 모국어와 유사한 외국어의 소리를 듣고서 식별하는 단계이다. 예를 들어, 한국어에는 존재하지 않는 [f, v, θ, ð, z] 등과 같은 마찰음은 학생들이 학습하기가 어렵다. 이러한 소리들을 듣고 구별할 수 있도록 지도하는 단계이다.

② 청취, 이해단계: 소리, 강세 등을 식별한 후에는 문장을 듣고서 이해하는 단계를 연습해야 한다. 이 단계에서는 목표어 화자의 소리를 계속해서 들려 주는 것이 효과적이다.

③ 청취, 기억단계: 듣고, 이해한 문장을 기억해야 한다. 문장의 의미를 들은 다음, 그 내용을 기억하기 위해서 구두연습과, 문답연습을 이용하는 것이 유용하다. 쉬운 문장에서 점차로 어렵고 긴 문장으로 발달시켜야 한다. 그러나 전통적인 상향식 접근방식만이 효율적인 것은 아니므로, 앞에서 설

명한 하향식 접근방식을 병행하는 것이 듣기지도의 효과를 높일 수 있다.

1.4 듣기연습

듣기연습은 집중적인 듣기연습(intensive listening)과 광범위한 듣기연습(extensive listening)으로 구분할 수 있다.

1) 집중적인 듣기연습

학생들이 주의를 기울이면서 비교적 짧은 구문을 반복해서 듣는 연습이다. 이 연습에서는 학생들이 거의 모든 내용을 이해해야 한다. 새로운 어휘항목이나 내용을 이해하기 위해서는 모국어 대용어나 이미 알려진 자료를 이용할 수 있다. 교사는 말을 많이 해서는 안 되고, 연습유형이 등급화되어서 제시되어야 한다.

집중적인 듣기연습은 아래의 순서로 진행되는 것이 바람직하다.

① 듣는 내용의 전반적인 맥락에 친숙해져야 한다. 간단한 요약이나 일련의 예비질문을 통하여 전반적인 줄거리를 제시하는 것이 효과적이다.

② 내용의 이해를 돕기 위해서 새로운 단어를 가르친다.

③ 본문내용을 들은 후 그 내용에 대한 질문에 답한다.

④ 본문을 다시 듣는다.

⑤ 본문내용을 학생의 모국어로 다시 표현한다.

2) 광범위한 듣기연습

비교적 긴 구문을 단 한 번만 듣는 연습이다. 이 연습유형에는 등급화된 것과 등급화되지 않은 것이 있다.

① 등급화된 내용: 새로운 단어가 전혀 없거나 거의 존재하지 않는다. 새로운 단어가 사용되었을 때에는 미리 새로운 단어의 의미가 제시되고, 연습된다. 이 연습유형은 새로운 내용의 결합에서 친숙한 내용을 듣고, 흥미롭게 연습할 수 있는 기회를 제공해 준다. 이러한 연습유형을 위해서 새로운 교재를 고안하거나 모국어 화자의 국어교재를 이용할 수도 있다.

② 등급화되지 않은 내용: 한 언어에서 나타날 수 있는 여러 가지 일정한 세부사항을 인식할 수 있고, 구어로 된 의사소통에서 주제를 파악할 수 있는 능력을 개발할 수 있다. 이 연습유형의 한 예로는 '선택적 듣기연습'을 들

수가 있다. '선택적 듣기연습'이란 처음에는 교재에 표시된 억양곡선을 보고서 억양을 듣고 그 다음에 낯선 음을 듣고, 그 다음에 친숙한 음을 듣는다. 그 다음에 단어와 구를 듣고 마지막으로 문법적인 요소를 듣는다.

주의해야 할 점은 광범위한 듣기연습에서 등급화되지 않은 내용은 고급수준이 될 때까지는 이용하지 않는 것이 좋다.

1.5 효과적인 듣기연습의 내용

듣기연습의 내용은 다양하게 선택될 수 있지만 그중에서 유용한 것으로 다음과 같은 것을 들 수가 있다. 아래의 순서는 점진적인 난이도의 순서이다.

① 새로운 문맥을 제시하여 이미 알고 있는 요소와 규칙들을 이용하여 이야기를 재결합한다.
② 이야기가 옳은지 그른지를 가려낸다.
③ 복잡한 명령에 신체적으로 반응한다.
④ 모국어로 이야기의 개요를 미리 제시한다.
⑤ 일반적인 퀴즈나 수학 문제들을 포함하는 다양한 활동에 참여한다.
⑥ 이야기에 대한 질문에 모국어로 대답한다.
⑦ 짧은 대화를 들은 후에 화자, 이야기의 주제, 장소 등에 대해서 이야기한다.
⑧ 한 개인에 대한 이야기를 들은 후 그 개인에 대한 질문에 대답한다.
⑨ 일기예보나 다양한 광고내용을 듣고 이해한다.
⑩ 모국어 화자들 사이의 일상적인 대화를 듣는다.
⑪ 남녀 사이의 진행 중인 대화를 듣는다.
⑫ 농담을 듣는다. 쉬운 농담을 제외하고는 중간단계나 고급단계에서 농담을 이용하는 것이 바람직하다.
⑬ 친구들로부터 기록을 듣는다.
⑭ 소음이 있거나 생략이 된 상황에서 듣기연습을 한다.

또한, 바람직한 듣기연습을 위해서는 모국어 화자들 사이의 대화를 이용하는 것도 좋은 방법이 될 수 있고, 받아쓰기를 이용하는 것은 듣기연습의 한 가지 시험방법은 될 수 있으나 듣기연습을 가르칠 수는 없다.

효율적인 듣기지도를 위해서 효과적인 듣기교재는 다음과 같은 점을 유의하면서 구성해야 한다.

① 실제(authentic) 내용을 포함해야 한다. 청자는 특정한 부분에는 집중하고 다른 부분은 배제시켜버리는 경향이 있다. 이것은 집중력의 부족이나 주제에 대한 흥미부족이 원인이다. 이 점을 극복하기 위해서는 '사실적'인 내용을 제시하여 학습자들에게 대화에 참여하는 동기를 부여해 주어야 한다.

② 신중하게 등급화되어야 한다. 즉, 초기의 교재는 새로운 단어가 최소한도로 포함되어야 한다.

③ 처음부터 정상적인 모국어 화자의 발화속도를 도입해야 한다.

④ 반복, 휴지, 다양한 표현, 완전히 끝나지 않는 문장 등 자연 발화를 포함해야 한다.

듣기연습에서는 듣기연습을 말하기연습과 연결시키는 것도 중요하다. 그중의 하나가 교사가 본문내용의 일부를 끊어서 학생들이 그 내용을 따라하게 하는 것이다. 또 다른 방법은 학생들이 본문의 내용을 묻는 질문에서 제 2 언어를 이용하여 대답하는 것이다. 또 다른 방법은 대화체(dialogue)를 이용하는 것이다.[1] 듣기연습에서 처음부터 너무나 많은 것을 요구하는 것은 바람직하지 못하기 때문에 처음에는 짧은 문장을, 나중에는 점차로 긴 문장을 이용하여 단어를 이해하고 점차로 듣는 내용의 주제를 이해하도록 지도해야 한다. 듣기지도가 지금껏 비교적 무시되어져 왔으나 실제로는 능동적인 과정이고, 언어의 네 가지 기능 중에서 매우 중요한 기능이라는 점이 여러 가지 연구결과 지적되었다. 중요한 언어기능인 만큼 듣기과정을 어렵게 만드는 요인이 있다.

Brown과 Yule(1983)은 구두언어 지도에서 어려움을 줄 수 있는 네 가지 요소를 제시했는데 그 첫째는 화자요소이다. 화자의 수, 화자가 말하는 속도, 화자가 사용하는 억양 등이다. 둘째는 청자요소인데 청자의 역할, 청자에게 요구되는 반응수준, 주제에 대한 개인적인 흥미 여부가 포함된다. 셋째는 내용요소인데 문법, 어휘, 정보구조, 배경지식 등이 고려되어야 하며, 넷째는 보조자료 요소로서 본문 내용을 보조해 줄 수 있는 그림이나 도표 혹은 다른 시각보조자료의 존재 여부 등이 포함된다.

또한, Anderson과 Lynch(1988)는 언어유형, 듣기의 목적, 듣기과정의 배경이 되는 문맥이라는 세 가지 범주에서 듣기지도에 어려움을 끼치는 요인을 다음과 같이 제시했다.

① 정보의 조직화 여부: 정보가 무작위한 순서로 제시되기보다는 조직화된 순서로 제시되었는가의 여부

② 주제의 친숙성 여부: 듣기내용의 주제가 청자에게 친숙한가의 여부

③ 정보의 명확성과 풍부함의 여부: 듣기에서 제시되는 정보가 명확하고 양이 풍부한가의 여부

④ 사용되어진 표현의 지시성 여부: 명사구보다 대명사를 사용하는 것이 듣기 과정을 더욱 어렵게 만든다.

⑤ 듣기내용이 정적인 개념관계(숫자)나 동적인 개념관계(자동차 사고 등)를 표현하는지의 여부가 듣기과정을 어렵게 만들 수 있다.

따라서 이렇게 어려움을 초래하는 요인을 잘 고려하여 듣기내용을 선택하면 학생들에게 듣기내용을 지도하는데 많은 도움을 줄 수 있다.

2. 읽기지도

우리나라에서는 읽기지도가 비교적 많은 비중을 차지하면서 지도되어 왔다. 그러나 그 많은 비중에 비례해서 효율적인 지도방법이나 내용은 마련되지 않은 것이 읽기지도의 문제점이다. 이런 문제점을 염두에 두면서, 읽기능력과 지도방법을 고찰하여 효과적인 읽기지도방법을 모색해야 할 것이다.[2)]

2.1 읽기능력의 개발

우리는 새로운 글을 접할 때 우리가 읽은 것을 혼자서 말해 보고 말한 내용을 듣게 된다. 이러한 '무언의 발화'는 우리가 고급의 수준에 이르러서 빠르게 읽는 것이 가능해지는 때까지 계속된다. 사실 이 무언의 발화가 읽는 기술을 발달시키고 이해를 돕는다. 따라서 읽기는 문자어(written language)[3)]뿐만 아니라 구술어(spoken language)에도 관련이 있다. 제 2 언어의 읽기를 시작하기 전에 구술어의 기초를 형성하는 것이 필수적이다. 처음에는 학생들이 크게 낭독하는 습관을 기르는 것이 중요한 이유가 바로 여기에 있다. 그러나 읽기능력이 구두청취 능력의 부산물이라고 생각해서는 안 된다. 읽기지도가 구두청취 능력에 기초를 두는 것이 사실이지만, 읽기지도는 철자 · 발음의 상관관계, 음절화, 문법형태소에 대한

지식도 포함해야 한다.

과거의 전통적인 교수방법에서는 읽기가 극도로 강조되었고, 최근의 교수법에서는 그 반대의 경향이 나타나고 있으나, 그러나 읽기지도는 어휘와 문장구조에 대한 장기기억에 대단히 도움을 주기 때문에 읽기지도를 무시하는 경향은 바람직하지 않다. 읽기의 경우에도 전이현상[4)]이 생기는데, 모국어의 읽기기술이 제 2 언어에 전이되었을 때, 학습을 촉진하는 경우도 있지만 문제점을 발생시키는 경우도 있다. 이런 경우에는 대조분석으로 모국어와 제 2 언어의 철자·발음의 상관관계를 분석하고, 단계적으로 지도해야 한다.

2.2 읽기지도의 단계

읽기지도의 단계를 초급·중급·고급단계로 나누어 살펴보면 다음과 같은 특징을 찾을 수 있다.

① 초급단계: 이 단계에서는 학생의 흥미와 능력을 고려해야 하고, 주로 구두청취를 통하여 언어를 다루기 때문에 읽기지도는 교육적인 인쇄물 정도를 통해서 전달된다.

② 중급단계: 초기단계의 성격에 의사전달의 기능이 부과되어야 한다.

- 초기: 학생들에게 이미 알고 있는 단어들의 재결합으로 된 읽기 교재가 소개된다. 이때에는 수업시간의 약 20%가 읽기지도에 할애된다.
- 후기: 수업의 30%가 읽기지도에 할애된다.

③ 고급단계: 수업시간의 40%가 읽기지도에 할애된다. 초급·중급단계에서 학습한 것 이외에 독해[5)]를 학습해야 한다.

1) 상향식 읽기지도법[6)]

앞에서 설명한 상향식 접근방식으로 읽기를 지도할 때는 읽기지도는 준비단계와 다음의 다섯 단계를 통해서 진행되는 것이 효과적이다.

① 준비단계: 음의 구별, 단순한 자료를 듣고 이해하기, 발음연습, 언어의 구두청취적 사용에서 유창함과 정확성을 발달시킨다.

② 1단계: 음에서 철자로 이행하는 단계이다. 이전에 구두로 학습된 내용을 소리내서 읽으면서 연습한다.

③ 2단계: 철자에서 음으로 이행하는 단계이다. 이전에 구두로 학습한 내용을 재결합하여 소리내서 읽는다. 이때 새로운 단어는 가급적 피하고, 그 다음에 친숙하지 않은 단어나 짧은 문맥을 소리내서 읽는다.

④ 3단계: 학생들의 어휘 정도에 맞는, 등급화되고 편집된 짧은 교재를 읽는다. 이때 새로운 단어 대 익숙한 단어의 비율은 1 : 20으로 하는 것이 좋고 다양한 영역의 주제를 다루는 것이 좋다.

⑤ 4단계: 학생들에게 적절히 통제되었으나, 편집되지 않은 자료를 소개한다. 언어적 단순성과 제2언어의 계획에 맞추어 선택된 교재를 읽는다.

⑥ 5단계: 각 개인의 흥미에 맞추고, 등급화되지 않은 자유로운 읽기연습을 시작한다. 마지막 단계인 이 5단계에 이르면 학생들은 매우 고급수준에 도달하게 된 것이다.

등급화되지 않은 자료로는 희곡책이 가장 쉽고, 편지, 신문, 잡지, 단순한 문학의 순서로 난이도가 커지며 문학이 가장 어려운 교재가 된다.

2) 하향식 읽기지도법

위의 상향식 접근방식과 대조되는 하향식 접근방식에서는 읽기과정을 언어형태를 해독(decoding)하는 과정보다는 의미를 재구성하는 과정임을 강조한다.

Cambourne(1979)에 따르면 하향식 읽기접근법은 다음의 과정을 따른다.

과거의 경험 · 언어직관 혹은 기대수준[7]을 이용한다.

↓

인쇄된 내용에 대한 특정한 부분을 선정한다.

↓

의미를 파악한다.

↓

필요한 경우에는 개별음에 대한 발음법을 파악한다.

이 과정에서 학습자와 교재의 상호작용이 핵심을 이루며 이 과정에서 학습자는 읽기내용에 대한 자신의 지식, 언어의 작용방식에 대한 지식, 교재의 내용에 대한 동기, 태도, 흥미를 이용한다.

이러한 하향식 접근방식에도 비판하는 주장이 있는데 Stanovich(1980)는 하향식 접근방식에서는 가정을 설정하는데 시간이 너무 많이 소요된다는 점을 지적하고, 높은 수준의 언어단위와 낮은 수준의 언어단위가 상호보완적 기능을 하는 상보적 모형을 주장했다. 이 모형에서 학습자는 다양한 자료에서 동시에 노출되는 정보를 이용하고 다른 분야의 지식을 이용함으로써 결점을 보완한다. 즉, 의사소통 능력을 강조하는 현대외국어교육의 추세에서 읽기지도도 이전의 전통적 방식만을 따르는 것은 비효과적이다. 하향식 접근방식과 또 그것에 대한 단점이 보강된 새로운 모형을 함께 고려하여 지도하는 것이 바람직하다.

2.3 정독과 다독의 지도

1) 정독의 지도

정독이란 시간당 한 페이지 이하의 분량을 상세히 읽는 것을 뜻한다. 정독에서 중요한 점은 학생들의 수준에 맞추어서 변화되고 신중히 등급화되어야 하며 반복지도를 해야 한다는 점이다. 또한, 다독을 위한 교재에서 주요한 단락이나 한 부분을 정독의 대상으로 삼는 것도 좋은 방법이다.

정독의 경우에 다음의 단계를 따라서 읽기를 지도하면 효과적이다.

① 학생들은 교사가 크게 읽는 것을 들은 다음 본문내용을 소리 내서 크게 읽는다. 이때 학생들은 단어의 발음과 억양을 익힌다.

② 조용히 읽으면서 의미에 중점을 두고 새로운 단어는 주석을 참고로 한다.

③ 조용히 읽으면서 새로운 단어의 의미를 주석을 참고하지 않고 파악하려고 노력한다. 세 번 이상 읽기의 마지막 부분에서는 본문내용에 대한 질문에 대답한다.

④ 각 단락을 끊어 읽으면서 각 부분에 대한 내용을 학생 자신의 표현으로 크게 요약한다.

2) 다독의 지도

다독이란 여러 페이지의 긴 내용을 중급수준에서 고급수준에 이르기까지 학생 수준에 맞추어서 대략적으로 읽는 것이다. 다독의 교재는 정독의 교재보다 쉬워야 하며 이해를 돕기 위해서, 초급단계에서는 수업과정의 다른 내용과 연관이 있어야 한다. 다독의 커다란 장점은 모국어와 다른 제 2 언어에 기초하여 정확한 의미론적 영역을 형성하는 데 도움을 준다는 점이다. 중급수준의 후반부에서는 다독이 전체시간의 절반 정도를 차지하고, 고급수준에서는 읽기지도 시간이 모두 다독지도에 할애되어야 한다. 다독 후에는 이해 정도를 알기 위하여 다지선다형 시험이 뒤따른다.

읽기지도에서 중요한 사항은 읽기지도에 사용되었던 교재가 청취발화학습의 기초가 되어야 한다는 것이다. 그렇지 않으면, 읽기지도에서 사용되었던 어휘는 수동적이 되고 잊혀진다. 다독의 경우는 정독보다 의미를 추측하려는 목적이 크기 때문에, 빠른 속도로 읽고, 매 단어를 번역하지 말고, 중요한 새로운 단어는 밑줄을 치고 그것의 주석을 페이지 하단에 기록한다.

위에서 살펴본 정독과 다독 외에도 읽기방법에는 다음과 같은 것이 있다. 즉, 읽는 내용에 대해서 상상을 하고, 가능하다면 읽은 어휘에 대해서 신체적으로 반응하는 것이 기억에 도움을 주는데 이것을 능동적 읽기라고 한다. 또한, 내용을 다른 시각이나 다른 사람의 입장에서 이해하기 위하여 교재를 읽기 전·후에 상상을 해 보는 경우가 있는데 이것을 창조적 읽기라고 한다.

특히 문학작품은 일반적인 내용이나, 흥미 위주로 읽어야지 문학의 구체적인 내용을 요구하는 것은 읽기지도에서 바람직하지 못하다.[8)]

2.4 읽기자료의 제시순서

집중적인 연구를 위한 짧은 읽기자료를 실제로 제시하는 데는 다음과 같은 준비단계가 필요하다.

① 읽기내용에 포함되어 있는 중심사상에 대해서 요약한다. 초기단계에는 모국어로 요약하는 것이 효과적일 수도 있다.

② 새로운 어휘를 지도한다. 두 가지 언어를 사용하여 일련의 기본문장들을 통해서 지도한다.

③ 읽는 내용에 대해서 예비 질문을 한다. 이것은 학생들이 주제에 대하여 보다 주의를 기울일 수 있게 해 준다.

④ 적절한 휴지기간을 두면서 본문내용을 크게 읽는다. 학생들은 책을 편 채로 듣는 내용을 이해한다. 이것은 학생들에게 음과 철자 사이의 관계를 강

화시키는 데 도움을 준다.

⑤ 학생이 하나의 문장을 큰 소리로 읽으면 교사는 발음상의 오류를 정정해 준다. 이 단계에서 발음 · 철자상의 관계가 정확히 형성되었으면 소리내서 읽는 연습은 그만 둔다.

⑥ 집에서 여러 번 읽어야 하는 숙제를 내 준다.

⑦ 다음 시간에 학습할 내용의 이해를 위한 질문을 한다.

⑧ 읽기에서 사용된 어휘와 개념을 이용하여 개인적 질문을 함으로써 읽은 내용을 개별화시킨다.

⑨ 학생들에게 읽은 내용을 그들 자신의 어휘로 한 문장씩 다시 이야기하도록 시킨다.

⑩ 읽은 내용과 그것의 함축성을 기초로 하여 토론을 한다.

2.5 내용이해 지도

교재를 읽기 전에 주어지는 예비질문은 이해를 돕는다. 예비질문은 기본적인 내용을 물어보아야 한다. 교재를 읽은 후에 이해 여부를 확인하기 위해서 이용하는 질문은 여러 가지 유형이 있을 수 있으나, 그중에서 몇 가지를 제시해 보면 다음과 같다.

① 반복적 유형: 교재내용을 반복하도록 한다.

② 다시 진술하는 유형: 교재내용을 학생들 스스로의 어휘를 이용하여 표현하도록 한다.

③ 유추유형: 학생들로 하여금 교재에 있는 1~2개의 어휘항목으로부터 문맥적인 유추를 하도록 한다.

④ 함축적 유형: 교재 내의 어휘항목에 대한 상황적 전제를 묻는다.

⑤ 경험적 유형: 교재내용을 학생 자신의 개인적 경험에 연결시킬 것을 요구한다.

⑥ 평가적 유형: 교재의 내용, 혹은 그 교재의 효과에 대한 가치평가를 요구한다.

위에서 제시한 질문유형을 적절히 이용하면 학생들이 읽기학습에서 얻은 내용을 충분히 파악하는 데 도움을 줄 수 있다.

3. 쓰기지도

쓰기능력은 언어능력 중에서 제일 나중에 습득되는 능력이므로, 모국어 습득과정에서도 그 지도가 비교적 어려운 과정이다. 특히 제2언어 학습과정에서는 그 지도방법에 대한 많은 연구가 필요한 실정이다. 다음에서는 그 필요한 연구에 대한 기초를 제시하고자 한다.

3.1 쓰기지도의 필요성

Holliday(1985)는 쓰기과정이란 구술어로는 쉽게 충족될 수 없는 의사소통상의 요구조건을 충족시키는 문화적 필요성의 산물이라고 주장했다. 그러나 쓰기의 기초는 말하기이므로 쓰기지도를 시도하기 전에 반드시 말하기기능을 숙달해야 한다. 또한, 학생들에게 쓰기내용으로 제시하는 것이 말하기보다 반드시 쉬워야 하며, 충분한 읽기가 뒷받침된 후의 쓰기는 훨씬 효과적이다. 방대한 독서는 쓰기능력을 향상시키고, 쓰기는 시각인상을 강화시키므로 읽기능력을 향상시킨다.

쓰기지도의 교재는 처음에는 단순한 연습문제에서 출발하여, 문장, 단원, 긴 본문내용을 만들어 가는 단계로 발전해야 한다. 또한, 학생들에게 실제생활에서 필요한 편지 쓰기, 신청서 작성하기 등과 같은 실용적인 기능에 기초를 두어서 지도해야 한다. 쓰기지도에서 주의해야 할 점은 모국어의 경우와 제2언어의 경우를 구분해야 한다는 점이다. 모국어의 경우는 이미 자신의 언어에 대해서 충분히 알고 있기 때문에 학생들이 새로운 생각을 구성하고 표현하는 데 준비를 할 수 있다. 그러나 제2언어의 경우는 다르다. 제2언어에 대한 충분한 지식이 부족하기 때문에 모국어 학습상황에서의 쓰기지도처럼 내용과 표현을 강조하는 것은 부적절하다. 학습한 표현을 이용하는 통제된 쓰기연습에서 자유로운 작문연습으로 진행해야 한다.

3.2 쓰기지도법

제2언어에서 쓰기지도는 다음의 사항을 따라서 진행하는 것이 바람직하다.

① 새로운 철자를 익힌다.

② 발음·철자의 상관관계를 익힌다.

③ 문장형성 연습을 한다. 이것은 모델문장을 이용하여 상관관계, 대치, 변형과 같은 문장형성을 연습하는 것이다.

④ 문장을 직접 형성한다. 이것은 문장완성, 모국어에서 제 2 언어로 번역하기, 제시된 그림을 기초로 문장을 형성하기 등과 같은 다양한 방법의 도움을 받으면서 문장을 형성할 수 있다.

⑤ 풀어쓰기 연습을 한다. 하나의 모델문장이 주어지면 학생들은 다양한 대체유형과, 대화체, 편지, 다른 문장 등으로 풀어쓰기를 연습한다.

⑥ 요약과 노트정리를 통하여 학생들은 스스로의 생각을 구성할 줄 아는 능력을 기른다.

⑦ 본문형성하기: 모델문장은 주어지지 않지만 필요한 지시사항에 대해서 학생들은 단원을 구성하고 그림이 주어지면 그 그림에 대해서 기술을 한다.

⑧ 자유롭게 본문형성하기: 이 정도의 단계에 이르면 학생은 쓰기단계에서 매우 고급의 수준에 도달하게 된다. 본문의 내용에 대한 도움은 전혀 주어지지 않고 학생 스스로가 본문의 내용을 만드는 것이다.

또한, 쓰기지도에서 주의해야 할 점은 쓰기과정을 결과지향적인 접근방식(product-oriented approach)으로 지도하지 말고, 과정지향적인 접근방식(process-oriented approach)으로 지도해야 한다는 점이다. 전자는 학습과정의 결과에만 강조점을 둔 접근방식으로 모방하기, 변형하기, 그대로 복사하기 등과 같은 학습내용을 주로 다루며, 후자는 다양한 수업활동에 강조점을 둔 접근방식으로서, 학생의 흥미와 관심거리가 인정되고 학생들이 작문할 수 있는 기회가 많으며 학생들이 공동체 작업에 참여하는 것을 장려하는 분위기에서 학습의 효과가 달성된다.

3.3 쓰기지도의 단계[9)]

쓰기지도의 단계는 다음의 세 단계로 구분할 수 있다.

① 조작단계: 이 단계는 학습자가 기계적인 반복과 모방을 기초로 하여 조작훈련에 집중하는 단계이다. 통제작문이 중심역할을 하며 문형연습의 성격을 띤다. 통제작문이란 교사(지침서, 교과서)를 순차적으로 따르면 과오없이 작문의 목표에 도달할 수 있다는 가정에서 출발한다. 학습자의 수준에 맞는 자료를 제시하고 적절한 변형을 하도록 하는 지시문이 전달되며, 학

생들은 이 지시문을 따라서 작문을 한다. 교사가 중심적인 역할을 한다.

② 의사소통단계: 조작단계를 지나서 언어의 네 가지 기능 면에서 자의에 따라서 활용할 수 있는 단계이다. 이 단계에서는 자유작문이 근간을 이룬다. 즉, 조작단계와는 달리 최소한의 지도를 받고도 의사를 전달할 수 있는 구문을 만들어 낼 수 있다는 것을 뜻한다.
자유작문이란 최소한의 감독으로 학습자의 의사소통 의사가 효과적으로 전달되는 작문을 말한다. 그러나 최소한의 제목이나, 300~2,000단어로 단어의 수가 제한되기 때문에 어느 정도의 제한은 받게 된다.

③ 번역단계: 문장이나 절의 차원을 넘어서는 차원의 단계를 뜻한다. 이중 언어사용을 전제로 하며 문체적인 세련됨과 이중문화의 이해가 수반되는 매우 높은 수준의 작문단계이다.

위와 같은 쓰기지도의 단계를 거치면서, 학생들이 오류를 많이 범하는 것은 학생의 수준이 아직 그 단계에 도달하지 못했다는 증거이므로, 쓰기지도의 내용이 보다 단순화되어야 한다.

쓰기지도에서 오류가 발생했을 때는 그 오류를 바로 정정해 주어야 한다. 또한, 교사는 그 오류에 대한 올바른 형태를 제시하는 것에 만족해서는 안 되고, 그 오류의 원인을 찾아서 다루어야 한다. 예를 들어서, 학생의 작문숙제를 모두 다 정정하여 주는 것은 바람직하지 못하다. 작문내용의 한 단락을 선택하여, 그 단락에서 오류가 발생했다는 사실과 오류의 종류만을 지적해 준다. 학생 스스로 그 오류를 발견해서 정정하는 것이 오류정정의 바람직한 방법이다.

제 2 언어의 프로그램이 처음에는 듣기와 말하기 기능만으로 출발하지만, 점차 읽기기능이 도입되고 마지막으로 쓰기기능이 도입되면 네 가지 기능이 모두 연결될 수 있다. 즉, 듣기-읽기-말하기-쓰기의 네 기능이 모두 연결된다. 이러한 프로그램에서는 한 가지 언어기능을 통해서 도입된 하나의 학습항목이 네 가지 기능을 통해서 연결될 수 있다.

참고사항

1) 듣기연습과 말하기연습을 연결시키는 효과적인 방법으로 대화체의 이용을 들 수 있다. 제 2 언어의 지도에서 대화체를 사용한 것은 A. D. 4세기 St. Augustine 시대로 거슬러 올라간다. 현대에 와서는 많은 사람들이 대화체를 이용하지 않는 경향이 있다. 그러나 대화체를 이용하면 다음과 같은 장점을 얻을 수 있다.
   ① 자주 사용되는 어휘 · 숙어 · 문법유형과 규칙에 관한 예문을 제시해 준다.
   ② 언어학적, 상황적 맥락에서 새로운 어휘를 제시한다.
   ③ 음의 인지와 발성에 있어서 많은 연습의 기회를 준다.
   ④ 유추와 결합의 과정을 통해서 초기단계에서 문장생성의 실용적인 기초를 제공해 준다.
   ⑤ 묻고 · 대답하기와 같은 의사소통적 활동의 기초를 제공하여 다양한 활동의 출발점이 된다.
   ⑥ 동기유발의 효과가 크다.
   ⑦ 학생들에게 제 2 언어의 문화적 행동유형을 실행할 수 있는 기회를 제공해 준다.
   ⑧ 연습과정을 체계적이고 철저하게 유지하면서, 쉬운 단계에서 어려운 단계로 이동하는 것이 가능하다.

   또한, 대화체를 지도하는 것은 다음의 세 단계로 구성된다.
   ① 단어 · 구 · 문장을 지도하는 법
      1. 하나의 모델로서 교사나, 녹음기가 대화체의 유형을 소개한다.
      2. 본보기 없이 반복한다.
   ② 정확한 문장생성에 대해서 보상을 해 주면서 문장의 의미를 위한 연습을 한다.
      1. 의미의 확인: 대화체를 제시하는 동안에 새로운 단어나 문장의 의미를 명확하게 전달해야 하며, 이를 위해서 모국어를 사용하기도 한다.
      2. 의미의 확립: 문장의 반복과 그 문장에 대한 모국어의 대응을 번역을 통해서 반복한다.
      3. 선택적으로 시각적 보조장치를 이용한다.
   ③ 교재의 도움을 받아서 대화체에서 학생의 역할을 지도한다.

2) 읽기지도와 관련된 교수법에 대해서는 제11장의 내용 중 '직접식 교수법과 전통적 교수법'을 참고.

3) 이 세상에서 사용되는 문자어 체계는 다음의 세 가지 종류가 있다.

① 자모체계(alphabetic system): 이 체계는 자음과 모음으로 구성되며, 로마, 그리스어, 한국어 등이 여기에 속한다. 이 체계는 몇 개의 상징체계만 학습한다는 장점이 있으나, 발음상 지역 간의 차이점을 나타내지 못하는 단점이 있다.

② 음절체계(syllabic system): 이 체계는 음절을 나타내며 일어의 hiragana와 katakana가 여기에 속한다.

③ 어표체계(logographic system): 이 체계는 형태소와 단어를 나타내는 것으로 중국어가 여기에 속한다. 이 체계는 몇 개의 상이한 언어도 표시할 수 있다는 장점도 있으나, 발음상 지역 간의 차이점을 나타내지 못한다는 단점도 있다.

철자와 발음이 일치하지 않는 경우는 학습하기가 어려운데 영어가 이 경우에 속한다. 철자와 발음이 일치하지 않는 이유는, 첫째, 철자가 충분하지 않고, 둘째, 외국어 철자를 차용했기 때문이고, 셋째, 음의 변화가 철자체계에 반영되지 않았기 때문이다. 이러한 점을 감안하여 읽기지도를 하면 보다 효과적인 성과를 거둘 수 있다.

4) 모국어와 제 2 언어의 전이현상에 대한 자세한 내용은 '제 9 장 대조분석과 중간언어' 참고.

5) 독해의 내용을 다음과 같은 종류로 구분할 수 있다.

① 직해(direct reference): 본문 속에서 직접 자동적으로 얻을 수 있는 사실중심의 정보

② 추론(inference): 문장이 서로 연관된 의사전달의 큰 맥락에서 정보를 간접적으로 얻는 활동

③ 함축(supposition): 뚜렷이 드러나지 않는 의미를 알아내는 활동. 필자의 태도, 양상표시, 원인과 결과에 의한 것을 파악한다.

④ 비판(evaluation): 표현의 가치, 효과를 이해하고, 문학적 감상도 가능해지는 단계이다.

6) Cambourne, B.(1979)는 읽기지도에서 상향식 접근방식을 다음과 같이 설명했다. 인쇄된 내용 → 모든 문자가 구분된다 → 음소와 문자소가 연결된다 → 혼합된다 → 발음된다 → 의미를 파악한다. 그러나 이와 같은 상향식 접근방식은 다음과 같은 점에서

비판을 받는다.

① 철자-음의 대응관계가 복잡하고 예측이 불가능하다.

② 인간의 기억력은 그 적용속도가 매우 빨라서, 음소를 인식하고 그것을 문자소들로 연결시키는 데는 1/4~1/3초가 소요된다. 따라서 상향식 접근방식의 주장대로 한 번에 몇 개의 항목만을 기억한다면 그 끝의 내용에 도달하기도 전에 문장의 첫 부분은 잊어버리게 된다.

③ 오류를 분석해 본 결과 학생들의 오류는 철자와 음을 연결시키는 단순한 과정이 아니고, 처음부터 의미가 개입되는 과정임이 밝혀졌다.

예를 들어서, "My father speaks Spanish."라는 문장이 소리내어서 크게 읽혀졌을 때 "My Dad speaks Spanish."로 발음된다. 이는 의미적으로 선택된 다른 단어를 선택했기 때문에 발생한 오류이다. 만약 상향식 접근방식을 따른다면 "My feather speaks Spanish."라고 발음해야 될 것이다.

이런 점에서 Camboume는 하향식 접근방식을 주장했다.

7) 읽기지도에서 학습자의 과거경험, 내용이해에 영향을 끼치는 모형에 대해서는 다음과 같은 이론이 있다(Nunan, 1991. *Language Teaching Methodology*. Prentice Hall. 67-69).

① 골격이론(frame theory): 인간의 기억력은 새로운 경험을 느낄 수 있는 골격을 제공해 줌으로써 이해하는데 도움이 되는 몇 개의 골격을 가지고 있다.

② 개요이론(schema theory): 우리가 이용하는 지식은 상호관계된 개요의 모습으로 우리의 기억 속에 저장되어져 있다. 이러한 개요는 이전의 경험세계로부터 구성되어져서 새로운 경험을 느낄 수 있도록 인도한다.

8) 읽기의 내용은 학생의 정신연령, 흥미, 제 2 언어의 능력, 제 2 언어의 문화에 대한 이해, 학생의 태도에 의해서 결정된다. 효과적인 읽기활동에는 다음과 같은 것이 있다.

대화체의 이해, 단어게임, 그림과 제목 이해하기, 만화, 가벼운 시, 인용문(속담, 농담, 잡지의 단편기사), 광고, 편지, 일기, 연극대본, 아동문학, 뉴스내용, 잡지기사, 단편적 기사, 쉽고 짧은 문학작품, 우화, 어렵고 긴 문학작품, 어려운 시(제시순서는 대체적인 난이도를 반영한 것이다).

9) Nunan(1991)은 쓰기지도의 측면에서 학습자를 미숙한 학습자와 능숙한 학습자로 구

분했다.

① 미숙한 학습자: 작문의 기계성에만 집중하여 형식적인 정확성에만 관심을 갖는다.

② 능숙한 학습자: 작문을 자신의 연속적인 본문내용을 수정하는 것을 포함하는 반복적인 학습활동으로서 이해한다. 즉, 미숙한 학습자가 주로 어휘와 문장형성에 관심을 갖는 반면에, 능숙한 학습자는 전체적인 계획을 구성하는 데 많은 시간을 활용한다는 점을 지적하고 있다.

연 구 과 제

1. 듣기지도를 세 단계로 구분하고, 각각의 단계에 따른 효과적인 지도법을 설명하시오.
2. 집중적인 듣기연습과 광범위한 듣기연습은 어떻게 구분되는가?
3. 정독과 다독의 특징과 그 지도법을 설명하시오.
4. 읽기지도에서 내용이해를 돕는 질문유형을 설명하시오.
5. 쓰기지도의 세 단계를 설명하시오.
6. 제2언어 교수에서 상향식 접근방식과 하향식 접근방식은 어떻게 다른지 그 구체적인 차이점을 설명하시오. 또한, 언어의 듣기지도와 읽기지도에서 상향식 접근방식과 하향식 접근방식의 장·단점을 논하시오.
7. 쓰기지도에서 결과지향적 접근방식과 과정지향적 접근방식은 어떻게 다른가? 또 어느 방식이 더 효율적인 지도법인지 그 이유를 설명하시오.

참고문헌

Anderson, A., and T. Lynch. 1988. *Listening*. Oxford: Oxford University Press.

Anderson, N. 1999. *Exploring second language reading: Issues and strategies*. Boston: Heinle & Heinle.

__________. 2003. Reading. In D. Nunan(Ed.), *Practical English language teaching*. 67-86. New York: McGraw-Hill Contemporary.

Ausubel, David P. 1960. The Use of Advance Organizers in the Learning and Retention of Meaningful Verbal Material. *JEP* 51: 267-272.

Barnes, Buckley R., and Elmer U. Clawson. 1975. Do Advance Organizers Faciliate Learning? Recommendations for Further Research Based on an Analysis of 32 Studies. *Review of Educational Research* 45: 637-659.

Batholomae, David. 1985. Inventing the University. In *When a Writer Can't Write*, Mike Rose, ed., New York: Guilford. 134-165.

Belasco, Simon. 1967. The Plateau: Or the Case for Comprehension: The 'Concept' Approach. *MLJ* 51: 82-88.

__________. 1970. C'est la guerre? Or Can Cognition and Verbal Behavior Coexist in Second-Language Learning. *MLJ* 54: 395-412.

Bennett, Ruth L. 1975. Individualizing Instruction with Word Games. *H* 58: 124-125.

Biber, D. 1988. *Variation Across Speech and Writing*. New York: Cambridge University Press.

Bickner, R., & Peyasantiwong, P. 1988. Cultural variation in reflective writing. In Writing Across Languages and Cultures., A. Purves, ed., Newbury Park, CA: Sage.

Bizzell, Patricia. 1986. What Happens When Basic Writers Come to College? *College Composition and Communication* 37: 294-301.

Brie're, Eugene J. 1966-a. An Investigation of Phonological Inference. *L* 42: 768-796.

__________. 1966-b. Quantity Before Quality in Second Language Composition.

LL 16: 141-151.

Brooks, J. Carroll and Bob W. Jerrolds. 1980. The 'Lecture'—But they Can't Read It! *FLA* 13: 359-363.

Brown, G., & G. Yule. 1983. *Teaching the Spoken Language*. Cambridge: Cambridge University Press.

Brown, J. D. 1995. *The elements of language curriculum: A systematic approach to program development*. Boston: Heinle & Heinle.

Brusch, W. 1991. The Role of Reading in Foreign Language Acquisition: Designing an Experimental Project. *ELT J* 45(2): 156-163.

Cambourne, B. 1979. How Important is Theory to the Reading Teacher? *Australian Journal of Reading* 2: 78-90.

Carrell, P. L. 1984-a. The Effects of Rhetorical Organization on ESL Readers. *TESOL Quarterly* 18(2): 441-469.

____________. 1984-b. Review of Introduction to Text Linguistics, by R. de Beaugrande & W. Pressler. *LL* 34: 111-117.

____________. 1991. Second language Learning: Reading Ability or Language Proficiency? *Applied Linguistics* 12(2).

____________., & Conner, U. 1991. Reading and Writing Descriptive and Persuasive Texts. *MLJ* 75(3): 314-324.

Carson, J. E., & Kuehn, P. A. 1992. Evidence of Transfer and Loss in Developing Second Language Writers. *LL* 42(2).

Casanave, C. 2004. *Controversies in second language writing*. Ann Arbor: University of Michigan Press.

Chapman, Helen G. C. 1975. Criteria for the Selection of Short Prose Fiction to Be Used in Level Ⅱ(Intermediate) Foreign Language Classes. Unpublished doctoral dissertation, University of Texas at Austin.

Colman, Lee. 1977. Is there a Magic Formula for Teaching Original Composition in French? *FR* 50: 412-416.

Connor, U., & Kaplan, R. eds., 1987. *Writing across Languages: Analysis of L2 text*.

Reading, MA: Addison-Wesley.

Cummins, James. 1986. Empowering Minority Students: A Framework for Invention. *Havard Educational Review* 56: 18-36.

Dacanay, Fe R. 1963. *Technique and Procedures in Second-Language Teaching.* Quezon City, Philippines: Phoenix Press; reprinted by Oceana Press, Dobbs Ferry, New York.

Davies, Alan. and H. G. Widdowson. 1974. *Reading and Writing.* In J. P. B. Allen and S. P. Corder, eds., 1974: 155-201.

Dickerson, Leslie. 1971. The Language Lab and Advanced Teaching. *ELT* 25: 32-42.

Dixon, C., & Nessel, D. 1983. *Language Experience Approach to Reading(and Writing).* Hayward, CA: Alemany.

Dodson, Carl J. 1967. Language Teaching and the Bilingual Method. London: Pitman.

Dressel, Paul et al. 1952. The Effect of Writing Frequency upon Essay-Type Writing Proficiency at the College Level. *J Educational Research* 46: 285-293.

Dubin, F., and E. Olshtain. 1981. *Reading by All Means.* Reading, Messachusetts: Addison-Wesley.

Eskey, D. 2005. Reading in a second language. In E. Hinkel(ED.), *Handbook of research in second language teaching and learning.* 563-579. Mahwah, NJ: Lawrence Erlbaum Associates.

Ferguson, Nicholas. 1974. Some Aspects of the Reading Process. *ELT* 28: 29-34.

Ferris, D., & Hedgcock, J. 2005. *Teaching ESL composition: Purpose, Process, and practice*(2nd ed.), Mahwah, Nj: Lawrence Erlbaum Associates.

Feyten, C. M. 1991. The Power of Listening Ability: an Overlooked Dimension in Language Acquisition. *MLJ* 75(2): 173-180.

Flowerdew, J., & Miller, L. 2005. Second language listening: Theory and practice. Cambridge, UK: Cambridge University Press.

Frodesen, J. 1991. Grammar in writing. In *Teaching English as a Second or Foreign Language*, M. Celce-Murcia, ed., Boston: Newbury House/Heinle & Heinle.

George, H. V. 1973. *Two Practical Experiments with Teachers-In-Training and Some Conclusions.* In J. Oller and J. Richards, eds., 1973: 145-156.

Gomes de Matos, Francisco. 1980. A Case for Selective Listening. *LR* 23(1): 14.

Grabe, W., & Kaplan, R. 1989. Writing in a Second Language: Contrastive Rhetoric. In *Richness in Writing*, D. Johnson & D. Roen, eds., New York: Longman.

________. 2004. Research on teaching reading. *Annual Review of Applied Linguistics* 24: 44-69.

Gratte, F. 1981. *Developing Reading Skills.* Cambridge: Cambridge UP.

Greenewald, M. Jane. 1980. Developing Communicative Competence in Oral Reading. *FR* 54: 121-124.

Grittener, Frank M. 1977. Teaching Foreign Languages, 2nd ed., New York: Harper and Row.

Halliday, M. A. K. 1985. *Spoken and Written Language.* Victoria: Deakin University Press.

Hatch, Evelyn. 1974. Research on Reading a Second Language. *J Reading Behavior* 6: 53-61.

Hedge, T. 2005. *Writing.* Oxford, UK: Oxford University Press.

Helgesen, M., & Brown, S. 2007. *Practical English language teaching: Listening.* New York: McGraw-Hill.

Hinkel, E. 2006. Current perspectives on teaching the four skills. *TESOL Quarterly* 40: 109-131.

Holley, Freda M. 1973. A Study of Vocabulary Learning in Context: The Effect of New-Word Density In German Reading Materials. *FLA* 6: 339-347.

Hunting, Robert. 1967. Recent Studies of Writing Frequency. *Research in the Teaching of English* 1: 29-40.

James, Carl. 1970. A Rationale for Developing Foreign Language Reading Skills. *NALLDJ* 4(4): 15-26.

Kellerman, Marcelle. 1981. *The Forgotten Third Skill—Reading a Foreign Language.* Oxford: Pergamon Press.

Larsen-Freeman, D. 2000. *Techniques and principles in language teaching*(2nd ed.), Oxford, UK: Oxford University Press.

Linse, C. 2005. *Practical English language teaching*: Young learners. New York: McGraw-Hill.

Lipton. Gladys C. 1969. To Read or Not to Read: An Experiment on the FLES Level. *FLA* 3: 241-246.

Lund, R. J. 1991. A Comparison of Second Language Listening and Reading Comprehension. *MLJ* 75(2): 196-204.

Marks, Carolyn B. et al. 1974. Word Frequency and Reading Comprehension. *J Educational Research* 67: 259-262.

MacGuignan, F. J. 1973. The Function of Covert Oral Behavior('Silent Speech') During Silent Reading. *Linguistics* 112: 39-47.

Minn, Jay P. 1976. Clue-Searching: An Aid to Comprehension. In Renate A. Shulz, ed., *Teaching for Communication in the Foreign Language Classroom*. Skokie, Ⅲ: National Textbook Company. 93-100.

Moran, C. 1991. Lexical Inferencing in EFL Reading Coursebooks: Some Implication of Research. *System* 19(4): 389-400.

Moulton, Williams G. 1966. *A Linguistic Guide to Language Learning*. New York: Modern Language Association.

Nassaji, H. 2002. Schema theory and knowledge-Based pricesses in second language reading comprehension: A need for alternative perspectives. *Language Learning* 52: 439-481..

Nida, Eugene. 1957. *Learning a Foreign Language*. New York: Friendship Press.

Nunan, David. 1991. *Language Teaching Methodology*. Prentice Hall Int. Co.

Nuttall, C. 1996. *Teaching reading skills in a foreign language*(2nd ed.), Oxford, UK: Heinemann.

O'Brien, T. 2004. Writing in a foreign language: Teaching and learning. *Language Teaching* 37: 1-28.

Oller, J., Jr. 1983. Story Writing Principles and ESL Teaching. *TESOL Quarterly*

17(1): 39-53.

Oller, J. W., and J. C. Richards, eds., 1973 Focus on the Learner: Pragmatic Perspectives for the Language Teacher. Rowley, Mass.: Newbury House.

Olstad, Charles. 1964. Composition in Imitation. *H* 47: 452-454.

Parent, P. Paul and Simon Belasco. 1970. Parallel Column Bilingual Reading Materials as a Pedagogical Device: An Experimental Evaluation. *MLJ* 54: 493-504.

Phillips, Robert. 1968. Using the Tape Recorder to Correct Student Composition. *H* 51: 126-127.

Pimsleur, Paul. 1971. *Some Aspects of Listening Comprehension.* In L. Chatagnier and G. Taggart, eds., 1971: 106-114.

Pimslewr, P., and T. Quinn, eds., 1971. The Psychology of Second Language Learning. Papers from the Second International Congress of Applied Linguistics. Cambridge, England: Cambridge UP.

Politzer, Robert L. 1964. Pattern Practice for Reading. *LL* 14: 127-135.

______________. 1966. *Practice-Centered Teacher Training*: French: A Syllabus for the Training of Teachers of French. Stanford, Cal.: School of Education, Stanford University.

Purves, A., ed., 1988. Writing across Language and Cultures. Newbury Park CA: Sage.

________., & Takala, S. eds., 1982. *An International Perspective on the Evaluation of Written Composition.* Oxford, Pergamon Press.

Richards, J., & Rodgers, T. 2001. *Approaches and methods in language teaching* (2nd ed.), Cambridge, UK: Cambridge University Press.

Rivers, Wilga M. 1971. *Linguistic and Psychological Factors in Speech Perception and Their Implications for Teaching Materials.* In Pimsleur, and Y. Quinn, eds., 1971: 123-134.

Rost, M. 2001. *Teaching and researching listening.* London: Longman.

______. 2005. L2 listening. In E. Hinkel(Ed.), *Handbook of research in second language teaching and learning*. 503-527. Mahwah, NJ: Lawrence Erlbaum Associates.

Sarosy, P., & Sherak, K. 2006. *Lecture ready: Strategies ofr acamedic listening, note-taking, and discussion*. New York, NY: Oxford Universtiy Press.

Silva, T., & Brice, C. 2004. Research in teaching writing. *Annual Review of Applied Linguistics* 24: 70-106.

Spolsky, Bernard. 1973. *What Does It Mean to Know a Language; or How Do You Get Someone to Perform His Competence?* In J. Oller and J. Richards, eds., 1973: 164-176.

Stanovich, K. 1980. Toward an Interactive—Compensatory Model of Individual Differences in the Development of Reading Fluency. *Reading Research Quarterly* 16: 32-71.

Ur, P. 1984. *Teaching listening comprehension*. Cambridge, UK: Cambridge University Press.

Vandergrift, L. 2004. Listening to learn or learning to listen? *Annual Review of Applied Linguistics* 24: 3-25.

Wierenga, Leanne. 1979. A Practical Model for Listening Comprehension Activities. *FR* 52: 856-872.

이맹성 공저. 1984. 『영어교수법. 영어학총서 6』. 서울: 신아사.

제 16 장 평 가

평가는 교수와 학습을 지속적으로 연결시키는 매우 중요한 과정이다. 교수[1]는 지식을 전수하는 것이고, 평가는 교수과정을 평가한다는 점에서 명백히 구분되는 과정이지만, 이 둘의 관계는 매우 밀접해서 제 2 언어 교수에서 평가는 매우 중요한 위치를 차지하고 있다. 이번 장에서는 평가를 일반적인 평가유형과, 제 2 언어 학습에서 필요한 평가유형으로 구분하여서 정리하고자 한다.

1. 일반적인 평가유형

1.1 평가의 기능

학습에서 평가가 수행하는 기능은 그 비중이 대단히 크고, 특히 평가는 제 2 언어 지도에서 다음과 같은 구체적인 기능을 수행한다. 그중에서도 중요한 기능을 지적한다면 다음과 같다.

① 목적을 설정하는 데 도움을 준다.

학생들이 학습의 매 단계에서 학습해야 하는 학습내용을 지정함으로써 목적설정에 도움을 준다. 이때 주의해야 할 점은 설정한 목적과 평가의 내용이 일치해야 한다는 점이다.

② 외부에서 동기를 부여해 준다.

학생들의 학습동기는 자발적으로 발생하는 것이 바람직하지만, 때로는 학습결과에 대한 평가를 통하여 외부에서 동기가 부여되는 것이 필요하다.

③ 학습과정을 진단해 주는 진단의 기능을 한다.

학생들에게 이미 학습한 것과, 아직 알지 못하는 내용을 구분해 준다. 따라서 학생들에게 평가의 결과를 가능한 한 빨리 알리는 것이 바람직하다.

위와 같은 기능을 가지고 있는 평가가 제 기능을 효율적으로 발휘하기 위해서는 다음의 사항을 준수하면서 시행되어야 한다.

① 반드시 교수・학습된 내용만을 평가해야 한다.

② 퀴즈를 제외한 모든 평가는 미리 공고되어져야 하고, 퀴즈는 일정기간마다 규칙적으로 시행된다는 사실을 알려 주어야 한다.

③ 평가는 인지적 지식뿐 아니라 수행적 지식도 측정해야 한다.

④ 평가는 자주 시행하는 것이 바람직하나 너무 많은 시간을 할애하기보다는 전체 수업 시간의 10% 정도가 바람직하다.

⑤ 평가는 교수뿐 아니라 교사의 효율성을 측정하는 데 도움을 줄 수 있어야 한다.

1.2 용어정리

평가에 관하여 자주 쓰이는 용어로는 다음과 같은 것이 있으며, 그 개념을 확실히 정의해 두는 것이 필요하다.

① 측정(measurement): 한 가지 기준에 맞추어서 한 가지 수행을 비교하는 것

② 평가 ┌ testing[2]: 형식적인 측정(formal measurement) 주로 객관적인 유형
└ evaluation[3]: 비형식적인 측정(informal measurement) 본질적으로 주관성이 개입된다. 비교적 넓은 의미로 사용된다.

③ • 객관적 평가(objective measurement): 한 가지 문제에 대해서 한 가지 정답만이 가능하다.

• 주관적 평가(subjective measurement): 질문에 대한 대답을 예측하는 것이 불가능하다. 주로 말하기와 쓰기 시험에서 이용되는 전형적인 유형이다.

④ • 퀴즈(quiz): 5~10분에 걸쳐서 시행되고, 현재 학습하고 있는 내용을 다룬다. 예고 없이 시행되며 학습의 효과를 위해서 혹은 테스트 연습을 위해서 실시한다.

• 테스트(test): 30분~1시간에 걸쳐서 시행되고, 1개 이상의 단원을 다룬다. 사전에 테스트 예고를 하고 시행하며, 일정한 학습분량을 끝내고 시

행한다.

• 시험(exam): 2시간 이상에 걸쳐서 시행되고, 적어도 수업과정의 절반을 다룬다.

⑤ 평가의 네 가지 척도

1. 명칭적 척도(nominal scale): 평가자료를 여성 · 남성, 내국인 · 외국인과 같은 범주로 분류한다.
2. 숫자척도(ordinal scale): 평가자료에 단지 등급을 매긴다.
3. 간격척도(interval scale): 균일한 간격의 범위 안에서 모든 점수를 분포시킨다. 언어지도에서 가장 유용한 척도이다.
4. 비율척도(ratio scale): 평가자료를 비율로 측정하는 방식인데 순수과학 분야에서 이용된다.

⑥ • 속도평가(speed test): 학생들이 주어진 시간에 대해서 경쟁하므로 모든 항목에 대해서 대답할 필요가 없다.

• 능력평가(power test): 충분한 시간 내에서 학생들이 능력을 발휘할 것이 요구되므로 모든 항목에 대해서 대답을 해야 한다.

⑦ • 형성평가(formative test): 수업과정이나 프로그램의 중간에 시행되는 평가

• 총괄평가(summative test): 수업과정이나 프로그램의 마지막에 시행되는 평가

⑧ • 부분평가(partial test): 배운 단원 중 최근의 것이나 약간의 고급 수준 정도를 포함하는 평가

• 누적평가(cumulative test): 한 시점에서 그 당시까지 학습한 내용을 모두 측정하는 평가

⑨ • 상대평가(norm-referenced test): 각 학생의 점수가 다른 학생의 점수와 비교되는 평가이다. 학습자 집단의 평균을 백분율의 수준으로 알아본다.

• 절대평가(criterion-referenced test): 다른 학생들의 성적과는 무관하게 평가되며, 미리 결정된 목표나 기준에 학습자가 도달, 충족되는가를 알아보는 검사이다.

⑩ • 분리식 평가(discrete-point test): 언어의 특정한 기술만을 평가한다.

• 통합적 평가(integrative · global test): 전체적인 의사소통 능력과 내재된

능력을 측정한다.

⑪ • 단순평가(pure test): 한 가지 언어기술만을 측정한다.
• 복합평가(hybrid test): 두 가지 이상의 언어기술을 측정한다.

⑫ 다지선다형 평가(multiple-choice test): 단서와 선택으로 구성되는데, 선택항목은 하나의 정답과 여러 개의 주의분산요소를 포함하고 있다.

1.3 평가유형

평가에는 기본적으로 적성평가(aptitude test), 진행평가(progress test), 성취도평가(achievement test), 능숙도평가(proficiency test)가 있다.

① 적성평가: 제 2 언어 학습에서의 성공을 예측할 수 있는 평가이다. 그러나 제 2 언어 학습에는 다양한 요소가 개입되므로 예측타당성은 대략적이다.[4)]

② 진행평가: 주어진 교재와 상황에서 일정한 시점에 이르기까지 학습자가 학습한 바를 측정하는 평가이다.

③ 성취도평가: 특정한 프로그램이나 교재와는 무관하게 학습 상황에서의 성취상황을 측정하는 평가이다.

④ 능숙도평가: 학습자가 그 언어의 특정한 사용기술과 관련하여 알고 있는 바를 측정하는 평가이다. 예를 들어서, 학습자가 미국 대학의 대학원과정에 입학할 정도의 영어를 알고 있는 가를 평가하는 시험은 능숙도평가에 해당된다.

위에서 구분한 네 가지 기본적인 평가유형은 다음의 두 가지 중요한 기능을 수행한다.

① 진단적 기능(diagnostic function): 학생의 부족한 점을 진단하여 학생들에게 그에 적합한 보완적 학습을 시행하는 데 이용된다. 진행평가나 성취도평가가 이러한 기능을 위해서 이용되며, 항상 절대평가로 진행한다.

② 배치기능(placement function): 제 2 언어 프로그램에서 학습자의 입학순서를 결정하기 위해서 사용하는 평가이다. 초기단계에서는 적성검사로 결정할 수 있다. 진행 중인 프로그램에서는 진행평가, 성취도평가, 능숙도평가에 의해서 결정될 수 있다.

1.4 평가요건

평가는 신뢰성(reliability), 타당성(validity), 실용성(practicality)의 요건을 만족시켜야 한다.

1) 신뢰성

점수의 안전성을 의미한다. 즉, 테스트 결과가 다음에 동일한 조건과 동일한 대상에 대해서도 동일한 결과가 나올 수 있는가의 여부를 나타낸다. 신뢰성을 결정하는 데는 다음과 같은 방식이 이용된다.

① 재시험방법(test-retest approach): 학생들에게 중간에 개입되는 학습이 없이 동일한 시험을 다시 실시한 결과, 그 결과의 점수가 서로 근접해야 신뢰성이 높다고 할 수 있다.

② 상관관계방법(ranks approach): 동일한 내용에 대한 다른 유형의 평가를 부여하고, 그 결과를 비교하여 상관관계가 높아야 신뢰성이 높다.

③ 절반비교방법(split-half technique): 홀수항목의 점수 등급과 짝수항목의 점수 등급이 상호 관련되어야 신뢰성이 높다.

평가방법의 신뢰성이 낮은 경우는 i) 시간과 환경의 차이점, ii) 평가의 한계성과 불완전성, iii) 채점자 변동의 요인을 들 수 있다. 신뢰성은 평가되는 문법부문에 따라서 변화되는데 어휘, 문법평가는 신뢰성이 높고, 그 다음은 듣기평가이며 신뢰성이 가장 낮은 부문은 쓰기와 읽기 부문이다.

한 평가유형의 신뢰성은 다음 요인에 의해서 증가될 수 있다.

① 질문의 항목수를 늘린다.

② 다지선다형 평가의 선택항목수와 주의분산요소의 효율성을 증가시킨다.

③ 질문항목의 난이도 분포를 넓게 하여, 점수의 분산을 넓힌다.

변동이 많은 평가로는 아무것도 측정할 수가 없다. 따라서 신뢰성이 없는 평가는 타당성도 없기 때문에 평가의 신뢰성은 매우 중요한 요인이다.

2) 타당성

평가가 측정해야 되는 내용만을 측정하고 그 외의 것은 측정하지 않는가의 여부를 나타내는 평가척도로서, 타당성도 그 내용에 따라서 다음과 같이 다양하게 구분된다.

① 외형타당성(face validity): 평가의 조사과정에서 받는 인상적 타당성

② 예견타당성(predictive validity): 평가점수가 앞으로의 수행을 예견할 수 있는가의 여부와 관련됨.

③ 공기타당성(concurrent validity): 현재상태의 수행을 측정하는가의 여부를 나타냄.

④ 내용타당성(content validity): 현재 학습하는 내용과 평가의 내용의 일치성

⑤ 구성타당성(construct validity): 학습과 관련된 심리적, 언어적 요소의 분석에 기초하여 평가가 구성되어야 한다. 즉, 측정하고자 하는 내용이 그 이론적 배경을 반영하고 있는가의 여부를 나타냄.

⑥ 준거적 타당성(criterion validity): 평가되어야 하는 내용만을 평가하는가를 나타냄.

3) 실용성(practicality)

평가의 점수화가능성, 진행가능성, 비용 등을 지칭하는 기준으로 사람이 직접 채점하는 평가보다 기계가 채점할 수 있는 다지선다형 객관식 평가가 시간과 인력을 적게 필요로 하는 평가로, 많은 학생을 대상으로 평가할 때 비용이 적게 드는 평가이며 실용성도 높다.

1.5 객관적 평가

평가의 용어정리 중에서 평가를 주관적 평가와 객관적 평가유형으로 구분하는 유형을 살펴보았다. 주관적 평가는 채점하는 데 드는 시간과, 채점에 있어서 출제자의 의도에 따라서 많은 영향을 받으므로, 대규모의 평가에서는 객관적 평가를 주로 이용하는 경향이 있다. 그러면 이번에는 객관적 평가에 대해서 알아보자.

객관적 평가와 주관적 평가를 구분할 수 있는 하나의 기준은 점수화가능성이다. 객관적 평가는 단지 하나의 정답만이 가능하지만, 주관적 평가는 하나의 정답을 예측하는 것이 불가능하고, 객관적 평가는 기계적 채점이 가능하고 평가 준비기간이 오래 걸리지만 채점이 용이하고, 학습진행에 대해서 정확한 정보를 얻을

수 있으며, 자주 평가할 수 있는 장점이 있다. 또한, 객관적 평가는 수용적 언어기술(receptive skills)에 적합하고, 발화적 언어기술(productive skills)을 위해서는 주관적 평가가 유용하다.

객관적 평가에는 다음과 같은 유형이 있다.

① 진위(true, false)유형: 이 유형은 50%의 확률을 가지고 있으므로 바람직한 평가유형은 아니다.

② 짝짓기 유형: 서로 항목의 수가 비슷한 경우에는 바람직하다.

③ 완성하기: 추측이나 잘못된 선택의 요소가 배제되기 때문에 바람직하다. 발화적 언어기술에 적합하고, 학생들이 전체 문장의 의미를 이해하지 못하거나, 전체 문장을 읽지 않고서 마무리 짓지 않도록 유의해야 한다.

④ 다지선다형[5]: 객관적 평가유형으로는 장점이 많으나 훌륭한 다지선다형 문제를 만드는 것은 어렵다. 주의분산요소를 선택하는 가장 좋은 방법은 학생들에게 완성형 문제를 주고 학생들이 공통적으로 범하는 오류유형에서 주의분산요소를 선택하는 것이다.

앞에서 제시한 객관적 평가유형 중에서 가장 빈번히 사용되는 다지선다형 유형에 대해서 좀 더 살펴보자. 다지선다형 항목은 너무 쉽거나, 너무 어려워서도 안 되고, 성적이 우수한 학생과 실력이 부족한 학생을 구분할 수 있어야 한다.

다지선다형 평가유형은 ① 난이도지표(the index of difficulty)와, ② 선별지표(the index of discrimination)에 의해서 결정된다.

① 난이도지표

$$\text{난이도지표} : \frac{\text{오답의 수}}{\text{응시자 수}}$$

예를 들어, 40명의 학생이 응시해서, 30명의 학생이 오답을 했다면, 그 항목의 난이도는 0.75가 되고, 10명의 학생이 오답을 했다면, 0.25가 난이도가 될 것이다. 이상적인 난이도는 우연에 의한 정답확률인 0.25와 올바른 대답만을 하는 1.0 사이의 0.625가 이상적이다. 그러나 0.4~0.85의 난이도가 수용할 만한 수준이다.

② 선별지표

$$선별지표 : \frac{상위\ 1/4\ 집단의\ 정답\ 수 - 하위\ 1/4\ 집단의\ 정답\ 수}{학생\ 수/4}$$

예를 들어서, 40명의 학급 인원에서 상위 1/4 집단에 속하는 학생 중 8명이 정답을 냈고, 하위 1/4 집단에 속하는 학생 중 4명이 정답을 냈다면 이 항목의 선별지표는

$$선별지표 : \frac{8-4}{40/4} = \frac{4}{10} = 0.4가\ 된다.$$

만일 하위 1/4 집단에 속하는 학생들이 상위 1/4 집단에 속하는 학생들보다 정답을 더 많이 냈다면 그 항목의 선별지표는 마이너스가 된다. 이런 경우에는 그 항목에 무엇인가 잘못된 부분이 있는 것이다. 선별지표는 0.2 이상이 되어야 한다. 따라서 이러한 난이도지표와 선별지표를 잘 고려하여 훌륭한 다지선다형 항목을 만들어 내는 것이 중요하다.

1.6 분리식 평가와 통합적 평가

분리식 평가항목은 특별한 규칙이나, 요소들(문법구조, 어순, 음운구조나, 발음, 어휘, 철자 등)에 대해서 평가하며, 독립적이다.

도표 16-1 분리식 검사항목

구성요소	언어기술			
	듣 기	말하기	읽 기	쓰 기
음운론 · 철자법				
구 조				
어 휘				
속도와 일반적 유창성				

Harris(1969)는 분리식 검사의 항목을 언어적 요소와 기능을 결합하여 [도표 16-1]과 같이 만들 수 있다고 제안했다.

분리식 평가란 위의 [도표 16-1]에서 제시한 언어의 한 부분에 대한 능력과 지식의 정도만을 측정함을 말한다.

통합적 평가는 전체적인 언어능력을 평가하는데, 전체적인 의사소통능력을 평가하는 유형에는 cloze test, 본문받아쓰기, 구두면접, 청해력 · 독해력 시험, 작문연습 등이 포함된다.

언어능력은 ① 규칙과 언어요소에 대한 구사력, ② 위의 규칙과 요소들이 결합된 전체적인 언어능력으로 구성된다. 분리식 평가도 위의 두 가지 요소를 모두 평가할 수 있으므로, 분리식 평가를 무조건 배격하고 통합식 평가만을 옹호하는 태도는 옳지 못하다.

진행평가는 주로 분리식 평가에 의존하는데, 그 이유는 제 2 언어 교수는 요점별로 수행되고 이에 대한 평가는 문법요소에 대한 평가가 객관적일 수 있는 분리식 평가가 적합하기 때문이다. 그러나 진행평가의 한 부분은 통합평가가 되는 것이 바람직하다.

능숙도평가는 주로 통합식 평가로 구성되는데, 그 이유는 일반적인 능숙도를 평가하는데 가장 효율적인 방식이 통합식 평가이기 때문이다.

2. 제 2 언어 평가유형

앞에서는 일반적인 평가유형에 대해서 살펴보았다. 그러면 일반적인 평가유형의 특징을 기초로 해서 제 2 언어 평가에서 구체적으로 이용될 수 있는 평가유형을 발음, 어휘, 듣기, 말하기, 읽기, 쓰기, 문화적 지식과 태도의 측면에서 각각 조사해 보자.

2.1 발음평가

발음에 있어서는 다음의 세 가지 측면을 반드시 평가해야 한다.

1) 음의 구별에 대한 평가

가장 쉬운 유형으로는 최소대립쌍(minimal pair)을 이용하여 '같다'와 '다르다'

를 구분하는 것이다. 보다 바람직한 유형으로는 하나의 발음과 3~4개의 선택항목을 연결하는 것이다. 예를 들어서, 학생이 'vu'를 듣고 다음의 4개의 선택항목 중에서 선택한다.

① vit ② vous ③ vu ④ none

초분절적 요소에 대한 평가도 강세가 있는 음절이나 하나의 구에 대한 억양을 나타내는 선을 선택함으로써 평가할 수 있다.

2) 발음법에 대한 평가

발음법을 평가할 수 있는 가장 좋은 방법은 짧은 구문을 모방하도록 하는 것이다. 학생이 모방할 수 없는 음은 스스로 발음을 할 수도 없기 때문에 모방법이 발음을 평가하는 좋은 방법이다. 각각의 구를 모방할 때는 2~3개의 개별적인 음들에 대해서 점수를 매긴다. 모방평가에서는 친숙한 단어들과 새로운 단어들을 절반씩 포함하는 것이 이상적이다.

3) 음과 철자와의 관계에 대한 평가

학생들이 소리내서 읽음으로써 음과 철자와의 관계를 인식하고 있는지를 파악할 수 있다. 동족어는 철자를 잘못 해석함으로써 발음상의 문제를 야기할 수 있는데, 이때는 소리내어서 읽는 평가법이 유효하다.

2.2 어휘평가

어휘평가에는 동의어, 반의어, 간단한 정의에 대한 대답, 한 문장을 완성시키는 데 가장 적합한 단어 등을 다지선다항목을 통해서 선택하는 방법이 이용될 수 있다. 또한, 시각적 단서를 이용하여 청각적 입력을 제공받을 수 있다.

말하기에서는 어휘번역연습에 의해서 어휘가 평가될 수 있고, 읽기에서는 문자형태로 선다형 항목이 제시될 수 있고, 그림을 이용하여 연결시킬 수 있다. 쓰기의 경우, 문장완성유형에서는 단일언어적으로, 어휘번역연습에서는 이중언어적으로 유도될 수 있다. 숙어의 경우는 학생들이 숙어를 풀어서 표현하거나, 번역함으로써 어휘를 연습할 수 있다.

2.3 듣기평가

특정한 단어나, 규칙에 대한 평가는 이미 제15장에서 논의되었다. 여기서는 일반적인 이해력을 측정하는 총괄적인 듣기평가에 대해서 알아보고자 한다.

듣기평가의 과정은 다음과 같다.

① 하나의 이야기에 대한 요약, 새로운 항목, 한 가지 내용에 대한 묘사 등을 이해했는지의 여부를 측정, 중심 주제의 이해여부를 평가한다.

② 단원을 듣고 선다형 항목의 질문에 대답한다. 여기서는 보다 상세한 내용을 묻는다.

③ 한 단원을 듣고 그 곳에서 정보를 알아내거나, 그 속에 담겨진 지시사항을 따르도록 한다.

④ 들은 내용을 구두로 전달할 것을 시킨다.

⑤ 중급 · 고급수준에서는 다양한 자료들의 재결합을 본문받아쓰기로 연습시킨다.

⑥ 고급수준에서는 강의를 듣고 그 내용을 노트로 받아쓰도록 한다.

⑦ 소음이 심한 전화대화나, 빠른 속도의 대화내용을 이해했는지를 측정한다.

듣기평가항목을 제시하는 방법에는 다음과 같은 것이 있다.

① 선다형의 듣기항목은 두 번 들려 주는 것이 바람직하다.

② 그림이 이용될 경우에는 2~3개를 이용하는 것은 너무나 쉬우므로 4개를 이용해야 한다.

③ 주어진 문맥에서 빠른 대화가 정상적이라면 초급단계에서도 이용되어야 한다.

2.4 말하기평가

말하기능력의 평가는 그 결과가 학생들에게 말하기를 배우려는 동기를 부여해 주기 때문에 중요하다. 많은 제 2 언어 교사들이 말하기능력을 형식적으로 평가하지 못하는데, 그 이유는 어학실습실이 부족하고 학생들의 수가 너무나 많기 때문이다. 이에 대한 해결책은 수업시간에 보여 준 학생들의 말하기능력을 평가하는 것이다.

말하기능력을 평가하는 방법은 다양하지만, J. Clark(1972)은 다음과 같은 두 종류로 분류했다.

① 독백기술: 하나의 주제에 대해서 이야기하거나, 일련의 그림을 보고서 이야기를 하게 한다. 여기에서 발생되는 문제점은 적극적인 유형의 학생은 긴 이야기를 구사하지만 오류를 많이 범하고, 어떤 학생은 이야기는 짧게 하지만 거의 오류를 범하지 않는다는 것이다.

② 대화기술: 처음부터 학생들에게 정확히 이야기해야 한다는 사실을 인식시켜야 한다. 여기서는 언어적 정확성이 중요한 평가부분이 된다. 유용한 말하기 평가방식은 모국어로 된 지시사항을 부여한 대화를 이용하는 것과 직접 구두번역방법, 또한 일련의 상황을 기술하고, 그 상황에 적합한 하나의 이야기를 말하도록 하는 법 등이 있다.

어학실습실을 이용하여 말하기평가를 하는 것도 좋은 방법이다. 이 방법의 가장 큰 장점은 평가의 객관성을 들 수 있다. 모든 학생들이 동일한 상황에서 평가받을 수 있고, 대단위로 평가받을 수 있는 장점이 있다. 초급수준에서는 15~18분은 시험을 실시하는 데에 배당되고, 3~4분은 학생들의 반응을 점수화하는 데 이용되며, 그 내용은 발음, 문법, 어휘, 대화부분으로 구성된다. 그 내용을 살펴보면 다음과 같다.

① 발음부분: 5개의 짧은 구를 모방하도록 한다. 각각의 구가 2개의 주요 음이나 초분절적 요소를 포함하고 있는데, 학생들은 어느 음이 시험되고 있는지를 알지 못한다. 전체 10점이 배당된다.

② 문법부분: 5개의 문장들로 구성된 연습유형을 포함하고 있는데, 각각의 연습유형은 하나의 문법규칙을 포함하고 있다. 지시사항이 들려지고 각각의 연습유형에 앞선 보기가 2개씩 들려진다. 생각할 수 있는 10초 간의 여유가 주어지거나 대답을 기록하는 데 7초가 소요된다. 15점이 배당된다.

③ 어휘부분: 5개의 단문을 이용하여 구두번역을 시킨다. 각각의 문장은 평가의 대상이 되는 10개의 어휘항목을 포함하고 있어야 한다. 각각의 문장은 두 번씩 읽혀진다.

④ 대화부분: 하나의 역할은 모국어 화자가 담당하고, 학생들은 반대의 역할을 부여받아서 이야기할 내용을 모국어로 지시받고, 그 자신이 단어로 기

록한다. 대화내용이나 길이는 프로그램이 진행됨에 따라서 증가된다. 초기단계에서는 5개의 짧은 문장으로 구성된 대화형식을 이용하는데, 각 문장마다 3점이 배당되어 총 15점이 배당된다.

따라서 초기단계의 총 점수는 발음부분: 10점, 문법부분: 15점, 어휘부분: 10점, 대화부분: 15점으로 총 50점으로 구성된다.

프로그램이 진행됨에 따라서 강조점도 변화하는데, 초급단계의 후반부에는 발음부분이 없어지고 중급단계에서는 문법과 어휘부분을 강조하며, 고급단계에서는 어휘와 보다 복잡한 대화부분에 강조점이 주어지게 된다. 이처럼 말하기평가 프로그램의 장점은 모국어 화자인 보조자가 채점자로 쉽게 훈련될 수 있고, 각 부분마다 점수가 배당되어서 학생들이 반복할 수 있는 충분한 기회를 부여한다는 점이다. 학생들의 인원수가 적다면 진행 여부를 알 수 있는 구두면접시험을 시행하는 것도 바람직하다. 이 시험은 진행평가이기 때문에 학습한 내용의 구체적인 내용을 평가해야 한다. 구체적인 질문을 짧은 목록으로 작성하여 미리 준비하는 것도 바람직하다.

면접시험의 채점은 다음과 같은 등급화를 이용하는 것이 바람직하다.

이해여부 발 음 문 법 어 휘 유 창 성 적 합 성	VP (very poor)	P (poor)	A (average)	G (good)	VG (very good)

앞에서 제시된 등급화는 학습이 진행됨에 따라서 변화될 수 있다. 즉, 초기단계에는 발음 면의 비중이 크지만, 고급단계에는 대신 유창성의 비중이 보다 더 커진다.

앞의 채점표와 훈련받은 면접자를 이용하면 면접을 점수화하는 것이 객관성 있고 신뢰성 있는 과정이 될 수 있다. 또한, 두 명의 면접자가 면접을 하는 것이 이상적인데, 한 명의 면접자가 학생과 대화를 할 때 다른 면접자는 그 과정을 관찰하고 나중에 두 명의 관찰자가 협의하여 학생의 점수를 결정한다.

2.5 읽기평가

읽기평가는 문법, 어휘, 종합적 이해의 정도를 평가할 수 있어야 한다. 이것은 모두 선다형 문제로 평가될 수 있다. 즉, 문법부분에서는 학생들이 전형적으로 오류를 범하는 구문론적 예시를 주의분산요소로 이용하고, 어휘부분에서는 동의어, 반의어 등을 질문할 수 있다. 종합적 이해 정도는 제 2 문화권에서 나타나는 광고, 안내, 표지 등 다양한 자료를 이용하여 평가할 수 있다. 그러나 번역을 통한 읽기평가는 바람직하지 않다. 왜냐하면, 학생이 내용을 이해했다 하더라도 그 내용을 모국어로 전달할 능력이 부족할 수도 있기 때문이다.

선다형 cloze 테스트가 읽기평가에 대한 좋은 방법이 될 수 있다. 이 방법은 그 구문 중 몇 개의 단어가 빠져 있는 구문을 이용하는데, 기계적으로 몇 개의 단어를 일률적으로 생략하지 말고, 난이도에 따라서 합리적으로 생략한다. 또 그 생략된 단어에 대한 네 개의 선다형 항목을 선정하여, 학생들로 하여금 그 내용에 가장 적절한 선택을 하도록 한다. 이 방법은 분리평가와 종합평가를 결합시킨 장점을 가지고 있다. 문법과 어휘지식을 평가할 수 있고, 문장의 완성을 위해서 필요한 의미와 문맥을 충분히 인식할 것을 요구한다.

2.6 쓰기평가

쓰기능력을 지도하거나, 평가할 때 주의할 점은 소수의 모국어 화자가 구사할 수 있는 독창적인 쓰기내용이 아니라, 일상적인 내용의 쓰기능력을 평가해야 한다는 점이다. 구두법, 철자법, 형태론을 평가하기 위해서는 구두점, 철자, 형태소가 생략된 본문을 학생들에게 제시하고 학생들이 수정하도록 하는 방법도 좋은 방법이다. 또한, John / Mary / go / restaurant / dinner와 같은 연결되지 않은 단어의 나열을 제시하고, 학생들로 하여금 문장을 완성하도록 하면 문법의 일치관계와 기능어에 대한 학생들의 구사력을 평가할 수 있다.

쓰기평가에서 어휘력평가는 문장완성형이나, 이중언어어휘연습을 통해서 평가될 수 있다. 자유로운 쓰기연습이나 수필작성 같은 쓰기평가는 적절한 예나 객관적인 평가를 위해서 바람직하지 못하다. 오히려 지시된 쓰기연습(directed writing)

이 보다 바람직하다. 예를 들어서, 다른 시제를 이용하여 바꾸어 쓰기, 다른 시각에서 본문을 다시쓰기, 편지쓰기, 본문요약하기, 노트받아쓰기, 광고문안에 응답하기, 문장의 단서들을 이용하여 대화체 작성하기, 다양한 직업에 지원서 작성하기 등을 이용하는 것이 보다 효과적이다.

2.7 문화적 지식과 태도의 평가

제 2 언어 교수의 중요한 목적 중의 하나가 제 2 언어의 문화에 대한 지도이기 때문에, 문화적 지식도 반드시 평가되어져야 한다. 정보적 문화나 성취문화는 펜과 종이를 이용하여 평가할 수 있고, 행동문화에 대한 평가는 제 2 언어의 문화권에 있는 사람들이 행동하는 방식과 그들과 타인의 시각에 대해서도 평가해야 한다. 문화적 지식에 대한 평가는 제 2 언어 문화권에서 실제적으로 행동하는 것을 평가하는 것이 바람직하나, 이것은 학생의 수가 적어야 한다는 제한이 있다. 또한, 제 2 언어 프로그램에서 초기단계에서 학생들의 태도를 평가하는 것은 유용하다. 태도평가 질문지에는 The Jakobovits Foreign Language Attitude Questionnaire (Jakobovits, 1970)와 The Dufort Foreign Language Attitude Scale(Dufort, 1962)이 있다.

학생들의 개별적인 학습양식을 평가하기 위해서는 단어에 대한 반응, 질문에 대한 대답, 단락완성하기 등과 같은 자료를 기초로 하여 Lepke(1978)는 개인적인 학습양식을 평가하기 위한 다섯 가지 도구를 제시했다. 그 후에도 문화적 지식과 태도의 평가를 위한 평가유형이 Dunn et al.(1975), J. E. Hill(n.d.), Hunt(n.d.), Papalia(1976: 16-17), Reinert(1977) 등에 의해서 제시되었으나, 표준적인 평가방식은 아직 완성되지 않은 상태이다.

3. 종합적인 능숙도평가

3.1 Cloze 테스트

Cloze 테스트는 W. I. Taylor(1953)가 모국어 교재의 독서가능성을 평가하기 위해서 최초로 사용하였다. 그 후 1960년대 후반부터 제 2 언어 평가의 많은 연구의 대상이 되었다. Cloze 테스트에서는 매 5~7번째 단어가 생략되고 피시험자는 이 빈칸을 채워야 한다. 채점방식에는 정확한 단어만을 맞는 것으로 평가하는 방법과 수용가능한 단어도 맞는 것으로 평가하는 방법이 있다. 전자의 방식에 의하면 모국어 화자도 100% 정답을 얻어 내지 못한다. 후자의 방법이 보다 타당하지만 채점하는 데 복잡하다는 단점이 있다.

Cloze 테스트의 여러 가지 문제점을 보완하여 유용한 평가방법으로 이용하는 데는 두 가지 선택방법이 있다.

① 선다형 Cloze 테스트: 이전까지는 단순한 빈칸으로 남겨 놓았던 것을 선다형 항목으로 대치시킨다. 이것은 채점 시 시간이 많이 절약된다는 장점이 있다.

② 합리적인 방법으로 빈칸을 선정한다: 무작위로 빈칸을 선정한 Cloze 테스트보다는 합리적인 판단하에 빈칸을 선정하여 Cloze 테스트를 구성한다. 이 방법을 이용하면 학생들의 전체적인 이해도와 언어능력을 평가할 뿐 아니라 문법적, 어휘적 문제점을 평가하는 것이 가능하다.

따라서 가장 타당한 평가방법으로 수정 · 보완된 Cloze 테스트는 합리적인 방법으로 빈칸을 선정한 선다형 Cloze 테스트이다.

3.2 본문받아쓰기

본문받아쓰기는 전체 구문으로부터 전체 문장들이 보통의 속도로 읽혀지는 것을 받아 쓰는 시험유형인데, 이것이 종합적인 능숙도 평가유형 중의 하나이다. 본문받아쓰기는 정상적인 속도로 세 번 읽혀지는데, 첫 번째는 휴지기간이 없이 빠른 속도로, 두 번째는 학생들이 받아 쓸 수 있는 휴지기간을 주며, 세 번째는 학생들이 자신의 답을 정정할 수 있도록 좀 더 짧은 휴지기간을 준다. 그러나 한번에 받아 써야 하는 분량은 12개 단어를 초과하지 않아야 한다.

본문받아쓰기의 장점으로는 다음과 같은 점을 들 수 있다.

① 대화하는 수준의 속도와 단기기억에 적합한 길이 등의 조건을 구비하고 있으므로, 전체 능숙도평가에 매우 좋은 방법이다.

② 학생들의 현재 수준을 진단할 수 있는 충분한 정보를 제공해 준다.

이러한 장점 이외에 단점으로는 다음과 같은 점을 들 수 있다.

① 본문의 문맥이 단어를 추측하는 데 도움을 주기 때문에 음(音)을 분별하는

능력을 정확히 평가하지 못한다.

② 순수한 평가라기보다는 혼합된 성격을 가지고 있다.

③ 학생들의 말하기능력에 대해서는 전혀 평가할 수 없다.

④ 채점하는 데 시간과 노력이 많이 소요된다.

본문받아쓰기를 수정한 방법은 신중히 선정된, 빈칸이 많은 인쇄된 본문을 학생들에게 나누어 주고, 각 문장을 한 번씩만 읽어 주는 것이다. 이러한 방법을 부분적 본문받아쓰기라고 하는데, 준비하는 데 시간이 걸리지만 채점이 용이하고 실시하기가 용이하며, 점수결과가 객관적이라는 장점이 있다.

3.3 능숙도 면접시험

능숙도 면접시험에서 피시험자는 두 명의 면접자로 구성된 한 팀에 의해서 면접을 받는데, 한 명은 면접을 진행하는 모국어 화자이고, 한 명은 관찰하고, 기록하는 언어학자이다. 두 명의 심판관을 이용하는 것이 최종평가의 신뢰도를 높일 수 있다.

능숙도 면접시험에서 기본적인 등급은 약 5분 안에 대강 결정할 수 있으나, 정확한 말하기, 읽기 등급평가를 위해서는 보다 많은 시간이 소요된다.

이 방법에서는 피시험자가 유사한 구조와 주제를 반복하는 데 시간이 소요되고, 특정한 주제에 대해서는 전혀 언급을 하지 않는 경향이 있어서 문제점으로 지적되고 있다. 또한, 개인적인 성향의 문제가 존재하고, 이전의 피시험자가 월등한 능력을 발휘했으면 뒤에 따르는 피시험자는 상대적으로 평가절하되고 그 반대의 현상도 일어나는 문제점이 있다.[6)]

4. 등 급 화

학습결과가 좋고 나쁘다는 등급을 제시하는 것이 학생들이 공부를 더욱 열심히 하도록 자극한다. 그러나 평가가 지닌 본래의 기능이 제대로 발휘되기 위해서는 이 등급화가 철저한 기준 위에서 신중히 마련되어야 한다. 등급화에서는 절대평가를 제외하고는 반드시 기준이 정해져야 하는데, 기준이 정해졌을 때 점수가 의미를 부여받는 것이다. 한 평가에 대한 기준이 결정될 때까지 등급화 곡선을 이용한다. 정상적인 등급화 곡선은 평균과 표준편차 사이의 비율을 나타낸다.

[도표 16-2]의 등급화 곡선을 이용하는 데 있어서 한 가지 문제점은 수업규모가 작은 반에서는 점수분포가 정상곡선을 형성하지 못한다는 점이다. 또한, 정답을 맞힌 비율에 근거한 등급(예를 들어서, 98%-A, 80%-B 등)은 무의미하고, 공정하지 못하다. 시험의 수준에 따라서 정답의 비율은 변화될 수도 있기 때문이다. 수업시간에 사용되어지는 등급체계는 첫 시간에 상세히 설명되어야 한다. 또한, 일상적인 수업활동(숙제활동, 대화연습, 퀴즈 등)에 대한 등급도 결정되어야 한다. 제 2 언어 프로그램에서 초급단계에는 구문에, 고급단계에는 의사소통에 강조점이 주어지지만, 전체과정에 대한 등급은 구문과 의사소통에 모두 동등히 강조점을 두어야 한다.

도표 16-2 등급화 곡선

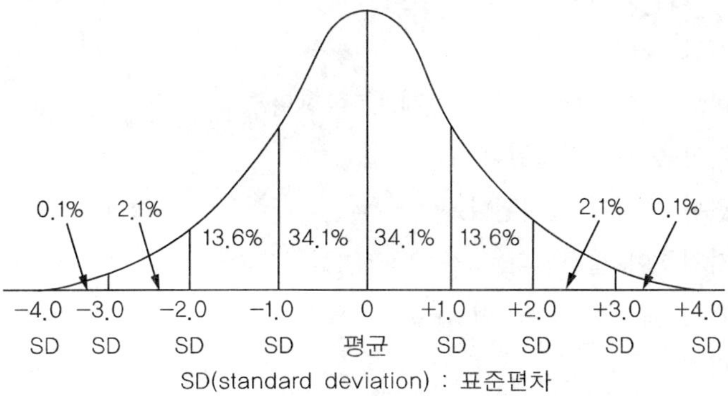

또 하나 주의해야 할 점은 마지막 평가점수를 전체 과정의 점수로 이용해서는 안 된다는 점이다. 마지막 시험에 비중을 많이 부여하는 방법은 과정 중에 지속적인 노력을 해 온 학생에게 불리한 평가를 내리기 때문이다.

5. 표준화된 평가의 이용

훌륭한 평가를 구성하고 수행하기 위해서는 다음과 같은 점을 고려하여 준비해야 한다.

① 무엇을(what), 왜(why) 평가해야 하는가를 알아야 한다. 이것은 평가의 목

적과 타당성의 개념에 관련되어 있다.

② 대부분의 모국어 화자들이 잘 수행할 수 있는 부분을 평가해야 한다.

③ 언어능력을 평가하기 위한 본보기는 임의적이어서는 안 된다.

④ 평가항목은 서로 독립적이어야 한다. 한 항목에 대한 정답이 다른 항목에 대한 정답을 유도해서는 안 된다.

위와 같은 점을 고려하여 구성된 평가가 표준화되기 위해서는 다음과 같은 단계를 거쳐야 하며, 객관적이고 합리적인 평가를 위해서는 평가를 표준화시키는 것이 중요하다.

즉, 하나의 평가는 몇 가지 단계를 거쳐서 표준화된다.

① 난이도의 수준을 결정한다.

② 평가될 지식의 본보기가 결정된다.

③ 평가항목이 집필, 편집, 구성된다.

④ 평가를 예비 실시한다.

⑤ 예비평가에 대한 결과를 통계, 분석한다.

⑥ 평가항목이 재편집된다.

⑦ 재편된 평가가 실시된다.

⑧ 평가기준이 결정된다.

⑨ 평가에 대한 대체유형이 집필되었으면, 2개 이상의 평가유형이 이용될 수 있다.

표준화된 평가는 등급이나 대화능력의 측정과의 관련성이 대단히 높다. 따라서 표준화된 평가가 진정한 의미의 평가라고 할 수 있다. 한 과정의 끝부분에서 시행되는 표준화된 평가는 그 과정의 결과를 평가하고, 다른 학교나 다른 방법과의 비교를 가능하게 해 준다. 표준화된 평가를 효율적으로 이용할 수 있기 위해서는 다양한 프로그램에서 각 수준에 적합하고, 국가적인 표준이 있는 평가체계가 존재해야 한다. 이것이 교수방법이나 여러 변수에 대한 지속적인 연구를 가능하게 해 준다. 표준화된 평가를 용이하게 형성하기 위해서 J. Clark(1972)는 전산처리된 평가항목 공동제를 형성할 것을 제안했다. 이러한 제도를 이용하면 다양한 유형의 평가를 구성하고, 오류나 보완상의 문제가 없는 평가, 학생의 모국어 환경에 적용된 평가를 형성할 수 있다.

참고사항

1) 언어교수(teaching)에 대한 자세한 내용은 '제 8 장 언어교수학자' 참고.

2) Cooper(1972)는 testing에 대한 정의를 "측정이나 평가의 목적을 위해서 동일한 조건 하에서 시행되는 한 가지 혹은 일련의 과업"이라고 한다.

3) Richards와 Rodgers(1986)는 evaluation에 대한 정의에서 "평가는 어떤 결정을 하기 위하여 한 언어의 역동성, 효율성, 수용가능성에 대한 자료를 수집하는 과정을 의미한다. 기본적으로 평가는 한 언어의 목적이나 목표가 수행되었는지의 여부, 즉 그 과정이 효율적이었는가의 여부를 나타내 준다"고 한다.

4) Carroll(1962)은 성공적인 학습을 위해서 ① 교육의 질, ② 학습의 기회, ③ 지능, ④ 동기, ⑤ 적성의 요인이 필요하다고 주장했다.

이중에서 적성을 평가하기 위한 평가방법으로는 Carroll과 Sapon의 'Language Aptitude Test'(MLAT, 1959), EMLAT(elementary MLAT, 1967), Pimsleur의 'Language Aptitude Battery'(LAB, 1966-a) 등이 있다. 적성은 성공적인 언어학습을 위한 다섯 가지 요인 중에서 한 가지에 불과하므로, 적성검사의 결과만으로 학생들을 평가하는 것은 바람직하지 못하다.

5) Lado(1961)는 훌륭한 다지선다형 평가의 요인으로 다음의 항목을 들었다.

① 학습하고 있는 문제를 다루어야 한다.
② 쉬운 언어로 문맥 속에서 충분한 단서를 제시해야 한다.
③ 하나의 정답 혹은 가장 타당한 선택항목이 존재해야 한다.
④ 각 항목이 독립적이어야 하고, 단순해야 한다.
⑤ 학습해야 하는 내용 이외의 단서 때문에 선택의 가능성이 생겨서는 안 된다.

6) 종합적인 능숙도평가의 또 다른 유형으로는 소음테스트(noise test)와 모방법이 있다.

소음테스트란 본문받아쓰기의 일종으로 일정한 간격을 두고 단어 사이에 소음을 첨가하는 방식이다. 이 테스트는 전체 능숙도평가에 훌륭한 지표역할을 한다는 지지 의견과 모국어 화자에게만 관련이 있고, 제 2 언어 학습자에게는 무관하다는 반대의 의견도 있다.

모방법은 문법적으로 좀 더 난해하거나, 단기기억능력을 초과하는 내용을 포함하는 문장들을 반복하는 것인데, 이 과정에서 학생들은 기억하고 다시 입력시키는 과정을 이용하게 된다. 수업시간의 진행평가 방법으로서 응용될 수 있는 좋은 방법이다.

연 구 과 제

1. 평가의 기본적인 네 가지 평가유형이 무엇인지 각각의 특징을 설명하시오.
2. 평가가 갖추어야 할 기본 요건은 무엇인가?
3. 다음의 용어를 설명하시오.
   ① 상대평가(norm-referenced test)
   절대평가(criterion-referenced test)
   ② 분리식 평가(discrete-point test)
   통합적 평가(integrative test)
4. 평가가 수행하는 중요한 세 가지 기능을 설명하시오.
5. Cloze 테스트, 본문받아쓰기, 능숙도 면접시험이 종합적인 능숙도평가로서 사용되어질 때의 각각의 특징을 설명하시오.

참 고 문 헌

Alderson, J. 2000. *Assessing reading*. Cambridge, UK: Cambridge University Press.

Alderson, J. C., & Banerjee, J. 2001. Language testing and assessment(Part 1). *Langauge Teaching* 34: 213-236.

__________________________. 2002. Language testing and assessment(Part 2).

Langauge Teaching 35: 79-113.

Allen, J. P. B., and S. Pit Corder. 1974. Techniques in Applied Linguistics. *Edinburgh Course in Applied Linguistics*, vol. 2. London: Oxford University Press.

Brie're, Eugene J. et al. 1978. A Look at Cloze Testing Across Languages and Levels. *MLJ* 62: 23-26.

Brown, H. D. 2004. *Language assessment: Principles and classroom practices.* White Plains, NY: Pearson Education.

Brown, J. D. 1988. *Understanding Research in Second Language Learning A Teacher's Guide to Statistics and Research Design.* Cambridge: Cambridge University Press.

__________. 1989-a. Improving ESL Placement Tests Using Two Perspectives. *TESOL Quarterly* 23: 65-83.

__________. 1989-b. Language Program Evaluation: A Synthesis of Existing Possibilities. In *The Second Language Curriculum.* Johnson, R. K., ed., Cambridge: Cambridge University Press.

__________. 2005. *Testing in langugae programs: A comprehensive guide to English langauge assessment.* New York: McGraw-Hill.

Buck, G. 2001. *Assessing listening.* Cambridge, UK: Cambridge University Press.

Carroll, B. J., & Hall, P. J. 1985. Make Your Own Language Tests: A Practical Guide to Writing Language Tests. *A Practical Guide to Writing Language Performance Tests.* Oxford: Pergamon.

Carroll, John B. 1961. *Testing.* Washington, D. C.: Center for Applied Linguistics.

Clark, John L. D. 1972. *Foreign Language Testing: Theory and Practice.* Philadelphia: Center for Curriculum Development.

Davies, A. 1990. *Principles of Language Testing.* Oxford: Blackwell.

Dufort, Mary. 1962. *Foreign Language Attitudes Scale.* Stanford, California: Standford Center for Research and Development in Teaching.

Gaies, Stephen J. et al. 1977. Toward the Measurement of Functional Proficiency:

Contextualization of the Noise test. *TESOL Quarterly* 11: 51-57.

Gardner, Robert C., and Wallace E. Lambert. 1972. *Attitudes and Motivation in Second Language Learning.* Rowley, Mass.: Newbury House.

Genesee, E., & Upshur, J. 1996. *Classroom-based evaluation in second language education.* Cambridge, UK: Cambrigde University Press.

Gingras, Rosario C., ed., 1978. Second Language Acquisition and Foreign Language Teaching. Arlington, Va.: Center for Applied Linguistics.

Gold, Richard M. et al. 1971. Achievement Declines Under Pass-Fail Grading. *Experimental Education* 39(iii): 17-21.

Hughes, A. 1989. *Testing for Language Teachers.* Cambridge: Cambridge UP.

_________. 2003. *Testing for Language Teachers*(2nd ed.), Cambridge: Cambridge UP.

Jakobovits, Leon A. 1970. *Foreign Language Learning: A Psycholinguistic Analysis of the Issues.* Rowley, Mass.: Newbury House.

Jones, Randall L., and Bernard Spolsky, eds., 1975. *Testing Language Proficiency.* Arlington, Va.: Center for Applied Linguistics.

Jonz, Jon. 1976. Improving on the Basic Egg: The M-C Cloze. *LL* 26: 255-265.

Kirschenbaum, Howard et al. 1971. Wad-ja-get? *The Grading Game in American Education.* New York: Hart.

Krashen, Stephen D. 1978. The Monitor Model for Second Language Acquisition. In R. Gingrsa, ed., 1978: 1-26.

Lado, Robert. 1961. *Language Testing: The Construction and Use of Foreign Language Tests.* London: Longmans.

Lepke, Helen S. 1978. Assessing Individual Learning Styles: An Analysis of Five Instruments. *FLA* 11: 657-668.

Leung, C., & Lewkowicz, J. 2006. Expanding horizons and unresolved conundrums: Language testing and assessment. *TESOL Quarterly* 40: 211-234.

Madsen, H. 1983. *Techniques in Testing.* Oxford: Oxford University Press.

Oller, John W., Jr. 1972. Scoring Methods and Difficulty Levels for Cloze Tests of

Proficiency in English as a Second Language. *MLJ* 56: 151-158.

________________. 1973. Cloze Tests of Second Language Proficiency and What They Measure. *LL* 23: 105-118.

________________, and Christine A. Conrad. 1971. The Cloze Technique and ESL Proficiency. *LL* 21: 183-195.

________________, and Jack C. Richards, eds., 1973. *Focus on the Learner: Pragmatic Perspectives for the Language Teacher.* Rowley, Mass.: Newbury House.

________________, and Kyle Perkins. 1980. *Research in Language Testing.* Rowley, Mass.: Newbury House.

O'Malley, J. M., & Pierce, L. 1996. *Authentic assessment for English language learners: Practical approaches for teachers.* White Plains, NY: Addison-Wesley.

Papalia, Anthoy. 1973. An Assessment of Attitudes and Behaviors of Foreign Language Teachers. *FLA* 7: 231-236.

________________. 1976. *Learner-Centered Language Teaching: Method and Materials.* Rowley, Mass.: Newbury House.

Pimsleur, Paul. 1966-a. *Pimsleur Language Aptitude Battery.* New York: Harcourt Brace Jovanovich.

________________. 1966-b. *Testing Foreign Language Learning.* In A. Valdman, ed., 1966: 175-214.

Porter, D. 1976. Modified Cloze Procedure: A More Valid Reading Comprehension Test. *ELT* 30: 151-155.

Read, Alderson, J. 2000. *Assessing vocabulary.* Cambridge, UK: Cambridge Universtiy Press.

Robinson, P. 2005. Aptitude and second language acquisition. *Annual Review of Applied Linguistics* 25: 46-73.

Savignon, Sandra J. 1972. *Communicative Competence: An Experiment in Foreign-Language Teaching.* Philadelphia: Center for Curriculum Development.

Savignon, S. 1983. Testing. In *Communicative Competence: Theory and Classroom*

Practice. Reading, MA: Addison-Wesley.

Sewell, Penelope M. 1974-1975. Test-Items—Objective and Otherwise. *Audio-Visual Language J* 12: 147-156.

Shohamy, E. 2001. *The Power of tests: A critical perspective on the use of language tests*. Harlow, UK: Pearson Education.

Spolsky, Bernard. 1966. Attitudinal Aspects of Second Language Learning. *LL* 19: 271-285.

Stubbs, Joseph B., and G. Richard Tucker. 1974. The Cloze Test as a Measure of English Proficiency. *MLJ* 58: 239-241.

Taylor, W. L. 1958. Cloze Procedure: A New Tool For Measuring Readability. *Journalism Quarterly* 30: 415-433.

Underhill, N. 1987. *Testing Spoken Language: A Handbook of Oral Testing Technigues*. Cambridge: Cambridge UP.

Valette, Rebecca M. 1977. *Modern Language Testing*, 2nd ed., New York: Harcourt Brace Jovanovich.

Wilkins, George W., and E. Lee Hoffman. 1964. The Use of Cognates in Teaching Pronunciation. *LL* 14: 39-43.

Yorio, Carlos A. et al. 1979. *ON TESOL '79: The Learner in Focus*. Washington, D. C.: Teachers of English to Speakers of Other Languages.

부 록 A

Hammerly(1982)는 언어교수학이 기타 다른 학문에 종속되는 것을 반대하고, 언어교수학 자체의 독립성을 강조하기 위해서 대학원 교과과정에 언어교수학을 하나의 학과과정으로서 포함시켜야 할 것을 주장했다. 그가 주장한 언어교수학의 대학원 프로그램의 내용은 다음과 같다.

이러한 그의 주장은 1980년대 이후 미국 내에서 활발하게 진행되어서 학과 간의 교류와 상호 관련성을 중시한 연구 프로그램을 많이 제공하게 되었다. 따라서, 기존의 TESL, TEFL 프로그램을 제공하던 대학 이외의 다른 대학에서는 영문과, 언어학과, 심리학과, 교육학과 등등과 연결된 상호학제 간의 프로그램(interdisciplinary program)을 개발하여 박사학위를 수여하기에 이른다. 예를 들어서, 미국의 University of Texas at Austin에서는 FLEC(Foreign Language Education Course)라는 학제 간의 프로그램을 개발하여 외국어로서의 영어를 전공하는 사람들에게 박사학위를 수여한다. 우리나라에서는 주로 영어영문학과와 영어교육학과 또는 영어과에서 외국어로서 영어를 교육하는 것을 전공하는 사람들에게 박사학위를 제공하여 왔다. 최근 1990년대 중반 이후 서울시내 모대학에서는 언어교수공학과가 신설되었다고 한다.

언어교수학의 대학원과정 프로그램

제 2 언어 교수영역의 연구분야나 실제 교육현장에서 언어교수학자가 반드시 필요한데, 언어교수학자란 대학원에서 언어교수학의 모든 영역, 특히 이론과 연구를 대학원에서 높은 수준의 훈련을 받은 사람이다.

언어교수학에서의 대학원 프로그램은 '외국어교육'이라는 명칭 아래, 많은 미국대학에서 제공하고 있는 프로그램과는 질적으로 다르다. 언어교수학의 대학원 프로그램은 교육학에서의 일반적인 과정을 포함하지 않는다. 대신에 학부 프로그램을 충실히 학습한 후에, 언어교수학과 대학원 학생들은 언어교수학의 과목만을 수강하게 될 것이다. 그러나 대학원 학생들의 개별적인 흥미나 연구목적에 특별히 관련되는 특정한 과목인 언어학이나 심리학과목은 언어교수학 프로그램에서 허용되어질 수도 있다.

즉, 언어교수학 연구는 주로 다음과 같은 분야를 다루어야 한다.

① 언어교수학이론: 제 2 언어 교수 · 학습영역의 이론

② 언어학이론: 언어영역의 이론

③ 심리학이론: 심리학에 관한 이론 중 학습이론

④ 교육학이론: 교수영역의 이론

⑤ 사회-문화이론: 사회학, 문화인류학 등

이러한 기본적인 이론의 영역 위에서, 언어교수학 분야에서 석사나 박사학위를 위한 구체적인 요구사항들은 다음과 같다.

예비조건

① 평균수준 이상의 학부과정 학점

② 적합한 GRE(Graduate Record Examination) 점수(언어영역과 수학영역)

③ 교수언어에 대한 적합한 지식(이것은 TOEFL(Test of English as a Foreign Language))과 같은 시험으로 평가될 수 있다.

④ 교수언어 이외의 또 다른 한 언어에 대한 고급수준의 지식: 네 가지 기능에 대한 지식(MLA-Cooperative Foreign Language Tests와 같은 시험으로 측정될 수 있다).

⑤ 또 다른 외국어 언어로 된 전문적인 출판물을 읽을 수 있는 능력(이 능력은 Graduate School Foreign Language Test와 같은 시험으로 불어, 독어, 러시아어, 스페인어로 평가될 수 있다).

⑥ Indo-European Language가 아닌 언어를 2학기 정도 수강

⑦ 언어학, 음성학, 음소학, 생성음운론, 형태론, 통사론에 개론서를 포괄하

는 학부과정의 언어학과 과목들

⑧ 심리학, 학습, 인지, 동기화, 기억, 인성의 개론서를 포괄하는 학부과정의 심리학과 과목들

⑨ 교육이론과 교육심리학을 포함하는 학부과정의 교육학 관련 과목들

⑩ 통계학에서 두 개의 학부과목

⑪ 사회학개론서, 문화인류학개론서, 역사, 지질학, 경제학, 정치학, 예술분야에서 최소한 한 과목을 수강하며, 문화적으로 관련된 과목도 수강

⑫ 학부과정에서 한 개 이상의 제 2 언어 '지도방법론' 과목을 수강하는 것이 바람직함.

대학원 언어교수학과 과목들

아래에서 제시된 모든 과목들은 3시간짜리 과목들이다.

① 언어교수학 연수(대학원 학생의 첫 번째 학기에서 요구된다).

② 언어교수학의 함축성과 언어학과 심리학의 응용(필수)

③ 언어교수학의 방법과 접근방식(필수)

④ 대조분석과 오류분석

⑤ 제 2 언어 발음, 문법과 어휘의 지도법

⑥ 언어교수학의 평가

⑦ 언어교수학의 기술학

⑧ 제 2 문화 지도법

⑨ 언어교수학의 역사

⑩ 모국어 습득이론

⑪ 이중언어이론

⑫ 언어교수학의 사회적 측면

⑬ 실습 Ⅰ: 제 2 언어 교수를 지도감독한다. 언어교수학의 대학원 학생은 학자가 되기 위한 공부만큼 훌륭한 선생님이 되기 위한 준비도 해야 한다.

⑭ 실습 Ⅱ: 제 2 언어 교재 준비과정을 지도감독한다.

위의 14과목 이외에, 특수한 제 2 언어(예를 들면, ESL, French as a Second Language, Spanish as a Second Language 등)의 교수·학습에 대한 과목이 있어야

하고, 특별한 주제를 깊이 있게 연구하는 언어교수학 세미나와 강독과목이 있어야 한다. 관련된 언어교수학과목 이외에, 언어교수학 이외의 다른 과목들은 학생의 프로그램에 관련되는 경우 허용될 수 있다.

학점과 논문준비

언어교수학의 석사학위를 위해서는 24시간(8과목)이 필수적인 과정이다. 그 중 9시간(3과목)은 언어교수학 이외의 영역이 될 수 있고, 6시간은 논문준비 과정이다.

박사학위를 위해서는 언어교수학의 석사를 마치고, 대학원 과목에서 24시간(8과목)을 이수하는데, 그중에서 18시간(6시간)은 언어교수학 이외의 영역이 될 수 있고, 6시간의 논문준비 과정이 포함된다.

부　　록 B

제2언어 능숙도 등급

미국 국무성 외교연구원(F. S. I: Foreign Service Institute)에서 정한 제2언어 능숙도의 등급은 아래와 같다. 말하기(S)와 읽기(R)의 두 기술에 관한 능숙도 특정을 나타내며, 등급은 1에서 5까지이며 중간수준은 '+'로 표시한다.

① 초급단계의 능숙도

S-1: 인사말과 여행에 필요한 말을 할 수 있다.

R-1: 사람, 장소, 거리의 이름, 숫자, 상점과 사무실, 개별 단어와 구를 읽는다.

② 제한적 직업수행의 능숙도

S-2: 일상적 사회생활과 제안적 · 직업적 업무를 말로 수행한다.

R-2: 친숙한 주제에 관한 산문, 인쇄물을 읽는다.

③ 최소한의 전문적인 능숙도

S-3: 정확한 구조를 발화하며, 사회적 · 직업적 주제에 관한 공식 · 비공식적의 대화를 효과적으로 수행한다.

R-3: 신문의 기사, 편지, 특정영역의 전문적 자료와 보고서를 읽는다.

④ 전문적 능숙도

S-4: 전문적인 직업상 필요한 업무를 말로 정확히 능숙하게 수행한다.

R-4: 전문적인 업무에 필요한 모든 문체와 형태의 글을 읽는다.

⑤ 모국어 · 이중언어의 능숙도

S-5: 모국어 화자와 비슷한 수준으로 능숙히 말한다.

R-5: 모국어 화자와 같은 읽기수준을 갖는다.

부　록 C-1: 학습책략 측정 도구

1. 나는 영어로 새로운 것을 배울 때, 내가 이미 영어로 잘 알고 있는 것과 그 새로운 것을 관련지어 생각해 본다.
2. 나는 새로운 영어 단어를 잘 기억할 수 있도록 그 단어를 문장 속에서 사용해 본다.
3. 나는 새로운 영어 단어를 잘 기억하기 위해 단어의 소리(sound)를 단어의 이미지 및 영상과 연상시킨다.
4. 나는 새로운 영어 단어를 사용할 수 있는 상황을 머리 속에 그려봄으로써 그 단어를 기억한다.
5. 나는 새로운 영어 단어를 기억하기 위해 운율(끝소리가 같은 단어와 짝짓는 것)을 사용한다.
6. 나는 새로운 영어 단어를 기억하기 위해 낱말카드를 사용한다.
7. 나는 새로운 영어 단어를 기억하기 위해 몸짓으로 그 동작을 해 본다.
8. 나는 영어 수업을 자주 복습한다.
9. 나는 새로운 영어 단어가 책이나 칠판 혹은 거리의 간판 등에서 쓰였던 위치를 떠올려 봄으로써 단어를 기억한다.
10. 나는 새로운 영어 단어를 여러 번 반복하여 말해 보거나 적어 본다.
11. 나는 영어 화자처럼 말하려고 시도해 본다.
12. 나는 영어 발음을 연습한다.
13. 나는 아는 영어 단어를 여러 가지 방법으로 사용해 본다.
14. 나는 대화를 영어로 시작한다.

15. 나는 영어로 나오는 TV 프로그램을 보거나 영화를 본다.
16. 나는 재미삼아 영어로 쓰여진 글을 읽는다.
17. 나는 쪽지, 메시지, 편지나 보고서를 영어로 써본다.
18. 나는 영어로 쓰인 글을 읽을 때 먼저 쭉 훑어 본 뒤, 다음 처음으로 되돌아가서 주의 깊게 읽는다.
19. 나는 새로 익힌 영어 단어와 비슷한 우리말 단어를 찾아본다.
20. 나는 영어에서 패턴을 찾아보려고 노력한다.
21. 나는 영어 단어의 어근이나 접두사 또는 접미사로 나누어 단어의 의미를 알아낸다.
22. 나는 단어 대 단어 번역을 하지 않으려고 한다.
23. 나는 영어로 들은 내용이나 읽은 내용을 요약해 본다.
24. 나는 잘 모르는 영어 단어가 나오면 그 의미를 추측해 본다.
25. 나는 영어로 대화를 하는 도중 단어가 잘 생각나지 않으면, 제스처를 사용한다.
26. 나는 만약 적당한 영어 단어가 생각나지 않으면, 새로운 단어를 만들어 본다.
27. 나는 새로 나오는 단어를 일일이 다 사전에서 찾아가며 읽지 않는다.
28. 나는 상대방이 다음에 뭐라고 영어로 말할지 추측해 보려고 한다.
29. 나는 만약 영어 단어가 생각나지 않으면, 같은 의미의 다른 단어나 표현을 사용해 본다.
30. 나는 영어를 사용할 수 있는 가능한 한 많은 방법을 찾고자 한다.
31. 나는 나의 영어 오류를 알아차리며, 그러한 실수를 내가 영어를 더욱 잘하기 위한 방법으로 선용한다.
32. 나는 어떤 사람이 영어로 말할 때 주의를 기울인다.
33. 나는 영어를 더욱 잘 학습할 수 있는 방법을 모색한다.
34. 나는 영어를 공부하는 시간을 충분히 가질 수 있도록 계획을 짠다.
35. 나는 영어로 함께 이야기할 수 있는 사람을 찾는다.
36. 나는 가능한 한 영어로 많이 읽을 기회를 추구한다.
37. 나는 영어 실력을 향상시키려는 분명한 목표를 가지고 있다.

38. 나는 영어 공부를 하면서 나의 영어 실력이 나아지고 있는가를 생각한다.
39. 나는 영어를 사용하는 것에 대한 두려움을 느낄 때마다 긴장을 풀어보려고 한다.
40. 나는 실수에 대한 두려움을 느낄 때 조차도 용기를 내어 영어로 말하려고 한다.
41. 나는 영어를 잘 했을 때, 그에 대한 보상이나 칭찬을 스스로에게 한다.
42. 나는 영어를 공부하거나 사용할 때, 내가 긴장하거나 초조한지 알아차린다.
43. 나는 영어학습일지에 나의 느낌을 적는다.
44. 나는 영어 공부를 할 때, 느끼는 감정에 대하여 다른 사람에게 이야기한다.
45. 나는 만약 상대방이 영어로 하는 말을 이해할 수 없을 때, 천천히 또는 다시 말해 달라고 부탁한다.
46. 나는 영어로 말할 때 영어 화자에게 틀린 것이 있으면 고쳐달라고 부탁한다.
48. 나는 영어 화자에게 도움을 청한다.
49. 나는 영어로 질문을 한다.
50. 나는 영어권 국가의 문화를 알려고 한다.

점수 매기기

1. 각 문항마다 다음과 같이 계산한다.
전혀 그렇지 않다=1점, 그렇지 않다=2점, 보통이다=3점, 그렇다=4점, 아주 그렇다=5점

2. 학습책략을 영역별로 점수 계산을 한다.

Part A	Part B	Part C	Part D	Part E	Part F
1.______	10.______	24.______	30.______	39.______	45.______
2.______	11.______	25.______	31.______	40.______	46.______
3.______	12.______	26.______	32.______	41.______	47.______
4.______	13.______	27.______	33.______	42.______	48.______
5.______	14.______	28.______	34.______	43.______	49.______
6.______	15.______	29.______	35.______	44.______	50.______
7.______	16.______		36.______		
8.______	17.______		37.______		
9.______	18.______		38.______		
	19.______				
	20.______				
	21.______				
	22.______				
	23.______				

A. 기억	B. 인지	C. 보상	D. 초인지	E. 정의적	F. 사회적	전체
합계____	합계____	합계____	합계____	합계____	합계____	합계____
÷9=___	÷14=__	÷6=__	÷9=___	÷6=___	÷6=___	÷50=__
						(전체 평균)

부 록 C-2: 애매함 견디기 측정 도구

1. 외국어 책을 읽다가 무슨 말인지 도무지 알 수 없으면 참을 수가 없다.
2. 선생님이 하는 말을 통 알아듣지 못하면 신경이 쓰인다.
3. 외국어로 글을 쓰다가 내 생각을 정확히 표현할 수 없으면 기분이 좋지 않다.
4. 어떤 외국어 문법 규칙을 완전히 이해할 수 없을 때 좌절감을 느낀다.
5. 내 외국어 발음이 정확하지 않다는 생각에 기분이 좋지 않다.
6. 무슨 뜻인지 완전히 이해하는데 시간이 많이 걸리는 외국어 책(또는 글)을 읽는 것이 즐겁지 않다.
7. 아무리 외국어 문법을 공부해도 외국어로 말할 때나 쓸 때 그 문법을 이용하기가 어려우면 신경이 쓰인다.
8. 외국어로 글을 쓸 때 내가 원하는 바를 정확하게 표현하지 못한다는 사실이 마음에 들지 않는다.
9. 내가 모르는 단어를 선생님이 사용하면 신경이 쓰인다.
10. 외국어로 말을 할 때, 내 생각을 분명하게 전달할 수 없으면 불안하다.
11. 가끔 우리말에 꼭 맞는 영어 단어를 찾을 수 없다는 사실이 마음에 들지 않는다.
12. 외국어로 글을 읽을 때 마음에 들지 않는 점은 정확한 의미를 모를 때 의미를 짐작하며 읽어야 한다는 것이다.

점수 매기기

1. 각 문항마다 다음과 같이 계산한다.
   전혀 그렇지 않다=1점, 그렇지 않다=2점, 보통이다=3점, 그렇다=4점, 아주 그렇다=5점

2. 총점을 계산하여 다음 표와 비교해 본다.

잘 견디는 편 ↔ 잘 견디지 못하는 편	
12점	48점

부　　록 C-3: 감각 학습 스타일 선호도 조사 도구

1. 나는 수업을 들을 때나 토론에 참여할 때 노트 필기를 하지 않아도 대부분의 내용을 기억할 수 있다.
2. 나는 수업을 듣거나 토론에 참여하는 것보다 책을 통해서 더 많이 배운다.
3. 나는 무언가를 만들거나 그림으로 그릴 수 있을 때 더 많이 배운다.
4. 나는 새로운 내용을 학습할 때, 책의 본문 내용을 읽는 것보다 도표나 그림 등 시각 자료를 훑어보면 더 쉽게 이해된다.
5. 나는 학과 내용에 대해 다른 사람과 이야기해 보면 내 자신의 생각이 더 잘 정리되고 이해된다.
6. 나는 수업을 듣거나 토론을 할 때 노트 필기를 하며, 시험 전에 그것을 몇 번 주의 깊게 읽어본다.
7. 나는 교재나 신문, 소설 등을 읽을 때, 머릿속으로 개념이나 줄거리 등을 생각해 본다.
8. 나는 손재주가 있으며 물건을 잘 고치고 잘 조립한다.
9. 나는 읽거나 글로 써본 내용보다 다른 사람과 토론한 내용을 더 잘 기억한다.
10. 나는 글로 설명이 되어있지 않은 그래프나 도표는 이해가 잘 안 된다.
11. 나는 글을 읽을 때 중요한 내용이 잘 보이고 헛갈리지 않도록 밑줄을 긋거나 형광펜으로 칠한다.
12. 나는 오디오 테이프로 들은 내용을 잘 기억한다.
13. 나는 신체적으로 잘 균형 잡혔으며 운동을 잘 한다.

14. 나는 새로운 단어를 외우려면, 발음을 듣고 그 발음을 직접 꼭 해 보아야 한다.
15. 나는 어떤 것을 알려고 할 때, 그 내용에 대해 수업을 듣거나 책을 읽거나 잡지 기사를 읽는 것보다 영화를 보는 것이 좋다.
16. 나는 TV나 라디오 뉴스를 듣는 것보다 신문이나 시사 잡지에서 뉴스를 읽는 것을 더 좋아한다.
17. 나는 새로운 단어나 중요한 내용을 외칠 때, 학습장이나 노트에 그림으로 그려본다.
18. 나는 숙제나 필기한 노트를 소리내어 읽으면 더 잘 집중되고 이해된다.
19. 나는 설명이나 수업을 들을 때, 머릿속으로 이미지나 그림을 그려보면 더 잘 이해된다.
20. 나는 단어 철자를 확실히 모르면 이렇게 저렇게 써보며 맞는 철자를 생각해 본다.
21. 나는 숙제나 시험에 대해 지시 사항을 귀로 듣기만 하는 것보다 철판이나 유인물에서 눈으로 읽어보아야 가장 잘 이해가 된다.
22. 나는 교재에 그림이나 도표가 밝은 색으로 되어 있으면 기억이 더 잘 된다.
23. 나는 신문이나 시사 잡지에서 뉴스 기사를 읽는 것보다 TV나 라디오 뉴스를 듣는 것이 더 좋다.
24. 나는 어떤 학과목 내용을 수업이나 교재로 배운 것보다, 견학이나 현장답사를 통해 배운 것이 더 잘 이해되고 더 많이 기억난다.
25. 나는 새로운 단어를 외우려면 눈으로 여러 번 읽어봐야 한다.
26. 나는 어떤 것을 만들거나 그리기 전에 먼저 그것이 완성된 모습을 머릿속으로 그려본다.
27. 나는 선생님이 수업 시간에 숙제에 대해 설명해 주지 않고 숙제를 내 주면 어떻게 하는 건지 이해하기가 잘 안 된다.
28. 나는 수업 시간에 집중하고 인정하기 위해 수업을 듣거나 토론을 하면서 글씨를 쓰거나 그림을 그린다.
29. 나는 해당 그림이나 예도 없이 새로운 용어에 대한 정의만 나와 있다면 이해하는 데 어려움이 있다.

30. 나는 그냥 즐기거나 정보를 얻기 위해 신문, 잡지, 책을 규칙적으로 읽는다.
31. 나는 새로운 것을 학습할 때, 그리거나 모형을 만들거나 실험 실습을 하는 등 구체적인 실습 경험을 할 수 있다면, 더 관심이 생기고 훨씬 더 잘 기억된다.
32. 나는 교재를 읽어와야 하는 숙제가 있으면, 읽으면서 주요 내용을 메모하거나 글로 요약해 본다.

점수 매기기

1. 각 문항마다 다음과 같이 계산한다.
   아니다=1점, 보통이다=2점, 그렇다=3점

2. 각 유형별로 총점을 계산하여 총점을 유형별로 서로 비교해 본다.

시각 · 언어적 유형		시각 · 비언어적 유형		청각적 유형		시각 · 조작적 유형	
문항	점수	문항	점수	문항	점수	문항	점수
2.	______	4.	______	1.	______	3.	______
6.	______	7.	______	5.	______	8.	______
10.	______	14.	______	9.	______	11.	______
16.	______	17.	______	12.	______	13.	______
21.	______	19.	______	15.	______	20.	______
25.	______	22.	______	18.	______	24.	______
30.	______	26.	______	23.	______	28.	______
32.	______	29.	______	27.	______	31.	______
총점	______	총점	______	총점	______	총점	______

부 록 C-4: 외국어 학습 불안감 측정 도구

1. 외국어 수업 시간에 외국어로 말하는 것이 불안하다.
2. 외국어 수업 시간에 틀리게 말할까 봐 걱정된다.
3. 외국어 수업 시간에 시킬까 봐 겁이 난다.
4. 외국어 수업 시간에 선생님이 하는 말이 이해되지 않을 때 두렵다.
5. 외국어 수업이 더 많아져야 한다면 걱정된다.
6. 다른 학생들이 나보다 외국어를 더 잘 한다는 생각이 자꾸 든다.
7. 외국어 시험 때에도 대개 마음이 편안하다.
8. 외국어 수업 시간에 미리 예습하지 않고 들어가면 외국어로 말하기가 겁이 난다.
9. '외국어 과목에서 낙제하면 어떻게 하나' 그런 걱정이 든다.
10. 다른 학생들이 왜 외국어 시간에 긴장하는지 이해가 된다.
11. 외국어 수업 시간에 알고 있던 것이 생각나지 않으면 긴장된다.
12. 외국어 수업 시간에 자진해서 대답하기가 창피하다.
13. 외국어 화자들과 말하는 것이 긴장된다.
14. 내가 틀리게 말하거나 쓴 것을 선생님이 고쳐줄 때, 이해가 안 되면 불안하다.
15. 예습을 아무리 잘 해도 외국어 수업 시간이 걱정된다.
16. (불안해서) 외국어 수업 시간에 빠지고 싶을 때가 종종 있다.
17. 외국어 수업 시간에 외국어로 말하는 것에 자신이 있다.
18. 내가 틀리게 말하거나 쓴 것을 선생님이 모두 지적할까 봐 두렵다.

19. 외국어 수업 시간에 내 이름이 불리면 가슴이 뛴다.
20. 외국어 시험공부를 하면 할수록 더 혼란스럽다.
21. 외국어 수업에 대비해서 예습하는 것에 스트레스를 받는다.
22. 다른 학생들이 나보다 외국어로 말하기를 더 잘 한다는 생각이 항상 든다.
23. 다른 학생들 앞에서 외국어로 말하기가 아주 창피하다.
24. 외국어 수업 진도가 너무 빠르면 못 쫓아갈까 봐 걱정된다.
25. 외국어 수업 시간이 다른 수업 시간보다 더 긴장되고 떨린다.
26. 외국어 수업 시간에 여러 사람 앞에서 말할 때, 긴장되고 머릿속이 혼란스럽다.
27. 외국어 수업이 시간이 다가오면 마음이 편안하고 느긋하다.
28. 외국어 수업 시간에 선생님이 하는 말을 다 알아듣지 못하면 긴장이 된다.
29. 외국어로 말할 때 문법 규칙 때문에 부담스럽다.
30. 내가 외국어로 말할 때, 다른 학생들이 웃을까 봐 두렵다.
31. 외국어 화자들과 함께 있어도 편안할 것이다.
32. 외국어 시간에 내가 미리 준비하지 못한 질문을 하면 긴장된다.

점수 매기기

1. 각 문항(7, 17, 27, 31번 문항은 제외)을 다음과 같이 계산한다.
   전혀 아니다=1점, 아니다=2점, 보통이다=3점, 그렇다=4점,
   아주 그렇다=5점
2. 7, 17, 27, 31번 문항은 다음과 같이 계산한다.
   전혀 아니다=5점, 아니다=4점, 보통이다=3점, 그렇다=2점,
   아주 그렇다=1점
3. 총점을 계산하여 32로 나누어 평균값을 계산한다. 평균 점수가 3점보다 클수록 불안감이 큰 편이고, 3점보다 작을수록 불안감이 낮은 편이다.

---

* 부록 C-1, C-2, C-3, C-4: 김형엽 외. 2002. 『언어, 그 신비로운 세계』, pp. 289-315.

색　인

국문색인

ㄱ

ㅍ

ㅎ

영문색인

A

M

N

O

P

저자 약력

박 경 자

고려대학교 영문학과 졸업(B.A.)
고려대학교 대학원 영문학과 졸업(M.A.)
미국 University of Hawaii 대학원 ESL과 졸업(M.A.)
미국 University of Hawaii 대학원 언어학과 졸업(Ph.D.)
Tokyo Foundation, Exchange Professor(2001.6)
고려대학교 중앙도서관장 겸 도서관장 역임
범태평양 응용언어학회(Pan-Pacific Association of Applied Linguistics) 공동회장 역임
한국영어어문교육학회 회장 역임
현재 고려대학교 영어영문학과 명예교수

장 복 명

고려대학교 사범대학 영어교육학과 졸업(B.A.)
고려대학교 대학원 영문학과 졸업(M.A.)
고려대학교 대학원 영문학과 졸업(Ph.D.)
고려대학교, 동덕여자대학교, 아주대학교, 순천향대학교 강사 역임
범태평양 응용언어학회(Pan-Pacific Association of Applied Linguistics) 공동회장 역임
현재 남서울대학교 영어과 교수
범태평양 응용언어학회(Pan-Pacific Association of Applied Linguistics) 공동부회장
남서울대학교 국제문화교류원(Namseoul Institute of Culture & Exchange) 원장

개정판
언어교수학

1994년 3월 15일 초판발행
2011년 3월 1일 개정판인쇄
2011년 3월 10일 개정판발행

저 자 박경자 · 장복명
발행인 안 종 만
발행처 (株) 博 英 社
서울특별시 종로구 평동 13-31번지
전화 (733)6771 FAX (736)4818
등록 1959. 3. 11. 제300-1959-1호(倫)

저자와 협의하에 인지첩부를 생략함

www.pakyoungsa.co.kr e-mail: pys@pakyoungsa.co.kr

정 가 30,000원 ISBN 978-89-6454-143-2